全国注册安全工程师执业资格考试辅导教材

安全生产法及相关法律知识

（2011 版）

中国安全生产协会注册安全工程师工作委员会
中国安全生产科学研究院　组织编写

中国大百科全书出版社

图书在版编目(CIP)数据

安全生产法及相关法律知识：2011版/中国安全生产协会注册安全工程师工作委员会，中国安全生产科学研究院组编. —3版. —北京：中国大百科全书出版社，2011.5

全国注册安全工程师执业资格考试辅导教材

ISBN 978 - 7 - 5000 - 8564 - 5

Ⅰ. ①安…　Ⅱ. ①中…②中…　Ⅲ. ①安全生产法 - 中国 - 工程技术人员 - 资格考试 - 自学参考资料　Ⅳ. ①D922.54

中国版本图书馆 CIP 数据核字(2011)第 070207 号

责任编辑：李　文
责任印制：张新民

安全生产法及相关法律知识

中国大百科全书出版社出版发行

（北京阜成门北大街 17 号　邮编：100037　电话：010-68315606）

http://www.ecph.com.cn

北京宏伟双华印刷有限公司印刷　新华书店经销

开本：787 毫米×1092 毫米　1/16　印张：23.75　字数：563 千字

2011 年 5 月第 3 版　2018 年 7 月第 11 次印刷

ISBN 978 - 7 - 5000 - 8564 - 5

定价：75.00 元

《安全生产法及相关法律知识》
编 写 人 员

主　　编：石少华

副 主 编：邬燕云　司坡森

编写人员：王宇航　朱喜洋　孙甜源　周建新　梁文七

前　言

安全生产事关人民群众生命财产安全和社会稳定大局。近年来，在党中央、国务院的正确领导下，在各地区、各部门的共同努力下，全国安全生产状况保持了总体稳定、持续好转的发展态势，但安全生产形势依然严峻。在中国共产党第十七次全国代表大会的报告中，胡锦涛总书记强调安全生产关系群众切身利益，要站在推进以改善民生为重点的社会建设的高度，坚持安全发展，强化安全生产管理和监督，有效遏制重特大安全事故，保障人民生命财产安全。《国家中长期人才发展规划纲要（2010—2020）》确立了人才是我国经济社会发展的第一资源的理念。实行注册安全工程师执业资格制度，是深入贯彻和落实科学发展观，坚持安全发展，实施"人才兴安"战略的重要举措。

自2004年首次注册安全工程师执业资格考试以来，全国有近14.9万人通过考试取得注册安全工程师执业资格。他们主要分布在矿山、建筑施工和危险化学品等领域的企业，或是在安全评价机构、注册安全工程师事务所等专业机构执业。综合分析2010年之前历年考试合格人员的相关数据，专科以上学历占合格总人数的83.10%，年龄30~50岁的占84.20%。我国已经拥有一支学历较高、年富力强，并且富有实践经验的注册安全工程师队伍。

为推动注册安全工程师事业的健康发展，国家安全监管总局在不断健全规章制度、加强管理的基础上，积极推动注册安全工程师法制化进程，起草了《注册安全工程师条例》（送审稿），于2009年底报送国务院法制办。2010年6月9在日山东省青岛市举办的全国注册安全工程师工作座谈会上，确立了坚持以用为本，健全法制，创新机制，发展中介，充分发挥注册安全工程师作用的总体方针，明确了培养和打造一支适应新时期安全发展需要，规模适当、结构合理、素质过硬的注册安全工程师队伍的总体目标。

为了提升考试质量，逐步实现考试由"知识考核型"向"知识+能力考核型"转变，在2005年、2006年和2008年修订的基础上，依据国家出台的一些新的安全生产法律法规和标准，综合考虑广大考生及专家意见，国家安全监管总局组织专家对考试大纲进行第4次修订。

为了方便考生复习考试，中国安全生产协会注册安全工程师工作委员会和中国安全生产科学研究院根据修订后的2011版考试大纲，组织专家重新修订了全国注册安全工程师执业资格考试辅导教材。教材包括《安全生产法及相关法律知识》、《安全生产管理知识》、《安全生产技术》和《安全生产事故案例分析》四个科目。《安全生产法及相关法律知识》涵盖了与安全生产工作密切相关的法律、法规和部门规章。《安全生产管理知识》主要介绍了安全生产管理的基本原理、主要方法和主要内容。《安全生产技术》主要介绍综合性及矿山、建筑和危险化学品高危行业的安全生产技术。《安全生产事故案例分析》涵盖了安全生产实际工作中有关危险有害因素辨识、安全技术措施制定、安全生产规章制度制定、安全教育培训、事故应急救援、事故调查处理和安全生产统计分析等内容。

本套教材具有较强的针对性、实用性和可操作性，主要供专业技术人员参加注册安全工程师执业资格考试复习之用，也可用于指导安全生产管理和技术人员的日常工作。

在教材编写过程中，听取了不少读者的宝贵意见和建议，在此表示衷心感谢！由于时间紧，编者水平有限，教材难免存在疏漏之处，敬请批评指正，以便持续改进！

中国安全生产协会注册安全工程师工作委员会

中国安全生产科学研究院

2011 年 4 月

目 录

第一章　安全生产法律基础知识

第一节　法的概念、特征、分类和基本内容

一、法的概念、特征和分类

（一）法的概念

法的概念有广义与狭义之分。广义的法是指国家按照统治阶级的利益和意志制定或者认可，并由国家强制力保证其实施的行为规范的总和。狭义的法是指具体的法律规范，包括宪法、法令、法律、行政法规、地方性法规、行政规章、判例、习惯法等各种成文法和不成文法。法属于上层建筑，决定于经济基础并为经济基础服务。法的目的在于维护有利于统治阶级的社会关系和社会秩序。法是阶级社会特有的现象，它随着阶级、阶级斗争的产生、发展而产生和发展，并将随着阶级、阶级斗争的消灭而自行消亡。成文法是指一定的国家机关依照一定程序制定的、以规范性文件的形式表现出来的法，这些法具有直接的法律效力。国际条约也属于成文法的范畴，对缔约国具有约束力。我国社会主义法的形式以成文法为主。

（二）法律规范

规范一般可以分为技术规范和社会规范两大类。法律规范是社会规范的一种。法律规范是国家机关制定或者认可、由国家强制力保证其实施的一般行为规则，它反映由一定的物质生活条件所决定的统治阶级的意志。技术规范是指规定人们支配和使用自然力、劳动工具、劳动对象的行为规则。在现代科学技术发展极为先进和极端复杂的情况下，没有技术规范就不可能进行生产，违反技术规范就可能造成严重的后果，如导致各种生产安全事故和灾害事故。因此，国家往往把遵守技术规范规定为法律义务，从而成为法律规范，并确定违反技术规范的法律责任，技术规范则成为法律规范所规定的义务的具体内容。技术规范与法律规范既有区别又有联系。法律规范与其他社会规范有明显的区别。

（1）法律规范是国家制定或者认可的，其适用和遵守要依靠国家强制力的保证。其他社会规范既不由国家来制定，也不依靠国家强制力来保证。

（2）在一定的国家中，只能有统治阶级的法律规范。其他的社会规范则不同，在同一阶级社会中，可以有不同阶级的规范，如既有统治阶级的道德，又有被统治阶级的道德。

（3）除习惯法之外，法律规范一般具有特定的形式，由国家机关用正式文件（如法律命令等）规定出来，成为具体的制度。其他社会规范则不一定采用正式文件的形式。

（4）法律规范是一般行为规则。它所针对的不是个别的、特定的事或者人，而是适用于大量同类的事或者人；不是只适用一次就完结，而是多次适用的一般规则。

法律规范由假定、处理和制裁3个要素构成。假定是指适用法律规范的必要条件。每一个法律规范都是在一定的条件下才出现，而适用这一法律规范的这种条件就称为假定。处理是指行为规范本身的基本要求。它规定人们应当做什么、禁止做什么、允许做什么。这是法律规范的中心部分，是法律规范的主要内容。制裁是指对违反法律规范将导致的法律后果的规定。如损害赔偿、行政处罚、经济制裁、判处刑罚等。法律规范这3个组成部分密切联系并不可缺少，既可以把各个部分规定在一个法律条文中，也可以分别规定在不同的法律条文中。

（三）法的本质

法的最本质的属性是统治阶级的意志，而不是任何个人的意志，更不是超阶级的共同意志。统治阶级的意志决定于统治阶级的物质生活条件，这种物质生活条件构成法的基础。法作为统治阶级的意志可以体现在3个方面。

1. 意志内容的一般性

法所反映的意志内容不是统治阶级成员个人意志的简单总和，而是统治阶级根本利益和共同利益的表现。法是统治阶级成员个别利益的一种抽象，具有一般性的品格。因此，法具有普遍的约束力。被统治阶级及其成员都要遵守法律规定，这是统治阶级整体利益的要求。

2. 意志内容的客观性

法所反映的意志内容不是抽象的人类"理性"决定的，归根结底是由统治阶级物质生活条件的客观要求决定的。经济基础决定上层建筑，决定法的内容。如建立在社会主义经济基础上的社会主义法，必然要反映工人阶级及其领导下的广大人民群众的阶级本质，满足发展社会主义生产力的客观要求。

3. 意志内容的统一性

法所反映的意志内容往往不仅是统治阶级的特定利益，还包括关系整个社会共同生存的必要条件，甚至包括被统治阶级的某些要求（以不危及统治阶级的统治为限）。因为统治阶级不能脱离被统治阶级而孤立存在，所以法的意志内容也要考虑其他社会集团的利益。但法不是各阶级意志的混合物，而是统治阶级意志的体现，它是一种国家意志。

社会主义法的本质在于它是工人阶级领导下的广大人民的意志以国家意志形式的法律体现。社会主义法具有鲜明的阶级性和广泛的人民性，是阶级性与人民性的统一。

（四）法的效力

法的效力即法的生效范围，是指法律规范对什么人、在什么地方和什么时间发生效力。

1. 关于人的效力

法律对什么人发生效力，各国立法原则不同，大体有3种情况：一是以国籍为主，即属人原则，亦称属人主义，法律只对本国人适用，不适用于外国人，外国人侨居法院地国，也不适用该国法律。二是以地域为主，即属地原则，亦称属地主义，法律规范在该国主权控制下的陆地、水域及其底床、底土和领空的领域内有绝对效力。不论本国人还是外国人，原则上一律适用该国法律。三是属人原则与属地原则相结合，即凡居住在一国领土内者，无论本国人还是外国人，原则上一律适用该国法律。但在某些问题上，对外国人仍要适用其本国法律，特别是依照国际惯例和条约，享有外交特权和豁免权的外国人，仍适用其本国法律。我国社会主义法对人的效力，采用属人主义与属地主义相结合的原则。

2. 关于地域的效力

这是指法在什么地域范围内发生效力，即从法律生效的地域角度确定法对人的效力，大体有 3 种情况：一是在全国范围内生效，即在国家主权管辖的全部领域有效，包括延伸意义上的领域，如驻外使领馆、领海及领空外的船舶和飞机。凡是国家机关制定的规范性法律文件，一般在全国范围内有效，如全国人大及其常委会制定的法律、国务院制定的行政法规，除有特殊规定之外，一般都在全国有效。二是在局部地区有效，一般是指地方国家机关制定的规范性法律文件，在该地区有效，如省、自治区、直辖市人民代表大会及其常委会制定的地方性法规，只在本行政区域内有效。三是有的法律不但在国内有效，在一定条件下其效力还可以超出国境，如中华人民共和国刑法规定："外国人在中华人民共和国领域外对中华人民共和国国家或者公民犯罪，而按本法规定的最低刑为三年以上有期徒刑的，可以适用本法；但是按照犯罪地的法律不受处罚的除外"。

3. 关于时间的效力

这是指法律何时生效和何时终止效力，主要有 3 种情况：一是自法律公布之日起开始生效。二是法律另行规定生效时间，如《安全生产法》于 2002 年 6 月 29 日公布，自 2002 年 11 月 1 日生效施行。三是规定法律公布后到达一定期限时生效。

法的时间效力涉及法律的溯及力问题。法律一般只适用于生效后发生的事实和关系，通常不具有溯及力，这是当今各国法律特别是刑法所共同遵循的惯例。但是法不溯及既往并不是绝对的，出于某种需要，也可以对法的时间效力作出溯及既往的规定。如我国《刑法》、《安全生产许可证条例》等法律、行政法规就有溯及既往的特别规定。

（五）法的特征

法所表现的意志首先是一种社会意识形态，但又不单纯是意识形态，而是一种社会规范。它为人们规定一定的行为规则，指示人们在特定的条件下可以做什么、必须做什么、禁止做什么，即规定人们享有的权利和应当履行的义务，从而调整人们在社会生活中的相互关系。法作为一种社会规范，在其发生作用的范围内具有普遍性、稳定性和约束力。社会规范很多，诸如道德、风俗习惯、宗教教规，以及各种社会团体的规章等。法与上述社会规范不同，法是一种特殊的社会规范，这表现在法具有下列特征：

1. 法是由特定的国家机关制定的

法是由特定的国家机关依照职权制定或者认可，即由国家机关依其职权范围，并按一定程序制定出来的规范性文件。在我国，社会主义的法是由国家权力机关和国家行政机关依法制定的，其他社会组织均无权制定法。如全国人民代表大会有权制定和修订宪法，全国人大常委会有权制定和修订法律，国务院有权制定行政法规、法令；省、自治区、直辖市人民代表大会及其常委会有权制定和修订地方性法规，经济特区人民代表大会及其常委会有权制定和修订经济特区法规，民族自治地方有权制定和修订民族自治法规；国务院部、委员会和直属机构有权制定和修订部门规章，省、自治区、直辖市人民政府有权制定和修订地方政府规章，等等。

2. 法是依照特定程序制定的

依照《立法法》的规定，我国制定法的程序主要包括法的草案的提出、讨论审议、表决通过和公布施行，而每个立法程序中又包括很多程序，如调研论证、征求意见、协调、修改草案等。如法律制定的程序包括由全国人大或其常委会或者国务院提出法律议案或者法律草案，国务院提出的法律草案需要提请全国人大或其常委会审议，须经3次常委会审议（所谓"三读"）后方能付诸表决，决定是否通过，通过的法律草案正式成为法律，须由中华人民共和国主席予以公布施行。法的制定程序之所以严格，是为了保证法的制定能够充分反映国家意志和人民群众的意愿，是为了体现法的严肃性、权威性，是为了规范立法活动并实现立法工作的规范化、民主化、科学化。总之，法的制定程序既不能违反，也不能舍弃。

3. 法具有国家强制性

法既是国家意志，又需要国家强制力保证其实施，法具有不可抗拒性。法的这个特征是其与其他社会规范的主要区别之一，这也是法的特殊性之所在。法是阶级统治的工具，是以国家强制力保证其实施的一种社会规范。国家强制力是法本身具有的一种属性，但法本身的属性与它的获得实现的方式，是既有联系而又有区别的两个问题。法本身具有国家强制力的属性，才有可能在必要的时候通过国家的强制措施使法获得实现；但法的实现并不都是通过国家强制措施，特别是社会主义法在大多数情况下不是依靠强制措施，而是依靠人民群众自觉地遵守和执行。一般是在法律实现过程中遇到阻碍或者被破坏的情况下，才通过国家强制措施使法获得实现。如某些企业或者公民拒绝履行法定义务或者作出法律禁止的行为时，执法机关才通过采取强制措施或者实施处罚等方式使法律得以实施。但是无论法的实现方式如何，作为法律规范都具有必须履行和不可违反的性质，如果违反就要承担法律责任，受到法律制裁。

法的这个特征，集中表明了法与国家的不可分割的必然联系。没有国家，法既不能形成，也不能取得一体遵行的效力。一个阶级如果不掌握国家政权，就不能将自己的意志体现为法并获得实施。既然法是一种意识形态，那么人们的法律意识的强弱则对法的制定和执行、遵守法的自觉性乃至法制建设都至关重要。法律意识是指人们对于法特别是现行法和有关法律现象的观点和态度的总和。它表现为探索法律现象的各种法律学说，对现行法律的评价和解释，人们的法律动机（法律要求），对自己权利、义务的认识（法律感），对法、法律制度了解、掌握、运用的程度（法律知识），以及对行为是否合法的评价等。法律意识是社会意识的一种，它同人们的世界观、道德伦理观等有密切关系，具有强烈的阶级性。统治阶级内部的各阶层、各集团乃至个人所处的具体地位不同，其法律意识也不尽相同，但在基本点上都服从于统治阶级的利益。统治阶级的法律意识直接指导法的制定、执行和遵守。无产阶级法律意识是无产阶级意识的组成部分，共产党成为执政党之后，无产阶级法律意识成为社会主义上层建筑和社会主义精神文明的重要组成部分。它的基本内容是要求建立社会主义法的体系，制定社会主义的法律、法规，维护社会主义法治的尊严。所以，无产阶级法律意识对指导社会主义法律规范的制定和执行，对人们自觉地遵守法律，对社会主义法治的健全、巩固和发展，都具有重要意义。

4. 法是调整人们行为的社会规范

法与其他社会规范的显著区别之一，在于它是一种以调整人与人之间的社会关系为主要目的的行为规范。法律意义上的"人"，是指自然人和法人以及其他非法人社会组织。法律通过确定自然人和法人以及其他非法人社会组织的权利、义务和责任，来调整他们之间发生的各种社会关系，制裁违法行为和违法者，建立规范的法律秩序，保证社会的正常运转和发展。从这个意义上说，法律规范实际就是一种"人"与"人"关系的行为规则。

（六）法的分类

法的分类有不同标准，按照不同标准对法所划分的类别不同。

1. 成文法和不成文法

这是按照法的创立和表现形式所作的分类。成文法是指有权制定法律规范的国家机关依照法定程序所制定的规范性法律文件，如宪法、法律、行政法规、地方性法规等。不成文法是指未经国家制定、但经国家认可的和赋予法律效力的行为规则，如习惯法、判例、法理等。我国社会主义法属于成文法范畴。

2. 按照其法律地位和法律效力的层级划分

法应当包括宪法、法律、行政法规、地方性法规和行政规章。

（1）宪法。宪法是国家的根本法，具有最高的法律地位和法律效力。宪法的特殊地位和属性，体现在4个方面：一是宪法规定国家的根本制度、国家生活的基本准则。如我国宪法就规定了中华人民共和国的根本政治制度、经济制度、国家机关和公民的基本权利和义务。宪法所规定的是国家生活中最根本、最重要的原则和制度，因此宪法成为立法机关进行立法活动的法律基础，宪法被称为"母法"、"最高法"。但是宪法只规定立法原则，并不直接规定具体的行为规范，所以它不能代替普通法律。二是宪法具有最高法律效力。宪法具有最高法律权威，是制定普通法的依据，普通法的内容必须符合宪法的规定，与宪法内容相抵触的法律无效。三是宪法的制定与修改有特别程序。我国宪法草案是由宪法修改委员会提请全国人民代表大会审议通过的。四是宪法的解释、监督均有特别规定。我国1982年宪法规定，全国人民代表大会和全国人民代表大会常务委员会监督宪法的实施，全国人民代表大会常务委员会有权解释宪法。

（2）法律。广义的法律与法同义。狭义的法律特指由享有立法权的国家机关依照一定的立法程序制定和颁布的规范性文件。在我国，只有全国人民代表大会及其常务委员会才有权制定和修订法律。法律的地位和效力次于宪法，高于行政法规、地方性法规、自治法规和行政规章。法律在中华人民共和国领域内具有约束力。

（3）行政法规。行政法规是国家行政机关制定的规范性文件的总称。行政法规有广狭二义，广义的行政法规泛指包括国家权力机关根据宪法制定的关于国家行政管理的各种法律、法规；也包括国家行政机关根据宪法、法律、法规，在其职权范围内制定的关于国家行政管理的各种法规。狭义的行政法规专指最高国家行政机关即国务院制定的规范性文件。行政法规的名称通常为条例、规定、办法、决定等。

行政法规的法律地位和法律效力次于宪法和法律，但高于地方性法规、行政规章。行政法规在中华人民共和国领域内具有约束力。这种约束力体现在两个方面：一是具有拘束国家行政机关自身的效力。作为最高国家行政机关和中央人民政府的国务院制定的行政法规，是国家最高行政管理权的产物，它对一切国家行政机关都有拘束力，都必须执行。其他所有行政机关制定的行政措施均不得与行政法规的规定相抵触；地方性法规、行政规章的有关行政措施不得与行政法规的有关规定相抵触。二是具有拘束行政管理相对人的效力。依照行政法规的规定，公民、法人或者其他组织在法定范围内享有一定的权利，或者负有一定的义务。国家行政机关不得侵害公民、法人或者其他组织的合法权益；公民、法人或者其他组织如果不履行法定义务，也要承担相应的法律责任，受到强制执行或者行政处罚。

（4）地方性法规。地方性法规是指地方国家权力机关依照法定职权和程序制定和颁布的、施行于本行政区域的规范性文件。地方性法规的法律地位和法律效力低于宪法、法律、行政法规，但高于地方政府规章。根据我国宪法和立法法等有关法律的规定，地方性法规由省、自治区、直辖市的人民代表大会及其常务委员会，在不同宪法、法律、行政法规相抵触的前提下制定，报全国人大常委会和国务院备案。省、自治区的人民政府所在地的市、经济特区所在地的市和经国务院批准的较大的市的人民代表大会及其常委会根据本市的具体情况和实际需要，在不同宪法、法律、行政法规和本省、自治区的地方性法规相抵触前提下，可以制定地方性法规，报所在的省、自治区的人民代表大会常务委员会批准后施行。

（5）行政规章。行政规章是指国家行政机关依照行政职权所制定、发布的针对某一类事件、行为或者某一类人员的行政管理的规范性文件。行政规章分为部门规章和地方政府规章两种。部门规章是指国务院的部、委员会和直属机构依照法律、行政法规或者国务院的授权制定的在全国范围内实施行政管理的规范性文件。地方政府规章是指有地方性法规制定权的地方人民政府依照法律、行政法规、地方性法规或者本级人民代表大会或其常务委员会授权制定的在本行政区域实施行政管理的规范性文件。

3．实体法和程序法

这是按照法律规定内容的不同而对法的分类。实体法规定的权利和义务直接来自人们在生产和生活中形成的相互关系的要求，如所有权、债权等，通常表现为民法、刑法、行政法等。程序法的主要内容是规定主体在诉讼活动中的权利和义务，也即主体在寻求国家机关对自己权利予以支持的过程中行为方式，这种权利和义务是派生的，其作用在于保证主体在实际生活中享有的法律权利得以实现。因此，实体法和程序法也被称为主法和助法。

4．宪法性法律和普通法律

这是按照法律的内容和效力强弱所作的分类。宪法又称根本法或者母法，是具有最高地位和效力的法律文件。宪法是制定其他法律的依据，其他法律不得与宪法相抵触。普通法律是指有立法权的机关依照立法程序制定和颁布的规范性法律文件，通常规定某种社会关系或者社会关系某一方面的行为规则，其效力次于宪法。根据1982年宪法的规定，次于宪法的普通法律又可分为基本法律和基本法律以外的法律。前者由全国人民代表大会制定和通过，后者由全国人民代表大会常务委员会制定和通过。

5．特殊法和一般法（普通法）

这是按照法律效力范围所作的分类。从空间效力看，适用于特定地区的法律为特殊法，适用于全国的法律为一般法。从时间效力看，适用于非常时期的法律（如紧急戒严法、战时实施的法律）为特殊法，适用于平时的法律为一般法。从对人的效力看，适用于特定公民的法律（如兵役法、未成年人保护法）为特殊法，适用于全国公民的为一般法。从调整对象看，适用于特定调整对象的法律为特殊法，适用于一般调整对象的法律为一般法。

二、社会主义法的基本内容

我国社会主义法的内容十分丰富，涉及到社会主义法治的基本方针、基本原则和基本要求，体现在立法、执法和守法 3 个方面，主要包括依法治国基本方略和依法行政基本准则、社会主义法治、社会主义法的体系、社会主义法的适用等内容。

（一）依法治国基本方略和依法行政基本准则

继中共十四大确立了社会主义市场经济体制之后，中共十五大继而确定了依法治国，建设社会主义法治国家的基本方略。为了贯彻落实依法治国基本方略和中共十六大、十六届三中全会精神，坚持执政为民，建设法治政府，根据宪法和有关法律、行政法规，国务院于 2004 年 3 月 22 日制定了《全面推进依法行政实施纲要》，对各级行政机关依法行政做出了全面的、明确的规定，依法行政是各级行政机关履行行政管理职能的基本准则和目标。

中共十一届三中全会以来，我国社会主义民主与法制建设取得了显著成绩。中共十五大确立依法治国、建设社会主义法治国家的基本方略，1999 年九届全国人大二次会议将其载入宪法。作为依法治国的重要组成部分，依法行政也取得了明显进展。1999 年 11 月，国务院发布了《国务院关于全面推进依法行政的决定》，各级政府及其工作部门加强制度建设，严格行政执法，强化行政执法监督，依法办事的能力和水平不断提高。中共十六大把发展社会主义民主，建设社会主义政治文明作为全面建设小康社会的目标之一，并明确提出"加强对执法活动的监督，推进依法行政"。与完善社会主义市场经济体制、建设社会主义政治文明以及依法治国的客观要求相比，依法行政仍存在不少差距，必须解决依法行政中存在的问题，全面推进依法行政，建设法治政府。

1. 依法行政的基本准则

依法行政，必须坚持党的领导、人民当家作主和依法治国三者的有机统一；必须把维护最广大人民的根本利益作为政府工作的出发点；必须把发展作为执政兴国的第一要务，坚持以人为本和全面、协调、可持续的发展观，促进经济社会和人的全面发展；必须把依法治国与以德治国有机结合起来，大力推进社会主义政治文明、精神文明；必须把推进依法行政与深化行政管理体制改革、转变政府职能有机结合起来，坚持开拓创新与循序渐进的统一，既要体现改革和创新的精神，又要有计划、有步骤地分类推进；必须把坚持依法行政与提高行政效率统一起来，做到既严格依法办事，又积极履行职责。

2. 依法行政的基本要求

（1）合法行政。行政机关实施行政管理，应当依照法律、法规、规章的规定进行；没有法律、法规、规章的规定，行政机关不得作出影响公民、法人和其他组织合法权益或者增加公民、法人和其他社会组织义务的决定。

（2）合理行政。行政机关实施行政管理，应当遵守公平、公开的原则。要平等对待行政管理相对人，不偏私、不歧视。行使自由裁量权应当符合法律目的，所采取的措施和手段应当必要、适当。

（3）程序正当。行政机关实施行政管理，除涉及国家秘密和依法受到保护的商业秘密、个人隐私的以外，应当注意公开听取公民、法人和其他组织的意见。要严格遵循法定程序，依法保障行政管理相对人的知情权、参与权和救济权。

（4）高效便民。行政机关实施行政管理，应当遵守法定时限，积极履行法定职责，提高办事效率，提供优质服务，方便公民、法人和其他组织。

（5）诚实守信。行政机关公布的信息应当全面、准确、真实。非经法定事由并非经法定程序，行政机关不得撤销、变更已经生效的行政决定；因国家利益、公共利益或者其他法定事由需要撤回或者变更行政决定的，应当依照法定权限和程序进行，并对行政管理相对人因此而受到的财产损失依法予以补偿。

（6）权责统一。行政机关依法履行经济、社会和文化事务管理职责，要有法律、法规赋予其相应的执法手段。行政机关违法或者不当行使职权，应当依法承担法律责任，实现权力和责任的统一。做到执法有保障、有权必有责、用权受监督、违法受追究、侵权须赔偿。

（二）社会主义法治

1. 社会主义法治的含义

社会主义法治有3层含义：

（1）社会主义法治泛指立法、执法和守法。法治作为一种治国的理念、方式和目标，它是社会主义国家全部法律活动的总称。社会主义法治的基本要求是以法律作为人们的行动准则，严格依法办事，人人守法。中华人民共和国宪法规定，中华人民共和国公民必须遵守宪法和法律。一切国家机关和武装力量、各政党和各社会团体、各企业事业组织都必须遵守宪法和法律。一切违反宪法和法律的行为，必须予以追究。任何组织或者个人都不得有超越宪法和法律的特权。中国共产党章程关于党必须在宪法和法律的范围内活动的规定与宪法的规定是完全一致的。在我国，共产党是执政党，全体共产党员是人民的一部分，党领导人民制定宪法和法律，一经国家权力机关通过，全党必须严格遵守，切实提高依法执政的能力和自觉性。实行社会主义法治，要求一切国家机关和公职人员的全部工作要以法律为依据，必须绝对遵守法律规定的职权范围；在处理自己职权范围内的具体事务或者问题时，必须遵守法律的规定。为防止国家机关和公职人员在其活动中的违法行为，需要在法律上规定监督制度。法律监督包括人民群众的监督和专门机关的监督。

（2）社会主义法治专指社会主义的法律、制度。法治专指法律、制度时，常称其为法制。这是一种狭义上的法治概念。它包括国家机关制定的各种法律规范及其确立的政治制度、经济制度和法律制度，它直接为调整社会主义的社会关系和确定社会主义的社会秩序提供具体的、明确的法律规范和制度保证，主要是指各种立法活动。

法律制度是指调整某一类社会关系或者社会关系某一方面的法律规范的统称。法律制度不同于法律部门，一种法律制度可能包括几个法律部门，如所有权方面的法律制度包括行政法、民法、刑法等法律规范；而一个法律部门又可能包括若干法律制度，如诉讼法包括公开审判制度、陪审制度、合议制度、辩护制度、回避制度等。

（3）社会主义法治特指守法是社会主义民主的保障，实现社会主义民主的法律化、制度化，并严格依法进行国家管理的一种方式。它要求全国人民、一切国家机关、武装力量、政党、社会团体、企业事业单位都要遵守宪法和法律，特别是国家机关及其工作人员，必须严格依法办事，绝不允许任何组织和个人享有超越于法律之外、凌驾于法律之上的特权。

2. 社会主义法治的基本内容

为了有效地保障社会主义民主和加强社会主义法治，中共十一届三中全会提出，必须做到"有法可依，有法必依，执法必严，违法必究"。这是对社会主义法治基本内容的精辟概括，其核心是依法办事。

（1）有法可依是确立和实现社会主义法治的前提。有法可依主要是解决立法问题，为调整社会主义的社会关系和建立社会主义的社会秩序制定明确的、具体的、可操作的法律规范，提供切实可行的行为规则。通过建立健全社会主义法律体系，按照工人阶级及其领导下的广大人民的意志去治理国家，发展经济建设和文化事业。改革开放以来，国家高度重视立法工作，制定了一系列法律、法规，为社会主义市场经济的建立和发展奠定了坚实的法律基础，正在形成有中国特色的社会主义法律体系，在政治、经济、文化和人民生活等方面初步实现了有法可依。

（2）有法必依是社会主义法治的中心环节。有法可依的目的是要做到有法必依，即要求全体社会成员按照法律规范的要求享有权利、履行义务和承担责任。实现有法必依的关键是要提高和增强全民的法治观念，形成自觉学法和守法的习惯，营造守法者光荣、违法者耻辱的法治氛围，处处事事严格依法办事，使法律规范真正成为治国安邦的行为规范，保证社会主义现代化建设事业沿着法制轨道顺利发展。

（3）执法必严和违法必究是社会主义法治的切实保证。这是在强调人民群众自觉守法的基础上，对于那些无视法治、践踏法治和以身试法的违法行为和违法者加强监督管理和法律制裁的必要措施。法律不可能被所有社会成员自觉遵守，必然会有违法行为和违法者的存在。法律的强制性主要体现在严格执行法律和制裁违法者，以维护广大人民群众的合法权益，规范社会秩序。执法必严要求各级国家机关依照各自的职权，严格依法进行监督管理，不得玩忽职守，徇私枉法。违法必究要求实行严格的法律责任追究制度，对于违法者，不论其身份、地位和权力（权利）如何，都要追究其应负的法律责任，绝不姑息、放纵任何违法者，绝不允许任何违法者逍遥法外。

（三）社会主义法的体系

法的体系亦称法律体系，通常是指一个国家的全部现行法律规范分类组合为不同的法律部门而形成的有机联系的统一整体。任何一个国家的各种现行法律规范，虽然所调整的社会关系的性质不同，具有不同的内容和形式，但都是建立在共同的经济基础上，反映同一阶级意志，受共同的原则指导，具有内在的协调一致性，从而构成一个有机联系的统一整体。

在社会主义法的统一体系中，各种法律规范因其所调整的社会关系的性质不同，而划分为不同的法律部门，如宪法、刑法、民法、经济法等。在各个法律部门内部或者几个法的部门之间，又包括各种法律制度。制度与制度之间、部门与部门之间，既存在差别，又相互联系、相互制约，于是形成内在关系和谐的统一体。这就经常表现为不同的、相对独立的法的体系，如母体系和子体系、国家法律体系和部门法律体系，等等。安全生产法律体系是社会主义法律体系中的子体系，安全生产立法是社会主义法的重要组成部分。

（四）社会主义法的适用

法的适用有两层含义，一层含义是指国家机关及其公职人员、社会团体和公民实现法律规范的活动；另一层含义是指国家机关及其公职人员依照其职权范围将法律规范应用于具体事项的活动。我国社会主义法的适用的基本要求是正确、合法、及时。负有法律适用职权的国家机关主要包括行政机关和司法机关，它们依法享有实施法律和法律责任追究的权力。

社会主义法的适用的原则主要有3个：

1. 法律适用机关依法独立行使职权

国家行政机关和人民法院、人民检察院等司法机关必须依照法律规定行使职权，依法行使职权不受其他国家机关、社会团体和个人的干涉。各级人民代表大会依法对法律适用机关进行监督。

2. 以事实为根据，以法律为准绳

以事实为根据，是指适用法律时必须尊重客观事实，实事求是，以此作为适用法律的前提。以法律为准绳，是指适用法律时必须严格依照法律规定办事，不得徇私枉法。

3. 公民在适用法律上一律平等

依照我国宪法的规定，一切公民都平等地享有法律规定的权利，平等地承担法律规定的义务。凡法律所赋予的各项权利，国家都毫无例外地保护；法律规定的义务国家也毫无例外地要求履行。凡违反法律者，都要依法受到制裁，任何人没有超越法律之外或者凌驾于法律之上的特权。要维护社会主义法律的不可侵犯性、严肃性和极大权威性，禁止任何人享有不受法律约束的特权。

第二节　安全生产立法的必要性及其重要意义

一、安全生产立法的必要性

（一）安全生产立法的含义

1. 安全生产的含义

安全生产是指通过人—机—环境三者的和谐运作，使社会生产活动中危及劳动者生命安全和身体健康的各种事故风险和伤害因素，始终处于有效控制的状态。安全生产工作，则是为了达到安全生产目标，在党和政府的组织领导下所进行的系统性管理的活动，由源头管理、过程控制、应急救援和事故查处4个部分构成。安全生产工作的内容主要包括生产经营单位自身的安全防范，政府及其有关部门实施市场准入（行政许可）、监管监察、应急救援和事故查处，社会中介组织和其他组织的安全服务、科研教育和宣传培训等。从事安全生产工作的社会主体包括企业责任主体、中介服务主体、政府监管主体和从事安全生产的从业人员。

2．安全生产立法的含义

安全生产立法有两层含义，一是泛指国家立法机关和行政机关依照法定职权和法定程序制定、修订有关安全生产方面的法律、法规、规章的活动；二是专指国家制定的现行有效的安全生产法律、行政法规、地方性法规和部门规章、地方政府规章等安全生产规范性文件。安全生产立法在实践中通常特指后者。

（二）加强安全生产立法的必要性

近年来，安全生产事故频繁，死伤众多，不仅影响了经济发展和社会稳定，而且损害了党、政府和我国改革开放的形象。导致我国安全生产水平较低的原因是多方面、深层次的，安全生产法制不健全是其主要原因之一，突出表现在：

一是安全生产法律意识淡薄。改革开放特别是近 10 年来，安全生产不再是局部的、个别的问题，而是社会经济发展和文明程度的重要标志。能否保证生产经营活动的安全，是关系到人民群众生命和财产安全的基本权益，关系到经济快速发展和社会稳定，关系到我们党和政府是否贯彻"三个代表"重要思想、科学发展观的重大政治问题、经济问题和社会问题。从总体上看，公民在生产经营活动中的自我保护和安全生产的意识比较淡薄，一些生产经营单位特别是非国有企业负责人依法安全生产经营的意识也很淡薄，这些单位的负责人或者不懂法律，或者明知故犯，没有依法为从业人员提供必要的安全生产条件和劳动安全保护，使从业人员在十分恶劣和危险的条件下作业，以至发生事故，造成大量人身伤亡。有些地方政府领导人和私营企业老板只要经济效益，片面地追求利润最大化，忽视甚至放弃安全生产，没有意识到这是一种严重侵犯人权的违法行为，没有意识到它所产生的法律后果。总之，安全生产还没有成为所有地方政府和生产经营单位的自觉行动，没有从安全生产是法定的义务和责任的高度引起足够的认识和重视。

二是安全生产出现了新情况、新问题，亟待依法规范。随着我国社会主义市场经济体制的建立，大量非国有生产经营单位的比重增加。在我国社会生产力总体水平比较低下的条件下，部分非国有生产经营单位存在着生产安全条件差、安全技术装备陈旧落后、安全投入少、企业负责人和从业人员安全素质低、安全管理混乱、不安全因素和事故隐患多的严重问题。而国家现行的有关安全生产的法律、法规基本是针对国有大型生产经营单位制定的，对大量非国有生产经营的安全生产几乎没有明确的、可操作的法律规范，这必然造成法律调整的"空白"和监督管理的"缺位"，以致非国有生产经营单位事故多发、死伤惨重。因此，必须适应安全生产的新形势，制定规范生产经营单位尤其是非国有生产经营单位安全生产的法律。

三是综合性的安全生产立法滞后。虽然国家制定了几十部安全生产方面的单行法律、行政法规，但是这些现行立法多数是在计划经济体制及其向社会主义市场经济体制转轨时期出台的，已经不能完全适应安全生产工作的需要。在《安全生产法》出台之前，国家关于安全生产的基本方针、基本制度没有依法确立，涉及国家安全生产监管体制、各级政府和有关部门的监督管理职责、生产经营单位的安全保障、生产经营单位负责人的安全职责、从业人员的安全生产权利义务、事故应急救援和调查处理、安全生产违法行为的法律责任等重大问题，缺乏基本的法律规范。

四是政府机构改革和职能转变后，没有依法确立综合监管与专项监管相结合的安全生产监管体制，尚未建立健全依法监管的长效机制。为适应社会主义市场经济体制关于实行政企分开的要求，自1998年以来，国家先后撤销了原有的十几个工业主管部门，同时也保留了铁道、交通、民航、建筑等有关主管部门。政府部门已经不直接管理或者基本不直接管理企业的生产经营活动。与此同时，我国安全生产监管体制几经改革，建立了由安全生产综合监督管理部门与其他有关部门相结合的、综合监督管理与专项监督管理相结合的安全生产监督管理体制。安全生产的监督管理工作主要是运用法律手段，辅以必要的经济手段和行政手段，依法加大监管力度，查处安全生产违法行为。因此必须通过制定综合性的安全生产法律，将各级人民政府和各有关部门的安全生产职权、职责和监督管理措施法律化、制度化。但由于相关立法滞后，有的地方人民政府没有建立健全安全生产综合监督管理机构；已经设立的地方，又存在着综合监管部门与专项监管部门的法定职责和相互关系不明确的问题，在工作中产生了职责交叉、互相扯皮的矛盾，影响了安全生产监督管理工作的整体性、协调性，出现了安全生产监督管理工作的脱节和漏洞。

五是缺乏强有力的安全生产执法手段。现行有关安全生产的法律、行政法规对安全生产违法行为及其法律责任的规定不够完整，有的对安全生产违法行为界定不清楚或者不准确，有的只有要求没有责任，有的虽有罚则但力度不够。对近年来突出的安全生产违法行为特别是非国有企业的安全生产违法行为，没有设定明确的法律责任。由于没有综合性的《安全生产法》，各级安全生产综合监管部门的法律地位、主要职责和执法手段无法可依，难以依法履行职责和实施行政执法。

目前我国正处于一个新的历史发展时期。在新形势下安全生产工作面临许多新情况、新问题、新特点，对安全生产监督管理工作也提出了新要求。加强安全生产法制建设，充分运用法律手段加强监督管理，是从根本上改变我国安全生产状况的主要措施之一。这是贯彻依法治国基本方略的客观要求，也是建设社会主义法治国家的必然选择。加强安全生产法治建设的首要问题是有法可依，因此制定一部综合性的《安全生产法》势在必行。加强安全生产立法，制定《安全生产法》的必要性，主要体现在4个方面：

1. 它是依法加强监督管理，保证各级安全生产监督管理部门依法行政的需要

自2000年以来，为了适应安全生产形势和管理的需要，国家对安全生产监督管理体制进行了两次重大改革。1999年12月，国务院批准了煤矿安全监督管理体制改革方案，决定设立国家煤矿安全监察局，在20个（截至2010年底为25个）主要产煤省区设立正厅级的煤矿安全监察局，在68个（截至2010年底为71个）大中型煤矿矿区设立煤矿安全监察分局，建立了由国家垂直管理的煤矿安全监察执法体系。以煤矿安全监督管理体制改革为突破口，从体制上、组织上加强煤矿安全监察执法工作，实行煤矿安全管理与监察执法相分离。各级煤矿安全监察机构是履行国家煤矿安全监察职责的行政执法机构，主要负责检查监督煤矿贯彻执行有关安全生产法律、法规、规章和标准的情况，对煤矿安全违法行为依法实施行政处罚。继煤矿安全监督管理体制改革之后，为了全面强化监督管理，进一步理顺安全生产监督管理体制，2001年初国务院决定设立国家安全生产监督管理局，对全国的安全生产工作实施综合监督管理，重点对工矿商贸企业安全生产进行监督管理，指导、协调和监督其他有关部门负责的专项安全生产监督管理工作。2005年2月，国务院

将原国家安全生产监督管理局升格为总局。目前各省、市、县都设立安全生产监督管理机构，全国的安全生产综合监管体系基本形成。

这两次安全生产监督管理体制改革的目的和目标，是要加强各级人民政府对安全生产工作的领导，强化安全生产监督管理部门的职能、手段和工作力度，实现依法行政。依法行政要求各级行政机关必须做到职权法定、程序法定和责任法定，在法制的框架下实施行政管理活动。各级安全生产监督管理部门要做到依法行政，必须有法可依，即通过法律形式确定安全生产综合监管部门的法律地位、法定职责和行政执法的措施、手段，规范其监督管理和行政执法行为。而现行的有关安全生产的法律、法规都是解决负责专项安全生产监督管理问题的单行立法，没有也不能对国家安全生产监督管理体制和安全生产综合监督管理部门的职责作出明确、具体的法律规定，只有通过综合性的安全生产立法才能规定。因此，制定统一的《安全生产法》，将安全生产体制和安全生产综合监督管理部门的职责法律化、制度化，依法建立健全具有权威性的、高效率的安全生产监督管理体系十分必要，迫在眉睫。

2. 它是依法规范安全生产的需要

随着社会主义市场经济体制的建立，社会经济活动日趋活跃和复杂，各种经济成分、企业组织形式趋向多样化，生产经营单位已由国有企业、集体企业为主，变为国有企业、股份企业、私营企业、外商投资企业、个体工商户并存。这些生产经营单位的生产安全条件千差万别，安全生产工作出现了许多复杂的情况，存在着5个突出问题：

一是非公有制经济成分增多，对其安全生产条件和安全违法行为没有明确的法律规范和严厉的处罚依据，缺乏严格的安全生产准入制度。相当多的私营企业、集体企业、合伙企业和股份制企业不具备基本的安全生产条件，安全管理松弛，大多数老板"要自己的钱，不要别人的命"，违法生产经营或者知法犯法，导致事故不断，死伤众多。

二是企业安全生产管理缺乏法律规范，企业安全生产责任制不健全或者不落实，企业负责人的安全责任不明确，不能做到预防为主，严格管理；事故隐患大量存在，一触即发。

三是安全投入严重不足，企业安全技术装备老化、落后，带病运转，安全性能下降，抗灾能力差，不能及时有效地预防和抗御事故灾害。

四是一些地方政府监管不到位，地方保护主义严重。有的地方政府和有关部门对安全生产不重视，工作不到位，熟视无睹，疏于监管。有的官员甚至与企业相互勾结，搞权钱交易，徇私枉法，为不具备安全生产条件的企业违法生产经营"开绿灯"。

五是国家关于安全生产的基本方针、原则、监督管理制度和措施未能法律化、规范化，许多领域的安全生产监管无法可依。

要解决这些问题，必须依法对生产经营单位的安全生产保障条件、主要负责人和从业人员的安全责任、作业现场和安全设备的安全管理、事故防范和应急措施以及政府和安全生产监管部门的监督管理措施等做出全面的法律规范，使生产经营单位明确应当怎样确保安全生产以及安全生产违法的后果。

3. 它是制裁安全生产违法行为，保护人民群众生命和财产安全的需要

社会主义法律的功能之一，是通过制裁违法犯罪来保护人民的根本利益。对各类严重

的安全生产违法犯罪行为的宽容和姑息，就是对人民的极大犯罪。对各种安全生产违法行为缺乏明确的法律界定和法律责任，有关安全生产责任追究的法律规定不具体或者处罚过轻，不足以震慑安全生产违法犯罪分子，这也是安全生产违法行为屡禁不止的症结之一。所以，必须针对那些严重安全生产违法行为设定明确、具体、严厉的法律责任，充分运用刑事责任、行政责任和民事责任的综合制裁功能，最大限度地填补法律责任追究的空白，做到有法可依、有法必依、执法必严、违法必究，绝不让安全生产违法犯罪分子逍遥法外。

4. 它是建立健全我国安全生产法律体系的需要

改革开放以来，党和国家十分重视安全生产立法工作。国家制定颁布的有关安全生产方面的法律、行政法规几十部（如《矿山安全法》、《海上交通安全法》、《煤炭法》、《铁路法》、《公路法》、《民用航空法》、《建筑法》和《消防法》等），加上各种安全生产规章和安全标准等立法数以千计。这些现行的安全生产立法数量众多，形成了庞大的"法群"，对安全生产管理发挥了重要作用。但是，科学的社会主义安全生产法律体系，必须由不同层级、不同内容的法律规范组成。《安全生产法》颁布之前的安全生产立法虽然很多，但都是解决某个行业、某个方面安全生产特殊问题的单行立法，它们不能解决安全生产中存在的基本的和共性的法律问题，不能设定基本法律制度；因受其调整对象和调整范围的限制，不能全面、完整地反映国家关于加强安全生产监督管理的基本方针、基本原则和基本制度，难以体现中央关于安全生产工作的方针原则。这些立法再多，也只能是安全生产法律体系中的"子法"。安全生产法律体系中最重要的基本法律即"母法"却长期空缺，没有"母法"是不能建立安全生产法律体系的。所以，必须解决安全生产立法"群龙无首"的问题。只有制定综合性的《安全生产法》，才能逐步健全整个法律体系，更好地解决规范生产经营单位安全生产和强化监督管理的有法可依问题。

二、安全生产立法的重要意义

以《安全生产法》的颁布实施为标志，我国安全生产立法进入了全面发展的新阶段。《安全生产法》的出台，对全面加强我国安全生产法制建设，激发全社会对公民生命权的珍视和保护，提高全民族的安全法律意识，规范生产经营单位的安全生产，强化安全生产监督管理，遏制重大、特大事故，促进经济发展和保持社会稳定都具有重大的现实意义，必将产生深远的历史影响。

（一）《安全生产法》的贯彻实施，有利于全面加强我国安全生产法律体系建设

《安全生产法》是我国第一部全面规范安全生产的专门法律，是我国安全生产法律体系中的基本法律，是各类生产经营单位及其从业人员实现安全生产所必须遵循的行为准则，是各级人民政府及其有关部门进行监督管理和行政执法的法律依据，是制裁各种安全生产违法犯罪行为的有力武器。《安全生产法》的出台，结束了我国没有安全生产基本法律的历史。《安全生产法》确立的基本法律制度，不仅对有关安全生产的单行法律、行政法规普遍适用，同时也对其作出了重要的、必要的补充完善，从而形成了母法与子法、普通法与特别法、专门法与相关法有机结合的中国安全生产法律体系的框架，为安全生产法制建设奠定了法律基础。

（二）《安全生产法》的贯彻实施，有利于保障人民群众生命和财产安全

重视和保护人的生命权，是制定《安全生产法》的根本出发点和落脚点。各种不安全因素和事故，是威胁从业人员和公众生命的大敌。人既是各类生产经营活动的主体，又是安全生产事故的受害者或责任者。只有充分重视和发挥人在生产经营活动中的主观能动性，最大限度地提高从业人员的安全素质，才能把不安全因素和事故隐患降到最低限度，预防和减少人身伤亡。这是社会进步与法制进步的客观要求。《安全生产法》体现了以人为本的理念，在赋予各种法律主体必要权利的同时设定其应尽的义务。这就要求各级政府特别是各类生产经营单位的领导人和负责人，必须以对人民群众高度负责的态度，重视人的价值，关注安全，关爱生命。要通过法律的贯彻实施，把生产安全事故和人身伤亡降到最低限度。

（三）《安全生产法》的贯彻实施，有利于依法规范生产经营单位的安全生产工作

针对近年来发生的重大、特大事故，法律把生产经营单位的安全生产列为重中之重，对其生产经营所必须具备的安全生产条件、主要负责人的安全生产职责、特种作业人员的资质、安全投入、安全建设工程和安全设施、安全管理机构和管理人员配置、生产经营现场的安全管理、从业人员的人身保障等安全生产保障措施和安全生产违法行为应负的法律责任等做出了严格、明确的规定。这对促进生产经营单位尤其是非国有生产经营单位提高从业人员安全素质、建立健全安全生产责任制、严格规章制度、改善安全技术装备、加强现场管理、消除事故隐患和减少事故、提高企业管理水平，都有重要意义。

（四）《安全生产法》的贯彻实施，有利于各级人民政府加强对安全生产工作的领导

各级人民政府及其领导人担负着发展经济、保一方平安的繁重任务和义不容辞的政治责任。《安全生产法》明确规定各级人民政府应当加强对安全生产工作的领导，支持、督促各有关部门依法履行安全生产监督管理职责，采取多种形式，加强对安全生产法律、法规和安全生产知识的宣传，提高职工群众的安全生产意识；要求县级以上地方各级人民政府对安全生产监督管理中存在的重大问题应当及时予以协调、解决。这就依法确定了各级人民政府在安全生产工作中的地位、任务和责任。只有各级人民政府特别是地方人民政府真正把安全生产当作重要工作来抓，处理好安全生产与稳定发展的关系，加强领导，采取有力措施，才能够遏制重大、特大事故，确保社会稳定，促进地方经济发展。

（五）《安全生产法》的贯彻实施，有利于安全生产监管部门和有关部门依法行政，加强监督管理

各级安全生产监督管理部门和有关部门是具体实施安全生产监督管理工作的职能部门。为了理顺关系，明确职责，《安全生产法》规定各级安全生产监督管理部门依照本法对安全生产工作实施综合监督管理，其他有关部门依照本法和其他有关法律、行政法规规定的职责范围，对有关的安全生产工作实施监督管理。这就依法界定了综合监督管理与专项监督管理的关系，有利于综合监管部门与专项监管部门依法各司其职，相互协同，齐抓共管，做好安全生产监督管理工作。为了发挥城镇基层社区组织和舆论对安全生产工作的监督作用，协助政府和安全生产监管部门查处安全生产违法行为，《安全生产法》专门规定了居民委员会、村民委员会和新闻媒体对安全生产进行监督的权利义务，从而把各级人民政府及其安全生产监管部门的监督范围扩大到全社会，延伸到城镇街道和农村，形成全

社会共同参与监督安全生产工作的格局。

（六）《安全生产法》的贯彻实施，有利于提高从业人员的安全素质

通过大量的事故分析来看，从业人员安全素质的高低，直接关系到能否实现安全生产。安全生产，既是从业人员神圣的权利又是义不容辞的义务。针对大批从业人员安全素质偏低的问题，《安全生产法》在赋予从业人员安全生产权利的同时，还明确规定了他们必须履行的遵章守规，服从管理，接受培训，提高安全技能，及时发现、处理和报告事故隐患和不安全因素等法定义务及其法律责任。只有从业人员切实履行这些法定义务，逐步提高自身的安全素质，提高安全生产技能，才能及时有效地避免和消除大量的事故隐患，掌握安全生产的主动权。

（七）《安全生产法》的贯彻实施，有利于增强全体公民的安全法律意识

关注安全，人人有责。实现安全生产，必须通过宣传教育、培训、监管和执法等活动，增强全体公民的安全法律意识。《安全生产法》赋予公民在安全生产方面的参与权、知情权、避险权、检控权、求偿权和诉讼权，其目的不仅在于维护他们的合法权益，还在于促使他们在各项生产经营活动中重视安全、保证安全，自觉遵守安全生产法律、法规，养成自我保护、关心他人和保障安全的意识，协助政府和有关部门查堵不安全漏洞，同安全生产违法行为作斗争，使关心、支持、参与安全生产工作成为每个公民的自觉行动。

（八）《安全生产法》的贯彻实施，有利于制裁各种安全生产违法行为

对安全生产违法行为打击不力，是导致生产安全事故多发的原因之一。法律的基本功能之一就是对违反法律规范的违法行为实施制裁，保证社会的正常秩序。《安全生产法》针对近年来出现的主要安全生产违法行为，设定了严厉的法律责任，其范围之广、力度之大是空前的。各级安全生产监督管理部门要坚持有法必依、执法必严、违法必究的法制原则，秉公执法，严惩那些安全生产违法犯罪分子，形成一个强大的法制氛围，促进安全生产。

第三节　我国安全生产法律体系的基本框架

一、安全生产法律体系的概念和特征

（一）安全生产法律体系的概念

安全生产法律体系，是指我国全部现行的、不同的安全生产法律规范形成的有机联系的统一整体。

（二）安全生产法律体系的特征

具有中国特色的安全生产法律体系正在构建之中。这个体系具有 3 个特点。

1. 法律规范的调整对象和阶级意志具有统一性

加强安全生产监督管理，保障人民生命财产安全，预防和减少生产安全事故，促进经济发展，是党和国家各级人民政府的根本宗旨。国家所有的安全生产立法，体现了工人阶级领导下的最广大的人民群众的最根本利益，都要围绕着"三个代表"重要思想和科学发

展观，围绕着执政为民这一根本宗旨，围绕着基本人权的保护这个基本点而制定。安全生产法律规范是为巩固社会主义经济基础和上层建筑服务的，它是工人阶级乃至国家意志的反映，是由人民民主专政的政权性质所决定的。生产经营活动中所发生的各种社会关系，需要通过一系列的法律规范加以调整。不论安全生产法律规范有何种内容和形式，它们所调整的安全生产领域的社会关系，都要统一服从和服务于社会主义的生产关系、阶级关系，紧密围绕着"三个代表"重要思想、执政为民和基本人权保护而进行。

2. 法律规范的内容和形式具有多样性

安全生产贯穿于生产经营活动的各个行业、领域，各种社会关系非常复杂。这就需要针对不同生产经营单位的不同特点，针对各种突出的安全生产问题，制定各种内容不同、形式不同的安全生产法律规范，调整各级人民政府、各类生产经营单位、公民相互之间在安全生产领域中产生的社会关系。这个特点就决定了安全生产立法的内容和形式又是各不相同的，它们所反映和解决的问题是不同的。

3. 法律规范的相互关系具有系统性

安全生产法律体系是由母系统与若干个子系统共同组成的。从具体法律规范上看，它是单个的；从法律体系上看，各个法律规范又是母体系不可分割的组成部分。安全生产法律规范的层级、内容和形式虽然有所不同，但是它们之间存在着相互依存、相互联系、相互衔接、相互协调的辩证统一关系。

二、安全生产法律体系的基本框架

安全生产法律体系究竟如何构建，这个体系中包括哪些安全生产立法，尚在研究和探索之中。我们可以从上位法与下位法、普通法与特殊法和综合性法与单行法等 3 个方面来认识并构建我国安全生产法律体系的基本框架。

（一）从法的不同层级上，可以分为上位法与下位法

法的层级不同，其法律地位和效力也不同。上位法是指法律地位、法律效力高于其他相关法的立法。下位法相对于上位法而言，是指法律地位、法律效力低于相关上位法的立法。不同的安全生产立法对同一类或者同一个安全生产行为做出不同法律规定的，以上位法的规定为准，适用上位法的规定。上位法没有规定的，可以适用下位法。下位法的数量一般多于上位法。

1. 法律

法律是安全生产法律体系中的上位法，居于整个体系的最高层级，其法律地位和效力高于行政法规、地方性法规、部门规章、地方政府规章等下位法。国家现行的有关安全生产的专门法律有《安全生产法》、《消防法》、《道路交通安全法》、《海上交通安全法》、《矿山安全法》；与安全生产相关的法律主要有《劳动法》、《职业病防治法》、《工会法》、《矿产资源法》、《铁路法》、《公路法》、《民用航空法》、《港口法》、《建筑法》、《煤炭法》和《电力法》等。

2. 法规

安全生产法规分为行政法规和地方性法规。

（1）行政法规。安全生产行政法规的法律地位和法律效力低于有关安全生产的法律，

高于地方性安全生产法规、地方政府安全生产规章等下位法。国家现有的安全生产行政法规有《安全生产许可证条例》、《危险化学品安全管理条例》、《建设工程安全生产管理条例》、《煤矿安全监察条例》等。

（2）地方性法规。地方性安全生产法规的法律地位和法律效力低于有关安全生产的法律、行政法规，高于地方政府安全生产规章。经济特区安全生产法规和民族自治地方安全生产法规的法律地位和法律效力与地方性安全生产法规相同。安全生产地方性法规有《北京市安全生产条例》、《天津市安全生产条例》、《河南省安全生产条例》等。

3. 规章

安全生产行政规章分为部门规章和地方政府规章。

（1）部门规章。国务院有关部门依照安全生产法律、行政法规的规定或者国务院的授权制定发布的安全生产规章的法律地位和法律效力低于法律、行政法规，高于地方政府规章。

（2）地方政府规章。地方政府安全生产规章是最低层级的安全生产立法，其法律地位和法律效力低于其他上位法，不得与上位法相抵触。

4. 法定安全生产标准

虽然目前我国没有技术法规的正式用语且未将其纳入法律体系的范畴，但是国家制定的许多安全生产立法却将安全生产标准作为生产经营单位必须执行的技术规范而载入法律，安全生产标准法律化是我国安全生产立法的重要趋势。安全生产标准一旦成为法律规定必须执行的技术规范，它就具有了法律上的地位和效力。执行安全生产标准是生产经营单位的法定义务，违反法定安全生产标准的要求，同样要承担法律责任。因此，将法定安全生产标准纳入安全生产法律体系范畴来认识，有助于构建完善的安全生产法律体系。法定安全生产标准分为国家标准和行业标准，两者对生产经营单位的安全生产具有同样的约束力。法定安全生产标准主要是指强制性安全生产标准。

（1）国家标准。安全生产国家标准是指国家标准化行政主管部门依照《标准化法》制定的在全国范围内适用的安全生产技术规范。

（2）行业标准。安全生产行业标准是指国务院有关部门和直属机构依照《标准化法》制定的在安全生产领域内适用的安全生产技术规范。行业安全生产标准对同一安全生产事项的技术要求，可以高于国家安全生产标准但不得与其相抵触。

（二）从同一层级的法的效力上，可以分为普通法与特殊法

我国的安全生产立法是多年来针对不同的安全生产问题而制定的，相关法律规范对一些安全生产问题的规定有所差别。有的侧重解决一般的安全生产问题，有的侧重或者专门解决某一领域的特殊的安全生产问题。因此，在安全生产法律体系同一层级的安全生产立法中，安全生产法律规范有普通法与特殊法之分，两者相辅相成、缺一不可。这两类法律规范的调整对象和适用范围各有侧重。普通法是适用于安全生产领域中普遍存在的基本问题、共性问题的法律规范，它们不解决某一领域存在的特殊性、专业性的法律问题。特殊法是适用于某些安全生产领域独立存在的特殊性、专业性问题的法律规范，它们往往比普通法更专业、更具体、更有可操作性。如《安全生产法》是安全生产领域的普通法，它所确定的安全生产基本方针原则和基本法律制度普遍适用于生产经营活动的各个领域。但对

于消防安全和道路交通安全、铁路交通安全、水上交通安全和民用航空安全领域存在的特殊问题，其他有关专门法律另有规定的，则应适用《消防法》、《道路交通安全法》等特殊法。据此，在同一层级的安全生产立法对同一类问题的法律适用上，应当适用特殊法优于普通法的原则。

（三）从法的内容上，可以分为综合性法与单行法

安全生产问题错综复杂，相关法律规范的内容也十分丰富。从安全生产立法所确定的适用范围和具体法律规范看，可以将我国安全生产立法分为综合性法与单行法。综合性法不受法律规范层级的限制，而是将各个层级的综合性法律规范作为整体来看待，适用于安全生产的主要领域或者某一领域的主要方面。单行法的内容只涉及某一领域或者某一方面的安全生产问题。

在一定条件下，综合性法与单行法的区分是相对的、可分的。《安全生产法》就属于安全生产领域的综合性法律，其内容涵盖了安全生产领域的主要方面和基本问题。与其相对，《矿山安全法》就是单独适用于矿山开采安全生产的单行法律。但就矿山开采安全生产的整体而言，《矿山安全法》又是综合性法，各个矿种开采安全生产的立法则是矿山安全立法的单行法。如《煤炭法》既是煤炭工业的综合性法，又是安全生产和矿山安全的单行法。再如《煤矿安全监察条例》既是煤矿安全监察的综合性法，又是《安全生产法》和《矿山安全法》的单行法和配套法。

三、安全生产法在安全生产法律体系中的地位

九届全国人大常委会第二十八次会议于 2002 年 6 月 29 日审议通过并于 2002 年 11 月1 日施行的《中华人民共和国安全生产法》，是在党中央领导下制定的一部"生命法"。它的颁布实施，是我国安全生产法制建设的重要里程碑。

针对社会主义市场经济体制下安全生产工作中出现的新问题、新特点，为适应新形势下安全生产监督管理的需要，《安全生产法》以"三个代表"重要思想和"安全责任重于泰山"的意识以及以人为本的理念为指导，与时俱进，以加强安全生产监督管理，防止和减少生产安全事故，保障人民群众生命和财产安全，促进经济发展为宗旨，以规范生产经营单位的安全生产为重点，以确认从业人员安全生产基本权利和义务为基础，以强化安全生产监督执法为手段，立足于事故预防，确立了安全生产的 7 项基本法律制度，制定了当前急需的安全生产法律规范，明确了安全生产法律责任。《安全生产法》是我国第一部安全生产基本法律，是各类生产经营单位及其从业人员实现安全生产所必须遵循的行为准则，是各级人民政府和各有关部门进行监督管理和行政执法的法律依据，是制裁各种安全生产违法犯罪行为的法律武器。全面、准确和深刻地认识《安全生产法》的法律性质及其法律地位，非常重要。要科学地对《安全生产法》进行定性和定位，必须从全方位、多角度去把握。

（一）《安全生产法》的立法背景

法律是上层建筑的重要组成部分。社会主义的经济基础决定了社会主义法律的本质。《安全生产法》的制定，是由我国现阶段的生产力发展水平和安全生产水平决定的。改革开放以来，在党中央、国务院以及各级地方党委和人民政府的领导下，我国的

安全生产状况逐步好转。但近年来，安全生产状况很不稳定，重大、特大事故连续发生。为了加强安全生产监督管理，遏制事故，减少人民生命和财产损失，保证社会主义现代化建设的顺利进行，党中央、国务院坚持安全第一的方针，先后采取了安全生产专项整治，特别是加强法制等一系列重大举措，为实现安全生产的稳定好转奠定了外部条件。在党中央提出依法治国，建设社会主义法治国家的基本方略以后，安全生产法制建设被提到前所未有的重要位置上，安全生产法制建设的进程不断加快。《安全生产法》正是在这种背景下制定的。

（二）《安全生产法》的调整对象

从《安全生产法》的调整对象看，它是一部调整安全生产方面社会关系的专门法律。法律的调整对象是指法律所调整的社会关系，经法律调整后所产生的权利和义务关系就是法律关系。安全生产法律关系是指各行各业的公民、法人和社会组织相互之间，在从事生产经营和监督管理的活动中所发生的安全生产方面的权利和义务关系。安全生产法律关系错综复杂，其中基本的社会关系有下列 5 种：

1. 各级人民政府及其安全生产综合监督管理部门、有关安全生产专项监督管理部门及其安全生产监督检查人员，在履行法定职权时与生产经营单位、有关社会组织和从业人员之间所发生的监督管理关系。这是一种自上而下的基于国家行政管理活动所发生的纵向的行政管理关系。

2. 各级安全生产监督管理部门与其他有关部门之间的综合监督管理与专项监督管理的协调、指导和监督关系。这是各级人民政府所属的平行的各有关安全生产监督管理部门之间，依照法定职权和本级人民政府的授权，在安全生产监督管理工作中各司其职、相互配合时所发生的横向的协同关系。综合监督管理部门主要负责拟定综合性安全生产法律、法规、规章、政策和规划，协调解决重大安全生产问题，调查处理重大、特大生产安全事故，查处安全生产违法行为，指导、监督有关部门的专项安全生产监督管理工作。

3. 生产经营单位内部管理者与从业人员的安全生产管理关系。作为一个生产经营单位，它依法进行安全生产，必然要建立内部安全生产管理体系。这是生产经营单位的主要负责人、分管负责人、安全管理机构负责人、内设机构负责人和作业单位负责人与从业人员之间以及从业人员之间存在的安全管理关系。这种微观管理关系也是《安全生产法》的调整对象。

4. 生产经营单位之间及其与社会组织、公民之间的安全生产方面的权利义务关系。生产经营活动的对象是为社会公众服务的，生产经营单位的生产经营活动是否安全，事关相关单位和从业人员以及不特定的公民的人身安全和财产安全。譬如，工厂、商厦、饭店、博物馆等生产经营单位，承包、租赁场所的安全条件是否符合法律规定，直接涉及从业人员、居民、顾客和观众的人身安全。《安全生产法》对此进行必要的调整，规范生产经营单位的行为，明确各自的权利义务，有利于建立正常、可靠的安全生产秩序，为社会创造一个安定、祥和的环境。

5. 涉外安全生产管理关系。目前我国的中外合资、中外合作和外商独资等"三资"企业数量很多，遍及许多行业。随着我国加入 WTO，对"三资"企业的安全管理日益与国际接轨，"三资"企业也必须严格依照我国法律进行生产经营活动，保证安全生产。因此，《安全生产法》同样适用于"三资"企业。

（三）《安全生产法》的基本原则

学习实施《安全生产法》，应当掌握贯穿于全部立法过程和法律条文的指导思想和思路，这就是《安全生产法》的 5 项基本原则。只有这样，才能透彻了解立法的背景和指导思想，把握法律条文的内涵，融会贯通，学以致用。多年来，究竟按照什么思路去体现党和国家关于安全生产工作的大政方针，按照什么思路去构建法律的基本制度，这是立法过程中争论较多也急需确定的重大原则问题。《安全生产法》的基本原则是贯穿于立法和法律实施中的指导思想和基本思路，是统率 7 项基本法律制度的总纲。它高度概括了党和国家重视安全生产的一贯方针政策，集中体现了"三个代表"的重要思想，总结了多年来安全生产工作的经验教训，抓住了当前安全生产工作的薄弱环节和突出矛盾，提供了规范生产经营活动安全的法律武器。

1. 人身安全第一的原则

以人为本是科学发展观的核心，"国家尊重和保障人权"已经载入我国宪法。我们社会主义国家的本质是人民当家作主，人民的利益高于一切。我们的每一项工作，都是为人民服务。而作为人民群众的主要组成部分的大批从业人员，他们从事着各种生产经营活动，往往面临着各种危险因素、事故隐患的威胁。一旦发生生产安全事故，从业人员的生命和健康将受到直接的损害。随着社会经济发展和民主法制的进步，人的社会地位尤其是人的生命权受到前所未有的重视和保障。安全生产最根本最重要的就是保障从业人员的人身安全，保障他们的生命权不受侵犯。按照这个原则，《安全生产法》第一条就将保障人民群众生命财产安全作为立法宗旨，并且在第三章专门对从业人员在生产经营活动中的人身安全方面所享有的权利做出了明确的规定。针对一些私营业主草菅人命的问题，法律第一次赋予从业人员依法享有工伤社会保险和获得民事赔偿的权利，充分体现了国家对尊重和保护从业人员生命和财产权利的高度重视。《安全生产法》的许多条文都是围绕着从业人员的人身安全规定的，要求生产经营单位必须围绕着保障从业人员的人身安全这个核心抓好安全管理工作。

2. 预防为主的原则

"安全第一，预防为主"是党和国家的一贯方针。但是目前各级政府和负有安全生产监管职责的部门牵扯精力最多、工作量最大的，往往是对生产安全事故的调查处理。如果从安全管理和监督的过程来说，可以分为事前、事中和事后的管理和监督。

事前管理是指生产经营单位的安全管理工作必须重点抓好生产经营单位申办、筹办和建设过程中的安全条件论证、安全设施"三同时"等工作，在正式投入生产经营之前就符合法定条件或者要求，把可能发生的事故隐患消灭在建设阶段。事中管理是指在生产经营全过程中的安全管理，其环节最多、过程最长，需要每时每处都保证安全，因此生产经营单位必须建章立制，加强管理，保证安全。事后管理是指发生事故后的抢救和善后处理工作。《安全生产法》对此作出了具体的规定。为了检查督促生产经营单位的安全预防工作，法律同时要求政府及其负有安全生产监管职责的部门把监督工作的重点前移，放在事前监管和事中监管上，重在预防性、主动性的监督。为此，法律明确规定负有安全生产监管职责的部门要对生产经营单位的安全生产条件，安全设施的设计、验收和使用，生产经营单位主要负责人和特种作业人员的资格，安全机构及其人员，安全培训，安全规章制度，特种设备，重大危险源监控，危险物品和危险作业，作业现场安全管理等加强监管，由被动监管转向主动预防，将事故隐患消灭在萌芽状态，防止和减少重大、特大事故的发生。

3. 权责一致的原则

当前重大事故不断发生的一个重要原因，是一些拥有安全事项行政审批许可及安全监管权力的有关政府部门及其工作人员只要权力，不要责任，出了事故，推卸责任。这种有权无责，权责分离现象的蔓延，必然导致某些政府部门及其工作人员玩忽职守、徇私枉法，对该审批的安全事项不依法审批，不该批准的安全事项违法批准，应当监督管理的不负责任，其结果是一旦出了事故，负责行政审批发证和监督管理的部门和人员想方设法置身法外，不承担任何责任。要从根本上解决这个问题，必须按照权责一致的原则依法建立权责追究制度，明确和加重地方各级人民政府的安全生产责任，使其在拥有职权的同时承担相应的职责，权力越大，责任越重。为了加强安全生产的监督管理，《安全生产法》强化了各级人民政府和负有安全生产监管职责的部门的负责人和工作人员的相关职权和手段，同时也对其违法行政所应负的法律责任及约束监督机制作出了明确规定。

4. 社会监督、综合治理的原则

安全生产涉及社会各个方面和千家万户，仅靠负责安全生产监督管理职责的部门是难以实现的，还必须调动社会的力量进行监督，并发挥各有关部门的职能作用，齐抓共管，综合治理。要依靠群众、企业职工、工会等社会组织、新闻舆论的大力协助和监督，实行群防群治。要提高全社会的安全意识，才能形成全社会关注安全、关爱生命的社会氛围和机制。《安全生产法》主要是通过建立社区基层组织和公民对安全生产的举报制度和加强舆论监督来强化社会监督的力度，将安全生产的视角和触角延伸到社会的各个领域、各个方面和各个地方，以协助政府和部门加强监管。各级安全生产监督管理部门在依法履行职责的同时，还应当在政府的统一领导下，依靠公安、监察、交通、工商、建筑、质监等有关部门的力量，加强沟通，密切配合，联合执法。只有加强社会监督，实现综合治理，才能从根本上扭转安全意识淡薄、安全隐患多、事故多发的状况，把事故降下来，实现安全生产的稳定好转。

5. 依法从重处罚的原则

安全生产形势严峻、重大责任事故时有发生的另一个原因，是现行相关立法的处罚力度过轻，不足以震慑和惩治各种安全生产和造成重大事故的违法犯罪分子。随着社会主义市场经济的发展，非公有制经济成分必将逐渐增加。据统计，全国每年各类生产安全事故的60%～80%发生在非公有制生产经营单位。一些私营生产经营单位的老板，只求效益不顾安全，出了事故便逃之夭夭，把大量的遗留问题推给政府和社会。过去的安全生产立法主要是针对国有企业制定的，对非公有制企业的安全生产缺乏明确的、严格的法律规范，对违法者存在着法律责任的缺失和处罚偏轻的问题。这也是少数私营业主敢于以身试法的原因之一。对违法者的仁慈，就是对人民的犯罪。所以，对那些严重违反安全生产法律、法规的违法者，必须追究其法律责任，依法从重处罚。《安全生产法》设定了安全生产违法应当承担的行政责任和刑事责任，设定了11种行政处罚，有11条规定构成犯罪的要依法追究其刑事责任，还破例地设定了民事责任，其法律责任形式之全、处罚种类之多、处罚之严厉都是前所未有的。这充分反映了国家对严重的安全生产违法者和造成重大、特大生产安全事故的责任者依法课以重典的指导思想。

第二章 中华人民共和国安全生产法

第一节 安全生产法的立法目的、适用范围

一、安全生产法的立法目的

安全生产问题千头万绪，不仅有法律问题，还有经济、技术和社会问题。法律的规范作用很强，但它不是万能的，不可能解决所有的问题，只能将其中最重要、最紧迫和立法条件成熟的法律问题纳入其调整范围。安全生产问题错综复杂，当前及今后相当长的一段时间，有四个问题影响最大、危害最严重，需要《安全生产法》来解决。

一是安全生产监督管理薄弱。首先应当肯定，党和国家高度重视安全生产监督管理工作。不论机构如何改革，各级人民政府都有负责对安全生产监督管理工作的机构。国家先后制定了几十部有关安全生产的法律、行政法规，安全生产监督管理工作初步做到了有法可依。但是必须看到，我国尚处在社会主义初级阶段，社会生产力水平较低，决定了生产安全的低水平。由于政府机构多次改革，新旧安全生产监督管理体制交替，具有中国特色的、有权威的、高效率的、统一的安全生产监督管理体制，集中统一管理的安全生产监督执法队伍还未形成。虽然从中央到大部分省级和部分市县人民政府都建立了分级管理的安全生产监督管理机构，但其规格、职能、隶属关系、人员编制、经费和监督执法手段各不相同，不同程度存在着规格较低、职能不一、隶属关系复杂、人员紧缺、经费匮乏、监督执法手段乏力等问题。一些政府领导人对安全生产工作重视程度不够，没有真正从政治高度深刻认识到安全生产事关人民群众生命和财产安全，事关改革稳定和现代化建设的大局，事关党、国家的政治威信和国家的国际形象，误认为安全生产会阻碍经济的发展，缺乏对人民群众高度负责的政治责任感，对安全生产的监督管理不到位。

二是生产经营单位安全生产基础薄弱，生产安全事故居高不下。由于安全生产工作监督管理不到位，生产经营单位的安全条件、主要负责人和特种作业人员安全资格及其安全责任、安全机构设置、安全设施设备管理、现场作业安全保障、交叉作业和承包租赁场所安全管理、危险物品和重大危险源管理以及从业人员工伤社会保险等企业生产经营安全方面的重要问题没有基本的法律规范，许多生产经营单位特别是大量非国有生产经营单位的安全生产条件差，管理混乱，各种事故隐患和不安全因素不能被及时有效地发现和消除，以致重大、特大事故频繁发生，安全生产的管理与经济的发展严重脱节，事故水平与发达国家之间的差距非常大。

三是从业人员的人身安全缺乏应有的法律保障。作为生产安全事故的直接受害者，每年我国有十几万人死于各种伤亡事故，远远高于发达国家。生产安全事故造成大量的人员

伤亡、巨大的经济损失和恶劣的社会影响，使从业人员及其亲属没有安全感，引发了一系列社会问题。我国是人民民主专政的社会主义国家，人民的利益高于一切，生命的安全高于一切。各级人民政府的宗旨是为人民服务。如果连人民群众最基本的人身安全都不能得到有效的保障，代表最广大人民群众的根本利益和全心全意为人民服务便无从谈起，社会和谐也受到破坏。因此，保证生产经营单位从业人员的生命安全，是安全生产工作的主要任务和目标，是各级人民政府和各有关部门义不容辞的责任。

四是安全生产问题严重制约和影响了社会主义现代化建设事业的顺利发展。很多地方和生产经营单位把发展经济和提高经济效益列为首要任务，对经济发展所引发的安全生产问题重视不够，不能正确处理安全生产与发展经济的关系。一些生产经营单位，"要钱不要命"，为了赚钱不惜以牺牲从业人员生命和发生事故为代价，减少甚至不进行安全生产投入，以降低短期成本追求长期利润。而一旦发生重大、特大事故，除了人员死亡之外还会不同程度地造成经济损失，其代价往往要等于或者高于安全生产投入成本，最终厂毁人亡，付出高昂的代价。据统计，近些年我国平均每天因安全事故死亡300余人，经济损失约占GDP的2%左右。

为了解决上述问题，《安全生产法》第一条明文规定："为了加强安全生产监督管理，防止和减少生产安全事故，保障人民群众生命和财产安全，促进经济发展，制定本法。"这既是《安全生产法》的立法宗旨，又是法律所要解决的基本问题。《安全生产法》的立法指导思想、方针原则、基本法律制度、法律条文都是围绕这个立法宗旨确定的。要全面、准确地领会和实现《安全生产法》的立法目的，应当把握下列5点：

第一，安全生产工作必须坚持安全责任重于泰山和安全发展的指导思想。安全生产，人人有责。各级人民政府领导人及其各有关部门负责人都应时刻牢记全心全意为人民服务的根本宗旨，认真学习并贯彻实施《安全生产法》的有关规定，明确安全生产责任，重视安全生产，抓紧安全生产，抓好安全生产，做到不安全不生产，要生产必须安全，以防止和减少重大、特大生产安全事故，减少人员伤亡，促进国民经济发展。社会组织、公民也应当把安全生产作为人人关心的大事，关注安全，关爱生命，协助政府和生产经营单位做好安全生产工作，营造一个全社会重视安全生产的氛围。

第二，依法加强安全生产监督管理是各级人民政府和各有关部门的法定职责。为了加大监督管理力度，《安全生产法》对各级人民政府及其安全生产监督管理部门的安全生产工作任务、职责、措施、处罚等方面作出了明确的规定，赋予其很大的监督管理和行政处罚的权力，同时也明确了很严格的法律责任，充分体现了有权必须负责、权责一致和权责追究的原则，对各级安全生产监督管理部门提出了依法监管、依法处罚的要求。要完成繁重而庄严的安全生产监督执法工作，各级安全生产监督管理部门的负责人和监督检查人员必须牢固树立法制观念，以对人民群众高度负责的精神，忠于职守，依法行政。

第三，生产经营单位必须把安全生产工作摆在首位，安全生产与生产运营要同步。生产经营单位是安全生产的主体，安全生产是否有位置、有机构、有投入、有措施、有成效，生产经营单位的主要负责人是关键。《安全生产法》关于生产经营单位安全生产保障的规定，都要依靠厂长经理逐项组织落实。因此，生产经营单位必须坚持"安全第一、预防为主"的方针，警钟长鸣，常抓不懈。在任何时候、任何场所，都不能忘记安全生产，不能有丝毫的含糊动摇，不能有丝毫的麻痹松懈，不能有丝毫的侥幸敷衍，不能有丝毫的厌战情绪。生产经营单位应当依照《安全生产法》的有关规定，切实保证安全投入的有效实施，不断更新、改造和维护安全技术装备，不断改善安全生产的"硬件"。同时应当加强各项安全生产规章制度、岗位安全责任、作业现场安全管理、从业人员安全素质等安全生产的"软件"建设。只有这样，才能使生产经营单位具备法定的安全生产条件，防止和减少事故特别是重大、特大事故，实现安全生产，提高企业的经济效益。

第四，从业人员必须提高自身安全素质，防止和减少生产安全事故。大量的从业人员既是生产经营活动的主要承担者，又是生产安全事故的受害者或者责任者。要保障他们的人身安全，必须尽快提高他们的安全素质和安全生产技能。针对从业人员安全素质较低的现状，《安全生产法》对从业人员的安全生产权利和义务做出了规定，目的在于增强他们的安全意识和自我保护意识，提高他们的安全生产技能，认识到作业活动过程中的风险，掌握事故预防措施和安全的工作方法，促使他们尽职尽责地进行生产经营作业，预防事故，及时发现、处理事故隐患和不安全因素，最大限度地降低事故发生率，确保安全生产。只有重视、促进从业人员安全素质的提高，才能从根本上提高生产经营单位的安全水平。

第五，安全生产监督管理部门必须加大监督执法力度，依法制裁安全生产违法犯罪分子。法律的基本功能是制裁违法犯罪分子，维护社会的正常秩序。当前安全生产状况不好的重要原因之一是安全生产行政执法力度不够，许多安全生产违法行为未能及时受到惩治。《安全生产法》关于安全生产违法行为的界定及其法律责任追究的规定是非常严厉的。各级安全生产监督管理部门是安全生产监督管理的主体，应当坚持有法必依，执法必严，违法必究，对安全生产违法行为和犯罪分子，坚决绳之以法，促进安全生产稳定好转。

二、安全生产法的适用范围

《安全生产法》是对所有生产经营单位的安全生产普遍适用的基本法律。

（一）空间的适用

《安全生产法》第二条规定："在中华人民共和国领域内从事生产经营活动的单位（以下统称生产经营单位）的安全生产，适用本法……"。按照《安全生产法》第九十七条的规定，自 2002 年 11 月 1 日起，所有在中华人民共和国陆地、海域和领空的范围内从事生产经营活动的生产经营单位，必须依照《安全生产法》的规定进行生产经营活动，违法者必将受到法律制裁。

（二）主体和行为的适用

法律所谓的"生产经营单位"，是指所有从事生产经营活动的基本生产经营单元，具体包括各种所有制和组织形式的公司、企业、社会组织和个体工商户，以及从事生产经营活动的公民个人。《安全生产法》之所以称为我国安全生产的基本法律，不是指国家法律体系和法学对宪法、基本法律、法律进行分类的概念，而是就其在各个有关安全生产的法律、法规中的主导地位和作用而言的，是指它在安全生产领域内具有适用范围的广泛性、法律制度的基本性、法律规范的概括性，主要解决安全生产领域中普遍存在的基本法律问题。换言之，《安全生产法》的基本法律制度和新的法律规范是其他有关法律、法规所没有而且也不可能有的"通用件"。除了消防安全和道路交通安全、铁路交通安全、水上交通安全、民用航空安全适用有关法律、行政法规原有特殊规定以外的所有生产经营单位的安全生产，都要适用《安全生产法》。排除适用的上述有关法律、行政法规，今后也要依照《安全生产法》的基本法律规范，制定新法或者修订旧法时，不应与《安全生产法》确立的基本方针、基本原则和基本法律制度相悖。

（三）排除适用

《安全生产法》第二条规定："……有关法律、行政法规对消防安全和道路交通安全、铁路交通安全、水上交通安全、民用航空安全另有规定的，适用其规定。"对这种排除适用的特殊规定，应当从下列几个方面理解：

1. 《安全生产法》确定的安全生产领域基本的方针、原则、法律制度和新的法律规定，是其他法律、行政法规无法确定并且没有规定的，它们普遍适用于消防安全和道路交通安全、铁路交通安全、水上交通安全、民用航空安全。

2. 消防安全和道路交通安全、铁路交通安全、水上交通安全、民用航空安全现行的有关法律、行政法规已有规定的，不适用《安全生产法》。这些有关法律、行政法规是专门解决消防和交通领域安全生产特殊问题的单行立法。涉及这些领域的安全生产问题，应当首先考虑和优先适用特殊法的规定。《安全生产法》正是根据这个原则，充分考虑和界定了它与相关特殊法的衔接和关系，在其普遍适用的前提下对特别法的适用做出了除外规定。这样规定，在同一问题上就不存在普通法与特殊法之间有关法律条文规定不一致的"法律冲突"，更不存在安全生产监督管理部门与公安、交通、铁道、民航等负责专项安全生产监督管理的部门之间的职责交叉。

3. 有关法律、行政法规对消防安全和道路交通安全、铁路交通安全、水上交通安全、民用航空安全没有规定的，适用《安全生产法》。有关消防安全和道路交通安全、铁路交通安全、水上交通安全、民用航空安全的法律、行政法规多数都已年代久远，有些规定已经不适应当前安全生产领域出现的新情况、新问题和新形势，亟待修订和补充。《安全生产法》的大部分法律规定，都是上述特别法所没有的。也就是说，现行的消防安全和道路交通安全、铁路交通安全、水上交通安全、民用航空安全的法律、行政法规对特殊的安全生产问题没有规定的，应当依照《安全生产法》的有关规定执行。

4. 今后制定和修订有关消防安全和道路交通安全、铁路交通安全、水上交通安全、民用航空安全的法律、行政法规时，也要符合《安全生产法》确定的基本的方针原则、法律制度和法律规范，不应抵触。上述特别法都是在没有安全生产基本法律的情况下出台的，它们所没有的法律规定只能通过《安全生产法》加以补充完善和适用。但在安全生产领域已经制定出基本法律的前提下，其后出台的特别法则应遵循《安全生产法》的基本法律规范。

总之，在我国安全生产法律体系中，《安全生产法》的法律地位和法律效力是最高的。《安全生产法》是我国第一部安全生产领域的基本法律。只有科学地认识《安全生产法》的法律性质及其法律地位，才能处理好《安全生产法》与其他安全生产法律、法规的关系，使这部法律得以完整地、准确地贯彻实施。

第二节 安全生产法的基本规定

一、安全生产管理的方针

《安全生产法》第三条规定"安全生产管理，坚持安全第一、预防为主的方针"。"安全第一、预防为主"是安全生产基本方针，是《安全生产法》的灵魂。《安全生产法》的基本法律制度和法律规范始终突出了"安全第一、预防为主"的方针。安全生产，重在预防。学习宣传贯彻《安全生产法》，必须把预防事故作为安全生产工作的着眼点和落脚点，进行主动的、超前的管理。《安全生产法》关于预防为主的规定，主要体现为"六先"，即：

（一）安全意识在先

由于各种原因，我国公民目前的安全意识相对淡薄。随着经济发展和社会进步，安全生产已不再是生产经营单位发生事故造成人员伤亡的个别问题，而是事关人民群众生命和财产安全，事关国民经济发展和社会稳定大局的社会问题和政治问题。关爱生命、关注安全是全社会政治、经济和文化生活的主题之一。重视和实现安全生产，必须有强烈的安全意识。从"科学发展"和"安全发展"的高度认识安全生产工作，有高度的安全意识，真正做好安全工作，实现安全生产。《安全生产法》把宣传、普及安全意识作为各级人民政府及其有关部门和生产经营单位的重要任务，规定"各级人民政府及其有关部门应当采取多种形式，加强对有关安全生产法律、法规和安全生产知识的宣传，提高职工的安全生产意识"，要求"生产经营单位应当对从业人员进行安全生产教育和培训，保证从业人员具备必要的安全生产知识，熟悉有关的安全生产规章制度和安全操作规程，掌握本岗位的安全操作技能"，"从业人员应当接受安全生产教育和培训，掌握本职工作所需的安全生产知识，提高安全生产技能，增强事故预防和应急处理能力"。只有增强全体公民特别是从业人员的安全意识，才能使安全生产得到普遍的和高度的重视，极大地提高全民的安全素质，使安全生产变为每个公民的自觉行动，从而为实现安全生产的根本好转奠定深厚的思想基础和群众基础。

（二）安全投入在先

生产经营单位要具备法定的安全生产条件，必须有相应的资金保障，安全投入是生产经营单位的"救命钱"。一些生产经营单位特别是非国有生产经营单位重效益轻投入，其安全投入较少或者严重欠账，因而导致安全技术装备陈旧落后，不能及时地得到更新、维护，这就必然使许多不安全因素和事故隐患不能及时发现和消除，抗灾能力下降，引发事故。要预防事故，必须有足够的、有效的安全投入。《安全生产法》把安全投入作为必备的安全保障条件之一，要求"生产经营单位应当具备的安全投入，由生产经营单位的决策机构、主要负责人或者个人经营的投资人予以保证，并对安全生产所必需的资金投入不足导致的后果承担责任"。不依法保障安全投入的，将承担相应的法律责任。

（三）安全责任在先

实现安全生产，必须建立健全各级人民政府及其有关部门和生产经营单位的安全生产责任制，各负其责，齐抓共管。针对当前存在的安全责任不明确、权责分离的问题，《安全生产法》在明确赋予政府、有关部门、生产经营单位及其从业人员各自的职权、权利的同时设定其安全责任，是实现预防为主的必要措施。《安全生产法》突出了安全生产监督管理部门和有关部门主要负责人和监督执法人员的安全责任，突出了生产经营单位主要负责人的安全责任，目的在于通过明确安全责任来促使他们重视安全生产工作，加强领导。《安全生产法》第八条规定："国务院和地方各级人民政府应当加强对安全生产工作的领导，支持、督促各有关部门依法履行安全生产监督管理职责。"第九条对各级人民政府安全生产监督管理部门和有关部门的监督管理职权作出规定，并对其工作人员违法行政设定了相应的法律责任。《安全生产法》第五条规定："生产经营单位的主要负责人对本单位的安全生产工作全面负责"，第十七条明确了其应当履行的 6 项职责。第六章针对负有安全生产监督管理职责的部门的工作人员和生产经营单位的主要负责人的违法行为，规定了严厉的法律责任。法律的上述规定就是为了增强各有关部门及其工作人员和生产经营单位主要负责人的责任感，切实履行自己的法定职责。

（四）建章立制在先

预防为主需要通过生产经营单位制定并落实各种安全措施和规章制度来实现。"没有规矩，不成方圆"，生产经营活动涉及安全的工种、工艺、设施设备、材料和环节错综复杂，必须制定相应的安全规章制度、操作规程，并采取严格的管理措施，才能保证安全。安全规章制度不健全或者废弛，安全管理措施不落实，势必埋下不安全因素和事故隐患，最终导致事故。因此，建章立制是实现预防为主的前提条件。《安全生产法》对生产经营单位建立健全和组织实施安全生产规章制度和安全措施等问题作出的具体规定，是生产经营单位必须遵守的行为规范。

（五）隐患预防在先

预防为主，主要是为了防止和减少生产安全事故。无数案例证明，绝大多数生产安全事故是人为原因造成的，属于责任事故。在一般情况下，大部分事故发生前都有不安全隐患，如果事故防范措施周密，从业人员尽职尽责，管理到位，都能够使隐患得到及时消除，可以避免或者减少事故。即使发生事故，也能够减轻人员伤害和经济损失。所以，消除事故隐患，预防事故发生是生产经营单位安全工作的重中之重。《安全生产法》从生产经营的各个主要方面，对事故预防的制度、措施和管理都作出了明确规定。只要认真贯彻实施，就能够把重大、特大事故大幅度地降下来。

（六）监督执法在先

各级人民政府及其安全生产监督管理部门和有关部门强化安全生产监督管理，加大行政执法力度，是预防事故，保证安全的重要条件。安全生产监督管理工作的重点、关口必须前移，放在事前、事中监管上。要通过事前、事中监管，依照法定的安全生产条件，把住安全准入"门槛"，坚决把那些不符合安全生产条件或者不安全因素多、事故隐患严重的生产经营单位排除在"安全准入门槛"之外。要加大日常监督检查和重大危险源监控的力度，重点查处在生产经营过程中发生的且未导致事故的安全生产违法行为，发现事故隐患应当依法采取监管措施或者处罚措施，并且严格追究有关人员的安全责任。

二、生产经营单位安全生产责任制度

《安全生产法》第四条规定："生产经营单位必须遵守本法和其他有关安全生产的法律、法规，加强安全生产管理，建立、健全安全生产责任制度，完善安全生产条件，确保安全生产。"该条规定主要是依法确定了以生产经营单位作为主体、以依法生产经营为规范、以安全生产责任制为核心的安全生产管理制度。该项制度包含4方面内容：一是确定了生产经营单位在安全生产中的主体地位。生产经营单位是生产经营活动的直接承担者，也是引发生产安全事故的载体。能否确保安全生产，第一位的、决定的因素是生产经营单位的安全生产条件和安全管理状况。只有生产经营单位实现"人、机、环"三要素的统一，才能从根本上避免、预防和消除生产安全事故。二是规定了依法进行安全生产管理是生产经营单位的行为准则。现行安全生产法律、法规从各个方面制定了保障安全生产的法律规范。依法从事生产经营是法律为生产经营单位设定的义务，必须坚决履行。凡是发生生产安全事故的，通常都是违反了有关法律规定而导致的，要承担相应的法律责任。三是强调了加强管理、建章立制、改善条件，是生产经营单位实现安全生产的必要措施。四是明确了确保安全生产是建立、健全安全生产责任制的根本目的。

三、生产经营单位主要负责人的安全责任

生产经营单位主要负责人是生产经营活动和安全生产工作的决策者和指挥者，对于落实安全生产责任制，加强安全管理，确保安全生产至关重要。只有明确生产经营单位主要负责人在安全生产中的地位和责任，才能真正促使生产经营单位重视并抓好安全生产工作，防止和减少生产安全事故的发生。

（一）生产经营单位主要负责人

谁是生产经营单位安全生产工作的第一责任者，这是《安全生产法》立法过程中讨论较多也是必须明确的问题。《安全生产法》使用了"生产经营单位主要负责人"的用语，这是在各种情况下都能适用的高度概括性的表述。

1. 生产经营单位主要负责人必须是生产经营单位生产经营活动的主要决策人。主要负责人必须享有本单位生产经营活动包括安全生产事项的最终决定权，全面领导生产经营活动，如厂长、经理等。不能独立行使决策权的，不是主要负责人。譬如生产经营单位的重大生产经营事项应由董事会决策的，那么董事长就是主要负责人。

2. 生产经营单位主要负责人必须是实际领导、指挥生产经营单位日常生产经营活动的决策人。在一般情况下，生产经营单位主要负责人是其法定代表人。但是某些公司制企业特别是国内外一些特大集团公司的法定代表人，往往与其子公司的法定代表人（董事长）同为一人，他们不负责日常的生产经营活动和安全生产工作，通常是在异地或者国外。在这种情况下，那些真正全面组织、领导生产经营活动和安全生产工作的决策人就不一定是董事长，而是总经理（厂长）或者其他人。还有一些不具备企业法人资格的生产经营单位不需要并且也不设法定代表人，这些单位的主要负责人就是其资产所有人或者生产经营负责人。

3. 生产经营单位主要负责人必须是能够承担生产经营单位安全生产工作全面领导责任的决策人。当董事长或者总经理长期缺位（因生病、学习等情况不能主持全面领导工作）时，将由其授权或者委托的副职或者其他人主持生产经营单位的全面工作。如果在这种情况下发生安全生产违法行为或者生产安全事故需要追究责任时，将长期缺位的董事长或者总经理作为责任人既不合情理又难以执行，只能追究其授权或者委托主持全面工作的实际负责人的法律责任。

综上所述，法律所称的生产经营单位主要负责人应当是直接领导、指挥生产经营单位日常生产经营活动、能够承担生产经营单位安全生产工作主要领导责任的决策人。

（二）生产经营单位主要负责人的地位和职责

1. 生产经营单位主要负责人是本单位安全生产工作的第一责任者

生产经营单位的安全生产工作能否做好，关键在于主要负责人。因此，《安全生产法》第五条规定："生产经营单位的主要负责人对本单位的安全生产工作全面负责。"这就把主要负责人置于安全生产工作的中心地位上，负有第一位的、主要的安全生产领导责任。法律规定的目的是要落实和加重主要负责人的安全生产责任，促使他们加强领导，加强安全，保障安全。

2. 生产经营单位主要负责人的安全生产基本职责

《安全生产法》针对生产经营单位主要负责人的安全责任不明确的问题，规定了生产经营单位主要负责人依法应当负有的建立、健全本单位安全生产责任制，组织制定本单位安全生产规章制度和操作规程，保证本单位安全生产投入的有效实施，督促、检查本单位的安全生产工作，及时消除生产安全事故隐患、组织制定并实施本单位的生产安全事故应急预案和及时、如实报告生产安全事故等6项基本职责。这样规定有3个好处，一是主要负责人有权有责，权责一致；二是安全生产责任明确具体，具有可操作性；三是实施责任追究时有充分的依据。

（三）生产经营单位主要负责人的法律责任

《安全生产法》对生产经营单位主要负责人违法行为的法律责任作出了明确的规定。如果生产经营单位主要负责人不履行法定义务，构成安全生产违法行为或者发生生产安全事故的，根据有责必究、有罪必罚的原则，将依照下列法律规定追究责任：

（1）生产经营单位的主要负责人不依照本法规定保证安全生产所必需的资金投入，致使生产经营单位不具备安全生产条件的，责令限期改正，提供必需的资金；逾期未改正的，责令生产经营单位停产停业整顿。有前款违法行为，导致发生生产安全事故，构成犯罪的，依照刑法有关规定追究刑事责任；尚不够刑事处罚的，对生产经营单位的主要负责人给予撤职处分，对个人经营的投资人处2万元以上20万元以下的罚款。

（2）生产经营单位的主要负责人未履行本法规定的安全生产管理职责的，责令限期改正；逾期未改正的，责令生产经营单位停产停业整顿。生产经营单位的主要负责人有前款违法行为，导致发生生产安全事故，构成犯罪的，依照刑法有关规定追究刑事责任；尚不够刑事处罚的，给予撤职处分或者处2万元以上20万元以下的罚款。生产经营单位的主要负责人依照前款规定受刑事处罚或者撤职处分的，自刑罚执行完毕或者受处分之日起，5年内不得担任任何生产经营单位的主要负责人。

（3）生产经营单位与从业人员订立协议，免除或者减轻其对从业人员因生产安全事故伤亡依法应承担的责任的，该协议无效；对生产经营单位的主要负责人、个人经营的投资人处2万元以上10万元以下的罚款。

（4）生产经营单位主要负责人在本单位发生重大生产安全事故时，不立即组织抢救或者在事故调查处理期间擅离职守或者逃匿的，给予降职、撤职的处分，对逃匿的处15日以下的拘留；构成犯罪的，依照刑法有关规定追究刑事责任。生产经营单位主要负责人对生产安全事故隐瞒不报、谎报或者拖延不报的，依照前款规定处罚。

四、工会在安全生产工作中的地位和权利

工会是安全生产工作中代表从业人员对生产经营单位的安全生产进行监督、维护从业人员合法权益的群众性组织，是协助生产经营单位加强安全管理的助手，是政府监督管理的重要补充。党和国家历来重视工会在安全生产工作中的作用，在《安全生产法》中对其地位和权利作出了规定。

（一）工会在安全生产工作中的地位

《安全生产法》第七条规定："工会依法组织职工参加本单位安全生产工作的民主管理和民主监督，维护职工在安全生产方面的合法权益。"法律对工会在安全生产工作中的基本定位，就是依法组织职工参加管理和监督，履行维权职责。生产经营单位必须重视工会的地位和作用，吸收工会参与管理，自觉接受工会的监督，切实保护从业人员的合法权益。

（二）工会对"三同时"的监督

生产经营单位新建、改建或扩建的工程项目中的安全设施是否符合要求，是确保安全生产和从业人员人身安全和健康的重要条件。许多生产安全事故都是由于建设项目的安全设施的设计、施工和投产使用存在着重大事故隐患，导致生产安全事故和人员伤亡。为了发挥工会在"三同时"中的作用，《安全生产法》第五十二条规定："工会有权对建设项目的安全设施与主体工程同时设计、同时施工、同时投入生产和使用进行监督，提出意见。"

（三）工会参加安全管理和监督的权利

为了真正发挥工会的作用，《安全生产法》赋予工会在参加安全管理和监督时享有多项权利：一是工会对生产经营单位违反安全生产法律、法规，侵犯从业人员合法权益的行为，有权要求纠正。二是发现生产经营单位违章指挥、强令冒险作业或者发现事故隐患时，有权提出解决的建议，生产经营单位应当及时研究答复。三是发现危及从业人员生命安全的情况时，有权向生产经营单位建议组织从业人员撤离危险场所，生产经营单位必须立即做出处理。四是工会有权依法参加事故调查，向有关部门提出处理意见，并要求追究有关人员的责任。

五、各级人民政府的安全生产职责

各级人民政府及其各有关部门是实施安全生产监督管理的主体，法律要明确各级人民政府的领导地位和各有关部门的监督管理职能，发挥其监督管理主体的作用，将各级人民

政府在安全生产中的地位和基本职责法律化。为此，《安全生产法》第八条规定："国务院和地方人民政府应当加强对安全生产工作的领导，支持、督促各有关部门依法履行安全生产监督管理职责。县级以上人民政府对安全生产监督管理中存在的重大问题应当及时予以协调、解决。"这里明确了三个问题，一是确定了各级人民政府在安全生产工作中的领导地位。从外部条件看，各级人民政府在安全生产工作中居于中心的地位，担负着确保一方平安的重要领导职责。人民政府必须立党为公、执政为民，坚持以人为本，高度重视安全生产工作，对人民群众的生命和财产高度负责。二是要求各级人民政府必须重视安全生产工作，加强领导。能否把安全生产摆到应有的位置和高度，主要是看各级人民政府是否真正重视安全生产工作。法律把加强对安全生产工作的领导作为一项法定义务加以规定，这就要求各级人民政府切实负起责任，加强领导，真抓实干，把生产安全事故降下来，避免和减少人员伤亡和财产损失。三是规定了各级人民政府的安全生产职责：其一，各级人民政府应当支持、督促各有关部门依法履行监督管理职责。政府除了组织贯彻实施党和国家有关安全生产的方针政策和法律、法规，部署、检查安全生产工作之外，主要依靠和督促其职能部门依法履行各自的监督管理职责。其二，各级人民政府对安全生产中存在的重大问题应当及时予以协调、解决。由于负有安全生产监督管理职责的部门较多，不可避免地存在着一些有关部门职责交叉或者难以解决的问题。这时处于居中地位的政府，必须及时协调、解决。如果政府领导人对安全生产中存在的重大问题麻木不仁、当断不断、久拖不决，由此引发生产安全事故，要承担失职、渎职的责任。

六、安全生产综合监管部门与专项监管部门的职责分工

建立适应我国国情的安全生产监督管理体制，明确各级人民政府负有安全生产监督管理职责的部门的职责分工，对于加强安全生产监督管理极为必要。《安全生产法》第九条规定："国务院负责安全生产监督管理的部门依照本法，对全国安全生产工作实施综合监督管理；县级以上地方各级人民政府负责安全生产监督管理的部门依照本法，对本行政区域内安全生产工作实施综合监督管理。国务院有关部门依照本法和其他有关法律、行政法规的规定，在各自的职责范围内对有关的安全生产工作实施监督管理；县级以上地方各级人民政府有关部门依照本法和其他有关法律、法规的规定，在各自的职责范围内对有关的安全生产工作实施监督管理。"

（一）负责安全生产监督管理的部门及其职责

《安全生产法》第九条第一款所称的负责安全生产监督管理的部门包括国务院和县级以上地方人民政府负责安全生产监督管理的部门。国务院负责安全生产监督管理的部门是国家安全生产监督管理总局。国家安全生产监督管理总局是国务院的正部级直属机构，依照法律和国务院批准的"三定"方案确定的职责，对全国安全生产工作实施综合监督管理。县级以上地方人民政府负责安全生产监督管理的部门是这些地方人民政府设立或者授权负责本行政区域内安全生产综合监督管理的部门，其中绝大多数为安全生产监督管理局。

依照《安全生产法》的规定，国务院负责安全生产监督管理的部门和县级以上地方人民政府负责安全生产监督管理的部门的主要职责包括：依法对有关安全生产的事项进行审

批、验收；依法对生产经营单位执行有关安全生产的法律、法规和国家标准或者行业标准的情况进行监督检查；依照国务院和地方人民政府规定的权限组织生产安全事故的调查处理；对违反安全生产法律、法规的行为依法实施行政处罚；指导、协调和监督本级人民政府有关部门负责的安全生产监督管理工作。

（二）有关部门及其职责

《安全生产法》第九条第二款所称的有关部门是县级以上各级人民政府安全生产综合监督管理部门以外的负责专项安全生产监督管理的部门，包括国务院负责专项安全生产监督管理的部门和县级以上地方人民政府负责专项安全生产监督管理的部门。国务院有关部门是指公安部、交通部、铁道部、建设部、工业和信息化部、国防科工委、民用航空总局和国家质检总局等国务院的部、委和其他有关机构。国务院有关部门依照法律、行政法规和国务院批准的"三定"方案的规定，负责有关行业、领域的专项安全生产监督管理工作。如公安部负责消防安全、道路交通安全的监督管理工作；交通部负责道路建设和运输企业安全、水上交通安全的监督管理工作；铁道部负责铁路运输安全的监督管理工作；建设部负责建筑施工安全的监督管理工作；工业和信息化部负责指导工业、通信业加强安全生产管理，指导重点行业排查治理隐患，参与重特大安全生产事故的调查、处理，负责民爆器材的行业及生产、流通安全的监督管理；民用航空总局负责民用航空安全的监督管理工作；国家质检总局负责特种设备安全的监督管理工作等等。县级以上地方人民政府有关部门是指本级人民政府负责消防、道路交通、水上交通、建设、质检等专项安全生产监督管理工作的部门。地方人民政府有关部门依照法律、法规和本级人民政府的授权，负责本行政区域内的专项安全生产监督管理工作，并接受同级人民政府安全生产综合监督管理部门的指导和监督。

《安全生产法》的上述规定，实现了安全生产综合监督管理与专项监督管理相结合的监督管理体制的法律化、制度化。政府监督管理是指各级人民政府及其安全生产综合监督管理部门和有关部门依照法定的职权和程序，对安全生产法律关系主体的生产经营行为实施监督检查、对安全生产违法行为实施行政处罚的行政管理活动。综合监督管理负责解决各行各业安全生产工作中存在的普遍性、共性的问题，专项监督管理负责解决某一方面或者行业安全生产工作中的特殊性、个性的问题。安全生产综合监督管理部门对安全生产专项监督管理部门的工作进行指导、协调和监督，不取代有关部门实施安全生产监督管理的具体工作。安全生产监督管理部门与有关部门的职责互不交叉、互不替代，应当各司其职，齐抓共管。

七、安全生产中介机构的规定

《安全生产法》第十二条规定："依法设立的为安全生产提供技术服务的中介机构，依照法律、行政法规和执业准则，接受生产经营单位的委托为其安全生产工作提供技术服务。"社会主义市场经济体制下，安全生产是一个社会问题。如何引入社会中介服务机制，确立安全生产中介服务机构在安全生产工作中的法律地位，使其服务职能社会化、市场化和法律化，充分发挥中介服务在安全生产工作中的桥梁和纽带作用，这是《安全生产法》确立的安全生产中介服务制度所要解决的问题。

（一）安全生产中介服务的性质及特征

安全生产中介服务属于第三产业中的服务业。它产生于市场经济体制下，是指由依法设立的中介组织受生产经营单位或者政府部门的委托，依法有偿从事安全生产评价、认证、检测、检验和咨询服务等专门业务的技术服务活动。安全生产中介服务具有下列特征：

1. 独立性

安全生产中介服务机构必须是依法设立的具有独立法人资格的社会组织。它具有法定的资质，以自己的名义从事有关中介服务活动，享有权利、履行义务、承担责任。

2. 服务性

安全生产中介服务是一种服务性工作，它是受生产经营单位或者政府部门的委托、聘请承担某一项或者多项技术服务业务。安全生产中介机构不具有行政管理职责，只在委托或者聘请的业务范围内开展工作，并对其服务的数量、质量和成果负责。

3. 客观性

从事安全生产中介服务工作的基本原则是尊重科学，实事求是，客观公正地完成服务工作。安全生产中介机构必须对其承担业务的真实性、客观性、科学性和准确性负责，不带有任何私利和偏见，不得提供违反客观规律、事实和法律的服务。

4. 有偿性

从事有关安全生产的评价、认证、检测、检验和咨询服务要付出一定的成本，安全生产中介服务机构必然要收取合理的报酬和费用。有偿服务是社会主义市场经济的重要特征之一，安全生产中介机构有权与委托人协商并收费。但是中介服务收费的项目、金额和支付方式必须符合法律规定，不得非法收费和谋取不正当的利益。

5. 专业性

安全生产涉及许多非常复杂的科学技术和专门业务领域，只能由具有相应资质、熟悉专业的中介机构及其专业人员提供专门的技术服务。从这个意义上说，安全生产中介服务主要是为生产经营单位或者政府部门提供专业性、技术性的服务。

（二）安全生产中介服务机构的法律地位和业务范围

最早建立健全安全生产中介服务制度的是西方一些资本主义国家。这种制度是与市场经济体制对社会分工逐步专业化的要求相适应的。中介服务作为第三产业中新兴的具有广阔发展空间的服务业，在企业与政府之间架起了一条畅通的桥梁。美国、德国、日本等国家建立了分工细致、组织健全、机制灵活、服务全面的安全生产中介服务组织，通过大批具有专业资格的安全专门人才从事中介服务。这些中介组织和专业人员成为完善安全技术装备、改进安全管理、提高安全水平不可缺少的重要力量，向社会提供完善、高效的安全生产技术服务。

近年来，我国从事安全生产中介服务的中介组织和专业人员也有一定规模的发展。广东、深圳、福建等省市先后成立了一批中介服务机构，实行安全主任等安全专业人员资格认证制度，取得了较好的效果。全国其他地方也有一批安全生产中介服务机构。这些安全生产中介机构多数是从原来隶属于某些政府部门分离出来或者实行企业化管理的事业单位，他们已经或者正在脱离具有行政管理职能的旧体制，逐步向完全的市场化、专业化方向转变。从总体上看，目前我国的安全生产中介服务业还处于初级阶段，多数安全生产中介服务机构仍然程度不同地负有一定的行政职能或者带有行政色彩，并没有完全实现真正意义上的安全生产中介服务。但是他们毕竟已经走向社会并将逐步社会化、市场化。这个方向是不可逆转的，安全生产中介服务的发展前景和空间是非常远大的。

全国人大常委会在审议和制定《安全生产法》的过程中，对建立、发展和完善有中国特色的安全生产中介服务制度给予了高度的重视和肯定，并且作出了相应的法律规定。《安全生产法》以法律形式第一次明确了安全生产中介服务机构和安全生产中介服务人员的法律地位、权利义务和责任，这就为在社会主义市场经济体制下发展安全生产中介服务业提供了有效的法律依据和保障，为促进生产经营单位的安全管理和强化政府的监督管理提供了新的机制和途径。

1. 安全生产中介机构和专业技术人员的法律地位

《安全生产法》第十二条规定："依法设立的为安全生产提供技术服务的中介机构，依照法律、行政法规和执业准则，接受生产经营单位的委托为其安全生产提供技术服务。"第十九条第二款规定："……从业人员在三百人以下的……或者委托具有国家规定的相关专业技术资格的工程技术人员提供安全生产管理服务。"法律的上述规定，第一次确立了安全生产中介服务机构和安全专业技术人员的法律地位，即他们可以合法地从事有关安全生产中介服务业务。只要符合法定条件、依法从事相关业务活动的，受法律保护。

2. 安全生产中介服务的范围和主要业务

安全生产中介服务的业务范围比较广泛，涵盖了生产经营单位的开办、建设、生产、经营和政府监管的全过程。

一个生产经营单位从其开办到进行生产经营的许多环节，都涉及有关的中介服务业务，需要委托中介机构和专业技术人员提供技术服务。依照《安全生产法》的规定，生产经营活动中的安全生产中介服务的范围和主要业务包括：矿山和用于生产、储存危险物品的建设项目，应当按照国家有关规定进行安全条件论证、安全预评价、设计审查和竣工验收；安全设施必须与主体工程"三同时"；安全设备、特种设备、劳动防护用品、安全工艺、危险物品、重大危险源和作业现场安全管理等。此外，中介服务还有企业自主提出的市场需求，如安全检测检验、安全生产标准化建设、企业安全管理方案、企业安全文化建设、企业安全管理水平评估、安全教育培训、应急预案编制与演练等方面。

（三）安全生产中介服务机构和安全专业人员的权利、义务和责任

《安全生产法》规定了从事安全生产中介服务的机构和人员的权利、义务和责任，要求权利和义务对等、义务和责任一致。

1. 安全生产中介服务机构和安全专业人员的权利

（1）依法从事的安全生产中介服务工作受法律保护，具有不受侵犯的权利。任何单位和个人均无权干预、剥夺、阻碍其合法活动的权利。

（2）有权依照法律、法规和规章、标准的规定，从事授权范围内的有关安全生产业务。

（3）接受政府、部门的委托或生产经营单位的聘请，按照委托和约定的有关事项从事安全生产中介服务。

（4）有权拒绝从事非法或者服务范围以外的安全生产中介服务。

（5）有依法收取中介服务报酬和费用的权利。

2．安全生产中介服务机构和安全专业人员的义务

（1）具备法定条件，依法取得安全生产中介服务资质。

（2）在法律、行政法规规定的行业、领域和业务范围内，按照执业准则，从事合法的、真实的中介服务，不得从事欺诈和虚假的服务。

（3）严格按照政府、部门和生产经营单位的委托或者约定，完成所承担的安全生产中介服务事项。

（4）接受政府有关主管部门对其进行的检查监督。

（5）合理地确定服务报酬和收费标准，不得非法牟利。

3．安全生产中介服务机构和安全专业人员的责任

（1）对其承担的服务工作的合法性、真实性负责。

（2）对其违法犯罪行为承担相应的法律责任。

八、生产安全事故责任追究

《安全生产法》第十三条规定："国家实行生产安全事故责任追究制度，依照本法和有关法律、法规的规定，追究生产安全事故责任人员的法律责任。"

（一）生产安全事故的分类

按照引发事故的直接原因进行分类，生产安全事故分为自然灾害事故和人为责任事故两大类。自然灾害事故是由于人类在生产经营过程中对自然灾害不能预见、不能抗御和不能克服而发生的事故。人为责任事故是由于生产经营单位或者从业人员在生产经营过程中违反法律、法规、国家标准或者行业标准和规章制度、操作规程所出现的失误和疏忽而导致的事故。

现有的生产安全事故中的绝大多数是人为责任事故，常与安全生产责任制和规章制度不健全、从业人员违章操作、管理人员违章指挥、技术装备陈旧落后、安全管理混乱、事故隐患不能及时消除有关。《安全生产法》规定要实行责任追究的，是指人为责任事故。因此，必须依法实行安全生产事故责任追究制度。这项制度包括安全生产责任制的建立、安全生产责任的落实和违法责任的追究3项内容。

（二）事故责任主体

事故责任主体是指对发生生产安全事故负有责任的单位或者人员。按照安全生产的生产主体和监管主体划分，事故责任主体包括发生生产安全事故的生产经营单位的责任人员和对发生生产安全事故负有监管职责的有关人民政府及其有关部门的责任人员。发生生产安全事故的生产经营单位的责任人员包括应负法律责任的生产经营单位主要负责人、主管人员、管理人员和从业人员。负有监管职责的有关人民政府及其有关部门的责任人员包括对生产安全事故负有失职、渎职和应负领导责任的各级人民政府领导人，负有安全生产监督管理职责的部门的负责人、安全生产监督管理和行政执法人员等。

（三）法律责任追究

依照《安全生产法》和有关法律、行政法规的规定，对生产安全事故的责任者，要由法定的国家机关追究其法律责任。生产安全事故责任者所承担的法律责任的主要形式包括行政责任和刑事责任。

1. 行政责任

行政责任是指违反有关行政管理的法律、法规的规定，但尚未构成犯罪的违法行为所应承担的法律责任。追究行政责任通常以行政处分和行政处罚两种方式来实施。行政处分是对国家工作人员及由国家机关派到企业事业单位任职的人员的违法行为给予的一种制裁性处理。行政处分包括警告、记过、降级、降职、撤职、开除等。行政处罚主要是对国家机关和国家工作人员以外的生产经营单位及其有关人员的安全生产违法行为给予的行政制裁。

2. 刑事责任

刑事责任是指责任主体实施刑事法律禁止的行为所应承担的法律后果。刑事责任与行政责任的区别，一是责任内容不同，负刑事责任的行为比负行政责任的行为的社会危害性更大；二是行为人是否承担刑事责任，只能由司法机关依照刑事诉讼程序决定；三是负刑事责任的责任主体常被处以刑罚。追究刑事责任的必须是违反安全生产法律、行政法规的规定，应当给予刑事处罚的严重安全生产违法行为。

《安全生产法》规定应当追究刑事责任的责任主体包括县级以上人民政府负有安全生产监督管理职责的部门的工作人员、生产经营单位的主要负责人、从业人员和中介服务机构的有关人员。

九、安全生产标准

安全生产是"人—机—环"三者的有机结合和统一。安全标准是一种安全技术规范，依其内容的不同可以分为产品标准、方法标准和管理标准。确保安全生产，不仅需要加强管理，而且需要制定大批安全标准，以提高安全生产的科技含量和管理水平。安全标准是法律规范的重要补充。

《安全生产法》第十条规定："国务院有关部门应当按照保障安全生产的要求，依法及时制定有关的国家标准或者行业标准，并根据科技进步和经济发展适时修订。生产经营单位必须执行依法制定的保障安全生产的国家标准或者行业标准。"依照《安全生产法》和《标准化法》的规定，涉及安全生产方面的标准主要有国家标准和行业标准，其中多数是强制性标准。依照法律规定，国家标准由国务院标准化行政主管部门制定。按照现行国务院机构设置和职能，国务院标准化行政主管部门是国家质检总局，具体管理机构是国家质检总局管理的国家标准化委员会。行业标准由国务院有关部门制定，行业标准制定后报国家标准化委员会备案。目前有权制定安全行业标准的国务院有关部门和机构主要有国家安全生产监督管理总局和其他有关部、委、总局等。国家标准和行业标准的制定部门应当及时制定和修订有关安全生产的标准，尤其要抓紧制定和修订有关安全生产的基础性、通用性的安全标准，保持安全标准的先进性、科学性和实用性，切实提高安全生产管理水平。现已制定的保障安全生产的国家标准和行业标准，涵盖了生产作业场所、生产作业、施工工艺方法、安全设施设备、器材产品、安全防护用品和安全技术管理等方面的安全要求和技术规范。

《标准化法》规定，我国的标准分为必须执行的强制性标准和可以自愿采用的推荐性标准。有关保障人身健康和人身、财产安全的标准，是必须执行的强制性标准。依照法律的规定，执行法定的保障安全生产的国家标准和行业标准，是生产经营单位的法定义务。生产经营单位必须执行安全生产方面的国家标准或者行业标准，特别是强制性国家标准和强制性行业标准。有国家标准的，必须执行国家标准；没有国家标准但有行业标准的，必须执行行业标准；既有国家标准又有行业标准的，既要执行国家标准又要执行行业标准。

十、安全生产宣传教育

《安全生产法》第十一条规定："各级人民政府及其有关部门应当采取多种形式，加强对有关安全生产的法律、法规和安全生产知识的宣传，提高职工的安全生产意识。"安全生产事关人民群众生命和财产安全。要实现《安全生产法》保护人民群众生命和财产安全的立法宗旨，做好安全生产工作，必须依靠和发动广大职工群众乃至全民积极主动、自觉自愿地参与，从而提升全民的安全意识，弘扬安全文化，树立以人为本的理念。依照法律规定，各级人民政府及其有关部门负有进行安全生产宣传教育的职责，要采用多种形式，充分利用各种传播媒体，广泛深入、坚持不懈地开展对安全生产法律、法规的宣传，使其为广大职工群众所掌握，将其变为广大职工群众的自觉行动。要使人民群众从人权和法制的高度，认识安全生产与国计民生的密切关系，营造人人关注安全、关爱生命的社会氛围，从根本上提升全民的安全生产意识。

十一、安全生产科技进步

《安全生产法》第十四条规定："国家鼓励和支持安全生产科学技术研究和安全生产先进技术的推广应用，提高安全生产水平。"实现安全生产，必须依靠科技进步，先进的安全生产科学技术对提高安全生产水平具有不可替代的重要作用。随着社会经济的发展，各种生产经营活动的安全生产，离不开先进的科学技术的保证。只有重视和鼓励安全生产科学技术的研究，推广先进的安全生产技术，才能不断改善安全生产条件，不断装备先进、可靠的安全设施、设备，加强预防生产安全事故和消除事故隐患的手段和能力，实现科技兴安、科技保安。因此，法律明确规定鼓励和支持安全生产科学技术研究和安全生产先进技术的推广应用，是为了加强政策措施的导向，从根本上改变当前安全生产科学技术落后的状况。

十二、安全生产奖励

要保障安全生产，需要无数为安全生产无私奉献、努力工作的单位和个人。在安全生产方面做出显著成绩的单位和个人，为确保安全，预防和减少生产安全事故，保护国家财产和人民群众的生命财产安全做出了显著的贡献。国家应当给予他们奖励，表彰他们的事迹，在全社会树立保障安全光荣、保障安全有功、保障安全受奖的风范和榜样，最大限度地调动各方面的积极性，共同抓好安全生产。

《安全生产法》第十五条规定："国家对在改善安全生产条件、防止生产安全事故、参加抢险救护等方面取得显著成绩的单位和个人，给予奖励。"该条规定明确了国家重点奖励的行为。

（一）在改善安全生产条件方面做出显著成绩

安全生产条件是否完善、安全、可靠，直接关系到生产安全事故的预防和减少。如通过技术革新、发明创造，改进安全设施、设备、工艺、技术，攻克安全管理难关，提高了安全技术装备的安全性能，减少了作业场所的危险性，加强了事故隐患和重大危险源的监控。

（二）在防止生产安全事故方面做出显著成绩

生产安全事故多发，造成了生命和财产的巨大损失。预防事故特别是防止发生重大、特大生产安全事故，是保障安全的重点。在这方面，提出或者建立严密科学的先进管理方法、措施和规章制度，加强事故隐患的监测、预警、排查、控制和消除，有效地预防生产安全事故的，要给予奖励。

（三）在抢险救护方面做出显著成绩

当事故发生时，需要及时有效地实施事故现场的控制，对受到伤害的人员进行科学施救。在这方面尽职尽责、见义勇为、不畏艰险，为抢险救灾、抢救人员，避免和减少国家财产和人民群众生命财产损失的有功人员，应当褒奖。

（四）受奖主体和奖励形式

国家对在改善安全生产条件、防止生产安全事故、参加抢险救护等方面取得显著成绩的单位和个人均予以奖励。

奖励的形式主要包括3种，可以单独采用或者同时采用：一是给予荣誉奖励，授予荣誉称号；二是物质奖励，颁发奖金或者奖给实物；三是晋升职务。

第三节　生产经营单位的安全生产保障

各类生产经营单位是生产经营活动的主体和安全生产工作的重点。能否实现安全生产，关键是生产经营单位能否具备法定的安全生产条件，保障生产经营活动的安全。为了保证生产经营单位依法从事生产经营活动，防止和减少生产安全事故，《安全生产法》确立了生产经营单位安全保障制度，对生产经营活动安全实施全面的法律调整，其内容最为丰富。

一、从事生产经营活动应当具备的安全生产条件

（一）生产经营单位是生产经营活动的基本单元

《安全生产法》作为我国安全生产的基本法律，其法律关系主体是相当广泛的。该法第二条规定："在中华人民共和国领域内从事生产经营活动的单位（下列统称生产经营单位）的安全生产，适用本法……"。这里所称的生产经营单位，是指从事各类生产经营活动的基本单元，具体包括：

1. 各类生产经营企业

具有独立的企业法人资格的、从事生产经营活动的生产经营企业主要有两种，即依照企业法注册登记或者经批准成立的企业和依照公司法设立的公司。

（1）依法设立的生产经营企业。譬如依照《全民所有制工业企业法》、《乡镇企业法》、《铁路法》、《公路法》、《煤炭法》和《电力法》等法律、法规设立的工厂、铁路、公路、煤矿、电厂等企业，均受《安全生产法》调整。依照《中外合资经营企业法》、《中外合作经营企业法》和《外资企业法》在我国境内设立的生产经营企业，其生产经营活动的安全生产必须符合《安全生产法》的规定，如果违法同样要追究法律责任。

（2）从事生产经营活动的公司。依照《公司法》设立的各种生产经营性公司包括国有企业改制设立以及公司制企业，同样要遵守《安全生产法》。

2. 个体工商户

按照国家有关法规、规章的规定，雇工 6 人以下的为个体工商户。个体工商户虽然不是企业法人，但从事生产经营活动的，其安全生产也必须适用《安全生产法》。

3. 公民

公民一人或者数人从事小规模生产经营活动的，以及依法从事生产经营活动的有关人员，是最小的生产经营单元，也要遵守《安全生产法》。譬如从事安全生产中介服务业务的人员（注册安全工程师等）从事有关活动，也要适用《安全生产法》。

4. 其他生产经营单位

其他生产经营单位主要有两种：

（1）从事生产经营活动的事业单位。许多事业单位实行企业化管理，其生产经营活动的安全生产，适用《安全生产法》。

（2）安全生产中介服务机构。依照《安全生产法》及有关法规、规章的规定，从事安全生产中介服务的各类中介机构，也属于该法调整。

（二）法定安全生产基本条件

各类生产经营单位必须具备法定的安全生产条件，这是实现安全生产的基本条件。《安全生产法》第十六条规定："生产经营单位应当具备本法和有关法律、行政法规和国家标准或者行业标准规定的安全生产条件；不具备安全生产条件的，不得从事生产经营活动。"对法定安全生产基本条件的界定，应当把握下列 3 点：

（1）各类生产经营单位的安全条件千差万别，法律不宜也难以作出统一的规定。受行业、管理方式、规模和地区差别等因素的影响，不同生产经营单位的安全生产条件差异很大，各有自身的特殊性。如果法律不加区别地规定统一的安全生产条件，将会挂一漏万，并且也难以操作。法律只能实事求是地做出灵活的和可操作的规定，将各类生产经营单位的安全生产条件分解到相关的安全生产立法中去。

（2）相关安全生产立法中有关安全生产条件的规定，是生产经营单位必须遵循的行为规范。广义的安全生产立法是指调整生产经营单位安全生产活动的法律规范的总和，具体包括有关安全生产的法律、法规和标准等规范性文件。依照《安全生产法》第十六条的规定，凡是上述有关安全生产立法中明确规定了某个生产经营单位的安全生产条件，该生产经营单位必须具备。目前国家有关安全生产立法对绝大多数生产经营单位的安全生产条件已有规定，不论是有关法律、行政法规还是标准，只要其中规定了相应的安全生产条件的，有关生产经营单位都要具备。没有规定的，将在今后的立法中明确。

（3）安全生产条件是生产经营活动中始终都要具备，并需不断补充完善的。《安全生产法》和其他有关法律、法规和标准规定的安全生产条件是相对固定的，并且要求贯穿于生产经营活动的全过程。但随着安全生产新问题、新情况的不断产生，还需要通过相关立法规定一些新的安全生产条件。因此，生产经营单位不仅要具备法定安全生产条件才能开办，而且在其整个生产经营活动中始终都要具备安全生产条件。

二、生产经营单位主要负责人的安全生产职责

生产经营单位主要负责人在安全生产工作中居于全面领导和决策的地位。要建立健全安全生产责任制度，首先要明确生产经营单位主要负责人的安全生产职责。《安全生产法》第十七条第一次以法律形式确定了生产经营单位主要负责人对本单位安全生产负有的 6 项职责。

（一）建立健全本单位安全生产责任制

安全生产责任制是生产经营单位保障安全生产的最基本、最重要的管理制度。只有明确安全生产责任，分清责任，各尽其责，才能形成严密科学的安全生产责任体系。所谓安全生产责任制是指建立和实施生产经营单位的全员、全过程、全方位的安全生产责任制度，即要明确生产经营单位负责人、管理人员、从业人员的安全岗位责任制，将安全生产责任层层分解落实到生产经营的各个场所、各个环节、各有关人员。

1. 生产经营单位主要负责人的安全生产责任。生产经营单位主要负责人对本单位的安全生产全面负责，负责安全生产重大事项的决策并组织实施。

2. 生产经营单位有关负责人的安全生产责任。生产经营单位副职负责人或者技术负责人按照分工，协助主要负责人对安全生产专职负责。

3. 生产经营单位安全管理机构负责人及其安全管理人员。生产经营单位专设或者指定的负责安全管理的机构的负责人、安全管理人员，应当按照分工，负责日常安全管理工作。

4. 班组长的安全生产责任。班组长是生产经营作业的直接执行者，负责一线安全生产管理，责任重大。班组长应当检查、督促从业人员遵守安全生产规章制度和操作规程，遵守劳动纪律，不违章指挥、不强令工人冒险作业，对本班组的安全生产负责。

5. 岗位职工的安全生产责任。从事生产经营作业的职工应当遵守安全生产规章制度和操作规程，服从管理，坚守岗位，不违章作业，对本岗位的安全生产负责。

（二）组织制定本单位安全生产规章制度和操作规程

建章立制是生产经营单位搞好安全生产，实现科学管理的重要手段。生产经营单位从事生产经营的各个工种、工序、工艺和环节之间相互关联，需要制定一整套严密、协调的行为规范和管理制度，需要遵循一定的程序加以衔接。只有建立健全安全生产规章制度和操作规程，才能保证生产经营作业的有序进行，才能堵塞安全管理漏洞，才能有效监控重大危险源，整改事故隐患，保证生产经营作业正常、安全地运行。在这方面，生产经营单位主要负责人负有组织和决策的职责。

（三）保证本单位安全生产投入的有效实施

生产经营活动是一个连续、反复的过程，需要不断地改善与之相适应的安全生产条件，不断地维护、淘汰、更新安全设施、设备，使之处于良好的、安全的状态。要做到这一点，需要不断地投入必要的资金。除须由决策机构集体决定安全生产投入的之外，生产经营单位主要负责人拥有本单位安全生产投入的决策权。法律规定生产经营单位主要负责人保证安全生产投入的有效实施：一是要求生产经营单位主要负责人必须支持必要的安全生产投入，不得拒绝投入或者减少投入；二是要求生产经营单位主要负责人对已经投入的安全资金必须管好用好，不得不用、少用或者挪用；三是要求生产经营单位主要负责人必须检查、监督安全生产投入的使用情况和使用效果，达到保障安全生产的预期效果。

（四）督促、检查本单位的安全生产工作，及时消除生产安全事故隐患

作为生产经营活动的组织指挥者，生产经营单位主要负责人对本单位安全生产工作负有领导责任，必须对日常生产经营活动的安全生产工作进行检查、督促，及时消除生产安全事故隐患。一是要对本单位安全生产工作进行全面安排部署，督促安全管理机构和有关部门具体落实，加强对安全生产工作的领导；二是根据需要，组织对本单位安全生产情况进行检查，对检查中发现的问题或者生产安全事故隐患，应当及时组织整改和处理，防止事故的发生；三是支持安全管理机构或者有关部门的安全生产管理工作，在人员、经费、装备等方面予以保证。

（五）组织制定并实施本单位的生产安全事故应急救援预案

生产安全事故具有偶然性和突发性，往往造成巨大的人员伤害和财产损失，后果严重。建立应急救援机制，建立应急救援组织，做好救援物资准备，制定实施现场救援的预案，对可能发生的生产安全事故实施应急救援，是及时应对事故和减少人员财产损失的重要措施。依照法律的规定，生产经营单位必须事先制定并落实生产安全事故应急救援预案，而其组织制定并组织实施的职责应由生产经营单位主要负责人履行。要履行这项职责，生产经营单位主要负责人必须组织有关人员或者专家，制定内容翔实、周密科学的事故应急预案，并组织演练。一旦发生生产安全事故，生产经营单位主要负责人要按照预案启动事故应急救援工作。

（六）及时、如实报告生产安全事故

生产安全事故难以避免，但是能否及时、真实地报告情况，及时采取措施实施救援，关系到生产安全事故能否得到有效控制和处理，能否避免或者减少人员伤亡和财产损失。隐瞒不报、谎报和拖延不报生产安全事故的，势必延误救援时机，扩大人员伤亡和财产损失。这是一种严重违法的行为。为了保证生产安全事故报告的及时准确，减少人员伤亡和财产损失，《安全生产法》将事故发生时依照法律、法规和国家有关规定报告事故情况，纳入生产经营单位主要负责人的重要职责之中。所谓"及时"，是指发生生产安全事故后，生产经营单位主要负责人必须按照有关规定，以最快捷的速度、最短的时间向当地人民政府有关部门报告，不得故意拖延或者迟报。因故意拖延或者迟报而耽误生产安全事故救援和调查处理的，要承担相应的法律责任。所谓"如实"，是指发生生产安全事故后，事故报告的内容和情况必须真实、准确；暂时难以准确确定事故情况的，应尽快核实后补报或者续报。如果故意不报告或者隐瞒事故的人员伤亡和财产损失，或者报告虚假情况的，要

追究发生事故的生产经营单位主要负责人的法律责任。

三、安全生产资金投入的规定

当前安全生产存在的主要问题之一，就是生产经营单位的安全投入普遍不足，"安全欠账"严重。一些生产经营单位不能正确处理效益与投入的关系，有的要钱不要命，不惜以最低的投入甚至牺牲从业人员生命为代价，追求短期的高额利润，其结果是安全技术装备陈旧落后，不能及时予以维护、更新，安全生产的"硬件"疲软，从而导致大量事故发生。为了从根本上解决安全投入无保障的问题，《安全生产法》将安全投入列为保障安全生产的必要条件之一，从3个方面作出严格的规定。

（一）生产经营单位安全投入的标准

由于各行各业生产经营单位的安全生产条件千差万别，其安全投入标准也不尽相同。为了使安全投入的标准更符合实际，更具有操作性，《安全生产法》第十八条关于"生产经营单位应当具备的安全生产条件所必需的资金投入"的规定，明确了生产经营单位必须进行安全投入以及安全投入的标准。具备法定安全生产条件所必需的资金投入标准，应以安全生产法律、行政法规和国家标准或者行业标准规定生产经营单位应当具备的安全生产条件为基础进行计算。具备法定安全生产条件所需要的安全资金数额，就是生产经营单位应当投入的资金标准。如果投入的资金不能保障生产经营单位符合法定安全生产条件，就是资金投入不足并对其后果承担责任。

（二）安全投入的决策和保障

有了符合安全生产条件所需资金投入的标准，还要通过决策予以保障。为了解决谁投入的问题，《安全生产法》第十八条根据不同生产经营单位安全投入的决策主体的不同，分别规定：

1. 按照公司法成立的公司制生产经营单位，由其决策机构董事会决定安全投入的资金。

2. 非公司制生产经营单位，由其主要负责人决定安全投入的资金。

3. 个人投资并由他人管理的生产经营单位，由其投资人即股东决定安全投入的资金。

（三）安全投入不足的法律责任

进行必要的安全生产资金投入，是生产经营单位的法定义务。由于安全生产所需资金不足导致的后果，即有安全生产违法行为或者发生生产安全事故的，安全投入的决策主体将要承担相应的法律责任。《安全生产法》第八十条规定："生产经营单位的决策机构、主要负责人、个人经营的投资人不依照本法规定保证安全生产所必需的资金投入，致使生产经营单位不具备安全生产条件的，责令限期改正，提供必需的资金；逾期未改正的，责令生产经营单位停产停业整顿。有前款违法行为，导致发生生产安全事故，构成犯罪的，依照刑法有关规定追究刑事责任；尚不够刑事处罚的，对生产经营单位的主要负责人给予撤职处分，对个人经营的投资人处2万元以上20万元以下的罚款。"

四、安全生产管理机构和安全生产管理人员的配置

生产经营单位加强安全生产管理，应有必要的安全生产管理机构和人员。《安全生产

法》第十九条对生产经营单位安全生产管理的机构和人员保障问题，从两方面作出了规定。

（一）高危行业的生产经营单位必须配置安全生产管理机构或者专职管理人员

目前发生重大、特大事故最多、危害最大的是从事矿山开采、建筑施工和危险物品生产、经营、储存的生产经营单位，其中有一个重要的原因是安全生产没人管或者不会管，或者是安全管理部门及人员的权威性不够，管理力度不够。为从组织上确保这些生产经营单位内部的安全管理工作，《安全生产法》第十九条第一款规定："矿山、建筑施工单位和危险物品生产、经营、储存单位，应当设置安全生产管理机构或者配备专职安全生产管理人员。"关于配备专职安全生产管理人员的规定，是针对那些生产经营规模小、无法设置专门安全管理机构的生产经营单位而言的。

（二）按照从业人员的数量，配置安全生产管理机构或者安全生产管理人员

《安全生产法》对此又分两种情况分别作出规定，一是强制性规定必须配置机构或者专门人员的，即除矿山、建筑施工和危险物品生产、经营、储存单位以外的其他生产经营单位，其从业人员超过300人的，应当设置安全生产管理机构或者配备专职安全生产管理人员。二是选择性规定，即从业人员在300人以下的，可以不设专门机构，但应当配备专职或者兼职的安全生产管理人员，或者委托具有国家规定的相关专业技术资格的工程技术人员提供安全生产管理服务。

五、生产经营单位主要负责人、安全生产管理人员安全资格的规定

生产经营单位有关人员必须具备法定的安全资质条件。《安全生产法》从3个方面对此作出了规定：一是生产经营单位的主要负责人和安全生产管理人员必须具备与本单位所从事的生产经营活动相应的安全生产知识和管理能力；二是危险物品的生产、经营、储存单位以及矿山、建筑施工单位的主要负责人和安全生产管理人员，应当由有关主管部门对其安全生产知识和管理能力考核，合格后方可任职；三是生产经营单位的特种作业人员必须按照国家有关规定经专门的安全作业培训，取得特种作业操作资格证书，方可上岗作业。

六、从业人员安全生产培训的规定

从业人员的安全素质如何，直接关系到生产经营单位的安全生产水平状况。从大量事故教训看，许多生产安全事故都是由于从业人员没有经过严格的安全生产教育和培训，缺乏安全生产意识和与岗位相适应的风险控制能力，导致生产安全事故发生。因此，提高从业人员安全素质的重要措施之一，就是加强并强制进行全员安全教育和培训。《安全生产法》第二十一条从3个方面对此作出了规定。

（一）生产经营单位应当对从业人员进行安全教育和培训

从人的因素看，从业人员的安全素质是保障安全生产的关键。一些生产经营单位不重视安全教育和培训，从业人员未经安全教育和培训就上岗作业。有的虽然经过教育和培训，也是走"过场"，教育和培训的内容、时间、效果不符合要求。忽视安全教育和培训的直接恶果，就是大批安全素质差的从业人员上岗作业，违章操作，不服

从管理，以至发生事故。因此，法律将对从业人员进行全员安全教育和培训，设定为生产经营单位的一项重要义务，必须按照有关规定对新招收录用、重新上岗、转岗的从业人员进行安全教育和培训，并要求考试合格，保证从业人员的安全专业知识和安全技能与其从事的作业要求相适应。生产经营单位要制定安全教育和培训计划，采取多种形式，有计划、分期分批地开展教育和培训，保证培训时间、培训内容、培训质量。

（二）安全培训的要求

生产经营单位进行安全教育和培训，必须符合法律的要求。《安全生产法》第二十二条关于安全教育和培训的要求包括3个方面。

1. 学习必要的安全生产知识

一是学习有关安全生产法律、法规，了解和掌握有关法律规定，依法从事生产经营作业。二是学习有关生产经营作业过程中的安全知识。生产经营是非常复杂的系统工程，涉及诸多环节，其中任何一个环节出现问题，都可能发生生产安全事故。三是学习有关事故应急救援和撤离的知识。在从业人员的生命受到威胁的紧急情况下，必须具备有关紧急处置知识和自救知识，以便停止作业，紧急撤离到安全地点，防止人身伤害。

2. 清楚岗位的危险有害因素，熟悉有关安全生产规章制度和安全操作规程

从业人员首先要认识到岗位的危险有害因素，针对这些因素，切实执行有关规章制度和操作规程，规范作业活动。要通过教育和培训，使从业人员熟悉危害辨识、规章制度和操作规程，养成遵守规章制度、按照规程操作的习惯，并能够自觉执行。

3. 掌握本岗位安全操作技能

经过教育和培训，要达到从业人员掌握本岗位安全操作技能的目的。这也是检验和考核生产经营单位安全教育和培训质量和效果的主要标准。从业人员对本岗位安全操作的技术和能力，必须符合安全生产的要求，做到"应知"、"应会"。如果敷衍了事，虽经教育和培训但不掌握本岗位安全操作技能的，要追究生产经营单位的法律责任。

（三）从业人员须经培训合格方可上岗作业

有的生产经营单位虽对从业人员进行了教育和培训，但是培训质量不高，培训效果不理想，未经考试合格的从业人员上岗作业，从而导致生产安全事故的发生。为了保证安全教育和培训的质量，《安全生产法》要求从业人员不但要进行安全教育和培训，而且还要经过考试合格才能确认其具备上岗作业的资格，从业人员只有经过考试合格的，才能上岗作业。上岗之后还应该跟踪培训的实际效果，实现安全培训的持续改进。

七、特种作业人员的范围和资格

特种作业人员是指直接从事特种作业的从业人员。特种作业人员的范围较广。《安全生产法》第二十三条第二款规定："特种作业人员的范围由国务院负责安全生产监督管理的部门会同国务院有关部门确定。"

鉴于特种作业人员所从事的岗位比较特殊，不同于一般的操作人员，并且存在较大的危险性，许多生产安全事故都是由于特种作业人员违章操作而发生的。特种作业人员的安

全素质的好坏，直接关系到生产经营单位的安全生产。对特种作业人员的培训内容、培训时间和安全素质应有更高、更严格的要求，必须对他们进行专门安全培训并且取得相应资格，不能等同于一般的从业人员。所以，《安全生产法》第二十三条第一款规定："生产经营单位的特种作业人员必须按照国家有关规定经专门的安全作业培训，取得特种作业操作资格证书，方可上岗作业。"

八、建设项目安全设施"三同时"的规定

生产经营单位为了维持或者扩大生产经营规模，经常要进行相关的工程建设。作为建设项目的安全设施是保证生产经营活动的重要设施，与生产经营的主体工程共同组成生产经营设施，必须同步进行设计和施工。建设项目的安全设施未与主体工程同时设计、同时施工、同时投入生产和使用就会留下不安全因素和事故隐患，在生产经营过程中就可能会酿成生产安全事故。《安全生产法》第二十四条规定，生产经营单位的建设项目的安全设施必须做到"三同时"，即生产经营单位新建、改建、扩建工程项目的安全设施，必须与主体工程同时设计、同时施工、同时投入生产和使用。安全设施投资应当纳入建设项目概算。

九、建设项目的安全条件论证和安全评价的规定

矿山、危险物品建设项目不同于其他生产经营建设项目，具有更大的危险性，对其应有更高的安全技术要求。有关安全生产法律、行政法规明确规定对矿山、危险物品建设项目要进行安全条件论证和安全评价。为了确保安全生产，《安全生产法》第二十五条规定："矿山建设项目和用于生产、储存危险物品的建设项目，应当分别按照国家有关规定进行安全条件论证和安全评价。"

十、建设项目安全设施设计和安全条件论证的规定

按照"三同时"的要求，矿山建设项目和用于生产、储存危险物品的建设项目的安全设施设计，应当按照国家有关规定报经有关部门审查，并按照批准的设计施工，审查部门及其负责审查的人员对审查结果负责。未经审查批准的，不得进行施工。建设项目安全设施的设计人、设计单位应当对安全设施设计负责。

十一、建设项目安全设施的施工、竣工验收的规定

按照经审查批准的建设项目安全设施设计进行施工，保证工程施工质量符合设计要求，直接影响到安全设施的安全性能是否可靠。《安全生产法》要求矿山建设项目和用于生产、储存危险物品的建设项目的施工单位必须按照批准的安全设施设计施工，并对安全设施的工程质量负责。

为了保证矿山建设项目和用于生产、储存危险物品的建设项目的施工质量和安全性能符合设计要求，有必要进行竣工验收，把好安全关。《安全生产法》第二十七条第二款规定："矿山建设项目和用于生产、储存危险物品的建设项目竣工投入生产或者使用前，必须依照有关法律、行政法规的规定对安全设施进行验收；经验收合格后，方可投入生产和

使用。验收部门及其验收人员对验收结果负责。"

十二、安全警示标志的规定

生产经营作业中需有一定的场所、设施和设备，往往存在一些危险因素，容易被人忽视。为了加强作业现场的安全管理，有必要制作和设置以图形、符号、文字和色彩表示的安全警示标志，以提醒、阻止某些不安全的行为，避免发生生产安全事故。当然，并非所有的生产经营场所和设施、设备上都需要设置安全警示标志。需要设置安全警示标志的必须规范统一，应当符合国家标准或者行业标准的规定。为此，《安全生产法》第二十八条规定："生产经营单位应当在有较大危险因素的生产经营场所和有关设施、设备上，设置明显的安全警示标志。"

十三、安全设备达标和管理的规定

生产经营单位安全生产管理中普遍存在的一个突出问题，是其安全设备的设计、制造、安装、使用、检测、维修、改造和报废，不符合国家标准或者行业标准。许多安全设备处于不安全状态，埋下了很多事故隐患。因此，对安全设备的管理必须严格依照国家标准或者行业标准，从设计、制造、安装、使用到检测、维修、改造和报废等各个环节，都要"达标"。为了保证安全设备"达标"和严格管理，《安全生产法》第二十九条规定："安全设备的设计、制造、安装、使用、检测、维修、改造和报废，应当符合国家标准或者行业标准。生产经营单位必须对安全设备进行经常性维护、保养，并定期检测，保证正常运转。维护、保养、检测应当作好记录，并由有关人员签字。"

十四、特种设备检测、检验的规定

特种设备是各种设备中技术性最为复杂和用途最为特殊的，需要较高的安全性能和操作技术。经常或者定期对特种设备进行检测、检验，是保证特种设备性能良好、运行正常的重要措施。

《安全生产法》第三十条规定："生产经营单位使用的涉及生命安全、危险性较大的特种设备，以及危险物品的容器、运输工具，必须按照国家有关规定，由专业生产单位生产，并经取得专业资质的检测、检验机构检测、检验合格，取得安全使用证或者安全标志，方可投入使用。"这里需要把握3点：一是国家对生产经营单位使用的涉及生命安全、危险性较大的特种设备，实行强制性检测、检验制度；二是特种设备必须由专业生产经营单位生产。实行定点厂家生产，可以保证质量，防止假冒伪劣产品；非定点厂家不得生产特种设备；三是特种设备只能由取得专业资质的机构检测、检验。没有专业资质的机构不得从事特种设备的检测、检验，一经发现，将依法取缔。

十五、生产安全工艺、设备管理的规定

实现安全生产科技进步，是提升安全生产科技含量，保障安全生产的重要条件。一些生产经营单位为了降低成本和减少投入，使用陈旧、落后的生产工艺和设备，危及人身安全，极易发生生产安全事故。为了加强生产安全工艺、设备管理，加快技术更新和改造，

《安全生产法》第三十一条明确规定国家对严重危及生产安全的工艺、设备实行淘汰制度。生产经营单位不得使用国家明令淘汰、禁止使用的危及生产安全的工艺、设备。

十六、危险物品管理的规定

各种危险物品是引发重大、特大生产安全事故的重要因素。加强危险物品的日常安全管理和重点监控，是落实预防为主的重要措施。

（一）危险物品安全管理

法律规定生产经营单位生产、经营、运输、储存、使用危险物品或者处置废弃危险物品的，必须执行有关法律、法规和国家标准或者行业标准，建立专门的安全管理制度，采取可靠的安全措施，接受有关主管部门依法实施的监督管理。

（二）危险物品的审批监管

加强对危险物品安全的监督管理，查处违法行为，是法律赋予有关部门的重要职责。《安全生产法》第三十二条规定："生产、经营、运输、储存、使用危险物品或者处置废弃危险物品的，由有关主管部门依照有关法律、法规的规定和国家标准或者行业标准审批并实施监督管理。"目前我国已有一些相关法律、法规对此做出了规定，如《危险化学品安全管理条例》、《民用爆炸物品管理条例》等。

十七、重大危险源管理的规定

生产经营单位对重大危险源实施及时、有效的监控，是《安全生产法》设定的法律义务。要使这项工作制度化，必须加强日常监控工作，一是应对本单位的重大危险源登记建档，摸清底数。二是要定期进行检测检验、评估、监控，发现安全问题及时采取措施。三是制定应急预案和紧急情况下应当采取的应急措施，并告知从业人员和有关人员。如果生产经营单位违反上述规定，对重大危险源未登记建档，或者未进行评估、监控，或者未制定应急预案的，将受到行政处罚或者刑事处罚。

重大危险源备案制度。由于各种生产经营单位行业不同、大小不同，其重大危险源的数量、状况和存在位置等差别很大，政府和有关部门不可能全部掌握。为了实施重点监管，有必要建立健全重大危险源备案制度。法律规定生产经营单位应当按照国家有关规定，将本单位重大危险源及有关安全措施、应急措施报有关地方人民政府负责安全生产监督管理的部门和有关部门备案。这种备案制度不是一般的告知制度，而是一种审查监管制度：一是生产经营单位必须依法备案。二是负责安全生产监管职责的部门有权进行审查、检查。三是发现生产经营单位违法的，有权依法实施行政处罚。

十八、生产设施、场所安全距离和紧急疏散的规定

为保证生产设施、作业场所与周边建筑物、设施保持安全合理的空间，确保紧急疏散人员时畅通无阻，《安全生产法》第三十四条规定："生产、经营、储存、使用危险物品的车间、商店、仓库不得与员工宿舍在同一座建筑物内，并应当与员工宿舍保持安全距离。生产经营场所与员工宿舍应当设有符合紧急疏散要求、标志明显、保持畅通的出口。禁止封闭、堵塞生产经营场所或者员工宿舍的出口。"

十九、爆破、吊装等作业现场安全管理的规定

爆破、吊装作业属于危险作业，对其作业现场必须进行严格的安全管理。《安全生产法》第三十五条对此提出两方面要求：一是生产经营单位进行爆破、吊装等危险作业，应当安排专门人员进行现场安全管理。二是确保操作规程的遵守和安全措施的落实。要制定严格的操作规程和周密的保安措施，禁止违反规程操作和无关人员擅入现场。现场人员要明确各自的分工和安全责任，各司其职，密切协同，保证万无一失。

二十、劳动防护用品的规定

劳动防护用品是具有免受或者减轻生产安全事故对从业人员作业的人身伤害的特殊用品。是否配备劳动防护用品，是否配备符合标准的劳动防护用品，是否保证从业人员能够正确地佩戴和使用劳动防护用品，直接关系到从业人员的安危。国家历来重视劳动防护用品的使用，《安全生产法》第三十七条及三十九条明确要求，一是生产经营单位必须为从业人员提供符合国家标准或者行业标准的劳动防护用品，不符合标准的，不准提供。二是生产经营单位应当监督、教育从业人员按照使用规则佩戴、使用劳动防护用品。三是生产经营单位要安排劳动防护用品的经费。

二十一、交叉作业的安全管理

在一些规模较大的生产经营场所，常有两个以上不同的生产经营单位在同一作业区域内进行生产经营活动。若各方的安全生产管理职责不明确，就会出现混杂作业、职责不清、制度不严、管理混乱的问题，将会导致重大、特大生产安全事故的发生，因此，有必要加强交叉作业的安全管理。

针对一些不同单位、不同工种的人员在同一作业区域内交叉作业，彼此之间的安全责任不明，安全管理脱节的问题，《安全生产法》第四十条规定："两个以上生产经营单位在同一作业区域内进行生产经营活动，可能危及对方生产安全的，应当签订安全生产管理协议，明确各自的安全生产管理职责和应当采取的安全措施，并指定专职安全生产管理人员进行安全检查与协调。"

二十二、生产经营项目、场所、设备发包或者出租的安全管理

有的生产经营单位将其项目、场所、设备发包或者出租给不具备安全生产条件或者相应资质的单位或者个人后，不进行安全生产管理和协调，由此引发事故发生后无人负责的现象，以致责任不明或者推卸责任。为依法规范承包、租赁各方的安全管理，《安全生产法》规定，生产经营单位不得将生产经营项目、场所、设备发包或者出租给不具备安全生产条件或者相应资质的单位或者个人。生产经营项目、场所有多个承包单位、承租单位的，生产经营单位应当与承包单位、承租单位签订专门的安全生产管理协议，或者在承包合同、租赁合同中约定各自的安全生产管理职责；生产经营单位对承包单位、承租单位的安全生产工作统一协调、管理。

二十三、发生重大生产安全事故时生产经营单位主要负责人的职责

《安全生产法》除了第十七条将"及时、如实报告生产安全事故"列为生产经营单位主要负责人的职责外,《安全生产法》第四十二条还规定,对发生重大生产安全事故时生产经营单位主要负责人,一是应当立即组织抢救,尽量减少人员伤亡和财产损失,防止事故扩大。二是必须坚守岗位,积极配合事故调查,不得在事故调查处理期间擅离职守。

二十四、工伤保险的规定

从业人员人身安全保障是指从业人员的工伤社会保险补偿和人身伤亡赔偿的法律保障。如果生产经营单位的从业人员没有办理工伤社会保险,一旦发生事故得不到应有的经济补偿和民事赔偿,会造成一系列社会问题,直接影响生产安全和社会稳定。根据人身安全第一的原则,《安全生产法》第四十三条明确规定生产经营单位必须依法参加工伤社会保险,为从业人员缴纳保险费。

(一)保障从业人员的人身安全,是生产经营单位义不容辞的责任

法律赋予从业人员享有获得工伤社会保险和伤亡赔偿的权利。这同时也是生产经营单位的义务。生产经营单位应当依法为从业人员办理工伤社会保险并缴纳保险费,不得以非法手段侵犯从业人员的该项权利。《安全生产法》第四十四条规定,生产经营单位与从业人员订立的劳动合同,应当载明有关从业人员劳动安全、防止职业危害的事项,以及为从业人员办理工伤社会保险的事项。生产经营单位不得以任何形式与从业人员订立协议,免除或者减轻其对从业人员因生产安全事故伤亡依法应承担的责任。

(二)工伤社会保险是人身保障的经济基础

工伤社会保险是社会保障制度的重要组成部分,它的保险费率和相应的赔付保险金都比较低,只能维持最基本的生活需要。因此,凡是有关法律、法规规定必须办理工伤社会保险的生产经营单位,都要为其从业人员缴纳保险费。这样既可以使他们得到经济补偿,又可以减轻生产经营单位的经济负担。

(三)民事赔偿是工伤社会保险的必要补充

由于经济发展水平和人民生活水平的不断提高,人的社会地位和生命价值也越来越高。发生生产安全事故造成从业人员人身伤亡后,仅仅依靠工伤社会保险补偿往往难以抵偿人身损害的经济损失,在经济发达地区尤其如此。依照《民法通则》的原则规定,除从业人员恶意或者故意造成人身损害者外,生产经营单位发生生产安全事故造成人身伤亡,即构成了对其从业人员的人身损害,由此应当承担相应的民事赔偿责任。至于民事赔偿的具体标准,应当根据当地人均生活水平加以确定,当事人不能任意提出赔偿数额。

(四)工伤社会保险与民事赔偿相互补充,不可替代

工伤社会保险与民事赔偿的性质不同。前者是以抚恤、安置和补偿受害者为目的补偿性措施;后者是以民事损害为前提,以追究生产经营单位民事责任为目的,对受害者给予经济赔偿的惩罚性措施。也就是说,生产安全事故的受害者或其亲属,既有依法享有获得工伤社会保险补偿的权利,又有获得民事赔偿的权利。但是否应当获得民事赔偿,则应以

生产经营单位的过错为前提，即生产安全事故的发生原因必须是生产经营单位有安全生产违法行为或者造成生产安全事故。

第四节　从业人员的权利和义务

生产经营单位的从业人员是各项生产经营活动最直接的劳动者，是各项法定安全生产的权利和义务的承担者，从业人员能否安全、熟练地操作各种生产经营工具或者作业，能否认识到生产作业活动中的危险有害因素，能否认识到生命的价值，严格遵守安全规程和安全生产规章制度，人身安全和健康能否得到切实保障，往往决定了一个生产经营单位的安全水平。

随着社会化大生产的不断发展，劳动者在生产经营活动中的地位不断提高，人的生命价值也越来越受到党和国家的重视。关心和维护从业人员的人身安全权利，是实现安全生产的重要条件。就从业人员在安全生产中的地位和作用而言，保障从业人员的安全生产权利是安全生产立法的重要内容。重视和保护从业人员的生命权，是贯穿《安全生产法》的主线。只有高度重视和充分发挥从业人员在生产经营活动中的主观能动性，最大限度地提高从业人员的安全素质，才能把不安全因素和事故隐患降到最低限度，预防事故，减少人身伤亡。这是社会进步与法制进步的客观要求。这就要求各级政府领导人和各类生产经营单位负责人，必须以对人民群众高度负责的精神和强烈的政治责任感，尊重和保障从业人员在安全生产方面依法享有的权利。要真正保障从业人员的安全生产权利，必须通过相应立法加以确认。《安全生产法》第六条规定："生产经营单位的从业人员有依法获得安全生产保障的权利，并应当依法履行安全生产方面的义务。"《安全生产法》第三章对从业人员的安全生产权利义务做了全面、明确的规定，并且设定了严格的法律责任，为保障从业人员的合法权益提供了法律依据。《安全生产法》以其安全生产基本法律的地位，将从业人员的安全生产权利义务上升为一项基本法律制度，这对强化从业人员的权利意识和自我保护意识、提高从业人员的安全素质、改善生产经营条件、促使生产经营单位加强管理和追究侵犯从业人员安全生产权利行为的法律责任，都具有重要意义。

一、从业人员的人身保障权利

生产经营单位的所有制形式、规模、行业、作业条件和管理方式多种多样。《安全生产法》规定了各类从业人员必须享有的、有关安全生产和人身安全的最重要、最基本的权利。这些基本安全生产权利，可以概括为5项。

（一）获得安全保障、工伤保险和民事赔偿的权利

《安全生产法》明确赋予了从业人员享有工伤保险和获得伤亡赔偿的权利，同时规定了生产经营单位的相关义务。《安全生产法》第四十四条规定："生产经营单位与从业人员订立的劳动合同，应当载明有关保障从业人员劳动安全、防止职业危害的事项，以及依法为从业人员办理工伤社会保险的事项。生产经营单位不得以任何形式与从业人员订立协议，免除或者减轻其对从业人员因生产安全事故伤亡依法应当承担的责任。"第四十八条

规定:"因生产安全事故受到损害的人员,除依法享有获得工伤社会保险外,依照有关民事法律尚有获得赔偿的权利的,有权向本单位提出赔偿要求。"第四十三条规定:"生产经营单位必须依法参加工伤社会保险,为从业人员缴纳保险费。"此外,法律还对生产经营单位与从业人员订立协议,免除或者减轻其对从业人员因生产安全事故伤亡依法应承担的责任的,规定该协议无效,并对生产经营单位主要负责人、个人经营的投资人处以二万元以上十万元以下的罚款。《安全生产法》的有关规定,明确了下列4个问题:

1. 从业人员依法享有工伤保险和伤亡求偿的权利。法律规定这项权利必须以劳动合同必要条款的书面形式加以确认。没有依法载明或者免除或者减轻生产经营单位对从业人员因生产安全事故伤亡依法应承担的责任的,是一种非法行为,应当承担相应的法律责任。

2. 依法为从业人员缴纳工伤社会保险费和给予民事赔偿,是生产经营单位的法律义务。生产经营单位不得以任何形式免除该项义务,不得变相以抵押金、担保金等名义强制从业人员缴纳工伤社会保险费。

3. 发生生产安全事故后,从业人员首先依照劳动合同和工伤社会保险合同的约定,享有相应的补偿金。如果工伤保险补偿金不足以补偿受害者的人身损害及经济损失的,依照有关民事法律应当给予赔偿的,从业人员或其亲属有要求生产经营单位给予赔偿的权利,生产经营单位必须履行相应的赔偿义务。否则,受害者或其亲属有向人民法院起诉和申请强制执行的权利。

4. 从业人员获得工伤社会保险补偿和民事赔偿的金额标准、领取和支付程序,必须符合法律、法规和国家的有关规定。《安全生产法》的上述规定主要是针对大量存在的"生死合同",赋予了从业人员必要的法定权利,具有操作性和不可侵犯性。所谓的"生死合同",实际就是私营企业老板利用法律不够健全和从业人员的无知和无奈,逃避因事故造成的从业人员伤亡的经济赔偿责任。这是侵犯从业人员人身权利的严重违法行为,必须依法规范。《安全生产法》从法律上确定了"生死合同"的非法性,并规定了相应的法律责任,这就为从业人员的合法权利提供了法律保障,为监督管理和行政执法提供了明确的法律依据。

(二)得知危险因素、防范措施和事故应急措施的权利

生产经营单位特别是从事矿山、建筑、危险物品的生产经营单位,往往存在着一些对从业人员生命和健康有危险、危害的因素,直接接触这些危险因素的从业人员往往是生产安全事故的直接受害者。许多生产安全事故从业人员伤亡严重的教训之一,就是法律没有赋予从业人员获知危险因素以及发生事故时应当采取的应急措施的权利。所以,《安全生产法》规定,生产经营单位从业人员有权了解其作业场所和工作岗位存在的危险因素及事故应急措施。要保证从业人员这项权利的行使,生产经营单位就有义务事前告知有关危险因素和事故应急措施。否则,生产经营单位就侵犯了从业人员的权利,并对由此产生的后果承担相应的法律责任。

(三)对本单位安全生产的批评、检举和控告的权利

从业人员是生产经营单位的主人,他们对安全生产情况尤其是安全管理中的问题和事故隐患最了解、最熟悉,具有他人不能替代的作用。只有依靠他们并且赋予必要的安全生

产监督权和自我保护权，才能做到预防为主，防患于未然，才能保障他们的人身安全和健康。关注安全，就是关爱生命，关心企业。一些生产经营单位的主要负责人不重视安全生产，对安全问题熟视无睹，不听取从业人员的正确意见和建议，使本来可以发现、及时处理的事故隐患不断扩大，导致事故和人员伤亡；有的竟然对批评、检举、控告生产经营单位安全生产问题的从业人员进行打击报复。为此《安全生产法》规定从业人员有权对本单位的安全生产工作提出建议；有权对本单位安全生产工作中存在的问题提出批评、检举、控告。

（四）拒绝违章指挥和强令冒险作业的权利

在生产经营活动中经常出现企业负责人或者管理人员违章指挥和强令从业人员冒险作业的现象，由此导致事故，造成大量人员伤亡。因此，法律赋予从业人员拒绝违章指挥和强令冒险作业的权利，不仅是为了保护从业人员的人身安全，也是为了警示生产经营单位负责人和管理人员必须照章指挥，保证安全，并不得因从业人员拒绝违章指挥和强令冒险作业而对其进行打击报复。《安全生产法》第四十六条规定："生产经营单位不得因从业人员对本单位安全生产工作提出批评、检举、控告或者拒绝违章指挥、强令冒险作业而降低其工资、福利等待遇或者解除与其订立的劳动合同。"

（五）紧急情况下的停止作业和紧急撤离的权利

由于生产经营场所存在不可避免的自然和人为的危险因素，这些因素将会或者可能会对从业人员造成人身伤害。比如从事矿山、建筑、危险物品生产作业的从业人员，一旦发现将要发生透水、瓦斯爆炸、煤与瓦斯突出、冒顶片帮、坠落、倒塌，危险物品泄漏、燃烧、爆炸等紧急情况并且无法避免时，法律赋予他们享有停止作业和紧急撤离的权利。《安全生产法》第四十七条规定："从业人员发现直接危及人身安全的紧急情况时，有权停止作业或者在采取可能的应急措施后撤离作业场所。生产经营单位不得因从业人员在前款紧急情况下停止作业或者采取紧急撤离措施而降低其工资、福利等待遇或者解除与其订立的劳动合同。"从业人员在行使这项权利的时候，必须明确4点：一是危及从业人员人身安全的紧急情况必须有确实可靠的直接根据，凭借个人猜测或者误判而实际并不属于危及人身安全的紧急情况除外，该项权利不能被滥用。二是紧急情况必须直接危及人身安全，间接危及人身安全的情况不应撤离，而应采取有效的处理措施。三是出现危及人身安全的紧急情况时，首先是停止作业，然后要采取可能的应急措施；采取应急措施无效时，再撤离作业场所。四是该项权利不适用于某些从事特殊职业的从业人员，比如飞行人员、船舶驾驶人员、车辆驾驶人员等，根据有关法律、国际公约和职业惯例，在发生危及人身安全的紧急情况下，他们不能或者不能先行撤离从业场所或者岗位。

二、从业人员的安全生产义务

《安全生产法》不但赋予了从业人员安全生产权利，也设定了相应的法定义务。作为法律关系内容的权利与义务是对等的。从业人员依法享有权利，同时必须承担相应的法律义务。

（一）遵章守规、服从管理的义务

《安全生产法》第四十九条规定："从业人员在从业过程中，应当严格遵守本单位的安全生产规章制度和操作规程，服从管理……"根据《安全生产法》和其他有关法律、法规和规章的规定，生产经营单位必须制定本单位安全生产的规章制度和操作规程。从业人员必须严格依照这些规章制度和操作规程进行生产经营作业。安全生产规章制度和操作规程是从业人员从事生产经营，确保安全的具体规范和依据。从这个意义上说，遵守规章制度和操作规程，实际上就是依法进行安全生产。事实表明，从业人员违反规章制度和操作规程，是导致生产安全事故的主要原因。生产经营单位的负责人和管理人员有权依照规章制度和操作规程进行安全管理，监督检查从业人员遵章守规的情况。对这些安全生产管理措施，从业人员必须接受并服从管理。依照法律规定，生产经营单位的从业人员不服从管理，违反安全生产规章制度和操作规程的，由生产经营单位给予批评教育，依照有关规章制度给予处分；造成重大事故，构成犯罪的，依照刑法有关规定追究刑事责任。

（二）正确佩戴和使用劳动防护用品的义务

按照法律、法规的规定，为保障人身安全，生产经营单位必须为从业人员提供必要的、安全的劳动防护用品，以避免或者减轻作业和事故中的人身伤害。但实践中由于一些从业人员缺乏安全知识，认为佩戴和使用劳动防护用品没有必要，往往不按规定佩戴或者不能正确佩戴和使用劳动防护用品，由此引发人身伤害时有发生，造成不必要的伤亡。比如煤矿矿工下井作业时必须佩戴矿灯用于照明，从事高空作业的工人必须佩戴安全带以防坠落，等等。另外有的从业人员虽然佩戴和使用劳动防护用品，但由于不会或者没有正确使用而发生人身伤害的案例也很多。因此，正确佩戴和使用劳动防护用品是从业人员必须履行的法定义务，这是保障从业人员人身安全和生产经营单位安全生产的需要。

（三）接受安全培训，掌握安全生产技能的义务

不同行业、不同生产经营单位、不同工作岗位和不同的生产经营设施、设备具有不同的安全技术特性和要求。随着生产经营领域的不断扩大和高新安全技术装备的大量使用，生产经营单位对从业人员的安全素质要求越来越高。从业人员的安全生产意识和安全技能的高低，直接关系到生产经营活动的安全可靠性。特别是从事矿山、建筑、危险物品生产作业和使用高科技安全技术装备的从业人员，更需要具有系统的安全知识，熟练的安全生产技能，以及对不安全因素和事故隐患、突发事故的预防、处理能力和经验。要适应生产经营活动对安全生产技术知识和能力的需要，必须对新招聘、转岗的从业人员进行专门的安全生产教育和业务培训。许多国有和大型企业一般比较重视安全培训工作，从业人员的安全素质比较高。但是有些非国有和中小企业不重视、不搞安全培训，企业的从业人员没有经过专门的安全生产培训，其中部分从业人员不具备应有的安全素质，因此违章违规操作，酿成事故的事例比比皆是。为了明确从业人员接受培训、提高安全素质的法定义务，《安全生产法》第五十条规定："从业人员应当接受安全生产教育和培训，掌握本职工作所需的安全生产知识，提高安全生产技能，增强事故预防和应急处理能力。"这对提高生产经营单位从业人员的安全意识、安全技能，预防、减少事故和人员伤亡，具有积极意义。

（四）发现事故隐患或者其他不安全因素及时报告的义务

从业人员直接进行生产经营作业，他们是事故隐患和不安全因素的第一当事人。许多生产安全事故是由于从业人员在作业现场发现事故隐患和不安全因素后没有及时报告，以

至延误了采取措施进行紧急处理的时机而导致。如果从业人员尽职尽责，及时发现并报告事故隐患和不安全因素，并及时有效地处理，完全可以避免事故的发生和降低事故的损失。发现事故隐患并及时报告是贯彻预防为主的方针，加强事前防范的重要措施。为此，《安全生产法》第五十一条规定："从业人员发现事故隐患或者其他不安全因素，应当立即向现场安全生产管理人员或者本单位负责人报告；接到报告的人员应当及时予以处理。"这就要求从业人员必须具有高度的责任心，防微杜渐，防患于未然，及时发现事故隐患和不安全因素，预防事故发生。

《安全生产法》第一次明确规定了从业人员安全生产的法定义务和责任，具有重要的意义：第一，安全生产是从业人员最基本的义务和不容推卸的责任，从业人员必须具有高度的法律意识。第二，安全生产是从业人员的天职。安全生产义务是所有从业人员进行生产经营活动必须遵守的行为规范。从业人员必须尽职尽责，严格照章办事，不得违章违规。第三，从业人员如不履行法定义务，必须承担相应的法律责任。第四，安全生产义务的设定，可为事故处理及其从业人员责任追究提供明确的法律依据。

第五节　安全生产的监督管理

《安全生产法》所确立的安全生产监督管理法律制度，充分体现了强化监管的宗旨和社会监督、齐抓共管的原则。这项法律制度包括政府监督管理与社会监督两部分。在突出各级人民政府及其安全生产综合监督管理部门和有关部门的安全监管和行政执法主体地位的同时，重视和肯定公民、法人、工会和其他社会组织协助政府和各有关部门对安全生产进行社会监督、群防群治的作用，其目的是要最大限度地调动一切力量，使安全生产监督管理延伸到社会的每个角落，覆盖到全社会。安全生产监督管理制度涵盖了安全生产监督管理体制、各级安全生产监督管理部门以及其他有关部门各自的安全监督管理职责、公众监督、社区组织监督和新闻舆论监督等重要内容。安全生产监督管理的主体包括各级人民政府及其安全生产综合监督管理部门、有关部门、公民、工会、社区基层组织和新闻媒体，依照法律赋予的权力（权利）对安全生产工作进行监督。

一、负有安全生产监督管理职责的部门的行政许可职责

（一）负有安全生产监督管理职责的部门

目前，我国实行安全生产综合监督管理与专项监督管理相结合的安全生产监督管理体制，负责实施安全生产监督管理的部门很多。这些部门依照法律、法规和"三定"方案的规定，从不同方面履行安全生产监督管理的职责。《安全生产法》第五十四条将负有安全生产监督管理职责的政府部门统称为"负有安全生产监督管理职责的部门"。

负有安全生产监督管理职责的部门是对县级以上人民政府负责安全生产监督管理的各有关部门的统称，具体包括两类政府部门，一类是《安全生产法》第九条第一款和第九十四条所称的县级以上各级人民政府设置的"负责安全生产监督管理的部门"。另一类是《安全生产法》第九条第二款所称的县级以上各级人民政府设置的"有关部门"。法律所

称的"负有安全生产监督管理职责的部门"包括"负责安全生产监督管理的部门"和"有关部门"。

（二）负有安全生产监督管理职责的部门的行政许可职责

县级以上人民政府中负有安全生产监督管理职责的部门，按照各自的职责分工对安全生产实施监督管理的主要职权之一，是依法对有关安全生产事项实施行政许可。由于《安全生产法》的制定时间早于《行政许可法》，因此当时法律没有采用行政许可的统一用语，而是称之为行政审批。按照后来颁布施行的《行政许可法》的用语标准，现应改称为行政许可。《安全生产法》第五十四条、第五十五条对负有安全生产监督管理职责的部门的行政许可职责从4个方面作出了规定。

1. 依照法律、法规的规定，对涉及安全生产的事项需要审查批准（包括批准、核准、许可、注册、认证、颁发证照等）或者验收的，必须严格依照有关法律、法规和国家标准或者行业标准规定的条件和程序进行审查；不符合法律、法规和国家标准或者行业标准规定的安全生产条件的，不得批准或者验收通过。这项职责主要是通过行政许可解决安全生产主体的市场准入问题。负有安全生产监督管理职责的部门应当严格依照法定授权，按照法定程序，对申请人应当符合的法定安全生产条件实施审查，对需要进行验收的安全生产事项进行验收。符合安全生产条件或者验收合格的，有权批准或者验收通过。否则，不得给予行政许可。我国很多相关法律、行政法规对有关安全生产事项设定了行政许可。如《煤炭法》规定，开办煤矿应当经过煤炭管理部门审查批准；《煤矿安全监察条例》规定，对煤矿建设工程的安全设施要进行竣工验收；《危险化学品安全管理条例》规定，设立危险化学品生产企业要取得行政审批，等等。

2. 对未依法取得批准或者验收合格的单位擅自从事有关活动的，负责行政审批的部门发现或者接到举报后应当立即予以取缔，并依法予以处理。这是针对未依法提出安全生产行政许可的申请、未取得行政许可擅自从事生产经营活动的生产经营单位而设定的监督管理职权，查处人们常说的"无证非法生产经营"的违法行为。依照法律的规定，负有安全生产监督管理职责的部门对自己检查发现或者经举报发现的非法从事生产经营活动的单位，有权予以取缔，并依法实施行政处罚。

3. 对已经依法取得批准的单位，负责行政审批的部门发现其不再具备安全生产条件的，应当撤销原批准。这是对已经取得安全生产事项行政许可的生产经营单位安全生产条件的动态监督管理职责。依照法律规定，一是要对取得行政许可的生产经营单位，在生产经营过程中的安全生产条件继续实施监督管理。二是在日常监督检查中发现生产经营单位不再具备安全生产条件的，必须撤销原行政许可。不再具备安全生产条件，包括降低安全生产条件和安全生产条件不适应安全生产需要等。

4. 规范行政许可的特别规定。对安全生产事项实施行政许可是负有安全生产监督管理职责部门的一项重要权力，容易产生违法违纪现象，滋生腐败。如利用职权，巧立名目收费或者变相收费，私分或者贪污；向申请行政许可或者验收的单位强行指定购买某种产品，或者要求购买指定生产、销售单位的安全设备、器材或者其他产品，从中牟利。因此，有必要对行政许可中的不规范行为或者违法行为作出法律规定。《安全生产法》第五十五条规定，负有安全生产监督管理职责的部门对涉及安全生产的事项进行审查、验收，不得收取费用；不得要求接受审查、验收的单位购买其指定品牌或者指定生产、销售单位的安全设备、器材或者其他产品。

二、负有安全生产监督管理职责的部门依法监督检查时行使的职权

为了加强日常监督管理，赋予负有安全生产监督管理职责的部门必要的监督管理手段，《安全生产法》第五十六条对负有安全生产监督管理职责的部门依法对生产经营单位执行有关安全生产的法律、法规和国家标准或者行业标准的情况进行监督检查，赋予了4项职权。

（一）现场检查权

为了履行日常安全生产监督管理的职责，安全生产监督检查人员需要经常进入有关生产经营单位的作业现场进行实地检查，受检的生产经营单位应当服从并予以配合。但在实际执行过程中有的生产经营单位不予配合，甚至设置障碍，拒绝、阻挠甚至暴力抗拒检查，致使监督检查人员无法履行职责。依法进入现场进行检查，是实施监督管理的最基本的职权。法律规定，安全生产监督检查人员有权进入生产经营单位进行检查，调阅有关资料，向有关单位和人员了解情况。

（二）当场处理权

在安全生产检查中，在生产经营作业现场常会发现一些安全生产违法行为，需要当场进行处理，以免发生生产安全事故。《安全生产法》第五十六条中规定："对检查中发现的安全生产违法行为，当场予以纠正或者要求限期改正；对依法应当给予行政处罚的行为，依照本法和其他有关法律、行政法规的规定作出行政处罚决定。"该规定指出，现场检查发现违法行为时，有两种情况应当分别处理：一是不需要给予行政处罚的违法行为，有权当场纠正或者限期改正。二是对比较严重、应当给予行政处罚的违法行为，依法作出行政处罚决定。除了法定当场实施处罚的少数轻微违法行为外，行政处罚通常不能当场作出决定。

（三）紧急处置权

在安全检查中除了发现一般的安全生产违法行为以外，有时会发现事故隐患，特别是重大事故隐患。此时必须采取紧急处置措施，排除隐患或者撤出作业人员，必要时需暂时停止生产经营活动。为了避免发生重大、特大生产安全事故，法律授权安全生产检查人员对检查中发现的事故隐患，应当责令立即排除；重大事故隐患排除前或者排除过程中无法保证安全的，应当责令从危险区域撤出作业人员，责令暂时停产停业或者停止使用；重大事故隐患排除后，经审查同意，方可恢复生产经营或者使用。

（四）查封扣押权

生产经营单位的安全设施、设备、器材是否符合国家标准或者行业标准，处于良好的安全状态，对于确保安全生产具有重要影响。许多事故教训表明，一些生产经营单位擅自采购、使用不符合安全标准的设施、设备、器材，以次充好，导致安全无保证，经常引发事故，因此必须依法查处。法律授权安全生产检查人员对有根据认为不符合国家标准或者行业标准的设施、设备、器材予以查封或者扣押，并应当在15日内依法作出处理决定。

三、安全生产监督检查人员依法履行职责的要求

《安全生产法》对安全生产监督检查人员履行职责提出了要求。一是坚持履行安全生产监督检查人员监管执法的行为准则，立党为公，执政为民，忠实于法律。不玩忽职守，不徇私情，不贪赃枉法。二是严格按照程序履行职责，规范执法，持证执法，保守秘密。三是监督检查不得影响被检查单位的正常生产经营活动。四是应当将检查的时间、地点、内容、发现的问题及其处理情况，作出书面纪录，并由检查人员和被检查单位的负责人签字；被检查单位的负责人拒绝签字的，检查人员应当将情况记录在案，并向负有安全生产监督管理职责的部门报告。

四、配合安全生产监督管理部门和人员进行监督检查的规定

保证安全生产监督检查人员正常履行职责，生产经营单位积极配合也很重要。配合监督检查是一项法定的义务，生产经营单位不得寻找借口和理由为监督检查设置障碍。法律要求生产经营单位对负有安全生产监督管理职责的部门的监督检查人员依法履行监督检查职责，应当予以配合，不得拒绝、阻挠。否则就是妨碍监督检查人员执行公务，将被追究法律责任。

五、行政监察机关的职责

为了加强对负有安全生产监督管理职责的部门及其工作人员履行职责的监督，防止行政不作为和"乱作为"，防止滥用行政权力，严肃国法政纪，惩治行政违法行为，《安全生产法》规定，监察机关依照行政监察法的规定，对负有安全生产监督管理职责的部门及其工作人员履行安全生产监督管理职责实施监察。发现违法违纪的，要依法处理。

六、安全生产中介机构的监督管理

《安全生产法》关于安全生产中介机构的监督管理的规定主要包括资质认可和责任追究两个方面。

（一）安全生产中介机构资质的认可

依照《安全生产法》第六十二条的规定，承担安全评价、认证、检测、检验的机构应当具备国家规定的资质条件。这是确定其合法性的基本条件。非法中介服务机构不具备合法资格，其所从事的一切业务均为非法，出具的所有评价、认证、检测、检验报告、证书和检测、检验结果均无法律效力。只有符合国家规定或者国家授权部门规定的资质条件，按照法定程序申请登记并获得批准的，方可从事安全生产中介服务活动。安全生产中介服务业务很多，其中最重要、问题最多的，是由政府有关部门或者生产经营单位委托的安全评价、安全认证以及安全设备、设施、器材、用品的检测、检验等。法律突出重点，规定对从事安全评价、认证、检测、检验的中介机构资质实行认可。随着安全科学技术的发展，安全中介服务将更多地进入安全技术装备的科研、开发、设计、实验、使用推广和安全人员教育培训及生产经营单位安全管理等众多领域。

（二）安全生产中介服务的责任

依法取得资质的安全生产中介机构从事服务活动，必须遵守有关法律、法规和职业准则，独立享有权利，履行义务，承担责任。按照权责利一致的原则，取得合法资质的有关中介机构的责任必须明确。《安全生产法》第六十二条规定，承担安全评价、认证、检测、检验的机构对其作出的安全评价、认证、检测、检验的结果负责。所谓"负责"，一是指中介机构必须对自己所从事的中介服务的结果，独立对其服务结果的合法性、真实性负责。二是指中介机构对其违法从事安全评价、认证、检测、检验业务所造成的后果，应当承担相应的法律责任。三是要依法追究安全中介机构及其有关人员的违法行为的法律责任。

七、安全生产违法行为的举报的规定

安全生产违法行为具有隐秘性、广泛性，仅仅依靠各级人民政府负责安全生产监督管理的部门是不能全部发现和查处的，必须依靠全社会的监督举报才能及时发现和查处。对安全生产违法行为的监督和查处的主要途径之一，就是建立举报制度，调动广大人民群众的积极性，协助政府查处。《安全生产法》关于安全生产违法行为举报的规定包括社会举报和举报受理两个方面。

（一）社会举报

《安全生产法》第六十四条规定："任何单位和个人对事故隐患或者安全生产违法行为，均有权向负有安全生产监督管理职责的部门报告或者举报。"这里明确了3个问题，一是法律授予所有单位和公民都有举报的权利，任何单位和个人不得阻止、剥夺这种举报权利。二是举报的内容为生产安全事故隐患和安全生产违法行为，举报的情况应当力求及时、准确。三是要向法定的政府部门举报。

（二）举报受理

事故隐患和安全生产违法行为是国家明令整改和禁止的，对人民群众的生命和财产安全危害极大，必须及时查处。县级以上负有安全生产监督管理职责的部门负责监督管理和行政执法，是法定的举报受理机关。为了强化执法力度，《安全生产法》第六十三条规定，负有安全生产监督管理职责的部门应当建立举报制度，公开举报电话、信箱或者电子邮件地址，受理有关安全生产的举报；受理的举报事项经调查核实后，应当形成书面材料；需要落实整改措施的，报经有关负责人签字并督促落实。

八、安全生产社会监督、舆论监督的规定

（一）社会监督

作为政府监督管理的补充，发挥城乡社区基层组织在安全生产监督方面的作用十分重要。遍及城市、乡村的居民委员会、村民委员会是安全生产监督的社会力量。依靠和发挥社区基层组织，及时发现和查处事故隐患和安全生产违法行为，必将对强化监督管理和行政执法起到推动作用。所以，法律规定，居民委员会、村民委员会发现其所在区域内的生产经营单位存在事故隐患和安全生产违法行为时，应当向当地人民政府或者有关部门报告。

（二）舆论监督

当今安全生产工作得到全社会的高度重视，舆论监督发挥了极大的作用。各种大众传媒在安全生产工作中占有重要的舆论宣传和导向的地位。安全文化、安全理念、安全信息的传播，离不开正面舆论的宣传引导。党和国家非常重视舆论监督对安全生产的推动作用，具体体现在有关法律之中。《安全生产法》第六十七条明确规定，新闻、出版、广播、电影、电视等单位有进行安全生产宣传教育的义务，有对违反安全生产法律、法规的行为进行舆论监督的权利。

1. 安全生产宣传教育的义务

及时、准确、正确地进行安全生产宣传教育，是各种媒体义不容辞的法定义务。提升全民安全生产意识的重要举措之一，就是调动、利用传媒广泛深入、持久不懈地宣传国家有关安全生产的方针政策、法律、法规和重大举措，教育公民关注安全，使自身安全、他人安全和公众安全成为全社会的安全文化理念和公民的自觉行动。媒体必须履行这项义务，把安全生产宣传教育摆在重要位置，为安全生产营造舆论氛围。

2. 安全生产舆论监督的权利

报道、揭露和抨击安全生产违法行为，对于危害社会的重大生产安全事故和违法行为具有震慑作用，对于协助各级人民政府及其负有安全生产监督管理职责的部门加大监管执法的力度，惩治违法犯罪分子，具有宣传作用。但也确有一些地方的人民政府和有关部门以及违法者，慑于舆论监督的威力，害怕、反对舆论监督，千方百计地阻止、打击或者贿赂媒体，掩盖事故真相和安全生产违法行为，阻止媒体对安全生产违法行为进行监督。国家肯定了媒体进行舆论监督的正面的、积极的作用，法律规定舆论监督是媒体的法定权利，任何单位和个人均不得剥夺这项权利。

九、对举报安全生产违法行为有功人员的奖励

举报是一种有利于社会公共利益的义举。发动人民群众和社会力量对安全生产违法行为进行举报，可以避免或者减少重大生产安全事故，可以使安全生产违法行为得到查处。对进行举报的有功人员给予奖励，可以弘扬正气。为了使举报制度能够切实建立，鼓励人民群众揭发安全生产违法行为的积极性，《安全生产法》第六十六条规定："县级以上人民政府及其有关部门对报告重大事故隐患或者举报安全生产违法行为的有功人员，给予奖励。具体奖励办法由国务院负责安全生产监督管理的部门会同国务院财政部门制定。"

第六节　生产安全事故的应急救援与调查处理

受生产力发展水平的制约，我国在短时期内还难以完全杜绝生产安全事故。安全生产工作的近期目标是，遏制重大、特大事故，预防和减少一般事故。因此，做好事故应急救援和调查处理工作必不可少并且非常重要，这是各级人民政府及其负有安全生产监督管理职责的部门和生产经营单位义不容辞的法定职责。《安全生产法》确立的事故应急救援和调查处理制度，对事故发生前应急救援的准备和事故发生后调查处理的组织分别进行了规范，体现了重在预防的指导思想。事故应急和处理制度主要包括事故应急预案的制定和事故应急体系的建立、高危生产经营单位的应急救援、事故报告、重大事故的应急抢救、调查处理的原则、事故责任的追究、事故统计和公布等内容。

生产安全事故具有突发性和破坏性。许多事故案例证明，大部分事故发生前都存在着事故隐患，显露出一定的征兆和苗头。凡事预则立，不预则废。对事故救援必须改变没有应急救援预案和组织保证的被动局面，应当采取积极主动的措施以应急需。根据已经发生的重大、特大事故的经验教训，针对本地区和本单位可能发生的重大、特大事故制定相应的应急救援预案，建立健全严密、高效的救援组织体系，对于发生重大事故，尤其是那些危害性大、破坏严重的特大事故时的现场救援和人员抢救，具有未雨绸缪的作用，可以减少事故带来的人员伤害和财产损失。《安全生产法》突破了重视事后调查处理忽视事前应急准备的旧模式，将应急救援纳入事故调查处理制度之中，这对保护人民群众生命和财产安全具有重要意义。

一、地方政府应急救援工作职责

各级人民政府全面负责领导安全生产工作，在各类重大、特大事故的应急救援工作中处于组织指挥的核心地位。作为一级政府要确保一方平安，必须牵头抓好事故应急救援工作。一些危险性大、波及面广的特大事故不但会对生产经营单位造成人员伤亡和财产损失，还会对周边地区造成危害。譬如危险化学品生产、储存的设施、设备和核电站一旦发生特大事故，往往会对周围几平方公里、几十平方公里甚至更大范围造成危害，如果事先没有应急预案和救援体系，势必后果严重，因此有必要制定应急预案，建立健全救援体系。

《安全生产法》第六十八条规定："县级以上地方各级人民政府应当组织有关部门制定本行政区域内特大生产安全事故应急预案，建立应急救援体系。"事故应急预案应当包括可能发生的特大事故的种类，事故发生的地区、地段、地点或者单位，事故波及地区的人员、道路交通、消防设施和通道，事故可能造成的危害及其应对措施，事故救援的组织指挥，抢救伤害人员的措施以及设施、设备、器材和物品的组织供应，事故现场秩序维持和后期处理措施，等等。事故救援体系是实施应急预案的组织保证，应当明确各级救援组织机构的建立及其领导人员，确定内部分设的专门救援组织，如维持现场秩序、疏导交通、消防急救、现场处理、提供医疗和生活物品、发布信息的组织或者部门，明确各自的岗位及其职责，形成一个能够处理突发事故的救援体系。如果发生特大事故，这个体系立即启动，各级领导和工作人员能以最快速度各就各位，各司其职，统一领导，分工负责，有条不紊地开展救援工作，最大限度地救治人员和保护财产，减少损失。

二、生产经营单位生产安全事故的应急救援

（一）高危生产经营单位的事故应急救援

在工、矿、商、贸生产经营单位中，重大、特大事故发生最多、危险性最大、损失最严重的通常是那些从事危险物品生产、经营、储存和矿山开采、建筑施工的生产经营单位，即所谓的"高危生产经营单位"。

法律将事故应急救援的重点放在高危生产经营单位，作出了强制性的规定。《安全生产法》第六十九条规定："危险物品的生产、经营、储存单位以及矿山、建筑施工单位应当建立应急救援组织；生产经营规模较小，可以不设应急救援组织的，应当指定兼职的应急救援人员。危险物品的生产、经营、储存单位以及矿山、建筑施工单位应当配备必要的应急救援器材、设备，并进行经常性维护、保养，保证正常运转。"对于这些生产经营单位来说，原则上都要设立应急救援组织，配备应急救援器材、设备，保证其经常处于完好状态。一些规模小并且不适宜建立应急救援组织的小型生产经营单位，如小加油站、化工用品零售商店等，也必须由专人负责应急救援工作并配备相应的应急救援器材和设备。

法律虽然没有对高危生产经营单位以外的其他生产经营单位的应急救援工作作出强制性规定，但也应根据本单位实际情况，建立专门的应急救援机构或者指定专人负责此项工作，防患于未然。

（二）重大事故的应急抢救

《安全生产法》第七十一条规定，负有安全生产监督管理职责的部门接到事故报告后，应当立即按照国家有关规定上报事故情况。负有安全生产监督管理职责的部门和有关地方人民政府对事故情况不得隐瞒不报、谎报或者拖延不报。第七十二条规定，有关地方人民政府和负有安全生产监督管理职责的部门的负责人接到重大生产安全事故报告后，应当立即赶到事故现场，组织事故抢救。任何单位和个人都应当支持、配合事故抢救，并提供一切便利条件。

三、生产安全事故报告和处置的规定

迅速、及时、准确地报告发生生产安全事故，是生产经营单位和各级地方人民政府及其负有安全生产监督管理职责的部门的法定义务和责任。只有这样，才能尽快组织救援，防止扩大事故，挽回或者减少人员和财产损失。《安全生产法》第七十条和第七十一条对此作出了明确的法律规定。

（一）现场有关人员应当立即报告本单位负责人

生产经营单位发生生产安全事故后，在事发现场的从业人员、管理人员和其他人员有义务采用任何方式以最快的速度立即报告，既可以逐级报告，也可以越级报告，不得耽误。

（二）生产经营单位应当组织抢救并报告事故

生产经营单位负责人接到事故报告后，应当迅速采取有效措施组织抢救，防止事故扩大，减少人员伤亡和财产损失，并按照国家有关规定立即如实报告当地负有安全生产监督管理职责的部门，不得隐瞒不报、谎报或者拖延不报，不得故意破坏事故现场、毁灭有关证据。生产经营单位主要负责人在事故报告和抢救中负有主要领导责任，必须履行及时、如实报告生产安全事故的法定义务。

四、生产安全事故调查处理的规定

（一）事故调查处理的原则

鉴于法律授权国务院制定专门的事故调查处理行政法规，所以，《安全生产法》没有对事故报告和调查处理作出详细的规定。但是法律确定了事故调查处理的原则，即应当按照实事求是、尊重科学的原则，及时、准确地查清事故原因，查明事故性质和责任，总结事故教训，提出整改措施，并对事故责任者提出处理意见。针对事故调查处理工作存在的地方保护、避重就轻、逃脱责任等突出问题，《安全生产法》第七十五条同时规定，任何单位和个人不得阻挠和干涉对事故的依法调查处理。

（二）事故责任的追究

正确地确定事故有关人员的责任并依法追究，是总结事故教训和惩治有关责任人的重要措施。《安全生产法》第七十四条规定："生产经营单位发生生产安全事故，经调查确定责任事故的，除了应当查明事故单位的责任并依法予以追究外，还应当查明对安全生产有关事项负有审查批准和监督职责的行政部门的责任，对有失职、渎职行为的，依照本法第七十七条的规定追究法律责任。"本条规定的责任主体包括生产经营单位的主要负责人、个人经营的投资人和负有安全生产监督管理职责的部门的工作人员。如果违反法律规定应予追究责任的，将要受到法律的制裁。

（三）事故统计和公布

加强对事故的统计分析和事故发生及其调查处理情况的公布，是强化社会监督，总结事故教训，改进安全生产工作的重要手段。为此，《安全生产法》第七十六条规定："县级以上各级地方人民政府负责安全生产监督管理的部门应当定期统计分析本行政区域内发生生产安全事故的情况，并定期向社会公布。"按照这条规定，凡是发生生产安全事故的单位及各有关部门，都应当依照有关事故报告、统计分析的规定，及时、准确地向当地安全生产监管部门报告，由县级以上地方人民政府安全生产监管部门逐级进行汇总、统计和分析，定期通过公共传媒予以公布。

第七节　安全生产法律责任

法律责任是国家管理社会事务所采用的强制当事人依法办事的法律措施。依照《安全生产法》的规定，各类安全生产法律关系的主体必须履行各自的安全生产法律义务，保障安全生产。《安全生产法》的执法机关将依照有关法律规定，追究安全生产违法犯罪分子的法律责任，对有关生产经营单位给予法律制裁。

一、安全生产法律责任的形式

追究安全生产违法行为法律责任的形式有 3 种，即行政责任、民事责任和刑事责任。在现行有关安全生产的法律、行政法规中，《安全生产法》采用的法律责任形式最全，设定的处罚种类最多，实施处罚的力度（罚款幅度除外）最大。

（一）行政责任

它是指责任主体违反安全生产法律规定，由有关人民政府和安全生产监督管理部门、公安机关依法对其实施行政处罚的一种法律责任。《安全生产法》第九十四条规定："本法规定的行政处罚，由负责安全生产监督管理的部门决定；予以关闭的行政处罚由负责安全生产监督管理的部门报请县级以上人民政府按照国务院规定的权限决定；给予拘留的行政处罚由公安机关依照治安管理处罚条例的规定决定。有关法律、行政法规对行政处罚的决定机关另有规定的，依照其规定。"行政责任在追究安全生产违法行为的法律责任方式中运用最多。《安全生产法》针对安全生产违法行为设定的行政处罚，共有责令改正、责令限期改正、责令停产停业整顿、责令停止建设、停止使用、责令停止违法行为、罚款、没收违法所得、吊销证照、行政拘留、关闭等11种，这在我国有关安全生产的法律、行政法规设定行政处罚的种类中是最多的。

（二）民事责任

它是指责任主体违反安全生产法律规定造成民事损害，由人民法院依照民事法律强制其进行民事赔偿的一种法律责任。民事责任的追究是为了最大限度地维护当事人受到民事损害时享有获得民事赔偿的权利。《安全生产法》是我国众多的安全生产法律、行政法规中首先设定民事责任的法律。《安全生产法》第八十六条规定："生产经营单位将生产经营项目、场所、设备发包或者出租给不具备安全生产条件或者相应资质的单位或者个人的……导致发生生产安全事故给他人造成损害的，与承包方、承租方承担连带赔偿责任。"第九十五条中规定："生产经营单位发生生产安全事故造成人员伤亡、他人财产损失的，应当依法承担赔偿责任。"

（三）刑事责任

刑事责任是指责任主体违反安全生产法律规定构成犯罪，由司法机关依照刑事法律给予刑罚的一种法律责任。依法处以剥夺犯罪分子人身自由的刑罚，是3种法律责任中最严厉的。为了制裁那些严重的安全生产违法犯罪分子，《安全生产法》设定了刑事责任。《刑法》有关安全生产违法行为的罪名，主要是重大责任事故罪、重大劳动安全事故罪、危险物品肇事罪和提供虚假证明文件罪以及国家工作人员职务犯罪等。

二、安全生产违法行为的责任主体

安全生产违法行为的责任主体，是指依照《安全生产法》的规定享有安全生产权利、负有安全生产义务和承担法律责任的社会组织和公民。责任主体主要包括4种。

（一）有关人民政府和负有安全生产监督管理职责的部门及其领导人、负责人

《安全生产法》明确规定了各级地方人民政府和负有安全生产监督管理职责的部门对其管辖行政区域和职权范围内的安全生产工作进行监督管理。监督管理既是法定职权，又是法定职责。如果由于有关地方人民政府和负有安全生产监督管理职责的部门的领导人和负责人违反法律规定而导致重大、特大事故，执法机关将依法追究因其失职、渎职和负有领导责任的行为所应承担的法律责任。

（二）生产经营单位及其负责人、有关主管人员

《安全生产法》对生产经营单位的安全生产行为作出了规定，生产经营单位必须依法

从事生产经营活动，否则将负法律责任。《安全生产法》第十七条规定了生产经营单位主要负责人应负的6项安全生产职责。第十九条规定："矿山、建筑施工单位和危险物品的生产、经营、储存单位，应当设置安全生产管理机构或者配备专职安全生产管理人员。前款规定以外的其他生产经营单位，从业人员超过三百人的，应当设置安全生产管理机构或者配备专职安全生产管理人员；从业人员在三百人以下的，应当配备专职或者兼职的安全生产管理人员……"第二十条还对生产经营单位的主要负责人和安全生产管理人员的安全资质作出了规定。生产经营单位的主要负责人、分管安全生产的其他负责人和安全生产管理人员是安全生产工作的直接管理者，保障安全生产是他们义不容辞的责任。

（三）生产经营单位的从业人员

从业人员直接从事生产经营活动，他们往往是各种事故隐患和不安全因素的第一知情者和直接受害者。从业人员的安全素质高低，对安全生产至关重要。所以，《安全生产法》在赋予他们必要的安全生产权利的同时，设定了他们必须履行的安全生产义务。如果因从业人员违反安全生产义务而导致重大、特大事故，那么必须承担相应的法律责任。

（四）安全生产中介服务机构和安全生产中介服务人员

《安全生产法》第十二条规定："依法设立的为安全生产提供技术服务的中介机构，依照法律、行政法规和职业准则，接受生产经营单位的委托为其安全生产工作提供技术服务。"从事安全生产评价认证、检测检验、咨询服务等工作的中介机构及其安全生产的专业工程技术人员，必须具有执业资质才能依法为生产经营单位提供服务。如果中介机构及其工作人员对其承担的安全评价、认证、检测、检验事项出具虚假证明，视其情节轻重，将追究其行政责任、民事责任和刑事责任。

三、安全生产违法行为行政处罚的决定机关

安全生产违法行为行政处罚的决定机关亦称行政执法主体，是指法律、法规授权履行法律实施职权和负责追究有关法律责任的国家行政机关。鉴于《安全生产法》是安全生产领域的基本法律，它的实施涉及多个行政机关。因此在目前的安全生产监督管理体制下，它的执法主体不是一个而是多个。依法实施行政处罚是有关行政机关的法定职权。行政责任是采用最多的法律责任形式，它是国家机关依法行政的主要手段。具体地说，《安全生产法》规定的行政执法主体有4种。

（一）县级以上人民政府负责安全生产监督管理职责的部门

《安全生产法》第九条和第九十四条规定的"负责安全生产监督管理职责的部门"，专指县级以上人民政府设置的安全生产监督管理部门。依照《安全生产法》第九十四条"本法规定的行政处罚，由负责安全生产监督管理的部门决定"的规定，县级以上人民政府负责安全生产监督管理的部门就是本法主要的行政执法主体。除了法律特别规定之外的行政处罚，安全生产监督管理部门均有权决定。这是强化安全生产综合监管部门的法律地位和执法手段的需要。

（二）县级以上人民政府

《安全生产法》针对不具备本法和其他法律、行政法规和国家标准或行业标准规定的

安全生产条件，经停产整顿仍不达标的生产经营单位，规定由负责安全生产监督管理的部门报请县级以上人民政府按照国务院规定的权限决定予以关闭。这就是说，关闭的行政处罚的执法主体只能是县级以上人民政府，其他部门无权决定此项行政处罚。这是考虑到关闭一个生产经营单位会牵涉到一些有关部门的参加或配合，由政府作出关闭决定并且组织实施将比有关部门执法的力度更大。

（三）公安机关

《安全生产法》第九十一条规定："生产经营单位主要负责人在本单位发生重大生产安全事故时，不立即组织抢救或者在事故调查处理期间擅离职守或者逃匿的，给予降职、撤职的处分，对逃匿的处十五日以下的拘留……生产经营单位主要负责人对生产安全事故隐瞒不报、谎报和拖延不报的，依照前款规定处罚。"拘留是限制人身自由的行政处罚，由公安机关实施。为了保证对限制人身自由行政处罚执法主体的一致性，《安全生产法》第九十四条规定："给予拘留的行政处罚由公安机关依照治安管理处罚条例的规定决定。"对违反《安全生产法》有关规定需要予以拘留的，除公安机关以外的其他部门、单位和公民，都无权擅自实施。

（四）法定的其他行政机关

鉴于历史的原因，在《安全生产法》公布实施之前，国家已经制定了一些有关安全生产的其他法律、行政法规，其中对有关行政处罚的机关已经明确。为了保持法律执法主体的连续性，界定安全生产综合监管部门与安全生产专项监管部门的行政执法权力，《安全生产法》第九十四条规定："有关法律、行政法规对行政处罚的决定机关另有规定的，依照其规定。"依照有关安全生产法律、行政法规履行某些行政处罚权力的，主要有公安、工商、铁道、交通、民航、建筑、质检和煤矿安全监察等专项安全生产监管部门和机构，他们在有关法律、行政法规授权的范围内，有权决定相应的行政处罚。《安全生产法》是在总结和完善原有相关立法的基础上新制定的安全生产基本法律，如果其他有关法律、行政法规对同一安全生产违法行为已经明确其执法主体的，那么仍由其实施行政处罚。但是，对于《安全生产法》明确规定而其他有关法律、行政法规没有规定的安全生产违法行为，应由负责安全生产监督管理的部门作为行政执法主体，依照《安全生产法》实施行政处罚。

四、生产经营单位的安全生产违法行为

安全生产违法行为是指安全生产法律关系主体违反安全生产法律规定所从事的非法生产经营活动。安全生产违法行为是危害社会和公民人身安全的行为，是导致生产事故多发和人员伤亡的直接原因。安全生产违法行为，分为作为和不作为。作为是指责任主体实施了法律禁止的行为而触犯法律，不作为是指责任主体不履行法定义务而触犯法律。《安全生产法》关于安全生产法律关系主体的违法行为的界定，对于规范政府部门依法行政和生产经营单位依法生产经营，追究违法者的法律责任，具有重要意义。

《安全生产法》规定追究法律责任的生产经营单位的安全生产违法行为，有下列27种：

（一）生产经营单位的决策机构、主要负责人、个人经营的投资人不依照本法规定保证安全生产所必需的资金投入，致使生产经营单位不具备安全生产条件的。

（二）生产经营单位的主要负责人未履行本法规定的安全生产管理职责的。

（三）生产经营单位未按照规定设立安全生产管理机构或者配备安全生产管理人员的。

（四）危险物品的生产、经营、储存单位以及矿山、建筑施工单位的主要负责人和安全生产管理人员未按照规定经考核合格的。

（五）生产经营单位未按照规定对从业人员进行安全生产教育和培训，或者未按照规定如实告知从业人员有关的安全生产事项的。

（六）特种作业人员未按照规定经专门的安全作业培训并取得特种作业操作资格证书，上岗作业的。

（七）生产经营单位的矿山建设项目或者用于生产、储存危险物品的建设项目没有安全设施设计或者安全设施设计未按照规定报经有关部门审查同意的。

（八）矿山建设项目或者用于生产、储存危险物品的建设项目的施工单位未按照批准的安全设施设计施工的。

（九）矿山建设项目或者用于生产、储存危险物品的建设项目竣工投入生产或者使用前，安全设施未经验收合格的。

（十）生产经营单位未在有较大危险因素的生产经营场所和有关设施、设备上设置明显的安全警示标志的。

（十一）安全设备的安装、使用、检测、改造和报废不符合国家标准或者行业标准的。

（十二）未对安全设备进行经常性维护、保养和定期检测的。

（十三）未为从业人员提供符合国家标准或者行业标准的劳动防护用品的。

（十四）特种设备以及危险物品的容器、运输工具未经取得专业资质的机构检测、检验合格，取得安全使用证或者安全标志，投入使用的。

（十五）使用国家明令淘汰、禁止使用的危及生产安全的工艺、设备的。

（十六）未经依法批准，擅自生产、经营、储存危险物品的。

（十七）生产经营单位生产、经营、储存、使用危险物品，未建立专门安全管理制度、未采取可靠的安全措施或者不接受有关主管部门依法实施的监督管理的。

（十八）对重大危险源未登记建档，或者未进行评估、监控，或者未制定应急预案的。

（十九）进行爆破、吊装等危险作业，未安排专门管理人员进行现场安全管理的。

（二十）生产经营单位将生产经营项目、场所、设备发包或者出租给不具备安全生产条件或者相应资质的单位或者个人的。

（二十一）生产经营单位未与承包单位、承租单位签订专门的安全生产管理协议或者未在承包合同、租赁合同中明确各自的安全生产管理职责，或者未对承包单位、承租单位的安全生产统一协调、管理的。

（二十二）两个以上生产经营单位在同一作业区域内进行可能危及对方安全生产的生产经营活动，未签订安全生产管理协议或者未指定专职安全生产管理人员进行安全检查与协调的。

（二十三）生产经营单位生产、经营、储存、使用危险物品的车间、商店、仓库与员工宿舍在同一座建筑内，或者与员工宿舍的距离不符合安全要求的。

（二十四）生产经营场所和员工宿舍未设有符合紧急疏散需要、标志明显、保持畅通的出口，或者封闭、堵塞生产经营场所或者员工宿舍出口的。

（二十五）生产经营单位与从业人员订立协议，免除或者减轻其对从业人员因生产安全事故伤亡依法应承担的责任的。

（二十六）生产经营单位不具备本法和其他有关法律、行政法规和国家标准或者行业标准规定的安全生产条件，经停产停业整顿仍不具备安全生产条件的。

（二十七）生产经营单位发生生产安全事故造成人员伤亡、他人财产损失的。

《安全生产法》对上述安全生产违法行为设定的法律责任分别是：处以罚款、没收违法所得、责令限期改正、停产停业整顿、责令停止建设、责令停止违法行为、吊销证照、关闭的行政处罚；导致发生生产安全事故给他人造成损害或者其他违法行为造成他人损害的，承担赔偿责任或者连带赔偿责任；构成犯罪的，依法追究刑事责任。

五、从业人员的安全生产违法行为

《安全生产法》规定追究法律责任的生产经营单位有关人员的安全生产违法行为，有下列7种：

（一）生产经营单位的决策机构、主要负责人、个人经营的投资人不依照本法规定保证安全生产所必需的资金投入，致使生产经营单位不具备安全生产条件的。

（二）生产经营单位的主要负责人未履行本法规定的安全生产管理职责的。

（三）生产经营单位与从业人员订立协议，免除或者减轻其对从业人员因生产安全事故伤亡依法应承担的责任的。

（四）生产经营单位主要负责人在本单位发生重大生产安全事故时，不立即组织抢救或者在事故调查处理期间擅离职守或者逃匿的。

（五）生产经营单位主要负责人对生产安全事故隐瞒不报、谎报或者拖延不报的。

（六）生产经营单位的从业人员不服从管理，违反安全生产规章制度或者操作规程的。

（七）生产安全事故的责任人未依法承担赔偿责任，经人民法院依法采取执行措施后，仍不能对受害人给予足额赔偿的。

《安全生产法》对上述安全生产违法行为设定的法律责任分别是：处以降职、撤职、罚款、拘留的行政处罚；构成犯罪的，依法追究刑事责任。

六、安全生产中介机构的违法行为

《安全生产法》规定追究法律责任的安全生产中介服务违法行为，主要是承担安全评价、认证、检测、检验工作的机构，出具虚假证明的。

《安全生产法》对该种安全生产违法行为设定的法律责任是处以罚款、没收违法所得、撤销执业资格的行政处罚；给他人造成损害的，与生产经营单位承担连带赔偿责任；构成犯罪的，依法追究刑事责任。

七、负有安全生产监督管理职责的部门工作人员的违法行为

《安全生产法》规定追究法律责任的负有安全生产监督管理职责的部门工作人员的违法行为，有下列 3 种：

（一）失职、渎职的违法行为

1. 对不符合法定安全生产条件的涉及安全生产的事项予以批准或者验收通过的。

2. 发现未依法取得批准、验收的单位擅自从事有关活动或者接到举报后不予取缔或者不依法予以处理的。

3. 对已经依法取得批准的单位不履行监督管理职责，发现其不再具备安全生产条件而不撤销原批准或者发现安全生产违法行为不予查处的。

（二）负有安全生产监督管理职责的部门，要求被审查、验收的单位购买其指定的安全设备、器材或者其他产品的，在对安全生产事项的审查、验收中收取费用的。

（三）有关地方人民政府、负有安全生产监督管理职责的部门，对生产安全事故隐瞒不报、谎报或者拖延不报的。

《安全生产法》对上述安全生产违法行为设定的法律责任是给予行政降级、撤职等行政处分；构成犯罪的，依照刑法有关规定追究刑事责任。

八、民事赔偿的强制执行

民事责任的执法主体是各级人民法院。按照我国民事诉讼法的规定，只有人民法院是受理民事赔偿案件、确定民事责任、裁判追究民事赔偿责任的唯一的法律审判机关。如果当事人各方不能就民事赔偿和连带赔偿的问题协商一致，即可通过民事诉讼主张权利、获得赔偿。只有这时，人民法院才可能成为民事责任的执法主体。如果当事各方就民事赔偿问题已经协商一致，就不存在通过诉讼方式主张权利的必要。

（一）民事责任的含义

民事责任是指当事人对其违反民事法律的行为依法应当承担的法律责任。追究民事责任的前提条件是民事关系主体一方（生产经营单位或者安全生产中介机构）侵犯了另一方的民事权利，造成其人身伤害或者财产损失，造成民事损害的一方必须承担相应的民事赔偿责任。近年来，由于一些生产经营单位，特别是私营业主，违法从事生产经营活动或者发生生产安全事故，给从业人员或者其他人员、其他单位造成了人身伤亡或者经济损失。过去的有关安全生产法律、法规只设定了行政责任和刑事责任，没有关于民事责任的明确规定。因法律没有明确设定对民事侵权行为追究损害赔偿责任，违法者不承担民事责任，使受害者的财产权利没有得到应有的保护。为使受害方运用法律武器维护自身的合法权益，使那些逃避民事赔偿责任的违法者受到法律制裁，有必要设定民事赔偿责任来保护受害者，惩罚违法者，赔偿受害者的经济损失。《安全生产法》第一次在安全生产立法中设定了民事赔偿责任，依法调整当事人之间在安全生产方面的人身关系和财产关系，重视对财产权利的保护，这是一大特色和创新。《安全生产法》根据民事违法行为的主体、内容的不同，将民事赔偿具体分为连带赔偿和事故损害赔偿，并分别作出了规定。

（二）连带赔偿

这是指两个以上生产经营单位或者社会组织对他们的共同民事违法行为所应承担的共同赔偿责任。连带赔偿责任的特点是有两个以上民事主体从事了一个或者多个民事违法行为给受害方造成了民事损害即人身伤害、财产损失或经济损失，责任双方均有对受害方进行民事赔偿的义务和责任。受害方可以向其中一方或者各方追索民事赔偿。连带赔偿的主体是两个以上，共同实施了一个或者多个民事违法行为，其损害后果可能是导致生产安全事故，也可能是其他后果。

1. 承担安全评价、认证、检测、检验工作的中介服务机构出具虚假证明给他人造成损害的，与生产经营单位承担连带赔偿责任。比如中介机构为生产经营单位的安全设备出具虚假检验合格的证明，因使用不合格的安全设备而导致生产安全事故，造成从业人员伤亡的，受害者或其亲属就可以依照《安全生产法》第七十九条的规定，对生产经营单位或中介服务机构提出赔偿要求或者直接提起民事诉讼，请求民事赔偿。生产经营单位和中介服务机构均有赔偿的责任。

2. 生产经营单位将生产经营项目、场所、设备发包或者出租给不具备安全生产条件或者相应资质的单位或者个人，导致发生生产安全事故给他人造成损害的，与承包方、承租方承担连带赔偿责任。有些生产经营单位为了牟利，擅自将其生产经营项目、场所、设备发包或者出租给不具备法定安全生产条件或者相应资质的单位或者个人，发包方或者出租方只收取承包金或者租金，对承包方或者承租方的安全生产不闻不问，出了事故则一走了之，推卸责任，最终使受害者的权益受到损害。作为利益共同体，发包方与承包方、出租方与承租方同时都负有安全生产、保护当事人人身和财产安全的法定义务。如因他们不履行法定义务发生生产安全事故造成他人损害的，双方理所当然地要承担民事赔偿责任。《安全生产法》第八十六条的上述规定，从立法上解决了承包、租赁生产经营项目、场所、设备中发包与承包、出租与承租各方的民事责任问题，也为保护当事人的民事权利提供了法律依据。

（三）事故损害赔偿

事故损害赔偿专指因生产经营单位的过错，即安全生产违法行为而导致生产安全事故，造成人员伤亡、他人财产损失所应承担的赔偿责任。事故损害赔偿与连带赔偿的区别在于，事故损害赔偿只有一个主体，单独实施了一个或者多个民事违法行为，其损害后果只能是一个，即导致生产安全事故。

这里应当注意两点，一是过错方必须是生产经营单位，即生产经营单位有安全生产违法行为而引发事故；二是事故造成了本单位从业人员的伤亡或者不特定的其他人的财产损失。比如某化工厂因年久失修造成了压力容器的爆炸，在现场作业的工人死伤均有，同时导致厂外民房被震塌，也造成了人员死伤和财产损失。依照《安全生产法》第九十五条的规定，受伤的从业人员或死亡人员的亲属就可以依法对该化工厂索赔。如果该化工厂拒赔或者对赔偿金额协商不一致，那么受害者或其亲属就有权向人民法院起诉，请求依法判决该化工厂予以民事赔偿，人民法院依法判决应予赔偿后，该化工厂则必须履行赔偿责任。有一点应当指出，虽然《安全生产法》设定了民事责任，但是民事责任的确定以及民事赔偿的具体标准必须依照民事法律的有关规定，不能任意提高或者降低民事赔偿标准。

（四）民事赔偿的强制执行

《安全生产法》为了保护公民、法人或其他组织的合法民事权益，专门对有关民事赔偿问题规定了强制执行措施。一是确定生产经营单位发生生产安全事故造成人员伤亡、他人财产损失的，应当依法承担赔偿责任。二是规定了强制执行措施。生产经营单位发生生产安全事故造成人员伤亡、他人财产损失，拒不承担赔偿责任或者其负责人逃匿的，由人民法院依法强制执行。三是规定了继续或者随时履行赔偿责任。生产安全事故的责任人未依法承担赔偿责任，经人民法院依法采取执行措施后，仍不能对受害人给予足额赔偿的，应当继续履行赔偿义务；受害人发现责任人有其他财产的，可以随时请求人民法院执行。

第三章　安全生产单行法律

第一节　中华人民共和国矿山安全法

1992 年 11 月 7 日第七届全国人大常委会第二十八次会议审议通过《中华人民共和国矿山安全法》（以下简称《矿山安全法》），自 1993 年 5 月 1 日起施行。《矿山安全法》的立法目的是为了保障矿山生产安全，防止矿山事故，保护矿山职工人身安全，促进采矿业的发展。

一、矿山安全法的适用范围

（一）主体和行为的适用

《矿山安全法》是我国唯一的矿山安全单行法律。凡是在中华人民共和国领域和管辖的其他海域从事矿产资源开采活动的公民、法人或者其他组织，均应遵守该法的规定。不论是中国公民、法人或者其他组织，还是外国公民、法人或者其他组织，只要在中国从事矿产资源开采活动，必须遵守《中华人民共和国矿产资源法》。据统计，目前我国已经探明并进行开采的矿产资源超过 180 余种，所有矿产资源开采过程中的安全生产均要适用《矿山安全法》。

（二）空间的适用

《矿山安全法》第二条规定："在中华人民共和国领域和中华人民共和国管辖的其他海域从事矿产资源开采活动，必须遵守本法。"该法关于其适用范围的规定，是为了与相关法律的适用范围保持一致。1986 年 3 月 19 日第六届全国人大常委会第十五次会议审议通过（1996 年第八届全国人大常委会第二十一次会议修改）的《中华人民共和国矿产资源法》第二条规定："在中华人民共和国领域和管辖的其他海域勘查、开采矿产资源，必须遵守本法。"矿山安全是与矿产资源开采紧密相连的，只要有矿产资源开采活动，就有矿山安全问题。因此，两部法律的适用范围是一致的。

《矿山安全法》的空间适用范围包括中华人民共和国领域和中华人民共和国管辖的其他海域。中华人民共和国领域是指我国主权管辖的领陆、领水和领空，领水包括 12 海里以内的领海。中华人民共和国管辖的其他海域包括我国法律规定的领海毗连区和领海以外 200 海里的专属海洋经济区。

二、矿山建设的安全保障的规定

（一）矿山建设工程安全设施"三同时"

矿产资源开采属于危险性较大的作业，其中从事井工开采的矿山具有更大的危险性，矿山事故频繁发生。尤其是地下开采面临来自地下水、火、瓦斯、顶板和粉尘等地质灾害的威胁，需要采用多种安全设施抵御地质灾害，监控矿井内的气体、温度、地压情况，预防和监控矿山事故。作为矿山开采系统的重要组成部分，安全设施是保障矿井建设和矿山开采安全的主要设施。为此，《矿山安全法》明确规定，矿山建设工程的安全设施必须和主体工程同时设计、同时施工、同时投入生产和使用。

（二）矿山建设工程安全设施的设计和竣工验收

矿山建设工程安全设施的设计是否可靠、科学、规范，是保证矿井生产安全系统能否保障安全的首要环节。《矿山安全法》规定，矿山建设工程的设计文件，必须符合矿山安全规程和行业技术规范，并按照国家规定经管理矿山企业的主管部门批准；不符合矿山安全规程和行业技术规范的，不得批准。矿山建设工程安全设施的设计必须由劳动行政主管部门（现为负责安全生产监督管理的部门，下同）参加审查。矿山安全规程和行业技术规范，由国务院管理矿山企业的主管部门制定。

法律还对必须符合矿山安全规程和行业技术规范的矿山设计项目作出了规定：

1．矿井的通风系统和供风量、风质、风速。
2．露天矿的边坡角和台阶的宽度、高度。
3．供电系统。
4．提升、运输系统。
5．防水、排水系统和防火、灭火系统。
6．防瓦斯系统和防尘系统。
7．有关矿山安全的其他项目。

矿山建设工程必须按照管理矿山的主管部门批准的设计文件施工。矿山建设工程安全设施竣工后，由管理矿山企业的主管部门验收，并须有劳动行政主管部门参加；不符合矿山安全规程和行业技术规范的，不得验收，不得投入生产。

（三）矿井安全出口和运输通讯设施

矿井安全出口是用于矿山开采和矿山事故发生时紧急撤离的必经的安全通道，其数量和空间应当满足安全要求。有些小矿山不按照规定设置必要的安全出口，发生事故时人员难以迅速撤离，造成了人员伤亡或者扩大了事故损失。《矿山安全法》规定，每个矿井必须有两个以上能行人的安全出口，出口之间的直线水平距离必须符合矿山安全规程和行业技术规范。

矿山运输设施是保证矿山开采的运送传输设施，保证其正常运行对于正常生产和预防事故必不可少。通讯设施是传递组织生产和安全管理的各种信息的电讯设施。保持通讯畅通，是实行安全生产的重要条件。由于各类矿山的运输通讯设施有所不同，法律对此的最低要求是矿山必须有与外界相通的、符合安全要求的运输和通讯设施。

三、矿山开采的安全保障的规定

（一）矿山开采的基本要求

矿山开采是非常危险、复杂的生产活动，要保障矿山开采安全，需要具备严格的、系统的安全保障条件，严格按照开采不同矿种的安全规程和技术规范进行操作。国家有关主管部门制定的许多矿种的保护规范和安全要求，成为实现矿山开采安全必须遵守的基本规范。因此，《矿山安全法》第十三条规定："矿山开采必须具备保障安全生产的条件，执行开采不同矿种的矿山安全规程和行业技术规范。"

（二）矿用特殊设备、器材、护品、仪器的安全保障

1．矿山使用的有特殊安全要求的设备、器材、防护用品和安全检测仪器，必须符合国家安全标准或者行业安全标准；不符合国家安全标准或者行业安全标准的，不得使用。

2．矿山企业必须对机电设备及其防护装置、安全检测仪器定期检查、维修，保证使用安全。

（三）开采作业的安全保障

1．矿山企业必须对作业场所中的有毒有害物质和井下空气含氧量进行检测，保证符合安全要求。

2．矿山企业必须对下列危害安全的事故隐患采取预防措施：冒顶片帮、边坡滑落和地表塌陷；瓦斯爆炸、煤尘爆炸；冲击地压、瓦斯突出、井喷；地面和井下的火灾、水害；爆破器材和爆破作业发生的危害；粉尘、有毒有害气体、放射性物质和其他有害物质引起的危害；其他危害。

3．矿山企业对使用机械、电气设备，排土场、矸石山、尾矿库和矿山闭坑后可能引起的危害，应当采取预防措施。

四、矿山企业的安全管理的规定

（一）安全生产责任制

《矿山安全法》第二十条规定："矿山企业必须建立、健全安全生产责任制。矿长对本企业的安全生产工作负责。"依照《矿山安全法实施条例》的规定，矿山企业应当建立、健全行政领导岗位安全生产责任制、职能机构安全生产责任制、岗位人员的安全生产责任制。

矿长（含矿务局局长、矿山公司经理）对本企业的安全生产工作负有下列职责：

1．认真贯彻执行《矿山安全法》和本条例以及其他法律、法规中有关矿山安全生产的规定。

2．制定本企业安全生产管理制度。

3．根据需要配备合格的安全工作人员，对每个作业场所进行跟班检查。

4．采取有效措施，改善职工劳动条件，保证安全生产所需要的材料、设备、仪器和劳动防护用品的及时供应。

5．依照本条例的规定，对职工进行安全教育、培训。

6．制定矿山灾害的预防和应急计划。

7．及时采取措施，处理矿山存在的事故隐患。

8．及时、如实向劳动行政主管部门和管理矿山企业的主管部门报告矿山事故。

（二）矿山安全的内部监督

为了加强安全管理和企业内部监督，法律通过授权职代会、职工和工会的监督来形成矿山企业安全生产的内部管理机制。

1. 职代会的监督

《矿山安全法》第二十一条规定："矿长应当定期向职工代表大会或者职工大会报告安全生产工作，发挥职工代表大会的监督作用。"《矿山安全法实施条例》第三十一条规定，矿长应当定期向职工代表大会或者职工大会报告下列情况，接受民主监督：

（1）企业安全生产重大决策。

（2）企业安全技术措施及其执行情况。

（3）职工安全教育、培训计划及其实施情况。

（4）职工提出的改善劳动条件的建议和要求的处理情况。

（5）重大事故处理情况。

（6）有关安全生产的其他事项。

2. 职工的监督

《矿山安全法》第二十二条第二款规定："矿山企业职工有权对危害安全的行为，提出批评、检举和控告。"矿山企业职工享有下列权利：

（1）有权获得作业场所安全与职业危害方面的信息。

（2）有权向有关部门和工会组织反映矿山安全状况和存在的问题。

（3）对任何危害职工安全健康的决定和行为，有权提出批评、检举和控告。

3. 工会的监督

《矿山安全法》第二十三条规定："矿山工会依法维护职工生产安全的合法权益，组织职工对矿山安全工作进行监督。"第二十五条规定："矿山企业工会发现企业行政方面违章指挥、强令工人冒险作业或者生产过程中发现明显重大事故隐患和职业危害，有权提出解决的建议；发现危及职工生命安全的情况时，有权向矿山企业行政方面建议组织职工撤离危险现场，矿山企业行政方面必须及时做出处理决定。"

（三）安全培训

1. 全员培训

全员培训是矿山企业最基本的基础性安全培训，是每个职工的必修课。不具备最基本的安全知识和操作技能，就不能胜任本职工作。因此依法规定矿山企业全员安全教育培训是非常必要的。组织安全教育培训是矿山企业的责任，参加和接受安全教育和培训是矿山企业职工的义务。《矿山安全法》第二十六条第一款规定："矿山企业必须对职工进行安全教育、培训；未经安全教育、培训的，不得上岗作业。"依照《矿山安全法实施条例》第三十六条的规定，矿山企业对职工的安全教育、培训，应当包括下列内容：

（1）《矿山安全法》及本条例赋予矿山职工的权利与义务。

（2）矿山安全规程及矿山企业有关安全管理的规章制度。

（3）与职工本职工作有关的安全知识。

（4）各种事故征兆的识别、发生紧急情况时的应急措施和撤退路线。

（5）自救装备的使用和有关急救方面的知识。

（6）有关主管部门规定的其他内容。

2. 特种作业人员培训

从事特种作业的职工面临的危险大于一般职工，他们应具有更高、更全面的安全专业知识和操作技能,因此必须对他们进行特殊的、更为严格的安全培训,取得相应的资格才能上岗作业。矿山企业的特种作业人员主要有瓦斯检查工、爆破工、通风工、信号工、拥罐工、电工、金属焊接(切割)工、矿井泵工、瓦斯抽放工、主扇风机操作工、主提升机操作工、绞车操作工、输送机操作工、尾矿工、安全检查工和矿内机动车司机等。《矿山安全法》第二十六条第二款规定:"矿山企业安全生产的特种作业人员必须接受专门培训,经考核合格取得操作资格证书的,方可上岗作业。"

3. 矿长培训

矿长负责直接组织指挥矿山开采作业,既要有组织能力,又要有全面的安全专业知识、丰富的安全管理经验和领导能力。因此,《矿山安全法》要求矿长必须经过考核,具备安全专业知识,具有领导安全生产和处理矿山事故的能力。矿山企业安全工作人员必须具备必要的安全专业知识和矿山安全工作经验。对矿长安全资格的考核,应当包括下列内容:

(1)《矿山安全法》和有关法律、法规及矿山安全规程。

(2)矿山安全知识。

(3)安全生产管理能力。

(4)矿山事故处理能力。

(5)安全生产业绩。

(四)未成年人和女工的保护

《矿山安全法》第二十九条规定:"矿山企业不得录用未成年人从事矿山井下劳动。矿山企业对女职工按照国家规定实行特殊保护,不得分配女职工从事矿山井下劳动。"

(五)矿山事故防范和救护

《矿山安全法》第三十条规定:"矿山企业必须制定矿山事故防范措施,并组织落实。"第三十一条规定:"矿山企业应当配备专职或者兼职人员组成的救护和医疗急救组织,配备必要的装备、器材和药物。"

1996年10月30日国务院颁布的《矿山安全法实施条例》规定,矿山事故发生后,事故现场有关人员应当立即报告矿长或者有关主管人员;矿长或者有关主管人员接到事故报告后,必须立即采取有效措施,组织抢救,防止事故扩大,尽量减少人员伤亡和财产损失。矿山企业发生重伤、死亡事故后,矿山企业应当在24小时内如实向劳动行政主管部门和管理矿山企业的主管部门报告。发生伤亡事故,矿山企业和有关单位应当保护事故现场;因抢救事故,需要移动现场部分物品时,必须作出标志,绘制事故现场图,并详细记录;在消除现场危险,采取防范措施后,方可恢复生产。

(六)安全技术措施专项费用

安全投入是指保障矿山企业的安全设施齐全可靠、安全技术装备精良的资金。矿山建设和开采过程中都需要不断地投入必要的资金,对安全设施进行建设、安全维护、改造和更新,使其始终处于正常状态,确保安全生产。没有必要的安全投入,矿山安全就没有保障。为此,《矿山安全法》第三十二条规定:"矿山企业必须从矿产品销售额中按照国家规定提取安全技术措施专项费用。安全技术措施专项费用必须全部用于改善矿山安全生产条件,不得挪作他用。"

《矿山安全法实施条例》第四十二条规定，矿山企业必须按照国家规定的安全条件进行生产，并安排一部分资金，用于下列改善矿山安全生产条件的项目：

1. 预防矿山事故的安全技术措施。

2. 预防职业危害的劳动卫生技术措施。

3. 职工的安全培训。

4. 改善矿山安全生产条件的其他技术措施。

前款所需资金，由矿山企业按矿山维简费的 20% 的比例据实列支；没有矿山维简费的矿山企业，按固定资产折旧费的 20% 的比例据实列支。

五、矿山安全的监督与管理的规定

（一）矿山安全的监督

1. 矿山安全监督的部门

制定《矿山安全法》时，国家规定由劳动行政主管部门负责监督矿山安全。根据国务院的现行规定，法律中规定的矿山安全监督的主管部门已不再是劳动行政主管部门，而是县级以上人民政府负责安全生产监督管理的部门，由其负责矿山安全的监督管理和行政执法职责。因此，《矿山安全法》的监督管理和行政执法主体是负责安全生产监督管理的部门。

2. 矿山安全监督部门的职责

依照《矿山安全法》第三十三条的规定，负责安全生产监督管理的部门对矿山安全工作行使 7 项监督职责：

（1）检查矿山企业和管理矿山企业的主管部门贯彻执行矿山安全法律、法规的情况。

（2）参加矿山建设工程安全设施的设计审查和竣工验收。

（3）检查矿山劳动条件和安全状况。

（4）检查矿山企业职工安全教育、培训工作。

（5）监督矿山企业提取和使用安全技术措施专项费用的情况。

（6）参加并监督矿山事故的调查和处理。

（7）法律、行政法规规定的其他监督职责。

（二）矿山安全的管理

1. 矿山安全管理的部门

制定《矿山安全法》的当时，各级人民政府都有专设的负责管理矿山企业的主管部门，如煤炭、石油、冶金、建材等部门。1998 年以后，国务院撤销了这些专业部门，地方人民政府也进行了机构改革，管理矿山企业的主管部门变化较大且不统一。不论机构如何变化，只要是依照法律、法规和各级人民政府授权负责管理矿山企业的主管部门，就应当履行《矿山安全法》规定的管理矿山企业的主管部门的矿山安全管理职责。

2. 矿山安全管理部门的职责

依照《矿山安全法》第三十四条的规定，县级以上人民政府管理矿山企业的主管部门对矿山安全工作行使 6 项管理职责：

（1）检查矿山企业贯彻执行矿山安全法律、法规的情况。

（2）审查批准矿山建设工程安全设施的设计。

（3）负责矿山建设工程安全设施的竣工验收。

（4）组织矿长和矿山企业安全工作人员的培训工作。

（5）调查和处理重大矿山事故。

（6）法律、行政法规规定的其他管理职责。

六、矿山安全违法行为所应承担的法律责任

（一）矿山企业的法律责任

1. 矿山安全管理违法行为的法律责任

依照《矿山安全法》的规定，有下列 5 种行为之一的，责令改正，可以并处罚款；情节严重的，提请县级以上人民政府决定责令关闭；对主管人员和直接责任人员由其所在单位或者上级主管机关给予行政处分：

（1）未对职工进行安全教育、培训，分配职工上岗作业的。

（2）使用不符合国家安全标准或者行业安全标准的设备、器材、防护用品、安全检测仪器的。

（3）未按照规定提取和使用安全技术措施专项费用的。

（4）拒绝矿山安全监督人员现场检查或者在被检查时隐瞒事故隐患、不如实反映情况的。

（5）未按照规定及时、如实报告矿山事故的。

2. 矿长、特种作业人员的法律责任

矿长不具备安全专业知识，安全生产的特种作业人员未取得操作资格证书上岗作业的，责令限期改正；逾期不改正的，提请县级以上人民政府决定责令停产，调整配备合格人员后，方可恢复生产。

3. 矿山工程安全设施设计和验收违法行为的法律责任

矿山建设工程安全设施的设计未经批准擅自施工的，责令停止施工；拒不执行的，提请县级以上人民政府决定由有关主管部门吊销其采矿许可证和营业执照。矿山建设工程的安全设施未经验收或者验收不合格擅自投入生产的，责令停止生产，并处以罚款；拒不停止生产的，提请县级以上人民政府决定由有关主管部门吊销其采矿许可证和营业执照。

4. 不具备安全生产条件的法律责任

已经投入生产的矿山企业，不具备安全生产条件而强行开采的，责令限期改进；逾期仍不具备安全生产条件的，提请县级以上人民政府决定责令停产整顿，或者由有关主管部门吊销其采矿许可证和营业执照。

（二）矿山事故的法律责任

1. 违章指挥、强令冒险作业的事故责任

矿山企业主管人员违章指挥、强令工人冒险作业，因而发生重大伤亡事故的，依照《刑法》追究刑事责任。

2. 对事故隐患不采取措施的事故责任

矿山企业主管人员对矿山事故隐患不采取措施，因而发生重大伤亡事故的，依照《刑

《法》追究刑事责任。

（三）矿山安全监管人员的法律责任

矿山安全监督人员和安全管理人员滥用职权、玩忽职守、徇私舞弊，构成犯罪的，依法追究刑事责任；不构成犯罪的，给予行政处分。

七、矿山安全违法行为行政处罚的决定机关

（一）安全生产监督管理部门

根据现行安全生产监督管理体制和人民政府授权，《矿山安全法》规定由县级以上劳动行政主管部门决定的行政处罚，应由县级以上人民政府负责安全生产监督管理的部门决定。

（二）管理矿山企业的主管部门

根据现行安全生产监督管理体制和人民政府授权，《矿山安全法》规定由县级以上人民政府管理矿山企业的主管部门决定的行政处罚，按照现行职责分工由有关主管部门决定。

第二节　中华人民共和国消防法

1998 年 4 月 29 日第九届全国人大常委会第二次会议审议通过了《中华人民共和国消防法》（以下简称《消防法》），自 1998 年 9 月 1 日起施行。2008 年 10 月 28 日第十一届全国人民代表大会常务委员会第五次会议对《消防法》做了修订，自 2009 年 5 月 1 日起施行。《消防法》的立法目的是为了预防和减少火灾危害，加强应急救援工作，保护公民人身、公共财产和公民财产的安全，维护公共安全。

一、火灾预防的规定

（一）消防规划

《消防法》第八条规定了城乡消防规划，以及城乡消防安全布局、公共消防设施和消防装备的完善。要求地方各级人民政府应当将包括消防安全布局、消防站、消防供水、消防通信、消防车通道、消防装备等内容的消防规划纳入城乡规划，并负责组织实施。城乡消防安全布局不符合消防安全要求的，应当调整、完善；公共消防设施、消防装备不足或者不适应实际需要的，应当增建、改建、配置或者进行技术改造。

（二）安全位置

《消防法》第二十二条规定了易燃易爆危险物品场所要求，要求生产、储存、装卸易燃易爆危险品的工厂、仓库和专用车站、码头的设置，应当符合消防技术标准。易燃易爆气体和液体的充装站、供应站、调压站，应当设置在符合消防安全要求的位置，并符合防火防爆要求。已经设置的生产、储存、装卸易燃易爆危险品的工厂、仓库和专用车站、码头，易燃易爆气体和液体的充装站、供应站、调压站，不再符合前款规定的，地方人民政府应当组织、协调有关部门、单位限期解决，消除安全隐患。

（三）建设工程的消防安全

《消防法》第十条对消防设计文件的备案和抽查作出了规定，要求按照国家工程建设消防技术标准需要进行消防设计的建设工程，除另有规定外，建设单位应当自依法取得施工许可之日起七个工作日内，将消防设计文件报公安机关消防机构备案，公安机关消防机构应当进行抽查。国务院公安部门规定的大型的人员密集场所和其他特殊建设工程，建设单位应当将消防设计文件报送公安机关消防机构审核。公安机关消防机构依法对审核的结果负责。

《消防法》第十二条对消防设计未经审核，或者消防设计不合格的法律后果提出了明确要求，依法应当经公安机关消防机构进行消防设计审核的建设工程，未经依法审核或者审核不合格的，负责审批该工程施工许可的部门不得给予施工许可，建设单位、施工单位不得施工；其他建设工程取得施工许可后经依法抽查不合格的，应当停止施工。第十三条对消防验收和备案、抽查作出了规定，要求按照国家工程建设消防技术标准需要进行消防设计的建设工程竣工应依照规定进行消防验收、备案。依法应当进行消防验收的建设工程，未经消防验收或者消防验收不合格的，禁止投入使用；其他建设工程经依法抽查不合格的，应当停止使用。

《消防法》第二十六条规定建筑构件、建筑材料和室内装修、装饰材料的防火性能必须符合国家标准；没有国家标准的，必须符合行业标准。人员密集场所室内装修、装饰，应当按照消防技术标准的要求，使用不燃、难燃材料。

（四）公众聚集场所和大型群众性活动的消防安全

《消防法》第十五条规定，公众聚集场所在投入使用、营业前，建设单位或者使用单位应当向场所所在地的县级以上地方人民政府公安机关消防机构申请消防安全检查。未经消防安全检查或者经检查不符合消防安全要求的，不得投入使用、营业。第二十条规定，举办大型群众性活动，承办人应当依法向公安机关申请安全许可，制定灭火和应急疏散预案并组织演练，明确消防安全责任分工，确定消防安全管理人员，保持消防设施和消防器材配置齐全、完好有效，保证疏散通道、安全出口、疏散指示标志、应急照明和消防车通道符合消防技术标准和管理规定。

（五）有关单位的消防安全职责

《消防法》第十六条规定了机关、团体、企业、事业等单位的消防安全职责，主要包括：

1. 落实消防安全责任制，制定本单位的消防安全制度、消防安全操作规程，制定灭火和应急疏散预案。

2. 按照国家标准、行业标准配置消防设施、器材，设置消防安全标志，并定期组织检验、维修，确保完好有效。

3. 对建筑消防设施每年至少进行一次全面检测，确保完好有效，检测记录应当完整准确，存档备查。

4. 保障疏散通道、安全出口、消防车通道畅通，保证防火防烟分区、防火间距符合消防技术标准。

5. 组织防火检查，及时消除火灾隐患。

6. 组织进行有针对性的消防演练。

7. 法律、法规规定的其他消防安全职责。

该条款明确规定，单位的主要负责人是本单位的消防安全责任人。

（六）消防安全重点单位的安全管理

《消防法》第十七条规定了重点消防单位的确定方法及其应当履行的职责，要求县级以上地方人民政府公安机关消防机构应当将发生火灾可能性较大以及发生火灾可能造成重大的人身伤亡或者财产损失的单位，确定为本行政区域内的消防安全重点单位，并由公安机关报本级人民政府备案。消防安全重点单位除应当履行一般单位消防安全管理职责外，还应当履行下列消防安全职责：

1. 确定消防安全管理人，组织实施本单位的消防安全管理工作。

2. 建立消防档案，确定消防安全重点部位，设置防火标志，实行严格管理。

3. 实行每日防火巡查，并建立巡查记录。

4. 对职工进行岗前消防安全培训，定期组织消防安全培训和消防演练。

（七）消防产品和电器产品、燃气用具的管理

《消防法》第二十四条明确规定了消防产品实行强制性论证及技术鉴定制度，消防产品必须符合国家标准；没有国家标准的，必须符合行业标准。禁止生产、销售或者使用不合格的消防产品以及国家明令淘汰的消防产品。依法实行强制性产品认证的消防产品，由具有法定资质的认证机构按照国家标准、行业标准的强制性要求认证合格后，方可生产、销售、使用。实行强制性产品认证的消防产品目录，由国务院产品质量监督部门会同国务院公安部门制定并公布。新研制的尚未制定国家标准、行业标准的消防产品，应当按照国务院产品质量监督部门会同国务院公安部门规定的办法，经技术鉴定符合消防安全要求的，方可生产、销售、使用。第二十七条对电器产品、燃气用具产品及其安装、使用提出了要求，电器产品、燃气用具的产品标准，应当符合消防安全的要求。电器产品、燃气用具的安装、使用及其线路、管路的设计、敷设、维护保养、检测，必须符合消防技术标准和管理规定。

二、消防组织的规定

《消防法》第三十六条对地方人民政府建立消防队提出了具体要求，县级以上地方人民政府应当按照国家规定建立公安消防队、专职消防队，并按照国家标准配备消防装备，承担火灾扑救工作。乡镇人民政府应当根据当地经济发展和消防工作的需要，建立专职消防队、志愿消防队，承担火灾扑救工作。第三十七条明确了消防队的职责，公安消防队、专职消防队除按照国家规定承担重大灾害事故救援之外，还要承但其他以抢救人员生命为主的应急救援工作。《消防法》第三十九条明确规定了需要设立专职消防队的单位及其职责，下列单位应当建立单位专职消防队，承担本单位的火灾扑救工作：

1. 大型核设施单位、大型发电厂、民用机场、主要港口。

2. 生产、储存易燃易爆危险品的大型企业。

3. 储备可燃的重要物资的大型仓库、基地。

4. 前三项规定以外的火灾危险性较大、距离公安消防队较远的其他大型企业。

5. 距离公安消防队较远、被列为全国重点文物保护单位的古建筑群的管理单位。

三、灭火救援的规定

《消防法》第四十三条明确了地方政府建立火灾应急预案和应急反应机制的要求，县级以上地方人民政府应当组织有关部门针对本行政区域内的火灾特点制定应急预案，建立应急反应和处置机制，为火灾扑救和应急救援工作提供人员、装备等保障。第四十四条规定了公民的消防义务，任何人发现火灾都应当立即报警。任何单位、个人都应当无偿为报警提供便利，不得阻拦报警。严禁谎报火警。人员密集场所发生火灾，该场所的现场工作人员应当立即组织、引导在场人员疏散。任何单位发生火灾，必须立即组织力量扑救。邻近单位应当给予支援。消防队接到火警，必须立即赶赴火灾现场，救助遇险人员，排除险情，扑灭火灾。第四十五条明确了火灾现场扑救的组织指挥，规定公安机关消防机构统一组织和指挥火灾现场扑救，应当优先保障遇险人员的生命安全。

四、监督检查的规定

地方各级人民政府应当落实消防工作责任制，对本级人民政府有关部门履行消防安全职责的情况进行监督检查。县级以上地方人民政府有关部门应当根据本系统的特点，有针对性地开展消防安全检查，及时督促整改火灾隐患。公安机关消防机构应当对机关、团体、企业、事业等单位遵守消防法律、法规的情况依法进行监督检查。公安机关消防机构在消防监督检查中发现火灾隐患的，应当通知有关单位或者个人立即采取措施消除隐患；不及时消除隐患可能严重威胁公共安全的，公安机关消防机构应当依照规定对危险部位或者场所采取临时查封措施。公安机关消防机构在消防监督检查中发现城乡消防安全布局、公共消防设施不符合消防安全要求，或者发现本地区存在影响公共安全的重大火灾隐患的，应当由公安机关书面报告本级人民政府。公安机关消防机构及其工作人员应当按照法定的职权和程序进行消防设计审核、消防验收和消防安全检查。

五、法律责任

（一）建设工程和公众聚集场所消防安全违法行为的法律责任

有关单位违反《消防法》的规定，有下列行为之一的，责令停止施工、停止使用或者停产停业，并处三万元以上三十万元以下罚款：

1. 依法应当经公安机关消防机构进行消防设计审核的建设工程，未经依法审核或者审核不合格，擅自施工的。

2. 消防设计经公安机关消防机构依法抽查不合格，不停止施工的。

3. 依法应当进行消防验收的建设工程，未经消防验收或者消防验收不合格，擅自投入使用的。

4. 建设工程投入使用后经公安机关消防机构依法抽查不合格，不停止使用的。

5. 公众聚集场所未经消防安全检查或者经检查不符合消防安全要求，擅自投入使用、营业的。

建设单位未依照本法规定将消防设计文件报公安机关消防机构备案，或者在竣工后未依照本法规定报公安机关消防机构备案的，责令限期改正，处五千元以下罚款。

（二）消防设计与施工不符合标准的法律责任

有关单位违反《消防法》的规定，有下列行为之一的，责令改正或者停止施工，并处一万元以上十万元以下罚款：

1. 建设单位要求建筑设计单位或者建筑施工企业降低消防技术标准设计、施工的。

2. 建筑设计单位不按照消防技术标准强制性要求进行消防设计的。

3. 建筑施工企业不按照消防设计文件和消防技术标准施工，降低消防施工质量的。

4. 工程监理单位与建设单位或者建筑施工企业串通，弄虚作假，降低消防施工质量的。

（三）单位与个人消防安全违法行为的法律责任

单位违反《消防法》的规定，有下列行为之一的，责令改正，处五千元以上五万元以下罚款：

1. 消防设施、器材或者消防安全标志的配置、设置不符合国家标准、行业标准，或者未保持完好有效的。

2. 损坏、挪用或者擅自拆除、停用消防设施、器材的。

3. 占用、堵塞、封闭疏散通道、安全出口或者有其他妨碍安全疏散行为的。

4. 埋压、圈占、遮挡消火栓或者占用防火间距的。

5. 占用、堵塞、封闭消防车通道，妨碍消防车通行的。

6. 人员密集场所在门窗上设置影响逃生和灭火救援的障碍物的。

7. 对火灾隐患经公安机关消防机构通知后不及时采取措施消除的。

个人有前款第二项、第三项、第四项、第五项行为之一的，处警告或者五百元以下罚款。

有本条第一款第三项、第四项、第五项、第六项行为，经责令改正拒不改正的，强制执行，所需费用由违法行为人承担。

（四）公安消防机构工作人员的法律责任

公安机关消防机构的工作人员在消防工作中滥用职权、玩忽职守、徇私舞弊，有违反《消防法》第七十一条规定的违法行为、尚不构成犯罪的，依法给予处分；构成犯罪的，依法追究刑事责任。

第三节　中华人民共和国道路交通安全法

2003 年 10 月 28 日第十届全国人民代表大会常务委员会第五次会议审议通过《中华人民共和国道路交通安全法》（以下简称《道路交通安全法》），自 2004 年 5 月 1 日起施行。2007 年 12 月 29 日第十届全国人民代表大会常务委员会第三十一次会议通过《全国人民代表大会常务委员会关于修改〈中华人民共和国道路交通安全法〉的决定》，自 2008 年 5 月 1 日起施行。2011 年 4 月 22 日第十一届全国人民代表大会常务委员会第二十次会议通过《全国人民代表大会常务委员会关于修改〈中华人民共和国道路交通安全法〉的决定》，自 2011 年 5 月 1 日起施行。《道路交通安全法》的立法目的是为了维护道路交通秩序，预防和减少交通事故，保护人身安全，保护公民、法人和其他组织的财产安全及其他合法权益，提高通行效率。

一、道路交通事故处理的规定

（一）交通事故现场处理

交通事故是指车辆在道路上因过错或者意外造成的人身伤亡或者财产损失的事件。在道路上发生交通事故，车辆驾驶人应当立即停车，保护现场；造成人身伤亡的，车辆驾驶人应当立即抢救受伤人员，并迅速报告执勤的交通警察或者公安机关交通管理部门。因抢救受伤人员变动现场的，应当标明位置。乘车人、过往车辆驾驶人、过往行人应当予以协助。

在道路上发生交通事故，未造成人身伤亡，当事人对事实及成因无争议的，可以即行撤离现场，恢复交通，自行协商处理损害赔偿事宜；不即行撤离现场的，应当迅速报告执勤的交通警察或者公安机关交通管理部门。在道路上发生交通事故，仅造成轻微财产损失，并且基本事实清楚的，当事人应当先撤离现场再进行协商处理。

车辆发生交通事故后肇事者逃逸的，事故现场目击人员和其他知情人员应当向公安机关交通管理部门或者交通警察举报。举报属实的，公安机关交通管理部门应当给予奖励。

（二）交通事故损害赔偿

对交通事故损害赔偿的争议，当事人可以请求公安机关交通管理部门调解，也可以直接向人民法院提起民事诉讼。经公安机关交通管理部门调解，当事人未达成协议或者调解书生效后不履行的，当事人可以向人民法院提起民事诉讼。

（三）受伤人员救治

医疗机构对交通事故中的受伤人员应当及时抢救，不得因抢救费用未及时支付而拖延救治。肇事车辆参加机动车第三者责任强制保险的，由保险公司在责任限额范围内支付抢救费用；抢救费用超过责任限额的，未参加机动车第三者责任强制保险或者肇事后逃逸的，由道路交通事故社会救助基金先行垫付部分或者全部抢救费用，道路交通事故社会救助基金管理机构有权向交通事故责任人追偿。

（四）人身伤亡和财产损失赔偿

机动车发生交通事故造成人身伤亡、财产损失的，由保险公司在机动车第三者责任强制保险责任限额范围内予以赔偿。不足的部分，按照《道路交通安全法》第七十六条的规定，承担赔偿责任。交通事故的损失是由非机动车驾驶人、行人故意碰撞机动车造成的，机动车一方不承担赔偿责任。

二、道路通行的规定

道路是指公路、城市道路和虽在单位管辖范围内但允许社会机动车通行的地方，包括广场、公共停车场等用于公众通行的场所。

车辆是指机动车和非机动车。机动车是指动力装置驱动或者牵引，上道路行驶的供人员乘用或者用于运送物品以及进行工程专项作业的轮式车辆。非机动车是指以人力或者畜力驱动，上道路行驶的交通工具，以及虽有动力装置驱动但设计最高时速、空车质量、外形尺寸符合有关国家标准的残疾人机动轮椅车、电动自行车等交通工具。

（一）机动车通行规定

1. 同车道行驶

同车道行驶的机动车，后车应当与前车保持足以采取紧急制动措施的安全距离。有前车正在左转弯、掉头、超车，与对面来车有会车可能，前车为执行紧急任务的警车、消防车、救护车、工程救险车，行经铁道路口、交叉路口、窄桥、弯道、陡坡、隧道、人行横道、市区交通流量大的路段等没有超车条件的情形，不得超车。

2. 交叉路口行驶

机动车通过交叉路口，应当按照交通信号灯、交通标志、交通标线或者交通警察的指挥通过；通过没有交通信号灯、交通标志、交通标线或者交通警察指挥的交叉路口时，应当减速慢行，并让行人和优先通行的车辆先行。

3. 机动车载物行驶

机动车载物应当符合核定的载质量，严禁超载；载物的长、宽、高不得违反装载要求，不得遗洒、飘散载运物。机动车运载超限的不可解体的物品，影响交通安全的，应当按照公安机关交通管理部门指定的时间、路线、速度行驶，悬挂明显标志。机动车载运爆炸物品、易燃易爆化学物品以及剧毒、放射性等危险物品，应当经公安机关批准后，按指定的时间、路线、速度行驶，悬挂警示标志并采取必要的安全措施。

4. 机动车载人行驶

机动车载人不得超过核定的人数，客运机动车不得载货，禁止货运机动车载客。

5. 拖拉机行驶

高速公路、大中城市中心城区内的道路，禁止拖拉机通行。其他禁止拖拉机通行的道路，由省、自治区、直辖市人民政府根据当地实际情况规定。在允许拖拉机通行的道路上，拖拉机可以从事货运，但是不得用于载人。

（二）非机动车通行规定

驾驶非机动车在道路上行驶，应当遵守有关交通安全的规定。非机动车应当在非机动车道内行驶；在没有非机动车道的道路上，应当靠车行道的右侧行驶。残疾人机动轮椅车、电动自行车在非机动车道内行驶时，最高时速不得超过 15 km。非机动车应当在规定的地点停放。未设停放地点的，非机动车停放不得妨碍其他车辆和行人通行。

（三）高速公路的特别规定

行人、非机动车、拖拉机、轮式专用机械车、铰接式客车、全挂拖斗车以及其他设计最高时速低于 70 km 的机动车，不得进入高速公路。高速公路限速标志标明的最高时速不得超过 120 km。任何单位、个人不得在高速公路上拦截检查行驶的车辆，公安机关的人民警察依法执行紧急公务除外。

三、道路交通安全违法行为行政处罚的决定机关

依照《道路交通安全法》的规定，公安机关交通管理部门是道路交通安全违法行为行政处罚的决定机关。

四、道路交通安全违法行为应负的法律责任

行人、乘车人、非机动车驾驶人有道路交通安全违法行为，机动车驾驶人有道路交通安全违法行为，依照《道路交通安全法》第七章的有关规定追究法律责任。

第四节　中华人民共和国突发事件应对法

　　为了预防和减少突发事件的发生，控制、减轻和消除突发事件引起的严重社会危害，规范突发事件应对活动，保护人民生命财产安全，维护国家安全、公共安全、环境安全和社会秩序，2007 年 8 月 30 日，第十届全国人大常委会第二十九次会议通过了《中华人民共和国突发事件应对法》（以下简称《突发事件应对法》），自 2007 年 11 月 1 日起施行。

一、突发事件及其应对的分工

（一）突发事件的概念

　　《突发事件应对法》所指的突发事件，是指突然发生，造成或者可能造成严重社会危害，需要采取应急处置措施予以应对的自然灾害、事故灾难、公共卫生事件和社会安全事件。《突发事件应对法》所指的突发事件包含了以下特征：

　　1. 具有明显的公共性或者社会性

　　"公共危机"是国家启动制定《突发事件应对法》的初衷。公共危机是指在公共领域内发生的危机，即危机事件对一个社会系统的基本价值和行为准则架构产生严重威胁，给公众的正常生活造成严重影响，其影响和涉及的主体具有社群性和大众性。公共危机事件会引起公众的高度关注；事件对公共利益产生较大消极负面影响，甚至严重破坏正常的社会秩序、危及社会基本价值；事件本身与公权之间发生直接联系，尤其是形成某种公法关系时，才能构成公共危机事件，如果不需要公权介入，一定群体能自行解决则不具有公共性。

　　2. 突发性和紧迫性

　　突发事件往往突如其来，如果不能及时采取应对措施，危机就会迅速扩大和升级，会造成更大的危害和损害。

　　3. 危害性和破坏性

　　危害性与破坏性是突发事件的本质特征，一旦发生该法所指的突发事件，将对生命财产、社会秩序、公共安全构成严重威胁，如应对不当就会造成生命财产的巨大损失或社会秩序的严重动荡。

　　4. 需要公权介入和社会力量

　　必须借助公权介入和社会力量才能解决该法所指的公共突发事件。公权在突发事件应对过程中发挥着传导、组织、指挥、协调等功能，公权介入突发事件的应对，既是政府的权力也是政府的义务。

（二）突发事件的分类与分级

　　《突发事件应对法》按照事件的性质、过程和机理的不同，将突发事件分为四类，即自然灾害、事故灾难、公共卫生事件和社会安全事件。其中事故灾难主要包括工矿商贸等企业的各类安全事故、交通运输事故、公共设施和设备事故、环境污染和生态破坏事件等。

《突发事件应对法》按照社会危害程序、影响范围、突发事件性质、可控性、行业特点等因素，将突发事件分为特别重大、重大、较大和一般四级。现行的有关法律、法规和规范性文件对突发事件的分类并不完全统一，法律、行政法规或者国务院另有规定的，从其规定。分级的目的是落实"分级负责"和"分级响应"的措施，同时也尊重了特殊行业管理的特殊性、专业性和灵活性。

（三）应对突发事件时政府部门的分工

《突发事件应对法》第七条规定，县级人民政府对本行政区域内突发事件的应对工作负责；涉及两个以上行政区域的，由有关行政区域共同的上一级人民政府负责，或者由各有关行政区域的上一级人民政府共同负责。突发事件发生之后，发生地县级人民政府应当立即采取措施控制事态发展，组织开展应急救援处置工作，并立即向上一级人民政府报告，必要时可以越级上报。突发事件发生地县级人民政府不能消除或者不能有效控制突发事件引起的严重社会危害的，应当及时向上级人民政府报告。上级人民政府应当及时采取措施，统一领导应急处置工作。法律、行政法规规定由国务院有关部门对突发事件的应对工作负责的，从其规定；地方人民政府应当积极配合并提供必要的支持。

健全应急运行机制，提高应对突发事件的实效性，是合理划分各级人民政府和有关部门应急分工负责的基本出发点和落脚点。《突发事件应对法》规定的应急管理机制，着重强调了"属地为主"原则下的县级人民政府的责任，以及"分级负责"原则下各级人民政府的责任，还强调了"分类管理"原则下国务院有关部门对特定突发事件应对工作的责任，同时按照"条块结合"的原则对地方人民政府的协助义务提出了要求。

1. 各级人民政府应对突发事件的分工负责

国家突发事件应急管理体制是在国务院统一领导下，各地方、各部门按照分级管理、分级响应的原则，建立健全应急管理机构，明确各级应急管理机构的工作职责。

县级人民政府对本行政区域内发生的突发事件负首要的应对处置责任，包括信息的收集、险情的监测和预警、组织调动应急队伍，依法采取必要的其他应对措施；涉及两个以上行政区域的，由有关行政区域的共同的上一级人民政府负责，或者由各有关行政区域的上一级人民政府共同负责。较大和一般突发事件，分别由发生地设区的市级人民政府和县级人民政府统一领导和协调应急处置工作。重大和特别重大自然灾害、公共卫生事件、事故灾难的应急处置工作由发生地省级人民政府统一领导和协调，其中影响全国或者跨省级行政区域的特别重大事件由国务院统一领导和协调。社会安全事件在必要时上级人民政府可以直接组织处置。

2. 国务院有关部门对突发事件的应对工作负责

基于历史和专业的原因，有效借助专业和行业的力量，本着"条块结合"的工作原则，《突发事件应对法》规定由国务院有关部门对特定领域和行业的突发事件的应对工作负责，但是并不排除突发事件发生地人民政府的应急责任，事件发生地人民政府应当积极配合并提供必要支持。

二、预防与应急准备

《突发事件应对法》全面规定了突发事件预防与应急准备的基础性工作，主要包括：制定应急预案、开展应急培训、宣传及应急演练，各类救援队伍组建、物资储备、经费保障、通信保障，建设应急避难场所、建立健全监测预警制度，开展危险源调查、登记、风险评估，调处和化解易引发突发事件的基层矛盾纠纷等。有关企事业单位特别是高危行业企业、公共场所、公共交通工具和其他人群密集场所的管理单位、居民委员会、村民委员会应当积极配合、协助政府及有关部门做好预防与应急准备工作。

（一）建立健全应急预案体系

1. 应急预案体系

《突发事件应对法》规定国家建立健全突发事件应急预案体系。国家突发事件应急预案分为两个层次：一是国家级应急预案，包括突发事件总体应急预案、专项应急预案和部门应急预案；二是地方级应急预案，即地方各级人民政府和县级以上地方各级人民政府有关部门根据有关法律、法规、规章、上级人民政府及其有关部门的应急预案以及本地区的实际情况，制定相应的突发事件应急预案。

此外，企事业单位也应该根据有关法律法规制定应急预案。举办大型会展和文化体育等重大活动，主办单位也要制定应急预案。

应急预案的制定、修订程序由国务院规定。应急预案制定单位应当根据实际情况和形势的变化，适时修订应急预案。

2. 应急预案的内容

《突发事件应对法》第十八条规定了应急预案的基本内容，要求应急预案应当根据《突发事件应对法》和其他有关法律、法规的规定，针对突发事件的性质、特点和可能造成的社会危害，具体规定突发事件应急管理工作的组织指挥体系与职责和突发事件的预防与预警机制、处置程序、应急保障措施以及事后恢复与重建措施等内容。

其中应急保障措施内容比较多，包括人力资源保障、财力保障、物资保障、基本生活保障、医疗卫生保障、交通运输保障、治安维护、人员防护、通信保障、公共设施和科技支撑等。

（二）单位预防与应对突发事件的义务

1. 所有单位预防突发事件的义务

《突发事件应对法》第二十二条规定所有单位应当建立健全安全管理制度，定期检查本单位各项安全防范措施的落实情况，及时消除事故隐患；掌握并及时处理本单位存在的可能引发社会安全事件的问题，防止矛盾激化和事态扩大；对本单位可能发生的突发事件和采取安全防范措施的情况，应当按照规定及时向所在地人民政府或者人民政府有关部门报告。根据本条规定所有单位应当从以下几方面着手：一是建立健全安全管理责任制，二是组织制定本单位安全管理规章制度和操作规程，三是各单位的主要负责人应当组织力量开展事故隐患普查，全面掌握事故隐患情况，采取措施，动态管理和监控风险。

2. 高危行业企业预防突发事件的义务

《突发事件应对法》第二十三条规定矿山、建筑施工单位和易燃易爆物品、危险化学品、放射性物品等危险物品的生产、经营、储运、使用单位，应当制定具体应急预案，并对生产经营场所、有危险物品的建筑物、构筑物及周边环境开展隐患排查，及时采取措施消除隐患，防止发生突发事件。

高危行业企业所从事的生产经营等活动有特殊性，一旦发生事故，将对人民群众生命财产安全造成严重损害。高危企业必须本着高度负责的态度，严格执行相关法律、法规和标准的规定，建立健全严格的安全管理规章制度，设置必要的安全防范设施，提高从业人员的素质，编制有针对性的应急预案，组织力量排查隐患，采取可靠的安全保障措施，保证生产经营活动的安全进行。

3. 人员密集场所经营单位预防突发事件的义务

《突发事件应对法》第二十四条规定公共交通工具、公共场所和其他人员密集场所的经营单位或者管理单位应当制定具体应急预案，为交通工具和有关场所配备报警装置和必要的应急救援设备、设施，注明其使用方法，并显著标明安全撤离的通道、路线，保证安全通道、出口的畅通。有关单位应当定期检测、维护其报警装置和应急救援设备、设施，使其处于良好状态，确保正确使用。

（三）应急能力建设

《突发事件应对法》规定县级以上人民政府应当整合应急资源，建立综合性或者专业性的应急救援队伍，对有关部门负责处置突发事件职责的工作人员定期培训，为专业应急救援人员购买人身意外伤害保险，配备必要的防护装备与器材，组织开展应急宣传普及和必要的演练，开展学校应急教育，为保障突发事件应对工作提供经费，建立应急通信保障，完善公用通信网，鼓励并发展保险事业，鼓励并扶持应急教学科研等内容。

三、监测与预警

加强监测和预警，不仅是应对突发事件本身的要求，也是政府管理目标的要求，政府管理的目的是使用较低的成本来预防，而不是花高额的成本来抢救和重建。

（一）突发事件信息的收集与报告

《突发事件应对法》第三十八条规定了政府及有关部门、专业机构应当通过多种途径收集突发事件信息，县级人民政府应当在居民委员会、村民委员会和有关单位建立专职或者兼职信息报告员制度，公民、法人和其他组织也有报告突发事件信息的义务。第三十九条规定了信息报告应当做到及时、客观、真实，不得迟报、谎报、瞒报和漏报。第四十条规定了对收集到的信息应当及时汇总分析，对突发事件的可能性及其可能造成的影响进行评估，认为可能发生重大或者特别重大突发事件的，应当立即报告或者通报。

（二）突发事件预警

国家将自然灾害、事故灾难和公共卫生事件预警分为一级、二级、三级和四级，分别用红色、橙色、黄色和蓝色标示，一级为最高级别。不同的突发事件特点不同，预警级别标准也有区别，具有较强的专业性。《突发事件应对法》授权国务院或者国务院规定的部门制定预警级别划分标准。

当可以预警的突发事件即将发生或者发生的可能性增大时，县级以上地方人民政府应当发布相应级别的警报，并宣布有关地区进入预警期。

1. 三级、四级警报后的措施

三级、四级警报是预警中级别相对较低的，三级、四级警报后，县级以上地方各级人民政府应当采取如下五种措施：一是启动应急预案；二是责令有关部门、专业机构、监测网点和负有特定职责的人员收集、报告有关信息，向社会公布反映突发事件信息的渠道，加强监测、预报和预警；三是组织对突发事件信息进行分析评估，预测事件的可能性与影响范围和强度，以及可能发生的突发事件的级别；四是向社会公布预测的信息和分析评估的结果，并对信息的报道进行管理；五是及时发布警告、宣传减灾常识和公布咨询电话。

2. 一级、二级警报后的措施

一级、二级警报级别比较高，特别是一级警报，意味着应对突发事件进入最高警戒级别。县级以上人民政府除采取三级和四级警报后的措施之外，还要采取如下八种措施：一是责令应急救援队伍、负有特定职责的人员进入待命状态，并动员后备人员做好参加应急救援和处置工作的准备；二是调集应急救援所需物资、设备、工具，准备应急设施和避难场所，并确保其处于良好状态、随时可以投入正常使用；三是加强对重点单位、重要部位和重要基础设施的安全保卫，维护社会治安秩序；四是采取必要措施，确保交通、通信、供水、排水、供电、供气、供热等公共设施的安全和正常运行；五是及时向社会发布有关采取特定措施避免或者减轻危害的建议、劝告；六是转移、疏散或者撤离易受突发事件危害的人员并予以妥善安置，转移重要财产；七是关闭或者限制使用易受突发事件危害的场所，控制或者限制容易导致危害扩大的公共场所的活动；八是法律、法规、规章规定的其他必要的防范性、保护性措施。

四、应急处置与救援

突发事件发生后，必须在第一时间采取有力措施控制事态发展，开展应急救援工作。不同的突发事件发生之后，应当根据实际情况采取相应的应急处置措施，相关组织、单位、公民在应急处置中有相应的义务。

（一）应急处置措施

1. 应急处置措施的法定条件、主体和要求

突发事件发生之后，事件发生地人民政府有必要实施应急处置措施，有力组织并有序开展各种抢险救援工作。应急处置措施的总体要求是保护公民的权利和应急处置的需要。应急处置措施是一种暂时的强制性行政应急措施，是一种行政行为。处置措施的法定条件是突发事件发生，实施的主体是履行统一领导职责或者组织处置突发事件的人民政府；具体要求是应当针对突发事件的性质、特点和危害程度；途径是组织有关部门，调动应急救援队伍和社会力量；依据是《突发事件应对法》该章的规定及有关法律法规、规章和规定。

2. 自然灾害、事故灾难或者公共卫生事件发生后的应急处置措施

突发事件发生后，究竟采取哪些措施，应当视具体情况而定。《突发事件应对法》规定了十项措施。一是救助性措施，主要是对公民人身的救助；二是控制性措施，主要是针对场所的强制；三是保障性措施，主要是针对生命线工程系统；四是保护性措施，阻止事件蔓延传播；五是调用急需的物资、设备、设施和工具；六是组织公民参与救援；七是保

障生活必需品的供应；八是稳定市场的经济性管制；九是维护社会稳定和治安的措施；十是防止次生事件和衍生事件的措施。

3. 信息的发布与传播

人民政府应当尊重公众的知情权，按照规定统一、准确、及时发布有关突发事件事态发展和应急处置工作的信息，让民众远离谣言，克服恐慌，减少不安定因素，形成政府与民众的良性互动，激发战胜危机的信心。

任何单位和个人，一切国家机关、社会团体、企业事业单位和所有公民，都不得编造、传播有关突发事件事态发展或者应急处置工作的虚假信息。新闻媒体应当严格遵守有关法律、法规，客观、公正地进行新闻报道。

（二）应急救援

突发事件发生后，发生地的居民委员会、村民委员会和其他组织应当按照当地人民政府的决定、命令，组织群众开展自救和互救，协助维护社会秩序。发生地的公民应当服从指挥和安排，配合人民政府采取的应急处置措施，积极参加应急救援工作

受到自然灾害危害或者发生事故灾难、公共卫生事件的单位，应当立即组织本单位应急救援队伍和工作人员营救受害人员，疏散、撤离、安置受到威胁的人员，控制危险源，标明危险区域，封锁危险场所，并采取其他防止危害扩大的必要措施，同时向所在地县级人民政府报告。突发事件发生地的其他单位应配合人民政府采取的应急处置措施，做好本单位的应急救援工作，并积极组织人员参加所在地的应急救援和处置工作。

五、事后恢复与重建

突发事件的威胁和危害得到控制或者消除后，履行统一领导职责或者组织处置突发事件的人民政府应当停止执行应急处置措施，并采取必要措施防止发生次生、衍生事件或者重新引发社会安全事件；承担恢复与重建职责；请求上一级政府支持恢复重建工作；制定善后工作计划并组织实施；及时查明事件经过与原因，总结经验教训。

六、法律责任

地方人民政府及县级以上人民政府有关部门及其工作人员，有关单位和个人违反《突发事件应对法》的规定都应当承担法律责任。

1. 地方各级人民政府和县级以上各级人民政府有关部门法律责任

政府部门的违法行为主要包括：未按规定采取预防措施，导致发生突发事件，或者未采取必要的防范措施，导致发生次生、衍生事件的；迟报、谎报、瞒报、漏报有关突发事件的信息，或者通报、报送、公布虚假信息，造成后果的；未按规定及时发布突发事件警报、采取预警期的措施，导致损害发生的；未按规定及时采取措施处置突发事件或者处置不当，造成后果的；不服从上级人民政府对突发事件应急处置工作的统一领导、指挥和协调的；未及时组织开展生产自救、恢复重建等善后工作的；截留、挪用、私分或者变相私分应急救援资金、物资的；不及时归还征用的单位和个人的财产，或者对被征用财产的单位和个人不按规定给予补偿的。

2. 有关单位法律责任

容易引发突发事件和容易受突发事件影响的生产经营单位和管理单位承担的法律责任主要包括：未按照规定采取预防措施，导致发生严重突发事件的；未及时消除已发现的可能引发突发事件的隐患，导致发生严重突发事件的；未做好应急设备、设施日常维护、检测工作，导致发生严重突发事件或者突发事件危害扩大的；突发事件发生后，不及时组织开展应急救援工作，造成严重后果的；其他法律、行政法规规定的违法行为。

第四章　安全生产相关法律

第一节　中华人民共和国刑法

第八届全国人民代表大会第五次会议通过修订的《中华人民共和国刑法》，已于1997年3月14日公布，自1997年10月1日起施行。我国《刑法》开宗明义地指出其立法宗旨是"为了惩罚犯罪，保护人民"，"刑法的任务是用刑罚同一切犯罪行为作斗争，以保卫国家安全，保卫人民民主专政的政权和社会主义制度，保护国有财产和劳动群众集体所有的财产，保护公民私人所有的财产，保护公民的人身权利、民主权利和其他权利，维护社会秩序、经济秩序，保障社会主义建设事业的顺利进行"。我国刑法对于犯罪与刑罚的规制涉及国家安全、公共安全、社会主义市场经济秩序、公民人身与民主权利、财产权利、社会管理秩序等诸多方面。

2006年6月29日十届全国人大常委会第22次会议审议通过了《刑法修正案（六）》，对有关安全生产犯罪的条文作出了重要修改和补充。全国人大常委会修改《刑法》关于安全生产犯罪的规定，充分体现了党和国家加强安全生产法制建设，严惩安全生产犯罪的决心。

《刑法修正案（六）》对《刑法》原有的两条规定作出了修改，同时增加了两条新的规定。《刑法修正案（六）》对《刑法》原第一百三十四条、第一百三十五条规定的犯罪主体、犯罪行为和刑罚作出了修改。随着大型群众性活动的增多和事故责任追究力度的加大，构成公众（人员）聚集场所重大大事故和隐瞒不报、谎报或者拖延不报事故的犯罪时有发生。但是，因为原《刑法》中没有相关规定，以致追究犯罪分子的刑事责任于法无据。为了严惩这两类犯罪分子特别是隐瞒事故犯罪分子，《刑法修正案（六）》增加了第一百三十五条之一和第一百三十九条之一关于大型群众性活动重大事故罪和瞒报、谎报事故罪的两条规定。

一、刑法的基本理论

（一）刑法的基本原则

刑法的基本原则，是指体现刑法的性质和任务，贯穿于刑法始终的指导刑事立法和刑事司法的基本准则。1997年修订的《刑法》结合我国同犯罪作斗争的具体经验和实际情况，在总则第三条、第四条、第五条分别规定了罪刑法定原则、适用刑法平等原则和罪刑相适应原则。

1. 罪刑法定原则

《刑法》第三条规定："法律明文规定为犯罪行为的，依照法律定罪处罚；法律没有明文规定为犯罪行为的，不得定罪处刑。"这是我国刑法中罪刑法定原则的具体体现。

2．适用刑法平等原则

《刑法》第四条规定："对任何人犯罪，在适用法律上一律平等。不允许任何人有超越法律的特权。"这是法律面前人人平等原则在刑事法律领域的具体化。

3．罪刑相适应原则

《刑法》第五条规定："刑罚的轻重，应当与犯罪分子所犯罪行和承担的刑事责任相适应。"罪行相适应原则是指对犯罪分子量刑时，根据其所犯罪刑和承担的刑事责任大小相适应。

安全生产领域内刑事犯罪同样以上述刑法基本原则为指导，贯彻定罪与量刑的始终。

（二）犯罪的基本理论

1．犯罪的定义

《刑法》第十三条规定："一切危害国家主权、领土完整和安全，分裂国家、颠覆人民民主专政的政权和推翻社会主义制度，破坏社会秩序和经济秩序，侵犯国有财产或者劳动群众集体所有的财产，侵犯公民的人身权利、民主权利和其他权利，以及其他危害社会的行为，依照法律应当受刑事处罚的，都是犯罪，但是情节显著轻微危害不大的，不认为是犯罪。"这一定义准确地揭示了我国现阶段犯罪的法律特征，同时也通过但书将罪与非罪（一般违法行为）区别开来。

2．犯罪的基本特征

犯罪的基本特征是指犯罪行为区别于一般违法行为的核心要素，主要包括以下几个方面：

第一，犯罪必须具有严重的社会危害性。社会危害性是指犯罪行为对于某一社会形态中的利益具有严重危害的特性。这是犯罪与一般违法行为、不道德行为的最大区别之处。

第二，犯罪必须具有刑事违法性。刑事违法性不仅表现为行为人违反了外在的刑法规范，同时也表现为行为人对于人们内在的刑法感情的背离。

第三，犯罪必须具有应受刑事处罚性。刑事处罚是犯罪的必然后果，某种行为一旦定罪，国家就必然进行刑事责任的苛责，并且刑事责任也只能加诸于犯罪。

犯罪的上述三个基本特征相互联系，不可分割。同时，这三个基本特征对于认定安全生产相关领域的罪与非罪、此罪与彼罪具有重大意义。

3．犯罪构成的要件

我国刑法中的犯罪构成，是指我国刑法规定的某种行为构成犯罪所必须具备的主观要件和客观要件的总和。首先，犯罪构成所要求的主观要件和客观要件，都必须是我国刑法所规定的；其次，犯罪构成是我国刑法的主观要件和客观要件的总和；最后，犯罪构成主观要件和客观要件说明的是犯罪成立所要求的基本事实特征，而不是一般的事实描述，更不是案件全部事实与情节不加选择的堆砌。应当指出，犯罪构成要件是说明案件情况的最重要的事实特征，并且必须在查明案件的全部事实与情节的基础上进行。

按照我国犯罪构成一般理论，我国刑法规定的犯罪都必须具备犯罪客体、犯罪的客观方面、犯罪主体和犯罪的主观方面这四个要件。具体来说，犯罪客体，就是指我国刑法所保护的，而为犯罪所侵害的社会主义社会关系。犯罪的客观方面，是指刑法所规定的、构成犯罪在客观上必须具备的危害社会的行为和由这种行为所引起的危害社会的结果。犯罪主体，就是实施了犯罪行为，依法应当承当刑事责任的人。我国刑法对犯罪主体规定了两种类型，一种是达到刑事责任年龄，具有刑事责任能力，实施了犯罪行为的自然人，另一种是实施了犯罪行为的企业、事业单位、国家机关、社会团体等单位。犯罪的主观要件，是指犯罪主体对自己实施的危害社会行为及其结果所持的心理态度，分为故意与过失两种情形。这四个要件是任何一个犯罪都必须具备的。

犯罪构成从根本上说明了犯罪成立的基本条件，对刑法理论和刑事司法实践具有重大的意义。只有精确地界定了犯罪构成要件，才能分清罪与非罪、此罪与彼罪。

4. 犯罪的预备、未遂与中止

犯罪的预备、未遂与中止，是故意犯罪行为发展中可能出现的几个不同的形态。这些形态都是相对于犯罪的既遂而言的，而犯罪的既遂是指犯罪人所实施的行为，已经具备了构成某一犯罪的一切要件。犯罪的预备、未遂与中止，都只存在于故意犯罪的情况之下，而且都是在实现犯罪目的的过程中发生的。

《刑法》第二十二条第一款规定："为了犯罪，准备工具，制造条件的，是犯罪预备。"犯罪的预备，是着手犯罪前的一种准备活动，是犯罪的最初阶段。"对于预备犯，可以比照既遂犯从轻、减轻处罚或者免除处罚。"

《刑法》第二十三条规定："已经着手实行犯罪，由于犯罪分子意志以外的原因而未得逞的，是犯罪未遂。对于未遂犯，可以比照既遂犯从轻或者减轻处罚。"

《刑法》第二十四条规定："在犯罪过程中，自动放弃犯罪或者自动有效地防止犯罪结果发生的，是犯罪中止。对于中止犯，没有造成损害的，应当免除处罚；造成损害的，应当减轻处罚。"

5. 刑事责任

刑事责任是指依照刑事法律的规定，行为人实施刑事法律禁止的行为所必须承担的法律后果。这一后果只能由行为人自己承担。具备犯罪构成的要件是负刑事责任的依据。从主观方面说，凡法律规定达到一定年龄、精神正常的人的故意或者过失犯罪，法律有规定的应负刑事责任；从客观方面说，某种行为侵犯刑事法律保护的社会关系并具有社会危害性的，应负刑事责任。但是，某些行为从表面上看已经具备犯罪构成的要件，然而实际上并不危害社会，不负刑事责任。如无责任能力人的行为、正当防卫、紧急避险、实施有益于社会的行为等。

我国《刑法》第十七条规定："已满十六周岁的人犯罪，应当负刑事责任。已满十四周岁不满十六周岁的人，犯故意杀人、故意伤害致人重伤或者死亡、强奸、抢劫、贩卖毒品、放火、爆炸、投毒罪的，应当负刑事责任。已满十四周岁不满十八周岁的人犯罪，应当从轻或者减轻处罚。因不满十六周岁不予刑事处罚的，责令他的家长或者监护人加以管教；在必要的时候，也可以由政府收容教养。"

我国《刑法》第二十条规定："为了使国家、公共利益、本人或者他人的人身、财产和其他权利免受正在进行的不法侵害，而采取的制止不法侵害的行为，对不法侵害人造成损害的，属于正当防卫，不负刑事责任。正当防卫明显超过必要限度造成重大损害的，应当负刑事责任，但是应当减轻或者免除处罚。对正在进行行凶、杀人、抢劫、强奸、绑架以及其他严重危及人身安全的暴力犯罪，采取防卫行为，造成不法侵害人伤亡的，不属于防卫过当，不负刑事责任。"

我国《刑法》第二十一条规定："为了使国家、公共利益、本人或者他人的人身、财产和其他权利免受正在发生的危险，不得已采取的紧急避险行为，造成损害的，不负刑事责任。紧急避险超过必要限度造成不应有的损害的，应当负刑事责任，但是应当减轻或者免除处罚。第一款中关于避免本人危险的规定，不适用于职务上、业务上负有特定责任的人。"

以上是我国刑法关于刑事责任年龄、正当防卫、紧急避险的法条体现。从理论上说，刑事责任的归责要素应当包括主观恶性、客观危害、刑事违法三个方面，满足上述三个要件，达到刑事责任的年龄，同时不具有法定免除刑事责任事由的行为人应当承担刑事责任。

6. 刑罚的基本理论

刑罚权作为国家制裁犯罪人的一种权力，是国家的一种统治权，是国家基于其主权地位所拥有的确认犯罪行为范围、制裁犯罪行为以及执行这种制裁的权力。它不仅仅是一种适用刑罚的权力，实际上是决定、支配整个刑法的权力。刑罚是指审判机关依照刑法的规定剥夺犯罪人某种权益的一种强制处分。刑罚只适用于实施刑事法律禁止的行为的犯罪分子。在我国，刑罚只能由人民法院严格根据法律来适用，其目的是打击反抗和破坏社会主义制度的人，惩罚和改造罪犯，以维护社会主义秩序，巩固人民民主专政。

刑罚首先具有剥夺功能，剥夺功能意味着对犯罪人某种权益的剥夺；其次具有威慑功能，是指行为人因恐惧刑罚制裁而不敢实施犯罪行为；再次刑罚还具有改造功能，是指刑罚具有改变犯罪人的价值观念和行为方式，使其成为社会有用之人的作用；最后刑罚具有安抚功能，是指国家通过对犯罪适用和执行刑罚，能够在一定程度上满足受害人及其家属要求惩罚罪犯的强烈报复愿望，可以平息或缓和给被害人以及社会其他成员造成的激愤情绪，使他们在心理上、精神上得到安抚。

（三）安全生产犯罪

为了制裁安全生产违法犯罪分子，《安全生产法》关于追究刑事责任的规定有十一条，这就是说，如果违反了其中任何一条规定而构成犯罪的，都要依照《刑法》追究刑事责任。《刑法》有关安全生产犯罪的规定主要有重大责任事故罪、重大劳动安全事故罪、大型群众性活动重大事故罪、不报或者谎报事故罪、危险物品肇事罪、提供虚假证明文件罪以及国家工作人员职务犯罪等。依照《刑事诉讼法》的规定，追究刑事责任的执法主体是法定的司法机关，即按照各自的职责分工，分别由公安机关、检察机关和人民法院追究刑事责任，由人民法院依法作出最终的司法判决。

二、生产经营单位及其有关人员犯罪及其刑事责任

（一）重大责任事故罪

第一百三十四条第一款规定："在生产、作业中违反有关安全管理的规定，因而发生重大伤亡事故或者造成其他严重后果的，处三年以下有期徒刑或者拘役；情节特别恶劣的，处三年以上七年以下有期徒刑。"

重大责任事故罪，是指在生产、作业中违反有关安全管理的规定，因而发生重大伤亡事故或者造成其他严重后果的行为。

重大责任事故罪的构成要件包括以下三个方面：

1. 本罪侵犯的客体是生产、作业的安全。生产、作业的安全是各行各业都十分重视的问题。在生产过程中，出现一点问题都有可能导致正常生产秩序的破坏，甚至发生重大伤亡事故，造成财产损失。同时，生产安全也是公共安全的重要组成部分，危害生产安全同样会使不特定多数人的生命、健康或者公私财产遭受重大损失。

2. 客观方面表现为在生产、作业中违反有关安全生产的规定，因而发生重大伤亡事故或者造成其他严重后果的行为。违反有关安全管理的规定而发生重大伤亡事故或者造成其他严重后果，是重大责任事故罪的本质特征。其在实践中多表现为"不服管理"、"违反规章制度"。

3. 犯罪主体为一般主体。根据最高人民法院、最高人民检察院于 2007 年 2 月 28 日联合发布的《关于办理危害矿山生产安全刑事案件具体应用法律若干问题的解释》（以下简称《若干问题的解释》）第一条规定，刑法第一百三十四条第一款规定的犯罪主体，包括对矿山生产、作业负有组织、指挥或者管理职责的负责人、管理人员、实际控制人、投资人等人员，以及直接从事矿山生产、作业的人员。其中实际控制人是指一些虽然名义上不是法定代表人或者具体管理人员，但是实际上指挥、控制矿山企业的生产、经营、安全、投资和人事任免等重大事项和重要任务，或者对重大决策起决定作用，是矿山企业实质意义上的负责人。投资人是指负责生产经营管理的投资人，享有生产经营管理权。

4. 主观方面表现为过失。行为人在生产、作业中违反有关安全管理规定，可能是出于故意，但对于其行为引起的严重后果而言，则是过失，因为行为人对其行为造成的严重后果是不希望发生的，之所以发生了安全事故，是由于行为人在生产过程中严重不负责任、疏忽大意或者对事故隐患不积极采取补救措施，轻信能够避免，结果导致安全事故的发生。

（二）强令违章冒险作业罪

《刑法》第一百三十四条第二款："强令他人违章冒险作业，因而发生重大伤亡事故或者造成其他严重后果的，处五年以下有期徒刑或者拘役；情节特别恶劣的，处五年以上有期徒刑。"

强令违章冒险作业罪，是指强令他人违章冒险作业，因而发生重大伤亡事故或者造成其他严重后果的行为。本罪是《刑法修正案（六）》第一条第二款增设的新罪名。其构成要件包括以下三个方面：

1. 本罪侵犯的客体是作业的安全。强令他人违章冒险作业，是对正常的作业安全秩序的严重扰乱和破坏，发生了危害公共安全的后果，即危害了不特定多数人的生命、健康和公私财产的安全。

2. 客观方面表现为强令他人违章冒险作业，因而发生重大伤亡事故或者造成其他严重后果的行为。

3. 犯罪主体为一般主体。根据《若干问题的解释》，《刑法》第一百三十四条第二款规定的犯罪主体，包括对矿山生产、作业负有组织、指挥或者管理职责的负责人、管理人员、实际控制人、投资人等人员。

4. 主观方面为过失。

本条第二款的行为不是第一款的加重处罚情节，而是一个独立的罪名，但同时应注意本罪是结果犯，即行为人虽然实施了强令他人违章冒险作业的行为，但如果没有发生重大伤亡事故或者造成其他严重后果，只属于一般责任事故，不构成犯罪。

（三）重大劳动安全事故罪

《刑法》第一百三十五条规定："安全生产设施或者安全生产条件不符合国家规定，因而发生重大伤亡事故或者造成其他严重后果的，对直接负责的主管人员和其他直接责任人员，处三年以下有期徒刑或者拘役；情节特别恶劣的，处三年以上七年以下有期徒刑。"

重大劳动安全事故罪，是指安全生产设施或者安全生产条件不符合国家规定，因而发生重大伤亡事故或者造成其他严重后果的行为。其构成要件是：

1. 本罪侵犯的客体是生产安全。保护劳动者在生产过程中的安全与健康，是生产经营单位的法律义务和责任。

2. 客观方面表现为安全生产设施或者安全生产条件不符合国家规定，因为发生重大伤亡事故或者造成其他严重后果的行为。

3. 犯罪主体为一般主体，是指对发生重大伤亡事故或者造成其他严重后果负有责任的事故发生单位的主管人员和其他直接责任人员。

4. 主观方面由过失构成。即行为人应当预见到安全生产设施或者安全生产条件不符合国家规定所产生的后果，但由于疏忽大意没有预见或者虽然已经预见，但轻信可以避免，结果导致发生了重大安全生产事故。

本罪与重大责任事故罪都是涉及违反安全生产规定的犯罪，在适用范围上的区别在于：前者强调劳动场所的硬件设施或者对劳动者提供的安全生产防护用品和防护措施不符合国家规定，追究的是所在单位的责任，考虑到发生安全事故的单位应立即整改，是安全措施、安全生产条件达到国家规定，以及对安全事故伤亡人员进行治疗、赔偿，需要大量资金，所以该条在处罚上只追究"直接负责的主管人员和其他责任人员"的刑事责任，没有规定对单位处罚资金，因为属于实行单罚制的单位犯罪。后者主要强调自然人在生产、作业过程中违章操作或者强令他人违章作业而引起安全事故的行为。

（四）大型群众性活动重大事故罪

《刑法》第一百三十五条之一规定："举办大型群众性活动违反安全管理规定，因而发生重大伤亡事故或者造成其他严重后果的，对直接负责的主管人员和其他直接责任人员，处三年以下有期徒刑或者拘役；情节特别恶劣的，处三年以上七年以下有期徒刑。"

大型群众性活动重大事故罪，是指举办大型群众性活动违反安全管理规定，因而发生重大伤亡事故或者造成其他严重后果的行为。本罪是 2006 年 6 月 29 日《刑法修正案（六）》第三条增设的新罪名。

1. 本罪侵犯的客体是公共安全。这是针对一些大型活动的组织者只顾举办活动从中谋取利益，把广大群众的安全置之脑后，致使在大型群众性活动中现场秩序严重混乱、失控，造成人员挤压、踩踏等恶性伤亡事故而设置的。

2. 客观方面表现为举办大型群众性活动违反安全管理规定，因而发生重大伤亡事故或者造成其他严重后果的行为。"安全管理规定"是指国家有关部门为保证大型群众性活动安全、顺利举行指定的管理规定。

3. 犯罪主体为对发生大型群众性活动重大安全事故"直接负责的主管人员和其他直接责任人员"。"直接负责的主管人员"，是指大型群众活动的策划者、组织者和举办者；"其他直接责任人员"，是指对大型活动的安全举行、紧急预案负有具体落实和执行职责的人员。

4. 主观方面表现为过失。即行为人对举办大型群众性活动违反安全管理规定所发生的重大伤亡事故或者造成的其他严重后果具有疏忽大意或者过于自信的主观心理。

（五）不报、谎报事故罪

《刑法》第一百三十九条之一规定："在安全事故发生后，负有报告职责的人员不报或者谎报事故情况，贻误事故抢救，情节严重的，处三年以下有期徒刑或者拘役；情节特别严重的，处三年以上七年以下有期徒刑。"

不报、谎报事故罪，是指在安全事故发生后，负有报告责任的人员不报或者谎报事故情况，贻误事故抢救，情节严重的行为。本罪是《刑法修正案（六）》第四条增设的新罪名。

1. 本罪侵犯的客体是安全事故监管制度。本罪主要是针对近年来一些事故单位的责任人和对安全事故负有监管职责的人员在事故发生后弄虚作假，结果贻误事故抢救，造成人员伤亡和财产损失进一步扩大的行为而增设的。

2. 客观方面表现为安全事故发生之后，负有报告职责的人员不报或者谎报事故的情况，贻误事故抢救，情节严重的行为。《中国人民共和国安全生产法》第九十一条规定，生产经营单位主要负责人在本单位发生重大生产安全事故时，不立即组织抢救或者在事故调查处理期间擅离职守或者逃匿的，给予降职、撤职的处分，对逃匿的处十五日以下拘留；构成犯罪的，依照刑法有关规定追究刑事责任。生产经营单位主要负责人对生产安全事故隐瞒不报、谎报或者拖延不报的，依照前款规定处罚。该法第九十二条规定，有关地方人民政府、负有安全生产监督管理职责的部门，对生产安全事故隐瞒不报、谎报或者拖延不报的，对直接负责的主管人员和其他直接责任人员依法给予行政处分；构成犯罪的，依照刑法有关规定追究刑事责任。

3. 犯罪主体为对安全事故"负有报告职责的人员"。"安全事故"不仅限于安全生产经营单位发生的安全生产事故、大型群众性活动中发生的重大伤亡事故，还包括刑法分则第二章规定的所有与安全事故有关的犯罪，但第一百三十三条、第一百三十八条除外，因为这两条已将不报告作为构成犯罪的条件之一。根据前文中所提到的《若干问题的解释》第五条的规定，刑法第一百三十九条之一规定的"负有报告职责的人员"，是指矿山生产经营单位的负责人、实际控制人、负责生产经营的投资人以及其他负有报告职责的人员。

4. 主观方面体现为故意，安全事故发生后明知应当报告，主观上具有不报、谎报事故真相的故意。

三、关于矿山生产安全犯罪适用《刑法》的司法解释

为依法惩治矿山生产安全犯罪，保障矿山生产安全，根据《刑法》有关规定，最高人民法院、最高人民检察院 2007 年 2 月 28 日公布了《最高人民法院、最高人民检察院关于办理危害矿山生产安全刑事案件具体应用法律若干问题的解释》。

《若干问题的解释》共 12 条，包括矿山生产安全犯罪的犯罪主体、定罪标准、疑难问题的法律适用依据、国家工作人员职务犯罪的行为和刑事责任、刑事处罚原则和量刑情节等。

（一）矿山生产安全犯罪主体

1. 重大责任事故罪的犯罪主体

《若干问题的解释》第一条规定，《刑法》第一百三十四条第一款规定的犯罪主体，包括对矿山生产、作业负有组织、指挥或者管理职责的负责人、管理人员、实际控制人、投资人等人员，以及直接从事矿山生产、作业的人员。

《若干问题的解释》第二条规定，《刑法》第一百三十四条第二款规定的犯罪主体，包括对矿山生产、作业负有组织、指挥或者管理职责的负责人、管理人员、实际控制人、投资人等人员。

2. 重大劳动安全事故罪的犯罪主体

《若干问题的解释》第三条规定，《刑法》第一百三十五条规定的"直接负责的主管人员和其他直接责任人员"，是指对矿山安全生产设施或者安全生产条件不符合国家规定负有直接责任的负责人、管理人员、实际控制人、投资人，以及对矿山安全生产设施或者安全生产条件负有管理、维护职责的电工、瓦斯检查工等人员。

3. 不报或者谎报事故罪的犯罪主体

《若干问题的解释》第五条规定，《刑法》第一百三十九条之一规定的"负有报告职责的人员"，是指矿山生产经营单位的负责人、管理人员、实际控制人、负责生产经营管理的投资人以及其他负有报告职责的人员。

（二）重大责任事故罪和重大劳动安全事故罪的定罪标准

《司法解释》第四条第一款规定，发生矿山生产安全事故，具有下列情形之一的，应当认定为刑法第一百三十四条、第一百三十五条规定的"重大伤亡事故或者其他严重后果"：

1. 造成死亡一人以上，或者重伤三人以上的。

2. 造成直接经济损失一百万元以上的。

3. 造成其他严重后果的情形。

（三）疑难问题的法律适用依据

1. 共同犯罪

《司法解释》第七条规定，在矿山生产安全事故发生后，实施本解释第六条规定的相关行为，帮助负有报告职责的人员不报或者谎报事故情况，贻误事故抢救的，对组织者或者积极参加者，依照刑法第一百三十九条之一的规定，以共犯论处。

2. 数罪并罚

《司法解释》第八条规定，在采矿许可证被依法暂扣期间擅自开采的，视为刑法第三百四十三条第一款规定的"未取得采矿许可证擅自开采"。违反矿产资源法的规定，非法采矿或者采取破坏性的开采方法开采矿产资源，造成重大伤亡事故或者其他严重后果，同时构成刑法第三百四十三条规定的犯罪和刑法第一百三十四条或者刑法第一百三十五条规定的犯罪的，依照数罪并罚的规定处罚。

3. 阻碍矿山安全生产监督管理的犯罪

《司法解释》第十条规定，以暴力、威胁方法阻碍矿山安全生产监督管理的，依照刑法第二百七十七条的规定，以妨害公务罪定罪处罚。

（四）国家机关工作人员职务犯罪

《司法解释》第九条规定，国家机关工作人员滥用职权或者玩忽职守，危害矿山生产安全，具有下列情形之一，致使公共财产、国家和人民利益受到重大损失的，依照刑法第三百九十七条的规定定罪处罚：

1. 对不符合矿山法定安全生产条件的事项予以批准或者验收通过的。

2. 对于未依法取得批准、验收的矿山生产经营单位擅自从事生产经营活动不依法予以处理的。

3. 对于已经依法取得批准的矿山生产经营单位不再具备安全生产条件而不撤销原批准或者发现违反安全生产法律法规的行为不予查处的。

4. 强令审核、验收部门及其工作人员实施本条第（一）项行为，或者实施其他阻碍下级部门及其工作人员依法履行矿山安全生产监督管理职责行为的。

5. 在矿山生产安全事故发生后，负有报告职责的国家机关工作人员不报或者谎报事故情况，贻误事故抢救的。

6. 其他滥用职权或者玩忽职守的行为。

（五）量刑情节的规定

1. 重大责任事故罪和重大劳动安全事故罪的量刑情节

《若干问题的解释》第四条第二款规定，具有下列情形之一的，应当认定为刑法第一百三十四条、第一百三十五条规定的"情节特别恶劣"：

（1）造成死亡三人以上，或者重伤十人以上的。

（2）造成直接经济损失三百万元以上的。

（3）其他特别恶劣的情节。

2. 不报或者谎报事故罪的量刑情节

《若干问题的解释》第六条第一款规定，在矿山生产安全事故发生后，负有报告职责的人员不报或者谎报事故情况，贻误事故抢救，具有下列情形之一的，应当认定为刑法第一百三十九条之一规定的"情节严重"：

（1）导致事故后果扩大，增加死亡一人以上，或者增加重伤三人以上，或者增加直接经济损失一百万元以上的。

（2）实施下列行为之一，致使不能及时有效开展事故抢救的：

1）决定不报、谎报事故情况或者指使、串通有关人员不报、谎报事故情况的。

2）在事故抢救期间擅离职守或者逃匿的。

3）伪造、破坏事故现场，或者转移、藏匿、毁灭遇难人员尸体，或者转移、藏匿受伤人员的。

4）毁灭、伪造、隐匿与事故有关的图纸、记录、计算机数据等资料以及其他证据的。

（3）其他严重的情节。

《若干问题的解释》第六条第二款规定，具有下列情形之一的，应当认定为《刑法》第一百三十九条之一规定的"情节特别严重"：

1）导致事故后果扩大，增加死亡三人以上，或者增加重伤十人以上，或者增加直接经济损失三百万元以上的；

2）采用暴力、胁迫、命令等方式阻止他人报告事故情况导致事故后果扩大的；

3）其他特别严重的情节。

第二节　中华人民共和国行政处罚法

1996年3月17日，第八届人大四次会议通过了《中华人民共和国行政处罚法》（以下简称《行政处罚法》），自同年10月1日起实行。《行政处罚法》的立法目的是为了规范行政处罚的设定和实施，保障和监督行政机关有效实施行政管理，维护公共利益和社会秩序，保护公民、法人或者其他组织的合法权益。《行政处罚法》的通过和实行，是中国法治史上的一个里程碑。

一、行政处罚概述

（一）行政处罚的概念、特征和种类

1. 行政处罚的概念

行政处罚是指国家行政机关和法律、法规授权组织依照有关法律、法规和规章，对公民、法人或者其他组织违反行政管理秩序的行为所实施的行政惩戒。对实施处罚的主体来说，行政处罚是一种制裁性行政行为，对承受处罚的主体来说，行政处罚是一种惩罚性的行政法律责任。行政处罚的目的是为了维护社会治安和社会秩序，保障国家的安全和公民的权利。

理解行政处罚概念的应注意以下几点：（1）行政处罚的处罚主体是行政机关或者法律法规授权的组织。（2）行政处罚以行政违法为前提。（3）行政处罚的对象是违反行政法律法规的公民、法人或其他组织。（4）行政处罚的性质是一种行政制裁。（5）行政处罚是违法者承担的制裁法律责任形式。

2. 行政处罚的特征

行政处罚具有下列特征：

（1）行政处罚由法定的国家机关和组织实施。行政处罚的实施机关主要是国家行政机关；经法律、法规授权的组织和行政机关依法委托的组织也可以实施行政处罚。

（2）行政处罚的对象是实施了违法行为，应当给予处罚的行政相对人。行政相对人是指行政管理的对象，亦称行政管理相对人。实施行政处罚时的行政相对人，是指违反行政管理法律、法规和规章并应受行政制裁的人。依照《行政处罚法》的规定，行政相对人包括公民、法人或者其他组织。凡是违反行政法律法规的公民、法人或其他组织，都属于处罚的对象。

（3）行政处罚是对违法行为人的制裁，具有惩戒性。行政处罚是对有违反行政法律规范尤其是违反行政管理秩序的行政相对人的人身自由、财产、名誉或其他权益的限制或者剥夺，或者对其科以新的义务，体现了强烈的制裁性或者惩戒性，目的是惩戒违法、警戒和教育违法者并预防新的违法行为的发生。

（4）行政处罚必须在法律规定范围内实施。《行政处罚法》第三条规定："公民、法人或者其他组织违反行政管理秩序的行为，应当给予行政处罚的，依照本法由法律、法规或者规章规定，没有法定依据的，行政处罚无效。"第十五条规定："行政处罚由具有行政处罚权的行政机关在法定职权范围内实施。"

（5）行政处罚必须依照法定程序实施。根据《行政处罚法》的规定，行政机关必须依照本法规定的程序实施，不遵守法定程序的，行政处罚无效。法律规定实施行政处罚的程序主要有简易程序、一般程序和听证程序。

3. 行政处罚的种类

行政处罚的种类，是行政处罚外在的具体表现形式。根据不同的标准，行政处罚有不同的分类。

以对违法行为人的何种权利采取制裁措施为标准，行政法学上通常将行政处罚的种类分为四种：

（1）人身自由罚。即对违法公民的人身自由权利进行限制或剥夺的处罚。如行政拘留、劳动教养等。

（2）行为罚。又称能力罚、资格罚。即以剥夺或限制人的资格为内容的处罚。如责令停产停业、吊销营业执照等。

（3）财产罚。即使被处罚人的财产权利和利益受到损害的行政处罚。如罚款、没收违法所得、销毁违禁物品等。

（4）声誉罚。即对违法者的名誉、荣誉、信誉或精神上的利益造成一定损害的行政处罚。如警告、通报批评、剥夺荣誉称号等。

现行法律、法规和规章针对不同违反行政管理的行为，设定了多种行政处罚。为了规范行政处罚，《行政处罚法》对最常见的、实施最多的主要行政处罚的种类作了统一的概括性规定，《行政处罚法》第八条规定："行政处罚的种类：（1）警告；（2）罚款；（3）没收违法所得、没收非法财物；（4）责令停产停业；（5）暂扣或者吊销许可证、暂扣或者吊销执照；（6）行政拘留；（7）法律、行政法规规定的其他处罚。"其中，法律、行政法规规定的其他处罚包括责令停止违法行为、责令改正、关闭等等。《行政处罚法》的规定，为在实践中的具体操作提供了法律依据。

（二）行政处罚的基本原则

根据《行政处罚法》的规定，行政处罚应遵循如下基本原则：

1. 处罚法定原则

《行政处罚法》第三条规定了处罚法定原则，它包含三层意思：（1）实施处罚的主体法定。（2）处罚依据法定。（3）处罚程序法定。

2．处罚公正、公开原则

《行政处罚法》第四条规定了处罚公正、公开原则。结合该法的其他有关规定，处罚公正原则是指行政处罚的设定和实施必须与相对人的违法事实、性质、情节以及社会危害程度相当。处罚公开原则就是指行政处罚的依据、过程及结果必须公开。

3．处罚与教育相结合原则

《行政处罚法》第五条规定了处罚与教育相结合原则。处罚是为了更好的教育，不教育单纯处罚是专制，但是仅仅教育往往达不到预期目的，辅助以处罚，让违法者感受到痛苦，就会促使其避免或者减少违法行为。处罚和教育都是手段，在行政处罚中应当灵活掌握。

4．权利保障原则

《行政处罚法》第六条规定："公民、法人或者其他组织对行政机关所给予的行政处罚，享有陈述权、申辩权；对行政处罚不服的，有权依法申请行政复议或者提起行政诉讼。公民、法人或者其他组织因行政机关违法给予行政处罚受到损害的，有权依法提出赔偿要求。"据此，在行政处罚的实施中必须对行政相对人的权利予以保障，行政相对人享有陈述权、申辩权、申请复议权、行政诉讼权、要求行政赔偿的权利以及要求举行听证的权利。这些权利的确定是宪法保障人权的具体体现。

5．一事不再罚原则

行政处罚实施中对当事人的同一个违法行为，一个或者多个行政机关多次处以罚款的行政处罚，既不符合法理，又会出现重复处罚即"一事二罚"的问题。为了规范行政处罚，防止滥施行政处罚权，《行政处罚法》第二十四条规定："对当事人的同一个违法行为，不得给予两次以上罚款的行政处罚。"据此，一事不再罚原则可以界定为：对行为人的同一违法行为，不得给与两次以上同类（罚款）处罚。一个行政机关不得对同一个违法行为多次罚款，其他行政机关不得对已经实施罚款的同一个违法行为再次罚款。但是如果一个违法行为，同时违反了两个以上的法律法规规定，可以分别按照违反的法律进行处罚，但处罚的结果可以在一定范围内折算。

（三）行政相对人的权利

为了保证行政处罚活动的合法、适当，规范行政处罚实施机关及其工作人员的行政执法活动，防止行政违法和滥施行政处罚权，切实保障行政相对人的合法权利，《行政处罚法》赋予行政相对人5项权利。

1．陈述权

当行政处罚实施机关对行政相对人实施行政处罚时，行政相对人有权如实陈述与行政处罚相关的事实、情节。行政处罚实施机关应当告知并保证行政相对人行使陈述权，不得以任何理由和借口剥夺、阻止行政相对人行使陈述权。

2．申辩权

行政相对人对行政处罚实施机关给予的行政处罚的违法事实认定、证据提取、适用法律和行政处罚种类、幅度持有异议的，有权为自己辩解并提出证据，要求行政处罚实施机关予以调查核实。行政处罚实施机关应当对行政相对人申辩的事实、证据和理由予以调查核实，依法作出给予或者不予行政处罚的决定。

3. 复议权

在行政处罚实施过程中难免会出现一些行政违法行为，为了保证行政处罚的正确实施，纠正行政处罚实施机关的错误，必须给予行政相对人法律救济的权利和途径。为此，国家制定了《行政复议法》，赋予行政相对人申请行政复议的权利。公民、法人或者其他组织认为具体行政行为侵犯其合法权益，有权向行政机关提出行政复议申请，复议机关应当依法受理行政复议、作出行政复议决定。为了保障行政相对人的复议权，《行政处罚法》规定，公民、法人或者其他组织对行政处罚不服的，有权依法申请行政复议。

4. 诉讼权

作出行政处罚具体行政行为，其行政机关或其上一级行政机关依法作出行政复议决定后，行政相对人不服的，仍然有权向人民法院提起行政诉讼，维护自己的合法权利。《中华人民共和国行政诉讼法》规定，公民、法人或者其他组织认为行政机关和行政机关工作人员的具体行政行为侵犯其合法权益，有权依照本法向人民法院提起诉讼。行政诉讼既可以由行政相对人直接向人民法院提起，也可以经行政复议后再向人民法院提起，但法律规定不得提起行政诉讼的除外。因此，《行政处罚法》规定，公民、法人或者其他组织对行政处罚不服的，有权依法提起行政诉讼。

5. 索赔权

一些行政处罚实施机关及其工作人员违法实施行政处罚，侵犯了行政相对人合法权益，造成其人身损害和经济损失。依照《国家赔偿法》的规定："国家机关和国家机关工作人员行使职权，有本法规定的侵犯公民、法人和其他组织合法权益的情形，造成损害的，受害人有依照本法取得国家赔偿的权利。"行政机关在行使职权时有《国家赔偿法》规定的侵犯受害人的人身权和财产权的情形之一的，受害人有取得赔偿的权利，行政机关应当依法给予行政赔偿。《行政处罚法》第六条第二款规定："公民、法人或者其他组织因行政机关违法给予行政处罚受到损害的，有权依法提出赔偿要求。"

二、行政处罚的设定

（一）行政处罚设定概述

1. 行政处罚设定

"设定"是《行政处罚法》所贡献出的一个重要概念。在此之前，行政处罚的设定问题一直没有引起我国学界特别是实务部门的关注。在行政处罚的实践中，往往将处罚的设定权与规定权及行政管理权相混同。从本质上来说，行政处罚的设定权属于立法权的范畴。《行政处罚法》在制定时，针对有些行政机关乱设行政处罚的情况，专设一章规定了行政处罚的种类和设定，对行政处罚的设定形式和权限作出了严格而明确的规定，从法律上规定了法律、行政法规、地方性法规、行政规章可以设定行政处罚。

2. 处罚设定权

行政处罚设定权是指国家机关依照职权和实际需要，在有关法律、法规或者规章中，创制或设立行政处罚的权力。行政处罚关系到公民、法人或其他组织的重要权利和利益，对其设定，必须加以必要的限定。

（二）处罚设定权的立法配置

1. 法律设定的行政处罚

《行政处罚法》第九条规定："法律可以设定各种种类的行政处罚。"而且在第二款中规定："限制人身自由的行政处罚，只能由法律设定。"这一条规定体现了法律保留原则。

2. 行政法规设定的行政处罚

《行政处罚法》第十条规定："行政法规可以设定除限制人身自由以外的行政处罚。法律对违法行为已经作出行政处罚规定，行政法规需要作出具体规定的，必须在法律规定的给予行政处罚的行为、种类和幅度的范围内规定。"行政法规的制定机关是国务院，国务院是最高行政机关，是执行机关。法律的设定比较抽象，不利于执行，允许行政法规在法律规定的范围内设定具体处罚，体现了灵活性。

3. 地方性法规设定的行政处罚

《行政处罚法》第十一条规定："地方性法规可以设定除限制人身自由、吊销企业营业执照以外的行政处罚。法律、行政法规对违法行为已经作出行政处罚规定，地方性法规需要作出具体规定的，必须在法律、行政法规规定的给予行政处罚的行为、种类和幅度的范围内规定。"地方性法规的制定机关是地方的人大及其常委会。我国幅员辽阔，各地的经济发展不均衡，允许地方发挥主观能动性，是有利于地方发展的。但由于我国是单一制国家，地方的立法不得与中央立法相抵触。

4. 部门规章设定的行政处罚

国务院各部委制定的规章可以在法律、行政法规规定给予行政处罚的行为、种类和幅度的范围内作出具体规定。尚未制定法律、行政法规的，国务院各部委制定的规章对违反行政管理秩序的行为，可以设定警告和一定数量罚款的行政处罚。《行政处罚法》授权国务院规定罚款的限额，国务院规定部门规章设定罚款的行政处罚的数量为 3 万元以下，超过限额的，应当报国务院批准。国务院可以授权具有行政处罚权的直属机构依照上述规定，设定行政处罚。

5. 地方政府规章设定的行政处罚

省、自治区、直辖市人民政府和省、自治区人民政府所在地的市人民政府以及国务院批准的较大的市人民政府制定的规章，可以在法律、法规规定的给予行政处罚的行为、种类和幅度的范围内作出具体规定。尚未制定法律、法规的，上述人民政府制定的规章对违反行政管理秩序的行为，可以设定警告或者一定数量罚款的行政处罚。罚款的限额由省、自治区、直辖市人民政府规定。

（三）处罚设定权的立法限制

1. 正面限制

行政处罚设定权是为公民、法人或其他组织设定义务的立法行为，国家对此是非常慎重的，因此在《行政处罚法》条文内明确规定了正面限制。例如规定行政法规不能设定限制人身自由的行政处罚，地方性法规不能设定限制人身自由、吊销企业营业执照的行政处罚，行政规章不能设定授权以外的行政处罚。

2. 反面限制

《行政处罚法》第十四条规定："除本法第九条、第十条、第十一条、第十二条及第十三条的规定外，其他规范性文件不得设定处罚权。"这一条的规定就是对行政处罚设定权的反面限制，它以法律的形式明确规定只有法律、行政法规、地方性法规、行政规章可以设定行政处罚，其他规范性文件不得设定行政处罚。

三、行政处罚的实施主体

行政处罚的实施主体是指能够享有行政处罚权，进行处罚行为的组织。作为对公民权益影响较大的行政职权，必须对处罚权行使者作严格的规定。根据《行政处罚法》第十五条，第十六条，第十七条，第十八条和第十九条的规定，行政处罚的法定实施主体包括以下三种：

（一）具有法定处罚权的国家行政机关

行政处罚的主要实施主体是法律、法规和规章规定的国家行政机关。行政处罚权作为行政管理的重要手段，应当由行政机关行使，但并不是任何行政机关都可以行使处罚权，只有法律、法规和规章的明确授权，即依法取得特定的行政处罚权的行政机关才能行使。如《安全生产法》第九十四条规定："本法规定的行政处罚，由负责安全生产监督管理的部门决定；予以关闭的行政处罚由负责安全生产监督管理的部门报请县级以上人民政府按照国务院规定的权限决定；给予拘留的行政处罚由公安机关依照治安管理处罚条例的规定决定。有关法律、行政法规对行政处罚的决定机关另有规定的，依照其规定。"这条规定将违反《安全生产法》规定的违法行为的处罚权赋予了负责安全生产监督管理的部门，但对于关闭、拘留以及有关法律、行政法规对处罚决定机关另有规定的处罚，根据实际作了例外规定。同时，为解决多头执法、执法扰民现象，行政处罚法确定了相对集中行政处罚权制度，《行政处罚法》第十六条规定："国务院或者经国务院授权的省、自治区、直辖市人民政府可以决定一个行政机关行使有关行政机关的行政处罚权，但限制人身自由的行政处罚权只能由公安机关行使。"

（二）法律、法规授权的组织

《行政处罚法》第十七条规定："法律、法规授权的具有管理公共事务职能的组织可以在法定授权范围内实施行政处罚。"在此，授权只能是由法律、法规明确、直接授权，规章不能授权，并且接受授权的组织应当是具有管理公共事务职能的组织，这种主体属于非行政机关的行政执法主体。这类行政执法主体有权以自己的名义，按照法定授权和法定程序，独立实施行政处罚并对行政处罚的后果承担法律责任。

（三）受行政机关依法委托的组织

为了补充行政处罚实施力量的不足，加强行政处罚的力度，法律允许行政机关依法将自己拥有的行政处罚权委托给具备法定条件的非行政组织行使。《行政处罚法》第十八条规定，行政机关依照法律、法规或者规章的规定，可以在其法定权限内委托符合本法第十九条规定条件的组织实施行政处罚。行政机关不得委托其他组织或者个人实施行政处罚。委托行政机关对受委托的组织实施行政处罚的行为应当负责监督，并对该行为的后果承担法律责任。受委托的组织在委托范围内，以委托机关的名义实施行政处罚；不得再委托其他组织或者个人实施行政处罚。《行政处罚法》第十九条明确规定受委托组织必须符合下列条件：一是依法成立的管理公共事务的事业组织；二是具有熟悉有关法律、法规、规章和业务的工作人员；三是对违法行为需要进行技术检查或者技术鉴定的，应当有条件组织进行相应的技术检查或者技术鉴定。

四、处罚的管辖和适用

（一）行政处罚的管辖

行政处罚的管辖，是指行政处罚实施主体之间对违法案件实施行政处罚的权限分工。管辖所要解决的问题，是对一个具体的处罚案件确定由哪个享有处罚权的主体实施处罚。

1. 职能管辖

行政处罚的职能管辖是依法管理不同事项的行政机关依据各自的法定职权在实施行政处罚上所作的分工。《行政处罚法》第十五条规定："行政处罚由具有行政处罚权的行政机关在法定职权范围内实施。"

2. 地域管辖

地域管辖又称一般管辖或者属地管辖，它是以违法行为发生地作为确定管辖权的依据，以违法行为发生地的行政机关管辖为一般原则，即违法行为发生在何处，就由当地有行政处罚权的行政机关管辖，这样便于及时发现和查处违法行为。《行政处罚法》第二十条规定："行政处罚由违法行为发生地的县级以上地方人民政府具有行政处罚权的行政机关管辖。法律、行政法规另有规定的除外。"我国绝大多数行政处罚适用地域管辖。

3. 级别管辖

行政处罚的级别管辖是根据行政机关的级别确定其管辖范围。《行政处罚法》第二十条规定："行政处罚由违法行为发生地的县级以上地方人民政府具有行政处罚权的行政机关管辖。法律、行政法规另有规定的除外。"据此，县级以上人民政府具有行政处罚权的行政机关有权实施行政处罚，县级以下的行政机关无权实施行政处罚。我国行政机关各职能部门的设置大多在县级以上，县级又是我国按区域实行管理较为基层的单位，这些都为行政处罚的实施提供了保障。如果法律、行政法规对级别管辖有特别规定的，应按特别规定进行管辖。

4. 指定管辖

指定管辖主要是由于共同管辖的存在而产生的，两个以上行政机关对同一违法行为均享有行政处罚权时，为共同管辖，而共同管辖的处理规则一般是由行政机关相互协商或按惯例等方式解决，但当异议无法消除，行政机关管辖权发生争议时，应当报请他们共同的上一级行政机关，由上一级行政机关来确定由谁管辖。《行政处罚法》第二十一条规定："对管辖发生争议的，报请共同的上一级行政机关指定管辖。"

（二）行政处罚的适用

行政处罚的适用是处罚实施主体对违法案件具体运用行政处罚法规范实施处罚的活动。行政处罚是一项专业性极强的行政管理手段，因而必须在适用过程中遵循相应的规则，正确地实施行政处罚，为此，《行政处罚法》设定了行政处罚适用一章，对行政处罚的适用规则作了详细的规定。

1. 应受处罚的构成要件

应受处罚的构成要件是指某种行为受到行政处罚所必须具备的条件，它是实施行政处罚时必须加以确认的。具体的构成要件是：（1）必须已经实施了违法行为。违法事实已经客观存在，不能将行为人主观想象或者计划设想当作违法行为。（2）违法行为属于违反行政法规范的性质，行政处罚只能针对违反行政法规范的行为。（3）实施违法行为的人是具有责任能力的行政管理相对人。受到行政处罚的相对人是公民、法人和其他组织，其中法人和其他组织都是具有责任能力的责任主体，可以适用行政处罚，而对于公民则必须是达到责任年龄、具备责任能力的，才能实施处罚。因此，《行政处罚法》规定：不满14岁的人有违法行为，不予行政处罚；精神病人在不能辨认或者不能控制自己行为时有违法行为的，不予行政处罚。（4）依法应当受到处罚。相对人有违法行为存在，但因有些违法行为可能尚未达到受处罚的程度，或者因法律有特别规定而不应给予处罚的，行政机关不能对其实施行政处罚，只有法律明确规定应受到处罚的违法行为，才能适用行政处罚。

2. 从轻或者减轻处罚

从轻处罚是指在行政处罚的法定种类和幅度内，适用较轻的种类或者处罚的下限给予处罚，但不能低于法定处罚幅度的最低限度。减轻处罚是指在法定处罚幅度的最低限以下给予处罚。根据《行政处罚法》的规定，从轻或者减轻处罚适用以下情况：（1）已满14周岁不满18周岁的人有违法行为的。（2）主动消除或者减轻违法行为危害后果的。（3）受他人胁迫有违法行为的。（4）配合行政机关查处违法行为有立功表现的。（5）其他依法从轻或者减轻行政处罚的。

3. 不予处罚的规定

不予处罚是指行为人虽然实施了违法行为，但由于具有特定的情形而不给予处罚。《行政处罚法》规定有下列情形的不予处罚：（1）不满14周岁的人有违法行为的。（2）精神病人在不能辨认或者不能控制自己行为时有违法行为的。（3）违法行为轻微并及时纠正，没有造成危害后果的。

4. 行政处罚的追诉时效

行政处罚的追诉时效是指对违法行为人追究责任，给予行政处罚的有效期限。如果超出这个期限，则不再实施行政处罚。《行政处罚法》第二十九条规定："违法行为在二年内未被发现的，不再给予行政处罚。法律另有规定的除外。前款规定的期限，从违法行为发生之日起计算；违法行为有连续或者继续状态的，从行为终了之日起计算。"连续状态是指行为人连续实施数个同一种类的违法行为，如1个月内，每天都在销售盗版光盘。继续状态是指一个违法行为在时间上的延续，如制作盗版光盘先后花了15天的时间。追诉时效为两年，属一般规定，如果法律有特别规定的，则依法律规定。

5. 适用上的其他问题

（1）对未成年人的适用。未成年人处于发育期，生理和心理尚未成熟，不能独立地控制、辨别自己的行为的合法性，可能会实施违反行政管理秩序的违法行为。针对未成年人的特点，法律规定不满14周岁的人有违法行为的，不予行政处罚，责令监护人加以管教；已满14周岁不满18周岁的人有违法行为的，从轻或者减轻行政处罚。

（2）对精神病人的适用。精神病人在不能辨认或者不能控制自己行为时有违法行为，不予行政处罚，但应责令其监护人严加看管和治疗。间歇性精神病人在精神正常时有违法行为的，应当给予行政处罚。

（3）案件移送。《行政处罚法》第二十二条规定："违法行为构成犯罪，行政机关必须移交司法机关，依法追究刑事责任。"在行政机关查处违反行政管理秩序的违法行为时，发现违法行为涉嫌构成犯罪的，除依法实施行政处罚之外，应当依法将案件移送具有管辖权的司法机关，追究刑事责任。行政机关不得"以罚代刑"。

（4）责令改正规则。《行政处罚法》第二十三条规定："行政机关实施行政处罚时，应当责令当事人改正或者限期改正违法行为。"

（5）罚刑可相抵规则。《行政处罚法》第二十八条规定："违法行为构成犯罪，人民法院判处拘役或者有期徒刑时，行政机关已经给予当事人行政拘留的，应当依法折抵刑期。违法行为构成犯罪，人民法院判处罚金，行政机关已经给予当事人罚款的，应当折抵相应罚金。"

五、行政处罚的决定

（一）一般规定

1. 决定行政处罚的原则

《行政处罚法》第三十条规定："公民、法人或者其他组织违反行政管理秩序的行为，依法应当给予行政处罚的，行政机关必须查明事实；违法事实不清的，不得给予行政处罚。"

2. 处罚前的告知义务

《行政处罚法》第三十一条规定："行政机关在作出行政处罚决定之前，应当告知当事人作出行政处罚决定的事实、理由和依据，并告知当事人依法享有的权利。"

3. 当事人的权利

《行政处罚法》第三十二条规定："当事人有权进行陈述和申辩。行政机关必须充分听取当事人的意见，对当事人提出的事实、理由和证据，应当进行复核；当事人提出的事实、理由和证据成立的，行政机关应当采纳。行政机关不得因当事人申辩而加重处罚。"

《行政处罚法》第四十一条规定："行政机关及其执法人员在作出行政处罚决定之前，不依照本法第三十一条、第三十二条的规定向当事人告知给予行政处罚的事实、理由和依据，或者拒绝听取当事人的陈述、申辩，行政处罚决定不能成立；当事人放弃陈述或者申辩权利的除外。"

（二）行政处罚的决定程序

行政处罚的决定程序是指处罚主体在决定给予处罚过程中所要遵循的步骤与方式。行政处罚决定程序有简易和一般两种程序，听证是一般程序中的特殊程序，不是独立程序。

1. 简易程序

处罚的简易程序又称为当场处罚程序，指在具备某些条件的情况下，由执法人员当场作出行政处罚的决定的步骤、方式、时限和形式等过程。《行政处罚法》第三十三条规定："违法事实确凿并有法定依据，对公民处以50元以下、对法人或者其他组织处以1 000元以下罚款或者警告的行政处罚的，可以当场作出行政处罚决定。"

根据《行政处罚法》的规定，简易程序包括：（1）表明身份；（2）说明处罚理由；（3）给予当事人陈述和申辩的机会；（4）制作笔录；（5）制作当场处罚决定书；（6）备案。《行政处罚法》第三十四条规定："执法人员当场作出行政处罚决定的，应当向当事人出示执法身份证件，填写预定格式、编有号码的行政处罚决定书。行政处罚决定书应当当场交付当事人。前款规定的行政处罚决定书应当载明当事人的违法行为、行政处罚依据、罚款数额、时间、地点以及行政机关名称，并由执法人员签名或者盖章。执法人员当场作出的行政处罚，必须报所属行政机关备案。"

当事人对当场作出的行政处罚决定不服的，可以依法申请行政复议或者提起行政诉讼。

2. 一般程序

行政处罚的一般程序，即作出行政处罚决定应经过的正常普通程序。除了当场作出的行政处罚以外，其他行政处罚应当适用一般程序。根据《行政处罚法》的规定，一般程序包括（1）立案。（2）调查取证。（3）审查调查结果。在决定作出前依法应向当事人履行告知义务，听取当事人的陈述、申辩。（4）制作行政处罚决定书。《行政处罚法》第三十六条规定："除本法第三十三条规定的可以当场作出的行政处罚外，行政机关发现公民、法人或者其他组织有依法应当给予行政处罚的行为的，必须全面、客观、公正地调查，收集有关证据；必要时，依照法律、法规的规定，可以进行检查。"第三十七条规定："行政机关在调查或者进行检查时，执法人员不得少于两人，并应当向当事人或者有关人员出示证件。当事人或者有关人员应当如实回答询问，并协助调查或者检查，不得阻挠。询问或者检查应当制作笔录。行政机关在收集证据时，可以采取抽样取证的方法；在证据可能灭失或者以后难以取得的情况下，经行政机关负责人批准，可以先行登记保存，并应当在七日内及时作出处理决定，在此期间，当事人或者有关人员不得销毁或者转移证据。执法人员与当事人有直接利害关系的，应当回避。"

根据《行政处罚法》第三十八条的规定，对违法行为调查终结，行政机关负责人应当审查调查结果，酌情分别作出决定：

（1）确有应受行政处罚的违法行为的，根据情节轻重及具体情况，作出行政处罚决定。

（2）违法行为轻微，依法可以不予行政处罚的，不予行政处罚。

（3）违法事实不能成立的，不得给予行政处罚。

（4）违法行为已构成犯罪的，移送司法机关。

对情节复杂或者重大违法行为给予较重的行政处罚，行政机关的负责人应当集体讨论决定。

行政机关依照一般程序给予行政处罚，应当制作行政处罚决定书，行政处罚决定书应当载明下列事项：

（1）当事人的姓名或者名称、地址。

（2）违反法律、法规或者规章的事实和证据。

（3）行政处罚的种类和依据。

（4）行政处罚的履行方式和期限。

（5）不服行政处罚决定，申请行政复议或者提起行政诉讼的途径和期限。

（6）作出行政处罚决定的行政机关名称和作出决定的日期。

行政处罚决定书必须盖有作出行政处罚决定的行政机关的印章。

关于行政处罚决定书的交付，根据《行政处罚法》第四十条规定："行政处罚决定书应当在宣告后当场交付当事人；当事人不在场的，行政机关应当在七日内依照民事诉讼法的有关规定，将行政处罚决定书送达当事人。"

3. 听证程序

听证程序是指对重大行政处罚决定作出之前，在违法案件调查承办人员和当事人一方的参与下，由行政机关专门人员主持听取当事人申辩、质证和意见，进一步核实证据和查清事实，以保证处理结果合法、公正的程序。《行政处罚法》第四十二条规定："行政机关作出责令停产停业、吊销许可证或者执照、较大数额罚款等行政处罚决定之前，应当告知当事人有要求举行听证的权利；当事人要求听证的，行政机关应当组织听证。当事人不承担行政机关组织听证的费用。"

根据《行政处罚法》第四十二条的规定，听证依照以下程序组织：

（1）当事人要求听证的，应当在行政机关告知后三日内提出。

（2）行政机关应当在听证的七日前，通知当事人举行听证的时间、地点。

（3）除涉及国家秘密、商业秘密或者个人隐私外，听证公开举行。

（4）听证由行政机关指定的非本案调查人员主持；当事人认为主持人与本案有直接利害关系的，有权申请回避。

（5）当事人可以亲自参加听证，也可以委托一至二人代理。

（6）举行听证时，调查人员提出当事人违法的事实、证据和行政处罚建议；当事人进行申辩和质证。

（7）听证应当制作笔录；笔录应当交当事人审核无误后签字或者盖章。

当事人对限制人身自由的行政处罚有异议的，依照治安管理处罚法的有关规定执行。听证结束后，行政机关依照本法第三十八条的规定，作出决定。

六、行政处罚的执行

（一）执行主体

执行主体可以分为广义和狭义两个概念，广义的执行主体是指执行行政处罚的执法人员和因违法行为而被处罚的行政相对人。两方因行政处罚而共同成为执行主体。狭义的执行主体不包括行政相对人。本章所指的执行主体即为狭义的执行主体。包括：（1）法律法规赋予其行政处罚职权的行政机关、社会团体；（2）法律法规授权可以实施行政处罚权的组织；（3）有行政处罚权的行政机关委托实施处罚权的其他组织；（4）人民法院（无处罚权的机关和组织可以申请人民法院执行）。

（二）执行程序

行政处罚执行程序，是指确保行政处罚决定所确定的内容得以实现的程序。执行程序是完成行政处罚的重要程序，行政处罚决定一旦作出，就具有法律效力，处罚决定中所确定的义务必须得到履行。处罚执行程序有三项重要内容：

1. 实行处罚机关与收缴罚款机构相分离

《行政处罚法》确立了罚款决定机关与收缴罚款机构相分离的制度，在行政处罚决定做出后，作出罚款决定的行政机关及其工作人员不能自行收缴罚款，而由当事人自收到处罚决定书之日起 15 日内到指定的银行缴纳罚款，银行将收缴的罚款直接上缴国库。但在以下情况下，可以当场收缴罚款：（1）依法给予 20 元以下罚款的；（2）不当场收缴事后难以执行的；（3）在边远、水上、交通不便地区，当事人向指定的银行缴纳罚款确有困难，经当事人提出，行政机关及其执法人员可以当场收缴罚款。行政机关及其执法人员当场收缴罚款的，必须向当事人出具省、自治区、直辖市财政部门统一制发的罚款收据；不出具财政部门统一制发的罚款收据的，当事人有权拒绝缴纳罚款。执法人员当场收缴的罚款，应当自收缴罚款之日起二日内，交至行政机关；在水上当场收缴的罚款，应当自抵岸之日起二日内交至行政机关；行政机关应当在二日内将罚款缴付指定的银行。

2. 严格实行收支两条线

罚款必须全部上交国库。执法人员当场收缴的罚款，应当按规定的期限上缴所在的行政机关，行政机关则应按规定的期限交付给指定银行。《行政处罚法》第五十三条规定："罚款、没收违法所得或者没收非法财物拍卖的款项，必须全部上缴国库，任何行政机关或者个人不得以任何形式截留、私分或者变相私分；财政部门不得以任何形式向作出行政处罚决定的行政机关返还罚款、没收的违法所得或者返还没收非法财物的拍卖款项。"

3. 行政处罚的强制执行

行政处罚决定做出之后，当事人应当在法定期限内自觉履行处罚决定所设定的义务。《行政处罚法》第四十四条规定："行政处罚依法作出后，当事人应当在行政处罚决定的期限内，予以履行。"当事人对行政处罚决定不服申请行政复议或者提起行政诉讼的，行政处罚不停止执行，法律另有规定的除外。如果当事人没有正当理由逾期不履行，则导致强制执行。根据《行政处罚法》的规定实行强制执行有三种措施：（1）到期不缴纳罚款的，每日按罚款数额的 3% 加处罚款；（2）查封、扣押的财物拍卖或者将冻结的存款划拨抵缴罚款；（3）申请人民法院强制执行。

七、法律责任

（一）行政责任

《行政处罚法》专设一章规定法律责任，其中对行政机关工作人员违法实施行政处罚但未构成犯罪的行为，规定由有关部门依法追究其行政责任，给予处分。对非国家工作人员违反《行政处罚法》应当追究行政责任的，给予行政处罚。

（二）民事责任

对于因违法实施行政处罚而侵犯行政相对方的合法权利和利益的，就构成民事责任。违法的行政机关、执法人员应当赔偿受害行政相对方的利益，该返还的返还，该赔偿的赔偿。

（三）刑事责任

行政处罚实施机关及其工作人员必须严格依法公正地实施行政处罚，行政机关如果违法实施行政处罚，要追究直接负责的主管人员和其他直接责任人员相应的法律责任；如果违法实施行政处罚情节严重，依法追究直接负责的主管人员和其他直接责任人员的刑事责任。《行政处罚法》第五十八条、第六十条、第六十一条和第六十二条规定行政机关及其执法人员的相关违法行为情节严重构成犯罪的，都要依法追究直接负责的主管人员和其他直接责任人员的刑事责任。

第三节　中华人民共和国行政许可法

2003 年 8 月 27 日，第十届全国人民代表大会常务委员会第四次会议通过了《中华人民共和国行政许可法》（以下简称《行政许可法》），自 2004 年 7 月 1 日起施行。该法第一条规定："为了规范行政许可的设定和实施，保护公民、法人和其他组织的合法权益，维护公共利益和社会秩序，保障和监督行政机关有效实施行政管理，根据宪法，制定本法。"这是关于立法目的和立法依据的规定。该法是世界上第一部统一的综合性行政许可法，它适应了我国经济体制全面转轨和社会整体转型对行政审批制度进行根本改革和全面规范的迫切需要，它的颁布实施，对于保护公民、法人和其他组织的合法权益，保障和监督行政机关有效实施行政管理，巩固行政审批的改革成果，进一步推动行政审批改革，从源头上预防和治理腐败，具有十分重要的意义和作用。

一、行政许可概述

（一）行政许可的概念

《行政许可法》第二条规定："本法所称行政许可，是指行政机关根据公民、法人或者其他组织的申请，经依法审查，准予其从事特定活动的行为。"该法第三条第二款的规定："有关行政机关对其他机关或者对其直接管理的事业单位的人事、财务、外事等事项的审批，不适用本法。"

根据《行政许可法》的上述规定，结合我国行政法学界近年来的研究成果，可以对行政许可的概念作如下界定：所谓行政许可，是指行政机关根据公民、法人或者其他组织的申请，经依法审查准予其从事特定活动的行为。在社会生活中，对于公民来说，凡是法律不禁止的，就是公民可以自由从事的。法律上禁止的行为有的是"禁绝"的，即任何人都不能从事；但有些法律上禁止的行为，则是出于公共利益、公共安全的考虑，加以一定的控制，其目的并不是要"禁绝"，具备一定条件经有关行政机关批准仍然可以从事，这就是我们所说的行政许可。

（二）行政许可的特征

行政许可具有以下特征：

1. 行政许可是一种行政行为。《行政许可法》第二条将"行政许可"界定为"行政机关的行为"。当然，行政机关的行为不都是行政行为，作出行政许可行为的主体也不一定都限于行政机关。"行政许可"特指行政机关依法对相对人的申请进行审查，准予或者不准予相对人从事特定活动的职权行为，不包括行政机关的一般行为，如民事行为。这里的"行政机关"也并非限于严格意义上的"行政机关",而是包括法律、法规授权的具有管理公共事务职能的组织。

2. 行政许可是依据申请的行政行为。根据《行政许可法》规定,行政许可必须"根据公民、法人或者其他组织的申请"进行,可见行政许可行为无疑应归入"依申请的行政行为"的范畴。行政相对人提出申请,是行政许可的前提条件。

行政机关针对行政相对人的申请,依法采取相应的行政行为。行政机关不因行政相对人准备从事某项活动而主动颁发许可证或者执照。例如,文化行政管理部门发放文物出口许可凭证、海洋局发放废弃物倾倒许可证、民航局发放机场使用许可证的行为,都是以有关相对人的申请为其前提的。

行政许可是基于行政相对人的申请作出的行政行为,行政相对人的申请为行政许可行为的作出提供了前提,但并不是说申请使行政许可具有双方行为的性质,行政许可是行政机关基于行政权而为的单方行为,申请并不意味着必定得到行政机关的许可。行政相对人提出申请,是其从事某种法律行为之前必须履行的法定义务。

3. 行政许可是有限设禁和解禁的行政行为。《行政许可法》第二章所规定的"行政许可的设定"解决的是该不该设禁、由谁设禁、如何设禁以及设什么禁的问题,而其他章节所规定的就是该不该解禁、由谁解禁和如何解禁的问题,行政许可存在的前提就是法律规范的一般禁止。行政许可的设定是法律规范的一般禁止,而行政许可的实施就是对是否可以解除一般禁止依法作出判断的过程,其目的是对符合条件和具备资格的特定对象解禁。这里所说的一般禁止,或者称有限禁止、相对禁止,是指不经过个别批准、认可、核准或者资质确认等便不能从事的活动,是和"绝对禁止"相对应的概念。行政许可领域的"一般禁止",多是基于行政管理、公益维护以及社会秩序维护或者财政上的理由而暂且设定的禁止。而且,这种"禁"是有严格限制的,即仅限于相对人从事的"特定活动",对"特定活动"以外的事项,立法机关和行政机关均不得随意设禁。换言之,行政许可的内容是国家一般禁止的活动,为适应社会生活和生产的需要,对符合一定条件者解除禁止,允许其从事某项特定活动,享有特定权利和资格。许可是对禁止的解除,没有法律规范的一般禁止,便不存在行政许可。例如,制作、运输、销售爆破物品是国家一般禁止的行为,但是,国家为了国防安全、社会治安和社会建设的需要,对符合特定条件的组织或者个人准许其实施这类行为。又如,驾驶机动车,本来是人人都可以从事的活动,但是,为了该领域的管理和安全等,国家设定了一整套驾驶执照管理制度,只有依法取得驾驶执照并履行了相应手续者,才有资格驾驶机动车。正是有了前面的禁止,才会产生随后的许可。行政许可是行政机关管理国家事务和社会公共事务的重要手段之一。

4. 行政许可是授益性行政行为。行政许可引起的法律后果是行政机关准予行政相对人从事某种特定的行为,该行为存在的前提是法律的一般禁止,而解禁无疑意味着行政相对人获得了某种"特权"。所以行政许可不同于行政处罚和行政强制措施,它不是对相对人课以义务或者处以惩罚的行为,而是赋予行政相对人某种权利和资格的行政行为,即免除被许可人某种不作为的义务,使其可以行使某种权利或者获得行使某种权利的资格的行政行为。从这种意义上讲,与行政处罚和行政征收等基于法律对行政相对人的权益剥夺和限制不同,行政许可是赋予行政相对人某种权利和资格的授益性行政行为。

5. 行政许可是要式行政行为。所谓要式行政行为，是指必须遵循一定的法定程序并具备某种书面形式的行政行为。行政许可应遵循一定的法定程序，并应以正规的文书、格式、日期、印章等形式予以批准、认可和证明，必要时还应附加相应的辅助性文件。这种明示的书面许可是行政许可在形式上的特点。

（三）行政许可的种类

为了全面了解我国许可制度的现状及存在的合理性，从理论上对行政许可制度进行总体的概括和研究，有必要对行政许可进行种类划分。类型不同，其间规则也有区别。根据不同标准，行政许可会有不同的分类，下面介绍行政许可最常见的几种分类：

1. 行政许可的一般分类

《行政许可法》将行政许可分为五类：一般许可（或称普通许可）、特许、认可、核准和登记。针对不同许可的特点，《行政许可法》规定了不同的特别程序。

（1）一般许可。一般许可又称普通许可，是指许可机关不需要特殊条件的许可，只要申请人依法向主管行政机关提出申请，经有权机关审查核实其符合法定的条件，该申请人就能够获得从事某项活动的权利或者资格，对申请人并无特殊限制，如驾驶许可、营业许可等。它是运用最广泛的一种行政许可，适用于直接涉及国家安全、公共安全、经济宏观调控、生态环境保护以及直接关系人身健康、生命财产安全等特定活动，需要按照法定条件予以批准的事项。一般许可的功能主要是防止危险、保障安全，通常没有数量限制。

根据《行政许可法》第十二条第一项规定，对"直接涉及国家安全、公共安全、经济宏观调控、生态环境保护以及直接关系人身健康、生命财产安全等特定活动，需要按照法定条件予以批准的事项"所设定的许可，都可归为一般许可的范畴。对于一般许可，申请人的申请符合法定条件、标准的，行政机关应当依法作出准予行政许可的书面决定。行政机关依法作出不予行政许可的书面决定的，应当说明理由，并告知申请人享有依法申请行政复议或者提起行政诉讼的权利。

（2）特许。特许是指直接为相对人设定权利能力、行为能力、特定的权利或者总括性法律关系的行为，又称为设权行为。它是许可机关在特别情况下向申请人发放的含有特别内容的许可，是基于行政、社会或者经济上的需要，将本来属于国家或者某行政机关的某种权利（力）赋予私人的行政行为，是由行政机关代表国家向被许可人授予某种特定的权利。特许这类许可的申请条件比一般许可严格，适用范围更窄。特许适用的范围主要包括有限自然资源开发利用、有限公共资源的配置、直接关系公共利益的特定垄断性行业的市场准入等，需要赋予特定权利的事项。特许的主要功能是分配稀缺资源，一般有数量控制。对特许事项，除法律、行政法规另有规定外，行政机关原则上应当通过招标、拍卖等公开、公平竞争的方式作出许可决定。

（3）认可。认可是由行政机关对申请人是否具备特定技能的认定，主要适用于为公众提供服务、直接关系公共利益的职业、行业，需要确定具备特殊信誉、特殊条件或者特殊技能等资格、资质的事项。常见的需要认可的资格、资质有律师资格、注册会计师资格、医师资格、注册安全工程师资格、建筑企业经营资质等。

认可的主要功能是为提高从业者从业水平或者某种技能、信誉而设，没有数量限制。认可主要是通过考试的方式进行，行政机关一般应当通过考试、考核方式决定是否予以认可。具体说来，赋予公民特定资格，依法应当举行国家考试的，行政机关根据考试成绩和其他法定条件作出行政许可决定；赋予法人或者其他组织特定的资格、资质的，行政机关根据申请人的专业人员构成、技术条件、经营业绩和管理水平等的考核结果作出行政许可决定。

（4）核准。核准是由行政机关对某些事项是否达到规定的技术标准、经济技术规范等进行核对、判断和审查确定，申请人符合要求，即允许其从事某项活动。核准主要适用于直接关系公共安全、人身健康、生命财产安全的重要设备、设施的设计、建造、安装和使用以及直接关系人身健康、生命财产安全的特定产品、物品的检验、检疫事项。根据《行政许可法》第十二条第四项规定，"直接关系公共安全、人身健康、生命财产安全的重要设备、设施、产品、物品，需要按照技术标准、技术规范，通过检验、检测、检疫等方式进行审定的事项"，可以设定行政许可。核准的主要功能是为了防止社会危险、保障安全，没有数量限制。核准事项，行政机关一般要实地按照技术标准、技术规范依法进行检验、检测、检疫，并根据检验、检测、检疫的结果作出行政许可决定。例如，根据《消防法》的规定，建筑工程竣工时，必须经消防机构进行消防验收；未经验收或验收不合格的，不得投入使用。

（5）登记。登记是指行政机关通过形式审查确定个人、企业或者其他组织符合规定的条件，确立个人、企业或者其他组织的特定主体资格。登记的功能是确立申请人的市场主体资格。登记事项没有数量限制，行政机关一般只对申请登记的材料进行形式审查，申请人对申请材料的真实性负责。《行政许可法》第三十一条规定："申请人申请行政许可，应当如实向行政机关提交有关材料和反映真实情况，并对其申请材料实质内容的真实性负责。"《行政许可法》第五十六条规定："申请人提交的申请材料齐全、符合法定形式的，行政机关应当当场予以登记。"实践中由于行政登记非常混乱，其性质、归类等也有多种说法。《行政许可法》中规定的登记，主要针对企业或者其他组织的设立等，需要确定主体资格的事项。所谓确定主体资格，主要是指市场组织、事业组织、社会团体等企业或者其他组织设立时所需要的主体资格。相应的，诸如婚姻登记、产权登记之类的登记行为则被排除在行政许可法调整的范围之外。

从广义上讲，登记和备案都可以作为行政许可的一种类型。但是，从前述行政许可的特征来看，登记和备案都不具有法律的一般禁止这个前提。尽管登记、备案时也要进行审查，但是，此时的审查皆（应）是形式审查，只要符合形式要件，有关行为便告完成，并不存在解禁与否的问题。因此，应该将登记和备案制度与狭义上的行政许可区分开来。

许可制和登记（备案）制的区别，在于许可制以事前审查为重点，而登记（备案）制更侧重事后监督检查。因此，实行登记（备案）制的一个前提条件是相应的事后监管体制的完善。在市场经济条件下，伴随着政府职能的转变和私人权利意识的确立，许多领域的事前审查制转为事后监管制，已是形势发展的必然。

除了前述五种类型外，法律、行政法规还可以设定其他行政许可。

2. 行为许可与资格许可

行为许可是行政机关根据相对人的申请，允许其从事某种活动的许可形式。这类许可的目的是允许符合条件的相对人从事某种活动。相对人只要取得行政机关某项许可，就可以从事某种活动，如开业、生产、经营等活动。行为许可具有以下特点：第一，行政机关发放的许可证是从事某种活动的证明，没有该许可，任何公民、法人或其他组织不得进行某种行为。第二，许可仅限于某种行为、活动，不含有资格权能的特别证明。第三，申请该类许可不必经过严格的考试程序。如生产管理部门发放的产品生产许可证、安全生产监管监察部门或机构发放的安全生产许可证、林业部门核发的采伐许可证、环保部门发放的排污许可证都是行政机关对相对人某种行为的允许证明。行为许可是相对于资格许可而言的，其主要目的是限制普通人在规定领域的行为自由，保护公共安全和国有资源等。

资格许可是指行政机关根据相对人的申请，通过考核程序核发一定证明文书，允许持有人从事某一职业或进行某种活动。这种许可的特点是：第一，许可证是个人某种资格的证明，如律师证、注册安全工程师执业证、注册建筑师证等是持证人资格水平的证明。第二，资格许可的有效期限较稳定，在相对较长时间内能起到资格证明作用，持证人超过一定期限不行使某权能或采取某种行为则可能导致许可证失效。资格许可的目的是通过制定最低限度标准限制某一行业的行业人员，以避免不合格人员从事该行业可能造成的损失。在我国，资格许可主要存在于专业性、技术性较强的行业和领域。资格许可与行为许可相比，有以下特征：一是获得资格许可一般要经过专门训练和考核才能取得，并非所有人都能够获得此类许可。二是并非所有取得资格许可的人都有从事某活动的行为自由，如果要从事某一行为，还必须在获得资格许可的基础上再次申领行为许可证。如获得律师资格的人要从事律师职业，还必须以律师资格为条件向司法行政机关申请到律师执照才能够从事律师职业，取得注册安全工程师执业资格证书的人要从事注册安全工程师职业，还必须以注册安全工程师资格为条件，经过申请注册登记才能以注册安全工程师名义执业。从国外的情况看，这种资格许可大都由行业工会等社会中介组织负责。我国行政许可法中也规定，公民特定资格的考试由行政机关或行业组织实施。

3. 权利性许可与附义务许可

根据是否附加义务可以把行政许可分为权利性许可和附义务许可。

权利性许可是指被许可人可以自由放弃行使该项许可所赋予的权利，而他本人并不需要为此承担某些法律责任和后果。如特殊刀具购买证、射击运动枪支购买证、个体户的营业执照、出国护照、驾驶执照、捕捞许可证、律师执照、倾废许可证等，申请人获得以上许可证后，有权随时放弃从事该项许可所允许的活动，行政许可机关不会因此追究其责任。

附义务的行政许可指行政许可证的持有人在获得该许可证的同时便承担了在一定期限内从事该项活动的义务，如果在此期限内没有从事该项活动，便会因此承担一定的法律责任。如获得建设用地许可后的两年内不进行建设，该建设用地将被收回。

行政许可分为权利性许可和附义务许可，主要是由许可证持有人取得的权利是附条件的，受到一定限制的权利。由于许可对象在内容上具有特定性、独占性，所以许可证持有人对该许可事项无法与其他申请人共享，必然排斥其他申请人，为此，必须对许可证持有人加以一定限制，如果许可证持有人无视这种限制，他将被剥夺行使这一权利的资格。

4. 长期许可、短期许可与临时许可

根据行政许可有效期的长短，还可以把行政许可分为长期许可、短期许可和临时许可。

所谓长期许可是指许可机关赋予申请人许可证的有效期较长的一种许可。根据《电视剧制作许可证制度》规定，长期许可证的有效期为 3 年。期满时，若需继续制作电视剧，须重新申请。

行政许可机关根据申请人的条件和法律赋予其许可证的有效期较短，可称这种许可为短期或临时许可。例如《电视剧制作许可证制度》规定，临时许可证只限于所申报的剧目使用，对其他戏剧无效。持有临时许可证单位，办理电视剧播出手续后，应及时将许可证交回发证单位。

（四）行政许可的原则

行政许可的原则是指由法律规定或认可的、贯穿于行政许可活动的始终，对行政许可的设定与实施具有普遍指导作用的原则。

1. 许可法定原则

《行政许可法》第四条规定："设定和实施行政许可，应当依照法定的权限、范围、条件和程序。"

2. 许可公开、公平、公正原则

《行政许可法》第五条第一款规定："设定和实施行政许可，应当遵循公开、公平、公正的原则。"

3. 许可便民、效率原则

《行政许可法》第六条规定："实施行政许可，应当遵循便民的原则，提高办事效率提供优质服务。"

4. 保障被许可人合法权利原则

《行政许可法》第七条、第八条的规定体现了保障被许可人合法权利原则，这是行政许可立法最大的进步。《行政许可法》明文规定保障被许可人合法权利，充分体现了法律规范的人文关怀。

5. 许可监督检查原则

《行政许可法》第十条规定："县级以上人民政府应当健全对行政机关实施行政许可的监督制度，加强对行政机关实施行政许可的监督检查。行政机关应当对公民、法人或者其他组织从事行政许可事项的活动实施有效的监督。"

二、行政许可的设定

（一）行政许可的设定范围

行政许可的设定范围包括以下方面：

1. 行政机关准予公民、法人或者其他组织从事特定活动的事项。主要包括直接涉及国家安全、公共安全、经济宏观调控、生态环境保护以及直接关系人身健康、生命财产安全等特定活动。这些特定事关重大，需要按照法定条件予以批准。

2. 赋予公民、法人或者其他组织特定权利并且具有数量限制的事项。主要包括有限自然资源开发利用、公共资源配置以及直接关系公共利益的特定行业的市场准入等。自然资源、公共资源配置等诸如此类的行政许可，由于数量有限，如何开发和配置，让其发挥到最大限度，必须对进入这些特定权利的行政相对人给予市场准入的审查。

3. 资格、资质方面的事项。主要包括提供公众服务并且直接关系公共利益的职业、行业，需要确定具备特殊信誉、特殊条件或者特殊技能等资格、资质的事项。这些行政许可的取得，要经过严格考核，通过考核，还要进行审查后发给特定的资格和资质。

4. 对特定物的检测、检验和建议。只要包括直接关系公共安全、人身健康、生命财产的重要设备、设施、产品、物品，需要按照技术标准、技术规范，通过检验、检测、检疫等方式进行审定的事项。

5. 确定主体资格的事项。主要包括企业或者其他组织的设立等，对这些许可，需要行政机关确定其主体资格。

（二）行政许可的设定权限

法律、法规、规章的设定权包括：

1. 法律可以根据需要设定任何一种形式的许可。

2. 行政法规除有权对法律设定的许可作具体规定外，还可以根据需要，在不违反法律、不侵害公民法人合法权益情况下设定其他许可。

3. 地方性法规除对法律法规设定的许可作具体规定外，有权在本辖区内结合地方特色和需要设定许可，但不得违反法律、行政法规，不得妨碍国家统一的管理权限和公民人身自由和财产权利。

4. 规章有权根据需要就法定事项规定许可标准、许可条件、许可程序和其他内容，但不得与法律法规相抵触。规章以下规范性文件不得规定任何行政许可。

从以上阐述，我们可以看出，行政许可的设定权是立法权，是创制公民权利和义务的权力。

（三）法规、规章的许可规定权

规定权是对已有的法律规范结合实施的需要进行解释和适用的权力。具体到行政许可规定权，是对法律、行政法规设定行政许可制定的条件、标准、程序等具体适用的权力。举例说明，有关网吧的营业许可，由于经济情况、文化水平不同，需求量不同，因此，各地区可根据本地区的特点对网吧的总体数量作出规定。这是在已有的行政许可基础上作出的操作性的规定。所以，法规、规章的许可规定权不属于立法权，自然不包含在许可设定权范围内。

三、行政许可的实施

（一）行政许可的实施机关

1. 行政机关。《行政许可法》第二十二条规定："行政许可由具有行政许可权的行政机关在其法定职权范围内实施。"

2. 法律、法规授权的具有管理公共事务职能的组织。《行政许可法》第二十三条规定："法律、法规授权的具有管理公共事务职能的组织，在法定授权范围内，以自己的名义实施行政许可。被授权的组织适用有关行政机关的规定。"

3. 行政机关在其法定职权的范围内委托的其他行政机关。《行政许可法》第二十四条第一款规定："行政机关在其法定职权的范围内，依照法律、法规、规章的规定，可以委托其他行政机关实施行政许可。委托机关应当将委托行政机关和受委托实施行政许可的内容予以公告。"

（二）行政许可的实施程序

根据《行政许可法》的规定，第四章规定了行政许可的实施程序。行政许可的程序就是国家为保证行政许可权公正和有效行使而规定的，实施行政许可行为所应当遵循的步骤、顺序、方式和时限。可以说，一部《行政许可法》就是一部集中规范行政许可权行使的程序法。行政许可法的制定是我国依法行政的一个重大举措，它是国家建设法制政府的庄严承诺，所以应该认真研究行政许可法的程序。

1. 行政许可的申请与受理

行政许可是授益性的行政行为，但是行政许可的开启不是行政机关主动的，而是由公民、法人或者其他组织申请后，才进入到行政许可的程序阶段。换句话来说，如果申请人不提出申请，行政机关就不能自动进入行政许可程序。

行政许可的申请是指公民、法人或者其他组织向行政机关提出拟从事依法需要取得行政许可的特定活动的请求并期望行政机关做出许可决定的行为。申请程序因行政相对人行使申请权而开始，那么行政机关就负有针对该项申请做出答复的义务。申请程序应当包括以下要素：（1）申请人有明确的意思表示；（2）申请应当在一定的期限内提出（具体应参照相应的法律法规）。行政许可申请在大多数情况下，必须以书面形式提出，当法律允许以口头形式提出申请时，申请人亦可以直接通过口头形式向行政机关提出许可申请，行政许可机关在制作笔录载明相应事项并经申请人签字后也可以。

为了方便申请人通过书面形式提出申请，《行政许可法》还规定了与之相配套的保障制度：（1）行政机关免费提供申请书格式文本制度（第二十九条）；（2）行政机关公示与解释制度（第三十条）；（3）许可申请人对申报材料真实性负责制度（第三十一条）；（4）与许可事项无关材料排除制度。《行政许可法》第三十一条规定："行政机关不得要求申请人提交与其申请事项的行政许可事项无关的技术资料和其他材料。"

行政许可机关在对申请材料进行形式上审查后，可能会做出（1）及时告知不受理。（2）及时作出不予受理决定。（3）允许当事人当场更正。（4）告知申请人进行补正后提出申请。（5）直接接受申请。

2. 行政许可的审查与决定

当行政机关正式受理许可申请之后，即进入到审查和决定阶段。申请人提交的申请材料齐全、符合法定形式，行政机关能够当场做出决定的，应当当场做出书面的行政许可决定。行政机关对行政许可申请进行审查时，发现行政许可事项直接关系他人重大利益的，应当告知该利害关系人。申请人、利害关系人有权进行陈述和申辩。行政机关应当听取申请人、利害关系人的意见。

行政决定是指行政许可机关在对许可申请材料进行审查、核实的基础上，针对不同情况做出是否准予行政许可的决定。

根据《行政许可法》第三十八条的规定，行政许可决定的类型主要有两种形式，即准予行政许可的决定和不予许可的决定。

（1）准予行政许可的决定。一般说来，行政许可机关在对申请材料进行审查、核实以后，申请人提交的申请材料齐全，符合法定形式，依法不需要对许可申请做实质性审查，且能够当场决定的，就可当场作出准予行政许可；对在申请人的申请经实质性审查后，认为符合法定条件和标准，且没有数量限制的，可以作出准予行政许可；在有数量限制的情况下，经审查，认为申请复核法定条件和标准，且在提出申请的顺序或在招标、拍卖等公平竞争中处于优势地位的，准予其行政许可。

（2）不予行政许可的决定。一般说来行政许可机关在对申请材料进行审查、核实以后，对申请人的申请经实质性审查后，认为不符合法定条件和标准，作出不予行政许可决定；在有数量限制的情况下，经审查，认为不属于条件优先者，作出不予行政许可决定。

3. 行政许可的听证

行政许可的听证包括依职权听证和依申请听证两种形式。听证按照下列程序进行：

（1）行政机关应当于举行听证的七日前将举证的时间、地点通知申请人，利害关系人，必要时予以公告。

（2）听证应当公开举行。

（3）行政机关应当指定审查该行政许可申请的工作人员以外的人员为听证主持人，申请人、利害关系人认为主持人与该行政许可事项有直接利害关系的，有权请求回避。

（4）举行听证时，审查该行政许可申请的工作人员应当提供审查意见的证据、理由，申请人、利害关系人可以提出证据，并进行申辩和质证。

（5）听证应当制作笔录，听证笔录应当交听证参加人确认无误后或者盖章。行政机关应当根据听证笔录，做出行政许可决定。

4. 行政许可的变更与延续

取得许可的相对人，其活动超出范围的，影响许可机关申请变更许可内容。许可机关在监督检查过程中，发现相对人活动明显超越许可范围的，亦可主动变更行政许可。这种变更实质上是对原许可证的变更，一般需要行政许可机关审查重新核发许可证。

许可证有效期届满后，许可证自行失效。如果持证人希望继续从事许可活动，则必须在届满前或届满后一定期限内向许可机关提出延展、变更许可证申请。行政许可机关经审查认为符合继续持证条件的，必须在法定期限内负责更换许可证或延续许可证有效期。

四、行政许可的费用

（一）行政许可费用的收取

《行政许可法》第五十八条规定："行政机关实施行政许可和对行政许可事项进行监督检查，不得收取任何费用。但是，法律、行政法规另有规定的，依照其规定。行政机关提供行政许可申请书格式文本，不得收费。行政机关实施行政许可所需经费应当列入本行政机关的预算，由本级财政予以保障，按照批准的预算予以拨付。"从第五十八条的规定，可以得出：（1）实施行政许可不得收取任何费用；（2）但其他法律、行政法规另有规定的，可以收取；（3）实施行政许可的费用由财政予以拨付。

（二）行政许可费用的管理

《行政许可法》第五十九条规定："行政机关实施行政许可，依照法律、行政法规收取费用的，应当按照公布的法定项目和标准收费；所收取的费用必须全部上缴国库，任何机关或者个人不得以任何形式截留、挪用、私分。财政部门不得以任何形式向行政机关返还或者变相返还实施行政许可所收取的费用。"

五、监督检查

（一）监督检查的涵义及作用

监督检查是指上级行政机关对下级行政机关实施行政许可的检查监督，纠正行政许可实施中的违法行为，以及行政机关通过对被许可人从事行政许可事项活动情况进行核查，以查处公民、法人或者其他组织违法从事行政许可的行为。建立健全监督检查制度非常重要，这对我国行政机关依法行政，纠正行政相对人违法行为将产生积极的作用。众所周知，我国人口众多，经济基础薄弱，如何把有限的自然资源、社会资源合理配置，让其发挥最大的功效，这是行政机关宏观调控的重要措施。目前我国资源闲置浪费现象非常严重，我国在高速经济增长的同时，资源的高消耗也是不争的事实。我国的社会正处于转型期，行政机关的办事作风也是一个重大的问题，在这种情况下，制定《行政许可法》，并专设一章对行政许可的监督检查，是非常必要的。监督检查的作用体现在：

1. 可以纠正行政机关办事的不良作风，提高行政效率。

2. 可以使我国的资源得以最佳配置，发挥其最大功效。

3. 可以保障公民、法人或者其他组织的合法权益。

4. 可以有效纠正公民、法人或者其他组织在从事行政许可事项中的违法行为。

（二）监督检查的主体、客体和内容

1. 监督检查的主体

根据《行政许可法》的规定，我国检查监督的主体包括具有行政许可权的行政机关；法律、法规授权的具有管理公共事务职能的组织；行政机关在其法定职权范围内，依照法律、法规、规章的规定委托的其他行政机关；个人和组织等。

2. 监督检查的客体

根据《行政许可法》的规定，我国检查监督的客体包括正在实施行政许可的行政机关，正在实施行政许可的法律、法规授权的具有管理公共事务职能的组织；行政机关在其法定职权范围内，依照法律、法规、规章的规定委托的正在实施行政许可的行政机关；被授予行政许可权的公民、法人或者其他组织。

3. 监督检查的内容

根据《行政许可法》的规定，我国监督检查的内容包括具有行政许可权的行政机关实施行政许可的行为；法律、法规授权的具有管理公共事务职能的组织实施行政许可的行为；行政机关在其法定职权范围内，依照法律、法规、规章的规定委托的其他行政机关实施行政许可的行为；被授予行政许可权的公民、法人或者其他组织从事行政许可的事项活动情况。

六、法律责任

（一）行政机关的法律责任

行政机关的法律责任是指由于行政机关违法实施行政许可应承担的法律责任。根据

《行政许可法》的规定可以总结以下几种：（1）行政机关及其工作人员对申请行政许可的公民、法人或者其他组织的申请的不作为；（2）行政机关工作人员在办理行政许可、实施监督检查，索取或收受他人财物或者谋取其他利益的违法犯罪行为；（3）行政机关实施行政许可，滥用职权、玩忽职守，导致行政相对人应该被授予许可而不能获得，不应该被授予许可的而获得，违法招标、拍卖的行为；（4）行政机关实施行政许可，擅自收费或者不按法定项目和标准的收费违法行为；（5）截留、挪用或者变相私分实施行政许可的费用的行为；（6）行政机关违法实施行政许可，给当事人的合法权益造成损害的违法行为；行政机关监督检查不力，造成严重后果的行为等。针对这些违法犯罪行为应分别对行政机关直接负责主管人员和其他直接责任人员追究刑事、行政和民事责任。

（二）行政相对人的法律责任

行政相对人的法律责任是指公民、法人或者其他组织违法从事被授予行政许可的事项的活动而承担的法律责任。根据《行政许可法》的规定可以总结为如下几种：（1）行政许可申请人隐瞒有关情况或提供虚假材料申请行政许可的违法行为；（2）被许可人以欺骗、贿赂等不正当手段取得行政许可的违法犯罪行为；（3）行政相对人违法从事行政许可，涂改、转让、倒卖、出租和出借行政许可证件或者非法转让行政许可的违法犯罪行为；（4）行政相对人违法从事行政许可，超越行政许可范围进行活动的违法犯罪行为；（5）向监督检查机关隐瞒有关情况，提供虚假材料或者拒绝提供真实材料的违法犯罪的行为；（6）行政相对人未经行政许可，擅自从事行政许可活动的。针对这些违法犯罪行为应对行政相对人按照违法犯罪的情节分别追究刑事、行政和民事责任。

第四节　中华人民共和国劳动法

1994 年 7 月 5 日第八届全国人民代表大会常务委员会第八次会议审议通过《中华人民共和国劳动法》（以下简称《劳动法》），自 1995 年 1 月 1 日起施行。《劳动法》的立法目的是为了保护劳动者的合法权益，调整劳动关系，建立和维护适应社会主义市场经济的劳动制度，促进经济发展和社会进步。在中华人民共和国境内的企业、个体经济组织（以下统称用人单位）和与之形成劳动关系的劳动者，适用《劳动法》。国家机关、事业组织、社会团体和与之建立劳动关系的劳动者，依照《劳动法》执行。

一、劳动安全卫生的规定

（一）安全卫生的基本要求

1. 劳动者的权利

《劳动法》第三条在劳动卫生方面赋予了劳动者享有以下权利：劳动者享有平等就业和选择职业的权利、取得劳动报酬的权利、休息休假的权利、获得劳动安全卫生保护的权利、接受职业技能培训的权利、享受社会保险和福利的权利、提请劳动争议处理的权利以及法律规定的其他劳动权利。

2. 劳动者的义务

《劳动法》第三条在劳动卫生方面设定了劳动者需要履行的 4 项义务：一是劳动者应当完成劳动任务。二是劳动者应当提高职业技能。三是劳动者应当执行劳动安全卫生规程。四是劳动者应当遵守劳动纪律和职业道德。

3. 用人单位的义务

《劳动法》第五十二条规定："用人单位必须建立、健全劳动安全卫生制度，严格执行国家劳动安全卫生规程和标准，对劳动者进行劳动安全卫生教育，防止劳动过程中的事故，减少职业危害。"

（二）女职工和未成年工特殊保护

女职工和未成年人由于生理等原因不适宜从事某些危险性较大或者劳动强度较大的劳动，属于弱势群体，应当在劳动就业上给予特殊的保护。《劳动法》明确规定，国家对女工和未成年工实行特殊保护。未成年工是指年满 16 周岁未满 18 周岁的劳动者。《劳动法》同时对女职工和未成年人专门作出了特殊保护的规定。

1. 女工保护

一是禁止用人单位安排女工从事矿山井下、国家规定的第四级体力劳动强度的劳动和其他禁忌从事的劳动。二是禁止用人单位安排女职工在经期从事高处、低温、冷水作业和国家规定的第三级体力劳动强度的劳动。三是禁止用人单位安排女职工在怀孕期间从事国家规定的第三级体力劳动强度的劳动和孕期禁忌从事的活动。对怀孕 7 个月以上的职工，不得安排其延长工作时间和夜班劳动。四是禁止用人单位安排女职工在哺乳未满 1 周岁婴儿期间从事国家规定的第三级体力劳动强度的劳动和哺乳期禁忌从事的其他劳动，不得延长其工作时间和夜班劳动。

2. 未成年工保护

一是禁止用人单位安排未成年工从事矿山井下、有毒有害、国家规定的第四级体力劳动强度的劳动和其他禁忌从事的劳动。二是要求用人单位应当对未成年工定期进行健康检查。

二、劳动安全卫生监督检查的规定

（一）劳动监察

1. 县级以上各级人民政府劳动行政部门依法对用人单位遵守劳动法律、法规的情况进行监督检查，对违反劳动法律、法规的行为有权制止，并责令改正。

2. 县级以上各级人民政府劳动行政部门监督检查人员执行公务，有权进入用人单位了解执行劳动法律、法规的情况，并对劳动场所进行检查。县级以上各级人民政府劳动行政部门监督检查人员执行公务，必须出示证件，秉公执法并遵守有关规定。

（二）有关部门的监督

县级以上各级人民政府有关部门在各自职责范围内，对用人单位遵守劳动法律、法规的情况进行监督。

（三）工会的监督

各级工会依法维护劳动者的合法权益，对用人单位遵守劳动法律、法规的情况进行监督。任何组织和个人对于违反劳动法律、法规的行为有权检举和控告。

三、劳动安全卫生违法行为实施行政处罚的决定机关

（一）劳动安全卫生监督管理体制的改革

根据 1998 年全国人大批准的国务院机构改革方案，国务院决定将由原劳动部负责的全国安全生产综合监督管理职能，改由国家经济贸易委员会行使。2003 年，国务院又决定撤销国家经济贸易委员会，将其负责的全国安全生产综合监督管理职能，改由国家安全生产监督管理局行使。2005 年 2 月 23 日，国务院决定将国家安全生产监督管理局升格为国家安全生产监督管理总局，由其负责全国安全生产综合监督管理职能。国家的安全生产监督管理体制改革和职责分工调整后，各级人民政府劳动行政部门不再负责安全生产综合监督管理工作，改由各级人民政府安全生产综合监督管理部门负责。

（二）劳动安全卫生监管和行政执法的机关

依照《安全生产法》和国务院的规定，现由县级以上人民政府负责安全生产监督管理的部门负责履行《劳动法》赋予劳动行政部门负责的劳动安全卫生监督管理的职责，行使《劳动法》中有关劳动安全卫生监督管理和行政执法的职权。县级以上人民政府劳动行政部门依照法律和本级人民政府的规定，行使劳动安全卫生以外的其他劳动活动的监督管理和行政执法的职权。

第五节　中华人民共和国职业病防治法

2001 年 10 月 27 日，第九届全国人民代表大会常务委员会第二十四次会议审议通过《中华人民共和国职业病防治法》（以下简称《职业病防治法》），自 2002 年 5 月 1 日起施行。该法是我国的第一部关于职业病防治的法律。《职业病防治法》的立法目的是为了预防、控制和消除职业病危害，防治职业病，保护劳动者的健康及其相关权益，促进经济发展。该法适用于中华人民共和国领域内的职业病防治活动。该法确立了职业病防治法律制度，为职业病防治提供了法律保障，具有重要的现实意义，并将产生深远的影响。

一、职业病的范围

依据《职业病防治法》第二条的规定，职业病是指企业、事业单位和个体经济组织（以下统称用人单位）的劳动者在职业活动中，因接触粉尘、放射性物质和其他有毒、有害物质等因素而引起的疾病。职业病的分类和目录由国务院卫生行政部门会同国务院劳动保障行政部门规定、调整并公布。《职业病防治法》所称的职业病，并非泛指的职业病，而是由法律作出界定的职业病。由法律授权国务院的卫生行政部门和劳动保障行政部门规定职业病目录，可以更确切地反映应实际情况，根据现实的需要及时地进行调整，既有原则性，又有灵活性。

依据《职业病防治法》第七十七条的规定，职业病危害是指对从事职业活动的劳动者可能导致职业病的各种危害。职业病危害因素包括职业活动中存在的各种有害的化学、物理、生物因素以及在作业过程中产生的其他职业有害因素。

二、职业病防治的基本方针、基本制度

《职业病防治法》的总则部分对职业病防治的基本方针、基本制度作出了规定。这些基本方针、基本制度主要有：

1. 预防为主、防治结合

这是职业病防治工作中必须坚持的基本方针。它是根据职业病可以预防，但是难治这个特点提出来的，是一个对劳动者健康负责的、积极的、主动的方针，是职业卫生工作长期经验的总结所证实应当采取的正确方针。预防可以减少职业病的发生，减轻职业病的危害程度，但是对已经引起的疾病仍要重视治疗，救治病人，减少痛苦，所以预防为主、防治结合是一个全面的方针，概括了职业病防治的基本要求。

2. 劳动者依法享有职业卫生保护的权利

这是劳动者的基本权利，也是制定职业病防治法的前提，或者说是这部法律产生的基础和最充足的理由。劳动者参与职业活动，创造社会财富，有理由要求其健康受到保护，从国家来说，保护劳动者的健康，让劳动者获得一个符合国家职业卫生标准和卫生要求的工作环境和条件，是合理的而且是必要的，有利于社会的发展进步，有利于保障各种合法的职业活动正常进行，因此制定《职业病防治法》，使劳动者享有职业卫生保护的权利，是这部法律的中心内容。

3. 实行用人单位职业病防治责任制

这是在立法过程中确立的职业病防治的一项基本的制度。它的核心是用人单位对职业病防治负有法定的责任。因为职业活动是以用人单位为基础组织的，用人单位对其职业活动有支配作用，在职业活动中创出来的成果首先由用人单位来体现，而职业活动中职业病的危害因素又是用人单位能控制的。所以，对于职业病的防治首先的责任应当由用人单位承担，并建立相应的制度，因而在《职业病防治法》中作出了如下规定："用人单位应当建立、健全职业病防治责任制，加强对职业病防治的管理，提高职业病防治水平，对本单位产生的职业病危害承担责任。"这项规定不但确定了用人单位的责任，而且从法律上要求用人单位建立起健全的制度。

4. 依法参加工伤社会保险

这是职业病防治中保护劳动者的一项基本措施。工伤是指劳动者由于工作原因受到事故伤害和职业病伤害的总称，将职业病列入工伤的直接理由就是劳动者是在用人单位中引致的疾病和蒙受的损害。将职业病纳入工伤社会保险，不仅有利于保障职业病病人的合法权益，同时也分担了用人单位的风险，有利于生产经营的稳定。所以在职业病防治法中规定了应当加强对工伤社会保险的监督管理，确保劳动者依法享受工伤社会保险待遇。

5. 国家实行职业卫生监督制度

《职业病防治法》明确了职业卫生监督制度是由国家实行的制度，对职业卫生实施的监督管理是国家管理职能的体现。职业病防治是职业卫生监督管理的重要组成部分，有关监督管理的体制、原则、权限、程序、行为规则等在法律上都作出了规定，具有权威性，对社会上有关的各方面都具有约束力。

6. 加强社会监督

这是由于职业病危害在社会中许多地方都存在，在加强卫生行政部门监督管理的同时，还要依靠社会的力量，尤其是对分散存在于城乡各地的职业病危害的现象，更需要社会各界的监督，鼓励劳动者、知情者、主张社会公正的人进行检举和控告，对违法者施加压力，在社会力量的支持下加大查处力度，所以在《职业病防治法》第十二条规定，任何单位和个人有权对违法的行为进行检举和控告。这项规定表明，防治职业病需要全社会的关注，也需要动员和支持社会公众热心地参与防治职业病活动，支持社会中的弱势群体，与损害劳动者健康的违法行为作斗争。

当然，《职业病防治法》也从另一个方面作出了规定，就是给防治职业病成绩显著的单位和个人予以奖励。《职业病防治法》第十二条第二款规定，对防治职业病成绩显著的单位和个人，给予奖励。在法律中没有写明由谁奖励，但还是清楚地表明，这种奖励既应当是政府奖励，也应当是用人单位奖励，更不排除来自其他方面的奖励。

三、用人单位在职业病防治方面的职责和职业病的前期预防的规定

（一）用人单位在职业病防治方面的职责

1．用人单位应当为劳动者创造符合国家职业卫生标准和卫生要求的工作环境和条件，并采取措施保障劳动者获得职业卫生保护。

2．职业病防治责任制。《职业病防治法》第五条规定，用人单位应当建立、健全职业病防治责任制，加强对职业病防治的管理，提高职业病防治水平，对本单位产生的职业病危害承担责任。

3．工伤社会保险。《职业病防治法》第六条规定，用人单位必须依法参加工伤社会保险。

（二）职业病的前期预防

1．工作场所的职业卫生要求

《职业病防治法》第十三条规定，产生职业病危害的用人单位的设立除应当符合法律、行政法规规定的设立条件外，其工作场所还应当符合下列职业卫生要求：

（1）职业病危害因素的强度或者浓度符合国家职业卫生标准。

（2）有与职业病危害防护相适应的设施。

（3）生产布局合理，符合有害与无害作业分开的原则。

（4）有配套的更衣间、洗浴间、孕妇休息间等卫生设施。

（5）设备、工具、用具等设施符合保护劳动者生理、心理健康的要求。

（6）法律、行政法规和国务院卫生行政部门关于保护劳动者健康的其他要求。

2．职业病危害项目申报

《职业病防治法》第十四条规定，在卫生行政部门中建立职业病危害申报制度。用人单位设有依法公布的职业病目录所列职业病的危害项目的，应当及时、如实向卫生行政部门申报，接受监督。

3．建设项目职业病危害预评价

新建、扩建、改建建设项目和技术改造、技术引进项目（以下统称建设项目）可能产生职业病危害的，建设单位在可行性论证阶段应当向卫生行政部门提交职业病危害预评价

报告。卫生行政部门应当自收到职业病危害预评价报告之日起 30 日内，作出审核决定并书面通知建设单位。未提交预评价报告或者预评价报告未经卫生行政部门审核同意的，有关部门不得批准该建设项目。职业病危害预评价报告应当对建设项目可能产生的职业危害因素及其对工作场所和劳动者健康的影响作出评价，确定危害类别和职业病防护措施。

4. 职业病危害防护设施

建设项目的职业病防护设施所需经费应当纳入建设工程预算，并与主体工程同时设计、同时施工、同时投入生产和使用。职业病危害严重的建设项目的防护设施设计，应当经卫生行政部门进行卫生审查，符合国家职业卫生标准和卫生要求的，方可施工。建设项目在竣工验收前，建设单位应当进行职业病危害控制效果评价。建设项目竣工验收时，其职业病防护设施经卫生行政部门验收合格后，方可投入正式生产和使用。

5. 职业卫生技术服务机构

《职业病防治法》第十七条规定，职业病危害预评价、职业病危害控制效果评价由依法设立的取得省级以上人民政府卫生行政部门资质认证的职业卫生技术服务机构进行。职业卫生技术服务机构所作的评价应当客观、真实。

四、劳动过程中职业病的防护与管理、职业病诊断与职业病病人保障的规定

（一）用人单位职业病防治措施

《职业病防治法》第十九条规定，用人单位应当采取下列职业病防治措施：

1. 设置或者指定职业卫生管理机构或者组织，配备专职或者兼职的职业卫生专业人员，负责本单位的职业病防治工作。

2. 制定职业病防治计划和实施方案。

3. 建立健全职业卫生管理制度和操作规程。

4. 建立健全职业卫生档案和劳动者健康监护档案。

5. 建立健全工作场所职业危害因素监测及评价制度。

6. 建立健全职业病危害事故应急救援预案。

（二）职业病防护设施和防护用品

《职业病防治法》第二十条规定，用人单位必须采用有效的职业病防护设施，并为劳动者提供个人使用的职业病防护用品。用人单位为劳动者个人提供的职业病防护用品必须符合防治职业病的要求；不符合要求的，不得使用。

（三）用人单位职业病管理

1. 职业危害公告和警示

《职业病防治法》第二十二条规定，产生职业病危害的用人单位，应当在醒目位置设置公告栏，公布有关职业病防治的规章制度、操作规程、职业病危害事故应急救援措施和工作场所职业病危害因素检测结果。对产生严重职业病危害的作业岗位，应当在其醒目位置，设置警示标识和中文警示说明。警示说明应当载明产生职业病危害的种类、后果、预防以及应急救治措施等内容。

《职业病防治法》第二十三条规定，对可能发生急性职业损伤的有毒、有害工作场所，用人单位应当设置报警装置，配置现场急救用品、冲洗设备、应急撤离通道和必要的泄险区。对放射工作场所和放射性同位素的运输、储存，用人单位必须配置防护装置和报警装置，保证接触放射性的工作人员佩戴个人剂量计。对职业病防护设备、应急救援设施和个人使用的职业病防护用品，用人单位应当进行经常性的维护、检修，定期检测其性能和效果，确保其处于正常状态，不得擅自拆除或者停止使用。

2. 职业病危害因素的监测、检测、评价及治理

《职业病防治法》第二十四条规定，用人单位应当实施由专人负责的职业病危害因素日常监测，并确保监测系统处于正常运行状态。用人单位应当按照国务院卫生行政部门的规定，定期对工作场所进行职业病危害因素检测、评价。检测、评价结果存入用人单位职业卫生档案，定期向所在地卫生行政部门报告并向劳动者公布。职业病危害因素检测、评价由依法设立的取得省级以上人民政府卫生行政部门资质认证的职业卫生技术服务机构进行。职业卫生技术服务机构所作检测、评价应当客观、真实。发现工作场所职业病危害因素不符合国家职业卫生标准和卫生要求时，用人单位应当立即采取相应治理措施，仍然达不到国家职业卫生标准和卫生要求的，必须停止存在职业病危害因素的作业；职业病危害因素经治理后，符合国家职业卫生标准和卫生要求的，方可重新作业。

3. 向用人单位提供可能产生职业危害的设备的规定要求

《职业病防治法》第二十五条规定，向用人单位提供可能产生职业病危害的设备的，应当提供中文说明书，并在设备的醒目位置设置警示标识和中文警示说明。警示说明应当载明设备性能、可能产生的职业病危害、安全操作和维护注意事项、职业病防护以及应急救治措施等内容。

4. 向用人单位提供可能产生职业危害的化学原料及放射性物质的物品的规定要求

《职业病防治法》第二十六条规定，向用人单位提供可能产生职业病危害的化学品、放射性同位素和含有放射性物质的材料的，应当提供中文说明书。说明书应当载明产品特性、主要成份、存在的有害因素、可能产生的危害后果、安全使用注意事项、职业病防护以及应急救治措施等内容。产品包装应当有醒目的警示标识和中文警示说明。贮存上述材料的场所应当在规定的部位设置危险物品标识或者放射性警示标识。国内首次使用或者首次进口与职业病危害有关的化学材料，使用单位或者进口单位按照国家规定经国务院有关部门批准后，应当向国务院卫生行政部门报送该化学材料的毒性鉴定以及经有关部门登记注册或者批准进口的文件等资料。进口放射性同位素、射线装置和含有放射性物质的物品的，按照国家有关规定办理。

5. 劳动合同的职业病危害内容

《职业病防治法》第三十条规定，用人单位与劳动者订立劳动合同时，应当将工作过程中可能产生的职业病危害及其后果、职业病防护措施和待遇等如实告诉劳动者，并在劳动合同中写明，不得隐瞒或者欺骗。劳动者在已订立劳动合同期间，因工作岗位或者工作内容变更，从事与所订立劳动合同中未告知的存在职业病危害的作业时，用人单位应当依照上述规定，向劳动者履行如实告知的义务，并协商变更原劳动合同相关条款。用人单位违反以上规定的，劳动者有权拒绝从事存在职业病危害的作业，用人单位不得因此解除劳动合同或者终止与劳动者所订立的劳动合同。

6. 职业卫生培训要求

《职业病防治法》第三十一条规定，用人单位的负责人应当接受职业卫生培训，遵守职业病防治法律、法规，依法组织本单位的职业病防治工作。用人单位应当对劳动者进行上岗前的职业卫生培训和在岗期间的定期职业卫生培训，普及职业卫生知识，督促劳动者遵守职业病防治法律、法规、规章和操作规程，指导劳动者正确使用职业病防护设备和个人使用的职业病防护用品。劳动者应当学习和掌握相关的职业卫生知识，遵守职业病防治法律、法规、规章和操作规程，正确使用、维护职业病防护设备和个人使用的职业病防护用品，发现职业病危害事故隐患应当及时报告。劳动者不履行前款规定义务的，用人单位应当对其进行教育。

7. 职业健康检查制度

《职业病防治法》第三十二条规定，对从事接触职业病危害的作业的劳动者，用人单位应当按照国务院卫生行政部门的规定组织上岗前、在岗期间和离岗时的职业健康检查，并将检查结果如实告知劳动者。职业健康检查费用由用人单位承担。用人单位不得安排未经上岗前职业健康检查的劳动者从事接触职业病危害的作业；不得安排有职业禁忌的劳动者从事其所禁忌的作业；对在职业健康检查中发现有与所从事的职业相关的健康损害的劳动者，应当调离原工作岗位，并妥善安置；对未进行离岗前职业健康检查的劳动者不得解除或者终止与其订立的劳动合同。职业健康检查应当由省级以上人民政府卫生行政部门批准的医疗卫生机构承担。

8. 职业健康监护档案

《职业病防治法》第三十三条规定，用人单位应当为劳动者建立职业健康监护档案，并按照规定的期限妥善保存。职业健康监护档案应当包括劳动者的职业史、职业病危害接触史、职业健康检查结果和职业病诊疗等有关个人健康资料。劳动者离开用人单位时，有权索取本人职业健康监护档案复印件，用人单位应当如实、无偿提供，并在所提供的复印件上签章。

9. 急性职业病危害事故

《职业病防治法》第三十四条规定，发生或者可能发生急性职业病危害事故时，用人单位应当立即采取应急救援和控制措施，并及时报告所在地卫生行政部门和有关部门。卫生行政部门接到报告后，应当及时会同有关部门组织调查处理；必要时，可以采取临时控制措施。对遭受或者可能遭受急性职业病危害的劳动者，用人单位应当及时组织救治、进行健康检查和医学观察，所需费用由用人单位承担。

10. 对未成年工和女职工劳动保护

《职业病防治法》第三十五条规定，用人单位不得安排未成年工从事接触职业病危害的作业；不得安排孕期、哺乳期的女职工从事对本人和胎儿、婴儿有危害的作业。

11. 劳动者享有的职业卫生保护权利

《职业病防治法》第三十六条规定，劳动者享有下列职业卫生保护权利：

（1）获得职业卫生教育、培训。

（2）获得职业健康检查、职业病诊疗、康复等职业病防治服务。

（3）了解工作场所产生或者可能产生的职业病危害因素、危害后果和应当采取的职业病防护措施。

（4）要求用人单位提供符合防治职业病要求的职业病防护设施和个人使用的职业病防护用品，改善工作条件。

（5）对违反职业病防治法律、法规以及危及生命健康的行为提出批评、检举和控告。

（6）拒绝违章指挥和强令进行没有职业病防护措施的作业。

（7）参与用人单位职业卫生工作的民主管理，对职业病防治工作提出意见和建议。

用人单位应当保障劳动者行使前款所列权利。因劳动者依法行使正当权利而降低其工资、福利等待遇或者解除、终止与其订立的劳动合同的，其行为无效。

12. 工会组织的权利

《职业病防治法》第三十七条规定，工会组织应当督促并协助用人单位开展职业卫生宣传教育和培训，对用人单位的职业病防治工作提出意见和建议，与用人单位就劳动者反映的有关职业病防治的问题进行协调并督促解决。工会组织对用人单位违反职业病防治法律、法规，侵犯劳动者合法权益的行为，有权要求纠正；产生严重职业病危害时，有权要求采取防护措施，或者向政府有关部门建议采取强制性措施；发生职业病危害事故时，有权参与事故调查处理；发现危及劳动者生命健康的情形时，有权向用人单位建议组织劳动者撤离危险现场，用人单位应当立即作出处理。

13. 职业病防治费用

《职业病防治法》第三十八条规定，用人单位按照职业病防治要求，用于预防和治理职业病危害、工作场所卫生检测、健康监护和职业卫生培训等费用，按照国家有关规定，在生产成本中据实列支。

（四）职业病诊断与职业病病人保障

1. 职业病诊断

职业病诊断应当由省级以上人民政府卫生行政部门批准的医疗卫生机构承担。劳动者可以在用人单位所在地或者本人居住地依法承担职业病诊断的卫生医疗机构进行职业病诊断。职业病诊断，应当综合分析病人的职业史、职业病危害接触史和现场危害调查与评价、临床表现以及辅助检查结果等因素。

2. 职业病病人保障

职业病病人依法享受国家规定的职业病待遇。用人单位应当按照国家有关规定，安排职业病病人进行治疗、康复和定期检查。用人单位对不适宜继续从事原工作的职业病病人，应当调离岗位，并妥善安置。用人单位对从事接触职业病危害的作业的劳动者，应当给予岗位津贴。职业病病人的诊疗、康复费用，伤残以及丧失劳动能力的职业病病人的社会保障，按照国家有关工伤社会保险的规定执行。职业病病人除依法享有工伤社会保险外，依照有关民事法律尚有获得赔偿的权利的，有权向用人单位提出赔偿要求。职业病病人变动工作单位，其依法享有的待遇不变。用人单位发生分立、合并、解散、破产等情形的，应当对从事接触职业病危害作业的劳动者进行健康检查，并按照国家有关规定妥善安置职业病病人。

五、职业病防治监督检查的规定

《职业病防治法》实施后，2005 年、2008 年、2010 年国务院对国务院卫生行政部门和国务院安全生产监督管理部门在职业病防治工作中的职责作出了调整，卫生行政部门和安全生产监督管理部门按照调整后的职责分工，履行《职业病防治法》规定的监督检查职责。

（一）卫生部门的职责

1. 负责会同有关部门拟定职业病防治法律法规、职业病防治规划，组织制定发布国家职业卫生标准。

2. 负责监督管理职业病诊断与鉴定工作。

3. 组织开展重点职业病监测和专项调查，开展职业健康风险评价，研究提出职业病防治对策。

4. 负责化学品毒性鉴定、个人剂量监测、放射防护器材和含放射性产品检测等技术服务机构资质认定和监督管理；审批承担职业健康检查、职业病诊断的医疗卫生机构并进行监督管理，规范职业病的检查和救治；会同相关部门加强职业病防治机构建设。

5. 负责医疗机构放射危害控制的监督管理。

6. 负责职业病报告和管理和发布，组织开展职业病防治科学研究。

7. 组织开展职业病防治法律法规和防治知识的宣传教育，开展职业人群健康促进工作。

（二）安全生产监督管理部门的职责

1. 起草职业卫生监管有关法规，制定用人单位职业卫生监管相关规章。组织拟订国家职业卫生标准中的用人单位职业危害因素工程控制、职业防护设施、个体职业防护等相关标准。

2. 负责用人单位职业卫生监督检查工作，依法监督用人单位贯彻执行国家有关职业病防治法律法规和标准情况。组织查处职业危害事故和违法违规行为。

3. 负责新建、改建、扩建工程项目和技术改造、技术引进项目的职业卫生"三同时"审查及监督检查。负责监督管理用人单位职业危害项目申报工作。

4. 负责依法管理职业卫生安全许可证的颁发工作。负责职业卫生检测、评价技术服务机构的资质认定和监督管理工作。组织指导并监督检查有关职业卫生培训工作。

5. 负责监督检查和督促用人单位依法建立职业危害因素检测、评价、劳动者职业健康监护、相关职业卫生检查等管理制度；监督检查和督促用人单位提供劳动者健康损害与职业史、职业危害接触关系等相关证明材料。

6. 负责汇总、分析职业危害因素检测、评价、劳动者职业健康监护等信息，向相关部门和机构提供职业卫生监督检查情况。

（三）职业病防治的监督检查

1. 日常监督检查权

《职业病防治法》第五十六条规定，履行职业病防治监督检查职责时，卫生行政部门有权采取下列措施：

（1）进入被检查单位和职业病危害现场，了解情况，调查取证。

（2）查阅或者复制与违反职业病防治法律、法规的行为有关的资料和采集样品。

（3）责令违反职业病防治法律、法规的单位和个人停止违法行为。

2．临时控制措施

《职业病防治法》第五十七条规定，发生职业病危害事故或者有证据证明危害状态可能导致职业病危害事故发生时，卫生行政部门可以采取下列临时控制措施：

（1）责令暂停导致职业病危害事故的作业。

（2）封存造成职业病危害事故或者可能导致职业病危害事故发生的材料和设备。

（3）组织控制职业病危害事故现场。

在职业病危害事故或者危害状态得到有效控制后，应当及时解除控制措施。

六、职业病防治违法行为应负的法律责任

（一）建设单位的法律责任

《职业病防治法》第六十二条规定，建设单位有违反本法规定的行为，给予警告，责令限期改正；逾期不改正的，处 10 万元以上 50 万元以下的罚款；情节严重的，责令停止产生职业病危害的作业，或者提请有关人民政府按照国务院规定的权限责令停建、关闭的行政处罚。

（二）用人单位的法律责任

《职业病防治法》六十五条、第六十六条、第六十七条、第七十条、第七十一条规定，用人单位有违反本法规定的行为，分别给予警告、责令限期改正、1 万元以上 30 万元以下的罚款、责令停止产生职业病危害的作业，或者提请有关人民政府按照国务院规定的权限给予责令停建、关闭的行政处罚。对有直接责任的主管人员和其他直接责任人员，依法给予降级或者撤职的行政处分。

（三）职业卫生技术服务机构的法律责任

《职业病防治法》第七十二条、第七十三条规定，职业卫生技术服务机构和医疗卫生机构有违反本法规定的行为，分别给予责令立即停止违法行为、没收违法所得、取消其相应资格的行政处罚。对直接负责的主管人员和其他直接责任人员，依法给予降级、撤职或者开除的处分；构成犯罪的，依法追究刑事责任。

七、职业病防治违法行为行政处罚的决定机关

对于《职业病防治法》规定的职业病防治违法行为的行政处罚，应当按照国务院关于卫生行政部门与安全生产监督管理部门的职责分工，分别由卫生行政部门和安全生产监督管理部门在各自的职权范围内决定。

第六节　中华人民共和国劳动合同法

2007 年 6 月 29 日，第十届全国人大常委会第二十八次会议审议通过了《中华人民共和国劳动合同法》（以下简称《劳动合同法》）。《劳动合同法》是一部关系广大劳动者劳动权益的重要法律。《劳动合同法》的立法目的是为了完善劳动合同制度，明确劳动合同双方当事人的权利和义务，保护劳动者的合法权益，构建和发展和谐稳定的劳动关系。

一、《劳动合同法》的基本理论

（一）《劳动合同法》的适用范围

《劳动合同法》第二条规定，中华人民共和国境内的企业、个体经济组织、民办非企业单位等组织（以下称用人单位）与劳动者建立劳动关系，订立、履行、变更、解除或者终止劳动合同，适用本法。国家机关、事业单位、社会团体和与其建立劳动关系的劳动者，订立、履行、变更、解除或者终止劳动合同，依照本法执行。

《劳动合同法》在《劳动法》的基础上，扩大了适用范围，增加了民办非企业单位等组织作为用人单位，并且将事业单位聘用制做工人员也纳入本法调整范围。此外，《劳动合同法》还根据征求意见的情况和现实劳动关系的规定，对非全日制用工作了专门规定。

（二）《劳动合同法》的基本原则

《劳动合同法》第三条规定，订立劳动合同，应当遵循合法、公平、平等自愿、协商一致、诚实信用的原则。依法订立的劳动合同具有约束力，用人单位与劳动者应当履行劳动合同约定的义务。

《劳动合同法》的基本原则包括以下几个方面：

1. 合法原则

所谓合法，就是劳动合同的形式和内容必须符合法律、法规的规定。首先，劳动合同的形式要合法。比如除非全日制用工外，劳动合同需要以书面形式订立，这是《劳动合同法》对劳动合同形式的要求。如果是口头合同，当双方发生争议，用人单位要承担不签订书面合同的法律后果；其次是劳动合同的内容要合法。

2. 公平原则

所谓公平，是指劳动合同的内容应当公平、合理，就是在符合法律规定的前提下，劳动合同的双方公正、合理地确立双方的权利和义务。公平是法律的价值选择之一，也是社会公德的体现。

3. 平等自愿原则

这个原则包含两个方面，一方面平等原则是指劳动者和用人单位在订立劳动合同时在法律地位上是平等的，没有高低、从属之分，不存在命令与服从、管理与被管理的关系；另一方面自愿原则是指订立劳动合同完全是出于劳动者和用人单位双方的真实意志，是双方协商一致达成的，任何一方不得把自己的意志强加于另一方。根据自愿原则，任何单位和个人都不得强迫劳动者订立劳动合同。

4. 协商一致原则

协商一致要求用人单位和劳动者对劳动合同的内容达成一致意见。合同是双方意思表示一致的结果，劳动合同是合同的一种类型，也受到自由意志协商一致的制约。在订立劳动合同时，用人单位和劳动者都要仔细研究合同的每项内容，进行充分的沟通和协商，解决分歧，达成一致意见。

5. 诚实信用原则

诚实信用原则是我国民事法律原则中的帝王条款，具有重大的理论与实践指导意义。

具体到《劳动合同法》，简单地说就是订立劳动合同要诚实，讲信用。《劳动合同法》第八条规定，用人单位在招用劳动者时，应当如实告知劳动者工作内容、工作条件、工作地点、职业危害、安全生产状况、劳动报酬以及劳动者要求了解的其他情况；用人单位有权了解劳动者与劳动合同直接相关的基本情况，劳动者应当如实说明。这些都是诚实信用原则的具体要求。

（三）协调劳动关系的三方机制

《劳动合同法》第五条规定，县级以上人民政府劳动行政部门会同工会和企业方面代表，建立健全协调劳动关系三方机制，共同研究解决有关劳动关系的重大问题。

协调劳动关系三方协商机制，也称劳动关系三方原则，根据国际劳工组织1976年144号《三方协商促进国际劳工标准公约》的规定，三方机制是指政府（通常以劳动部门为代表）、雇主和工人之间，就制定和实施经济和社会政策而进行的所有交往和活动。即由政府、雇主组织和工会通过一定的组织机构和运作机制共同处理所涉及劳动关系的问题，如劳动立法、经济与社会政策的制定、就业和劳动条件、劳动争议处理以及对产业行为的规范与防范。

1. 三方机制的组成

三方机制应当由代表政府的劳动行政部门、代表职工的地方总工会和代表用人单位的企业代表组织组成，而且这三方的职能不能相互替代，各有侧重和相互独立，相互没有隶属关系。

2. 三方机制针对的问题

根据《工会法》和《劳动合同法》的规定，三方机制要解决的是有关劳动关系的重大问题，如劳动就业、劳动报酬、社会保险、职业培训、劳动争议、劳动安全卫生、工作时间和休息休假、集体合同和劳动合同等。

（四）工会的职责与作用

《劳动合同法》第六条规定，工会应当帮助、指导劳动者与用人单位依法订立和履行劳动合同，并与用人单位建立集体协商机制，维护劳动者的合法权益。

工会是职工自愿结合的工人阶级的群众性组织。维护职工合法权益是工作的基本职责。根据《工会法》的规定，工会在维护全国人民总体利益的同时，代表和维护职工的合法权益。工会必须密切联系职工，听取和反映职工的意见和要求，关心职工的生活，帮助职工解决困难，全心全意为职工服务。工会依照法律的规定通过职工代表大会或者其他形式，组织职工参与本单位的民主决策、民主管理和民主监督。

根据《劳动合同法》规定，工会的作用体现在：一方面工会应当帮助、指导劳动者与用人单位依法订立和履行劳动合同；另一方面工会还应与用人单位建立集体协商机制。集体协商机制是工会作为职工代表与企业方就涉及职工权利的事项，为达到一致意见而建立的沟通和协商解决机制。集体协商的内容包括职工的民主管理，签订集体合同和监督集体合同的履行，涉及职工权利的规章制度的制定、修改，企业职工的劳动报酬、工作时间和休息休假等双方认为需要协商的事项。经协商达成一致意见的，工会一方应当向职工传达，要求职工遵守执行；企业方也应当按照协商结果执行。

二、劳动合同制度中劳动者与用人单位的具体权利义务

（一）劳动合同的建立与内容

1. 劳动合同的订立

本法第七条规定，用人单位自用工之日起即与劳动者建立劳动关系。用人单位应当建立职工名册备查。

《劳动合同法》第八条规定，用人单位招用劳动者时，应当如实告知劳动者工作内容、工作条件、工作地点、职业危害、安全生产状况、劳动报酬，以及劳动者要求了解的其他情况；用人单位有权了解劳动者与劳动合同直接相关的基本情况，劳动者应当如实说明。

所谓劳动关系，是指劳动者与用人单位在实现劳动过程中建立的社会关系。《劳动合同法》将实际用工作为建立劳动关系的标准有其合理性，是劳动关系的应有之义，同时也有利于保护劳动者的合法权益。在劳动合同的订立过程中，有关用人单位的情况和具体劳动岗位等信息严重不对称，劳动者往往缺乏有效途径全面了解有关劳动合同的情况，同时，用人单位作为一个组织体，对其各项制度和劳动合同有关情况是非常清楚的。这种信息的不对称，导致劳动者很难公平地、平等自愿地订立劳动合同。为了平衡用人单位和劳动者信息不对称的地位，防止用人单位利用信息优势侵害劳动者合法权益，《劳动合同法》规定了用人单位如实告知的义务。

2. 劳动合同的内容

《劳动合同法》第十七条规定，劳动合同应当具备以下条款：

（1）用人单位的名称、住所和法定代表人或者主要负责人。

（2）劳动者的姓名、住址和居民身份证或者其他有效身份证件号码。

（3）劳动合同期限。

（4）工作内容和工作地点。

（5）工作时间和休息休假。

（6）劳动报酬。

（7）社会保险。

（8）劳动保护、劳动条件和职业危害防护。

（9）法律、法规规定应当纳入劳动合同的其他事项。

劳动合同除前款规定的必备条款外，用人单位与劳动者可以约定试用期、培训、保守秘密、补充保险和福利待遇等其他事项。

（二）劳动者的权利与义务

《劳动合同法》第三十二条规定，劳动者拒绝用人单位管理人员违章指挥、强令冒险作业的，不视为违反劳动合同。劳动者对危害生命安全和身体健康的劳动条件，有权对用人单位提出批评、检举和控告。

《劳动合同法》第三十八条规定，用人单位有下列情形之一的，劳动者可以解除劳动合同：

（1）未按照劳动合同约定提供劳动保护或者劳动条件的。

（2）未及时足额支付劳动报酬的。

（3）未依法为劳动者缴纳社会保险费的。

（4）用人单位的规章制度违反法律、法规的规定，损害劳动者权益的。

（5）因本法第二十六条第一款规定的情形致使劳动合同无效的。

（6）法律、行政法规规定劳动者可以解除劳动合同的其他情形。用人单位以暴力、威胁或者非法限制人身自由的手段强迫劳动者劳动的，或者用人单位违章指挥、强令冒险作业危及劳动者人身安全的，劳动者可以立即解除劳动合同，不需事先告知用人单位。

《劳动合同法》第四十六条规定，劳动者依照本法第三十八条规定解除劳动合同的，用人单位应当向劳动者支付经济补偿。

根据以上条文，《劳动合同法》明确规定了在劳动合同中，劳动者所依法享有的有关安全生产和职业病防治的权利，换句话说，也就是明确了用人单位在保障劳动者上述权利的义务。具体来说，劳动者的权利可以总结为以下几个方面：

（1）批评、检举和控告权。例如，"劳动者对危害生命安全和身体健康的劳动条件，有权对用人单位提出批评、检举和控告"。

（2）劳动合同解除权。未按照劳动合同约定提供劳动保护或者劳动条件的，劳动者可以解除劳动合同。

（3）获得经济补偿权。

（三）用人单位的权利与义务

1．用人单位的权利

（1）约定试用期和服务期的权利

用人单位享有依法约定试用期和服务期的权利。试用期是用人单位通过约定一定时间的试用来检验劳动者是否符合本单位特定工作岗位工作要求的制度。这对双方互相了解、双向选择，具有积极意义。在国际上，这也是劳动合同制度的普遍做法，试用期的长短根据工作岗位的需要不同，有长有短。同时，为了防止有些用人单位滥用试用期，《劳动合同法》第十九条规定，劳动合同期限三个月以上不满一年的，试用期不得超过一个月；劳动合同期限一年以上不满三年的，试用期不得超过二个月；三年以上固定期限和无固定期限的劳动合同，试用期不得超过六个月。同一用人单位与同一劳动者只能约定一次试用期。以完成一定工作任务为期限的劳动合同或者劳动合同期限不满三个月的，不得约定试用期。试用期包含在劳动合同期限内。劳动合同仅约定试用期的，试用期不成立，该期限为劳动合同期限。《劳动合同法》第二十条规定，劳动者在试用期的工资不得低于本单位相同岗位最低工资或者劳动合同约定工资的百分之八十，并不得低于用人单位所在地的最低工资标准。

（2）依法约定服务期与竞业限制的权利

用人单位出资培训劳动者是现代企业的普遍做法。为了保障用人单位的合法权利，防止劳动者通过专门培训获得专业知识和技能后"跳槽"以获得更高的收入，《劳动合同法》第二十二条规定，用人单位为劳动者提供专项培训费用，对其进行专业技术培训的，可以与该劳动者订立协议，约定服务期。劳动者违反服务期约定的，应当按照约定向用人单位支付违约金。违约金的数额不得超过用人单位提供的培训费用。用人单位要求劳动者支付的违约金不得超过服务期尚未履行部分所应分摊的培训费用。用人单位与劳动者约定服务期的，不影响按照正常的工资调整机制提高劳动者在服务期间的劳动报酬。

竞业限制是在劳动关系结束后，要求劳动者（主要是高级管理人员和高级技术人员）在法定时间内继续保守原用人单位的商业秘密和与知识产权相关的保密事项。在现实生活中常有这样的情况：某一行业由于竞争激烈，劳动者特别是技术人员相对短缺，同业之间相互"挖人"的现象相当普遍，这种恶性竞争直接影响企业发展。商业秘密和与知识产权相关的保密事项关乎企业的竞争能力，不仅关系企业的发展，有时甚至直接影响到企业的生存。我国法律一贯重视对知识产权和商业秘密的保护，公司法、反不正当竞争法都有相应的规定。

《劳动合同法》赋予了用人单位与劳动者约定竞业限制的权利，第二十三条规定，用人单位与劳动者可以在劳动合同中约定保守用人单位的商业秘密和与知识产权相关的保密事项。对负有保密义务的劳动者，用人单位可以在劳动合同或者保密协议中与劳动者约定竞业限制条款，并约定在解除或者终止劳动合同后，在竞业限制期限内按月给予劳动者经济补偿。劳动者违反竞业限制约定的，应当按照约定向用人单位支付违约金。

《劳动合同法》第二十四条规定，竞业限制的人员限于用人单位的高级管理人员、高级技术人员和其他负有保密义务的人员。竞业限制的范围、地域、期限由用人单位与劳动者约定，竞业限制的约定不得违反法律、法规的规定。在解除或者终止劳动合同后，负有保密义务的人员到与本单位生产或者经营同类产品、从事同类业务的有竞争关系的其他用人单位，或者自己开业生产或者经营同类产品、从事同类业务的竞业限制期限，不得超过2年。

（3）依法解除劳动合同的权利

在保持劳动力市场的生机和活力的前提下，构建和谐稳定的劳动关系是劳动合同法的出发点。《劳动合同法》延续了《劳动法》的有关规定，在赋予劳动者依法解除劳动合同的权利的同时，也赋予用人单位依法解除劳动合同的权利。用人单位在以下情形下，可以解除劳动合同：与劳动者协商一致，可以解除劳动合同；劳动者有违法、违纪、违规行为的，可以解除劳动合同；用人单位可以依法进行经济性裁员；劳动者不能从事或者胜任工作的，或者劳动合同订立时依据的客观情况发生重大变化，致使劳动合同无法履行的，用人单位提前三十日以书面形式通知劳动者本人或者额外支付劳动者一个月工资后，可以解除劳动合同。

2. 用人单位义务

根据《劳动合同法》第三十九条、第四十条、第四十一条的规定，出现法定情形时，用人单位可以单方解除劳动合同，但为保护一些特定群体劳动者的合法权益，本条又规定在法定情形下，禁止用人单位根据本法第四十条、第四十一条的规定单方解除劳动合同。《劳动合同法》第四十二条规定，劳动者有下列两种情形之一的，用人单位不得依照本法第四十条、第四十一条的规定解除劳动合同，这两种情形均涉及职业病防治等方面的权利保护：

（1）从事接触职业病危害作业的劳动者未进行离岗前职业健康检查，或者疑似职业病病人在诊断或者医学观察期间的。受到职业病威胁的劳动者以及职业病人是社会弱势群体，非常需要国家的关怀和法律的保障，因此《职业病防治法》的一个重要特点是以保护劳动者的合法权益为基本出发点，给予劳动者法律保障。《职业病防治法》第三十二条规定，对从事接触职业病危害作业的劳动者，用人单位应当按照国务院卫生行政部门的规定组织上岗前、在岗期间和离岗时的职业健康检查，并将检查结果如实告知劳动者。对未进行离岗前职业健康检查的劳动者不得解除或者终止与其订立的劳动合同。

（2）在本单位患职业病或者因工负伤并被确认丧失或者部分丧失劳动能力的。职业病是劳动者在生产劳动及其职业活动中，接触职业性有害物质引起的疾病。因工负伤，顾名思义是因工作遭受事故伤害的情形。无论是职业病还是因工负伤，都与用人单位有关工作条件、安全制度或者劳动保护制度不尽完善有关，发生职业病或者因工负伤，用人单位作为用工组织者和直接受益者理应承担相应责任。同时，一旦发生职业病或者因工负伤，都可能造成劳动者丧失或者部分丧失劳动能力，如果此时允许用人单位解除劳动合同，将会给劳动者的医疗、生活等带来困难。因此《劳动合同法》规定在本单位患职业病或者因工负伤并被确认丧失或者部分丧失劳动能力的，用人单位不得解除劳动合同。职业病的认定，需要根据职业病防治法的有关规定，由专门医疗机构认定。

三、安全生产和职业病防治监督检查的主管机关和管理范围

（一）安全生产和职业病防治监督检查的主管机关

《劳动合同法》第七十三条规定，国务院劳动行政部门负责全国劳动合同制度实施的监督管理。县级以上地方人民政府劳动行政部门负责本行政区域内劳动合同制度实施的监督管理。县级以上各级人民政府劳动行政部门在劳动合同制度实施的监督管理工作中，应当听取工会、企业方面代表以及有关行业主管部门的意见。

劳动行政部门监督管理是指国务院劳动行政部门和县级以上人民政府的劳动行政部门，以自己的名义，代表国家对劳动合同制度的实施进行监督管理的行政执法活动。劳动行政部门监督管理是一种专业性的行政执法，有着与其他部门和群众监督不同的作用，因此它是《劳动合同法》监督检查体系中最主要的一种。劳动行政部门监督管理具有以下三个特点：

1. 监督管理的主体是代表国家行使监督管理职权的劳动行政部门。

2. 劳动行政部门监督管理是一种执法行为，它是劳动行政部门代表国家意志所实施的具有强制性、执行性、单向性等特征的具体行政行为。

3. 劳动行政部门监督管理是一种行政法律行为。

另外，《劳动合同法》第七十六条规定，县级以上人民政府建设、卫生、安全生产监督管理等有关主管部门在各自职责范围内，对用人单位执行劳动合同制度的情况进行监督管理。

（二）安全生产和职业病防治监督检查的管理范围

《劳动合同法》第七十四条规定，县级以上地方人民政府劳动行政部门依法对下列实施劳动合同制度的情况进行监督检查：

（1）用人单位制定直接涉及劳动者切身利益的规章制度及其执行的情况。

（2）用人单位与劳动者订立和解除劳动合同的情况。

（3）劳务派遣单位和用工单位遵守劳务派遣有关规定的情况。

（4）用人单位遵守国家关于劳动者工作时间和休息休假规定的情况。

（5）用人单位支付劳动合同约定的劳动报酬和执行最低工资标准的情况。

（6）用人单位参加各项社会保险和缴纳社会保险费的情况。

（7）法律、法规规定的其他劳动监察事项。

劳动行政部门开展监督检查的方式主要有三种：

（1）经常性地进行监督检查。

（2）集中力量，进行突击性的监督检查。

（3）有针对性地对某些用人单位进行监督检查。

四、法律责任

为了保证劳动合同制度的顺利实施，切实维护劳动者的合法权益，《劳动合同法》规定了违反本法应承担的法律责任，主要有以下几个方面：

（一）用人单位违法行为的法律责任

1. 用人单位的规章制度违法的法律责任

《劳动合同法》第八十条规定，用人单位直接涉及劳动者切身利益的规章制度违反法律、法规规定的，由劳动行政部门责令改正，给予警告；给劳动者造成损害的，应当承担赔偿责任。

2. 用人单位订立劳动合同违法的法律责任

（1）《劳动合同法》第八十一条规定，用人单位提供的劳动合同文本未载明本法规定的劳动合同必备条款或者用人单位未将劳动合同文本交付劳动者的，由劳动行政部门责令改正；给劳动者造成损害的，应当承担赔偿责任。

（2）《劳动合同法》第八十二条规定，用人单位自用工之日起超过1个月不满1年未与劳动者订立书面劳动合同的，应当向劳动者每月支付2倍的工资。用人单位违反规定不与劳动者订立无固定期限的劳动合同的，自应当订立无固定期限劳动合同之日起向劳动者每月支付2倍的工资。

（3）《劳动合同法》第八十三条规定，用人单位违反本法规定与劳动者约定试用期的，由劳动行政部门责令改正；违法约定的试用期已经履行的，由用人单位以劳动者试用期满月工资为标准，按已经履行的超过法定试用期的期间向劳动者支付赔偿金。

（5）《劳动合同法》第八十四条规定，用人单位违反本法规定，扣押劳动者居民身份证等证件的，由劳动行政部门责令限期退还劳动者本人，并依照有关法律规定给予处罚。用人单位违反规定，以担保或者其他名义向劳动者收取财物的，由劳动行政部门责令限期退还劳动者本人，并以每人500元以上2000元以下的标准处以罚款；给劳动者造成损害的，应当承担赔偿责任。

3. 用人单位履行劳动合同违法的法律责任

《劳动合同法》第八十五条规定，用人单位有下列情形之一的，由劳动行政部门责令限期支付劳动报酬、加班费或者经济补偿；劳动报酬低于当地最低工资标准的，应当支付其差额部分；逾期不支付的，责令用人单位按应支付金额50%以上100%以下的标准向劳动者加付赔偿金：

（1）未按照劳动合同的约定或者国家规定及时足额支付劳动者劳动报酬的。

（2）低于当地最低工资标准支付劳动者工资的。

（3）安排加班不支付加班费的。

（4）解除或者终止劳动合同，未按照法律规定向劳动者支付经济补偿的。

4. 用人单位违法解除和终止劳动合同的法律责任

（1）《劳动合同法》第八十七条规定，用人单位违反《劳动合同法》的规定解除或者终止劳动合同的，应当依照本法第四十七条规定的经济补偿标准的 2 倍向劳动者支付赔偿金。按照《劳动合同法》第四十七条的规定，经济补偿按劳动者在本单位工作的年限，每满一年支付一个月工资的标准向劳动者支付。六个月以上不满一年的，按一年计算；不满六个月的，向劳动者支付半个月工资的经济补偿。劳动者月工资高于用人单位所在直辖市、设区的市级人民政府公布的本地区上年度职工月平均工资三倍的，向其支付经济补偿的标准按职工月平均工资三倍的数额支付，向其支付经济补偿的年限最高不超过十二年。本条所称月工资是指劳动者在劳动合同解除或者终止前十二个月的平均工资。

（2）《劳动合同法》第八十九条规定，用人单位违反《劳动合同法》的规定未向劳动者出具解除或者终止劳动合同的书面证明，由劳动行政部门责令改正；给劳动者造成损害的，应当承担赔偿责任。

（3）《劳动合同法》第八十四条第三款规定，劳动者依法解除或者终止劳动合同，用人单位扣押劳动者档案或者其他物品的，依照前款规定处罚，即由劳动行政部门责令限期退还劳动者本人，并以每人 500 元以上 2000 元以下的标准处以罚款；给劳动者造成损害的，应当承担赔偿责任。

5. 用人单位侵害劳动者人身权益的法律责任

《劳动合同法》第八十八条规定，用人单位有下列情形之一的，依法给予行政处罚；构成犯罪的，依法追究刑事责任；给劳动者造成损害的，应当承担赔偿责任：

（1）以暴力、威胁或者非法限制人身自由的手段强迫劳动的。

（2）违章指挥或者强令冒险作业危及劳动者人身安全的。

（3）侮辱、体罚、殴打、非法搜查或者拘禁劳动者的。

（4）劳动条件恶劣、环境污染严重，给劳动者身心健康造成严重损害的。

6. 其他法律责任

（1）《劳动合同法》第九十一条规定，用人单位招用与其他用人单位尚未解除或者终止劳动合同的劳动者，给其他用人单位造成损失的，应当承担连带赔偿责任。

（2）《劳动合同法》第九十四条规定，个人承包经营者违反本法规定招用劳动者，给劳动者造成损害的，发包的组织与个人承包经营者承担连带赔偿责任。

（二）劳动者违反规定的法律责任

1. 《劳动合同法》第二十二条第二款规定，劳动者违反服务期约定的，应当按照约定向用人单位支付违约金。

2. 《劳动合同法》第二十三条规定，劳动者违反竞业限制约定的，应当按照约定向用人单位支付违约金。

3. 《劳动合同法》第九十条规定，劳动者违反本法规定解除劳动合同，或者违反劳动合同中约定的保密义务或者竞业限制，给用人单位造成损失的，应当承担赔偿责任。

第五章 安全生产行政法规

第一节 安全生产许可证条例

2004年1月13日国务院公布《安全生产许可证条例》，自公布之日起施行。《安全生产许可证条例》的立法目的是为了严格规范安全生产条件，进一步加强安全生产监督管理，防止和减少生产安全事故。这是我国第一部对煤矿企业、非煤矿山企业、建筑施工企业和危险化学品、烟花爆竹、民用爆破器材生产企业实施安全生产行政许可的行政法规。这部行政法规通过确立安全生产许可制度，提高安全生产准入门槛，加大安全生产监管力度，填补了我国安全生产法律制度的一项空白。

依条例制定时的安全生产法制环境来看，条例所确立的安全生产许可制度是一项新的基本制度，但与其他有关安全生产的法律、法规仍然是互相衔接的，与安全生产领域基本法《安全生产法》的基本精神是一致的，是对安全生产法有关规定的具体化。近几年的实践表明，《安全生产许可证条例》的颁布施行，对于建立安全生产许可制度，依法规范企业的安全生产条件，强化安全生产监督管理，防止和减少生产安全事故，发挥着重要的制度保障作用。

一、安全生产许可制度的适用范围

确立安全生产行政许可制度，是《安全生产许可证条例》的核心内容。国家对矿山企业、建筑施工企业和危险化学品、烟花爆竹、民用爆破器材生产企业实行安全生产许可制度，是指这五类危险性较大的企业，必须依照法定条件、程序，向有关管理机关申请领取安全生产许可证，方可进行生产。凡是没有取得安全生产许可证的，一律不得从事相关生产活动。理解和把握安全生产许可制度，应当着重于以下几个方面：

首先，安全生产许可制度是一项专门的、统一的制度。这个制度是第一个专门针对安全生产条件而设立的行政许可，同时又是一个统一的制度，适用于矿山企业、建筑施工企业、危险化学品生产企业、烟花爆竹生产企业、民用爆破器材生产企业等五类企业，与其他只适用于某一类企业的安全生产审批、许可事项不同。

其次，安全生产许可制度是一项带有市场准入性质的制度。企业要进行生产，就必须依法取得安全生产许可证。要取得安全生产许可证，就必须具备相应的安全生产条件。因此，这一制度实质上提高了企业从事生产活动的门槛，使不具备相应安全生产条件的企业不能进行生产，从而使企业进一步规范其安全生产条件，有利于从源头上防止和减少生产安全事故，真正实现安全生产。

　　再次，安全生产许可制度是一项新的基本制度。《煤炭法》、《建设工程安全生产管理条例》、《危险化学品安全管理条例》、《中华人民共和国民用爆炸物品管理条例》等现行有关安全生产的法律法规对矿山企业、建筑施工企业和危险化学品、烟花爆竹、民用爆破器材生产企业应当具备的安全生产条件、资质已经规定了相应的审批、许可事项。如《煤炭法》第二十二条规定："煤矿投入生产前，煤矿企业应当依照本法规定向煤炭管理部门申请领取煤炭生产许可证，由煤炭管理部门对其实际生产条件和安全条件进行审查，符合本法规定条件的，发给煤炭生产许可证。"安全生产许可制度是为了严格规范安全生产条件，进一步加强安全生产监督管理，在现行有关安全生产的法律法规已有规定基础上新设立的一项基本制度，不是现行法律、法规已有规定的翻版，同时也并不取代有关安全生产法律、法规规定的审批、许可事项。将来修订有关安全生产法律法规时，可以统筹考虑安全生产许可制度与相关制度的衔接。

　　《安全生产许可证条例》的适用范围包括空间范围、时间范围和主体及其行为范围。

　　1. 空间的范围

　　《安全生产许可证条例》的适用范围涵盖了在我国国家主权所涉及范围内从事的矿产资源开发、建筑施工和危险化学品、烟花爆竹、民用爆破器材生产等活动。这里需要指出的是，除了在我国领土、领空范围内从事上述活动的企业以外，领水的范围既包括我国的内陆水域，又包括领海海域和其他海域；既包括领海毗连区，又包括200海里海洋专属经济区。在我国海域从事矿产资源尤其是石油、天然气等矿产资源开发的生产活动比较多，其中有关中国企业和中外合资、合作企业的安全生产活动，应当受《安全生产许可证条例》的调整，依法申请领取安全生产许可证。

　　2. 时间的范围

　　依照国务院令第397号的决定，《安全生产许可证条例》自公布之日起施行。这就是说，它的生效时间自2004年1月13日起算。对于《安全生产许可证条例》公布生效之后新开办的矿山企业、建筑施工企业和危险化学品、烟花爆竹、民用爆破器材生产企业来说，必须依法申请取得安全生产许可证；未取得安全生产许可证的，不得从事生产经营活动。但是《安全生产许可证条例》具有法律溯及力，对于《安全生产许可证条例》生效之前的已经进行生产的矿山企业、建筑施工企业和危险化学品、烟花爆竹、民用爆破器材生产企业具有特殊意义。如果《安全生产许可证条例》的时间效力不溯及既往，那么就不能规范这类企业，就有悖立法宗旨，达不到改善现存生产企业的安全生产条件的目的。所以，《安全生产许可证条例》在对其公布施行前的矿山企业、建筑施工企业和危险化学品、烟花爆竹、民用爆破器材生产企业是否适用的问题上，作出了特殊的规定。《安全生产许可证条例》第二十二条规定："本条例施行前已经进行生产的企业，应当自本条例施行之日起1年内，依照本条例的规定向安全生产许可证颁发管理机关申请办理安全生产许可证；逾期不办理安全生产许可证，或者经审查不符合本条例规定的安全生产条件，未取得安全生产许可证继续进行生产的，依照本条例第十九条的规定处罚。"该条规定说明《安全生产许可证条例》对其生效之前的企业，也是适用的。

　　3. 主体及其行为范围

　　《安全生产许可证条例》对人的效力范围包括从事矿产资源开发、建筑施工和危险化学品、烟花爆竹、民用爆破器材生产等活动的自然人，又包括法人和非企业法人单位。凡是在中华人民共和国领域内从事矿产资源开发、建筑施工和危险化学品、烟花爆竹、民用爆破器材生产等活动的所有企业法人、非企业法人单位和中国人、外籍人、无国籍人，不论其是否领取安全生产许可证，不论其所有制性质和生产方式如何，都要遵守《安全生产许可证条例》的各项规定。

根据《安全生产许可证条例》的规定，安全生产许可证的发放范围具体包括五类企业：矿山企业、建筑施工企业和危险化学品、烟花爆竹、民用爆破器材生产企业。确定这一范围的主要考虑是：结合我国目前安全生产的实际状况和各类生产企业的具体特点，结合我国安全生产监督管理的阶段特征，突出重点，加强针对性，以确保这一制度能够切实发挥作用，解决安全生产工作中面临的突出问题。从近年来我国生产安全事故（交通事故除外）的实际情况看，矿山企业、建筑施工企业和危险化学品、烟花爆竹、民用爆破器材生产企业是危险性较大、发生事故和死亡人数最多的几个行业是需要对其安全生产进行重点监管的行业。将安全生产许可证的发放范围限定在这几类企业，抓住了主要矛盾和矛盾的主要方面，是符合我国目前安全生产的实际状况和企业的具体特点的，比较适当。但需要说明的是，将范围限定在上述五类企业并不是绝对的，根据我国安全生产发展需要，可以结合实际情况，对安全生产许可证的发放范围进行必要的调整。

二、取得安全生产许可证的条件和程序

（一）取得安全生产许可证的条件

1. 三类企业

所谓三类企业是指《安全生产法》重点规范的三类危险性较大的高危生产企业，即矿山企业、建筑施工企业和危险物品生产企业。《安全生产许可证条例》将法律所指的三类企业分为六种：矿山企业分为煤矿企业和非煤矿企业两种，危险物品生产企业分为危险化学品生产企业、烟花爆竹生产企业和民用爆破器材生产企业三种，加上建筑施工企业共为六种。《安全生产许可证条例》规定三类六种生产（施工）企业必须具备法定的安全生产条件，依法申请领取安全生产许可证，方可从事生产建设活动。

2. 三类企业均应具备的基本安全生产条件

三类高危企业虽各有特点，但都具有危险性较大的共性。《安全生产许可证条例》第六条规定的企业应当具备的安全生产条件，不是高危生产企业应当具备的全部的安全生产条件，而是这些企业必须具备的共同的安全生产条件，即从有关安全生产法律、行政法规中概括出来的基本安全生产条件。这些安全生产条件好似"通用件"，对三类高危生产企业普遍适用。

《安全生产许可证条例》的立法目的就是要为高危生产企业设定最基本的、最低的安全生产条件，也就是安全生产准入的最低"门槛"。企业安全生产条件的全面改善固然需要较长的过程，规定基本安全生产条件就是为了提升高危生产企业的整体安全素质，不能因为有些企业不具备安全生产条件而降低要求。依法规定严格的安全生产条件将为企业安全生产设定具体标准和行为规则，迫使那些不具备基本安全生产条件的企业进行整改，在较短的时间内具备法定条件；对于那些根本无法具备基本安全生产条件的企业，必须淘汰或者取缔，不准它们从事生产活动。

3. 基本安全生产条件需要细化为具体的、可操作的安全生产条件

《安全生产许可证条例》第六条规定，企业取得安全生产许可证，应当具备下列安全生产条件：

（1）建立健全安全生产责任制，制定完备的安全生产规章制度和操作规程。

（2）安全投入符合安全生产要求。

（3）设置安全生产管理机构，配备专职安全生产管理人员。

（4）主要负责人和安全生产管理人员经考核合格。

（5）特种作业人员经有关业务主管部门考核合格，取得特种作业人员操作资格证书。

（6）从业人员经安全生产教育和培训合格。

（7）依法参加工伤保险，为从业人员缴纳保险费。

（8）厂房、作业场所和安全设施、设备、工艺符合有关安全生产法律、法规、标准和规程的要求。

（9）有职业危害防治措施，并为从业人员配备符合国家标准或者行业标准的劳动保护用品。

（10）依法进行安全评价。

（11）有重大危险源监测、评估、监控措施和应急预案。

（12）有生产安全事故应急救援预案、应急救援组织或者应急救援人员，配备必要的应急救援器材、设备。

（13）法律、法规规定的其他条件。

从法律规范的确定性看，《安全生产许可证条例》第六条规定的13项安全生产条件中能够直接适用的是前12项，第13项关于"法律、法规规定的其他条件"的规定，严格地说不是一项具体的安全生产条件，而是一项准用性规定。它可以将分散于相关法律、法规中的有关法律规范联结为一体，更具有可操作性，更能够体现特殊性。

《安全生产许可证条例》第六条第13项关于"法律、法规规定的其他条件"的规定，是指有关法律、法规对高危生产企业的安全生产条件另有规定的，应当从其规定。应当注意的是，"法律、法规规定的其他条件"并不只限于法律、法规的直接规定，还包括法律、法规规定必须具备的国家标准或者行业标准、安全规程和行业技术规范中设定的安全生产条件。譬如，《安全生产法》第十六条关于"生产经营单位应当具备本法和有关法律、行政法规和国家标准或者行业标准规定的安全生产条件"的规定，就已经涵盖了国家标准或者行业标准规定的安全生产条件。

（二）取得安全生产许可证的程序

1. 公开申请事项和要求

设定和实施安全生产许可，是一项面向全社会的行政管理活动。安全生产许可证颁发管理机关应当将有关申请领取安全生产许可证的时间、地点、机关和应当提交的文件、资料向社会公布，使申请人能够知道、了解有关申办事项及其具体要求，以便能够及时申请领取安全生产许可证。安全生产许可证颁发管理机关制定的安全生产许可证颁发管理的规章制度等具体规定应当公布。否则，不得作为实施行政许可的具体依据。

2. 企业应当依法提出申请

颁发安全生产许可证的前提，是企业必须依法向安全生产许可证颁发管理机关提出申请，即不申请不发证。

（1）新设立生产企业的申请。现行有关法律、行政法规对设立企业审批、领取工商营业执照和颁发许可证的时间、顺序等程序性规定不尽相同，暂时难以统一。依照《安全生产许可证条例》的规定，不论法律、行政法规关于高危生产企业领取有关证照的时间和程序如何规定以及是否相同，安全生产许可证必须在企业建成投产前提出申请；如不提出申请并未取得安全生产许可证，不得从事生产活动。

（2）已经进行生产企业的申请。《安全生产许可证条例》对已经进行生产的企业，规定应当在本条例施行之日起1年内依法向安全生产许可证颁发管理机关申请办理安全生产许可证。1年是这些企业申请领取安全生产许可证的法定期限；逾期不提出申请擅自生产的，以无证非法生产论处。

（3）企业必须依法向安全生产许可证颁发管理机关提出申请。企业具备了条例规定的安全生产条件，只能表明具备了从事生产的潜在安全资质，并不表示企业具备从事安全生产的当然资格，必须依法向安全生产许可证颁发管理机关申请领取安全生产许可证。根据《安全生产许可证条例》第三条、第四条、第五条的规定，安全生产监督管理部门负责非煤矿矿山企业和危险化学品、烟花爆竹生产企业安全生产许可证的颁发和管理，煤矿安全监察机构负责煤矿企业安全生产许可证的颁发和管理，建设行政主管部门负责建筑施工企业安全生产许可证的颁发和管理，国防科技工业主管部门负责民用爆破器材生产企业安全生产许可证的颁发和管理。除此之外，其他任何单位和个人都无权受理安全生产许可证申请事宜。

（4）申请人应当提交相关文件、资料。依照《安全生产许可证条例》及其配套实施规章的规定，6种高危生产企业申请办理安全生产许可证，都要向安全生产许可证颁发管理机关提交相关文件、资料。每种企业需要提交的相关文件、资料不尽相同，应由有关安全生产许可证颁发管理机关作出具体规定。申请人提交的相关文件、资料必须能够满足对安全生产条件审查的需要。

3. 受理申请及审查

接到申请人关于领取安全生产许可证的申请书、相关文件和资料后，安全生产许可证颁发管理机关应当决定是否受理和审查。审查工作分为两部分，一部分是形式审查，另一部分是实质性审查。

（1）形式审查。所谓形式审查，是指安全生产许可证颁发管理机关依法对申请人提交的申请文件、资料是否齐全、真实、合法，进行检查核实的工作。这时申请人提交的证明其具备法定安全生产条件的都是书面的文件、资料。这些书面文件、资料可以在一定程度上反映申请人的安全生产条件。安全生产许可证颁发管理机关受理申请以后的第一道程序，就是进行形式审查。如果发现提交的文件、资料不齐全、不真实、不符合法定要求，安全生产许可证颁发管理机关有权向申请人说明并要求补正，申请人应当按照要求补正。否则，安全生产许可证颁发管理机关有权拒绝受理安全生产许可证的申请。

（2）实质性审查。申请人提交的文件、资料通过形式审查以后，安全生产许可证颁发管理机关认为有必要的，应当对申请文件、资料和企业的实际安全生产条件进行实地审查或者核实。譬如，需要对一些生产厂房、作业场所进行检查、审验；对一些安全设施、设备需要进行检测、检验或者试运行。这些审查工作不是在办公室里能够完成的，必须前往实地或者企业才能进行直接的审查或者核实。

安全生产许可证颁发管理机关进行实质性审查的方式主要有 3 种：一是委派本机关的工作人员直接进行审查或者核实；二是委托其他行政机关代为进行审查或者核实；三是委托安全中介机构对一些专业技术性很强的设施、设备和工艺进行专门的检测、检验。

4. 决定

经审查或者核实后，安全生产许可证颁发管理机关可以依法作出两种决定：企业具备法定安全生产条件的，决定颁发安全生产许可证；不具备法定安全生产条件的，决定不予颁发安全生产许可证，书面通知企业并说明理由。

关于审查发证的法定时限，《安全生产许可证条例》第七条规定，安全生产许可证颁发管理机关完成审查和发证工作的时限是自收到申请之日起 45 日之内。确定安全生产许可证颁发管理机关是否在法定时限内完成审查发证工作，关系到是否符合法定程序要求的问题。如果安全生产许可证颁发管理机关未在法定时限内完成审查发证工作，将会构成行政违法并要承担相应的法律责任。在实践中，如何计算安全生产许可证审查发证工作的法定时限，需要视不同情形加以确定：

（1）自安全生产许可证颁发管理机关收到申请人提交的相关文件、资料之日起，应当在 45 日内完成审查发证工作。45 日是指法定工作日，如遇法定节日、假日自动顺延，不连续计算。

（2）安全生产许可证颁发管理机关收到申请人提交的相关文件、资料后，经审查相关文件、资料认为其不符合法定要求，安全生产许可证颁发管理机关要求申请人予以补正的，完成安全生产许可证审查发证工作的法定时限，自申请人重新提交补正的相关文件、资料之日起计算。

（3）安全生产许可证颁发管理机关对申请人的实际安全生产条件进行审查或者核实后，认为不具备安全生产条件需要纠正的，申请人纠正后再次提请安全生产许可证颁发管理机关进行审查的，完成安全生产许可证审查发证工作的法定时限，自申请人再次提出申请之日起计算。

（4）在审查过程中，安全生产许可证颁发管理机关认为需要聘请专家或者安全中介机构进行专门的检测、检验的，完成安全生产许可证审查发证工作的法定时限自提交检测、检验报告之日起计算。

（5）审查发证工作中遇有不可抗力的情况，完成安全生产许可证审查发证工作的法定时限，自不可抗力的情况消失之日起计算。

5. 期限与延续

安全生产许可证有效期为 3 年，不设年检。在安全生产许可证有效期满后的延续问题上，行政法规规定了两种情形：

（1）有效期满的例行延续。《安全生产许可证条例》第九条第一款规定，安全生产许可证的有效期为 3 年。安全生产许可证有效期满需要延期的，企业应当于期满前 3 个月内向原安全生产许可证颁发管理机关办理延期手续。企业办理安全生产许可证延期手续所需提供的文件、资料或者有关情况，由国务院安全生产监督管理部门、建设行政主管部门、国防科技工业主管部门和国家煤矿安全监察机构规定。

（2）有效期满的免审延续。《安全生产许可证条例》第九条第二款关于对安全生产状况良好、没有发生死亡生产安全事故的企业予以免审延期的特殊规定，目的是要鼓励企业自觉做好安全生产工作，不出生产安全事故。但有一点需要注意，符合该规定的企业虽然不需经过审查即可延续3年，但不是自动延期，应当在有效期满前向原安全生产许可证颁发管理机关提出延期的申请，经其同意后方可免审延续3年。

6. 补办与变更

《安全生产许可证条例》的配套规章中对安全生产许可证的补办与变更的情况作出了明确的规定。企业持有的安全生产许可证如遇损毁、丢失等情况，就需要向原安全生产许可证颁发管理机关申请补办。经过审核，应当重新颁发安全生产许可证。另外，已经取得安全生产许可证的企业的有关事项发生变化，也需要及时办理安全生产许可证变更手续。

7. 档案管理与公告

档案管理是安全生产许可证管理的一项重要内容。档案管理的主要目的是保证安全生产许可证管理的基本情况有据可查，规范安全生产许可证的颁发管理行为。为评价安全生产许可证颁发管理工作，监督检查有关工作人员依法履行职责，完善许可证制度提供基础。建立健全安全生产许可证档案管理制度，一是要建立、健全归档制度，保证及时、全面地将安全生产许可证申请、颁发及监督管理等有关情况存档入案；二是要加强对已归档材料的管理，强化日常监督检查，严格责任追究制度。

将安全生产许可证颁发的情况向社会公告，是行政许可工作公开透明的需要，是进行社会监督的需要。《安全生产许可证条例》第十条要求安全生产许可证颁发管理机关定期向社会公布企业取得安全生产许可证的情况。公布的具体形式可以多样但须规范，公布的时间由安全生产许可证颁发管理机关决定。

三、安全生产许可监督管理的规定

实行安全生产许可制度，必须建立相应的安全生产许可证颁发管理体制，确定安全生产许可证颁发管理的行政机关。鉴于煤矿企业、非煤矿矿山企业、建筑施工企业和危险化学品、烟花爆竹、民用爆破器材生产企业的特点各不相同，负有安全生产监督管理职责的部门及其职责各不相同，这就决定了安全生产许可证的颁发管理机关不是一个而是多个。《安全生产许可证条例》从实际出发，根据不同情况规定了安全生产许可证颁发管理机关的级别及其权限。

（一）安全生产许可证发证机关的层级

《安全生产许可证条例》按照两级发证的原则规定了安全生产许可证的颁发机关，并对民用爆破器材生产企业安全生产许可证的颁发机关作出了特殊的规定。

1. 两级发证

安全生产许可证颁发管理机关的层级究竟应当如何确定才更符合实际，在制定《安全生产许可证条例》过程中经过了反复研究，最终确定了两级发证的原则。《行政许可法》

对实施行政许可的行政机关有严格的规定。《行政许可法》规定，有权依法设定行政许可的只有国家和省、自治区、直辖市两级国家权力机关和行政机关，具有行政许可设定权的行政机关有权依法实施行政许可。为了使行政许可的设定机关与实施机关的层级相一致，避免两者之间因层级差别而影响安全生产许可制度的实施，《安全生产许可证条例》确定国务院与省、自治区、直辖市两级人民政府的负有安全生产监督管理职责的部门和建设行政主管部门为安全生产许可证的发证机关。

2. 一级发证

在两级发证的原则下，也要对特殊情况作出特别规定，民用爆破器材生产企业安全生产许可证的发证机关就是特例。民用爆破器材生产企业具有特殊性，不宜与其他高危生产企业等同。民用爆破器材生产企业数量较少，发证和管理的工作量较小。目前国防科技工业主管部门只设有国家和省两级，有的省级机构尚不健全，人员较少，市、县两级基本未设机构。有鉴于此，《安全生产许可证条例》第五条规定，国务院国防科技工业主管部门负责民用爆破器材生产企业安全生产许可证的颁发和管理。

（二）煤矿企业安全生产许可证的颁发和管理

1. 发证对象

在制定《安全生产许可证条例》的时候，考虑到煤矿已经实行煤炭生产许可证的特殊情况，有必要在安全生产许可证颁发对象上与有关法律、行政法规进行衔接，以免由于发证对象的不一致，造成两种行政许可制度之间的脱节。

《煤炭法》第二十二条规定，煤矿投入生产前，煤矿企业应当依照《煤炭法》规定向煤炭管理部门申请领取煤炭生产许可证，由煤炭管理部门对其实际生产条件和安全条件进行审查，符合本法规定的，发给煤炭生产许可证。未取得煤炭生产许可证的，不得从事煤炭生产。《煤炭生产许可证管理办法》第七条规定，煤矿企业应当以矿（井）为单位，申请领取煤炭生产许可证。在煤矿企业发证对象的问题上，《安全生产许可证条例》与《煤炭生产许可证管理办法》的有关规定完全一致，安全生产许可证和煤炭生产许可证的发证对象都是煤矿企业的矿（井）。《安全生产许可证条例》第七条第二款规定，煤矿企业应当以矿（井）为单位，在申请领取煤炭生产许可证前，依照本条例的规定取得安全生产许可证。《安全生产许可证条例》关于煤矿企业应当以矿（井）为单位申请领取安全生产许可证的特殊规定，不适用于其他非煤矿矿山企业。

2. 发证机关

煤矿企业安全生产许可证颁发管理机关也很特殊，它不是省级人民政府的煤炭管理部门，而是国家垂直管理的省级煤矿安全监察机构。《安全生产许可证条例》第三条规定，国家煤矿安全监察机构负责中央管理的煤矿企业安全生产许可证的颁发和管理。在省、自治区、直辖市设立的煤矿安全监察机构负责前款规定以外的其他煤矿企业安全生产许可证的颁发和管理，并接受国家煤矿安全监察机构的指导和监督。

国家未设直属煤矿安全监察机构的其他省、自治区、直辖市的煤矿企业安全生产许可证颁发管理机关，应当是《煤矿安全监察条例》授权的省、自治区、直辖市人民政府指定的部门，多数为省级安全生产监督管理局。在这些地方，省级安全生产监督管理局依法履行煤矿企业安全生产许可证颁发管理机关的全部职责。

（三）非煤矿矿山企业安全生产许可证的颁发和管理

1．发证对象

非煤矿矿山企业的矿种和数量远远超过煤矿企业，情况比较复杂。从矿产资源赋存状态来看，非煤矿种包括固态、液态和气态3种。《安全生产许可证条例》第三条规定，国务院安全生产监督管理部门负责中央管理的非煤矿矿山企业和危险化学品、烟花爆竹生产企业安全生产许可证的颁发和管理。省、自治区、直辖市人民政府安全生产监督管理部门负责前款规定以外的非煤矿矿山企业和危险化学品、烟花爆竹生产企业安全生产许可证的颁发和管理。

2．发证机关

绝大多数非煤矿矿山企业的生产作业场所比较固定，其安全生产许可证的发证机关也是两级，即国务院安全生产监督管理部门和省、自治区、直辖市人民政府安全生产监督管理部门。

（四）危险化学品和烟花爆竹生产企业安全生产许可证的颁发和管理

1．发证对象

原国家安全生产监督管理局依照《危险化学品安全管理条例》的授权制定公布的原《危险化学品目录》的规定，纳入监督管理的危险化学品主要包括最终产品和中间产品是危险化学品的化学品。中间化学品是指危险化学品生产企业为满足生产的需要，生产一种或者多种产品作为下一个生产过程参与化学反应的原料。危险化学品生产企业包括两类，一类是最终产品是危险化学品的生产企业，另一类是中间产品是危险化学品的生产企业。后者虽然不直接生产危险化学品，但其中间产品可以作为其他产品的原料而具有易燃、易爆、腐蚀或者辐射等危险性。所以，也要将中间产品是危险化学品的生产企业纳入危险化学品生产企业安全生产许可证的发证对象范围内，加强监督管理。

2．发证机关

依照《安全生产许可证条例》的规定，危险化学品和烟花爆竹生产企业安全生产许可证的发证机关分别是国务院和省、自治区、直辖市人民政府的安全生产监督管理部门。国务院安全生产监督管理部门负责中央管理的危险化学品和烟花爆竹生产企业安全生产许可证的颁发和管理，省、自治区、直辖市人民政府安全生产监督管理部门负责其他危险化学品、烟花爆竹生产企业安全生产许可证的颁发和管理。

（五）建筑施工企业安全生产许可证的颁发和管理

1．发证对象

建筑施工企业数量众多，大小均有。承担建筑工程的施工单位中有总承包单位、专业承包单位和劳务分包单位，还包括一些规模较小的施工队。施工单位中有的是建筑施工企业法人，有的是非法人施工单位。依照《建筑法》和《建设工程安全生产管理条例》的规定，施工单位不论是否具有法人资格，都要取得相应等级的资质，并申请领取建筑施工许可证。鉴于建筑施工活动具有流动性大、独立作业的特点，除了将建筑施工企业作为安全生产许可证的发证对象外，也要考虑安全生产许可证与施工单位资质等级和施工许可证发证对象的一致性，对独立从事建筑施工活动的施工单位颁发安全生产许可证。

2．发证机关

　　《建筑法》规定建设单位应向工程所在地县级以上建设行政主管部门申请领取建筑施工许可证。安全生产许可证实行国家和省两级发证。《安全生产许可证条例》第四条规定，国务院建设行政主管部门负责中央管理的建筑施工企业安全生产许可证的颁发和管理。省、自治区、直辖市人民政府建设行政主管部门负责前款规定以外的建筑施工企业安全生产许可证的颁发和管理，并接受国务院建设行政主管部门的指导和监督。根据该条规定，除中央管理的建筑施工企业以外的其他建筑施工企业，都要向省级建设行政主管部门申请领取安全生产许可证，而后再向工程所在地县级以上建设行政主管部门申请领取建筑施工许可证。

　　（六）民用爆破器材生产企业安全生产许可证的颁发和管理

　　《安全生产许可证条例》第五条规定，国务院国防科技工业主管部门负责民用爆破器材生产企业安全生产许可证的颁发和管理。大部分民用爆破器材生产企业分散在各地，在其安全生产许可证颁发管理工作中，国务院国防科技工业主管部门可以委托省级国防科技工业管理机构承办一些具体工作。

　　（七）中央管理企业安全生产许可证的颁发和管理

　　国务院特设的国有资产管理委员会，对关系国计民生的大型国有企业实行国有资产管理。国家安全生产监督管理局对中央管理企业的安全生产进行监督管理。

　　1. 发证对象

　　中央管理企业的发证对象主要有3种：

　　（1）总公司（总厂）、集团公司。中央管理企业中资产最多的是国家投资设立的全资总公司、集团公司，亦称母公司，如中国煤炭工业集团公司、中国石油天然气集团公司、中国海洋石油公司、中国石油化工集团公司、中国建筑工程总公司等。中央管理的总公司（总厂）、集团公司也要接受法律的规范和政府的监管，应当取得安全生产许可证。

　　（2）一级上市公司。全部由中央管理的总公司（总厂）、集团公司投资和控股的一级上市公司，是具有独立法人资格的生产企业。这种企业也应当依法申请领取安全生产许可证。

　　（3）中央管理的总公司（总厂）、集团公司全资或者控股的子公司和具有法人资格的企业。这种全部或者大部由国家投资的子公司和具有法人资格的企业是中央管理企业不可分割的组成部分，它们的生产活动是否安全，不仅关系企业经济效益的提高，而且关系国有资产的保值、增值。所以，中央管理的总公司（总厂）、集团公司全资或者控股的子公司和具有法人资格的企业应当依照《安全生产许可证条例》的规定，申请领取安全生产许可证。

　　2. 发证机关

　　依照《安全生产许可证条例》的规定，除了民用爆破器材生产企业之外，其他中央管理企业安全生产许可证的发证机关都是两级。

　　（1）中央管理的总公司（总厂）、集团公司及其投资或者控股的一级上市公司，由国务院有关部门颁发安全生产许可证。不论这些企业在中华人民共和国境内的任何地方注册，均应依照《安全生产许可证条例》的规定，由国务院安全生产监督管理部门、国家煤矿安全监察机构、建设行政主管部门和国防科技工业主管部门按照各自的职责颁发安全生产许可证并进行监督管理。

（2）中央管理的总公司（总厂）、集团公司全资或者控股的子公司和具有法人资格的企业，由其所在地省级有关部门颁发安全生产许可证。根据《行政许可法》确定的效能与便民原则和《安全生产许可证条例》的规定，中央管理的总公司（总厂）、集团公司全资或者控股的子公司和具有法人资格的企业应以省级行政区域为限，不论在何地注册，均由所在地省级人民政府安全生产监督管理部门、建设行政主管部门和省级煤矿安全监察机构按照各自的职责，颁发安全生产许可证并进行监督管理。

（八）安全生产许可监督管理

1. 安全生产许可监督管理的对象

《安全生产许可证条例》规定国务院和省级人民政府有关主管部门负责安全生产许可证的颁发和管理。《安全生产许可证条例》所称的管理，包含两个方面：一是对安全生产许可证的申请和颁发工作实施管理，二是对取得安全生产许可证企业的生产（建筑施工）活动的安全生产实施监督检查。

2. 安全生产许可证的申请和颁发工作实施管理的主要事项

（1）制定安全生产许可证颁发工作的规章制度和工作程序。

（2）受理安全生产许可的申请。

（3）对申请人的安全生产条件进行审查。

（4）决定安全生产许可证的颁发。

（5）规定安全生产许可证的式样或者制作安全生产许可证。

（6）建立安全生产许可证档案管理制度。

（7）公布企业取得安全生产许可证的情况。

（8）协调、解决安全生产许可证颁发工作的有关事项。

3. 对取得安全生产许可证企业的生产（建筑施工）活动的安全生产实施监督检查的主要事项

（1）监督检查企业取得安全生产许可证的情况。

（2）监督检查取得安全生产许可证的企业执行有关安全生产的法律、法规、规章和国家标准或者行业标准的情况。

（3）检查企业的安全生产条件和日常安全生产管理的情况。

（4）受理有关安全生产许可违法行为的举报。

（5）监督安全生产许可证颁发机关工作人员履行职责的情况。

四、安全生产许可违法行为应负的法律责任

《安全生产许可证条例》共有6条关于法律责任追究的规定，涵盖了对安全生产许可违法行为实施法律责任追究的原则、违法行为的界定、行政处罚和刑事处罚等方面的内容。

（一）法律责任追究的原则

《行政许可法》关于法律责任追究的原则是有过必罚、过罚相当。所谓有过必罚，是指许可人和被许可人不履行法定义务，就要承担相应的法律责任，受到法律制裁。所谓过罚相当，是指违法过错或者过失与应受的处罚相当，过大罚重，过小罚轻。《安全生产许可证条例》关于安全生产许可证颁发管理机关和高危生产企业各自的权力（权利）、义务与责任的规定，体现了"谁持证谁负责"、"谁发证谁处罚"的原则。

（二）安全生产许可违法行为的界定

依照《安全生产许可证条例》的规定，下列行为属于安全生产许可违法行为：

1. 安全生产许可证颁发管理机关工作人员的安全生产许可违法行为

这里所说的机关工作人员，是指负责颁发管理安全生产许可证的行政机关的领导人、有关内设机构的负责人、具体承办人员和负责监督管理的行政人员。《安全生产许可证条例》第十八条列举了安全生产许可证颁发管理机关工作人员的违法行为：

（1）向不符合本条例规定的安全生产条件的企业颁发安全生产许可证的。

（2）发现企业未依法取得安全生产许可证擅自从事生产活动，不依法处理的。

（3）发现取得安全生产许可证的企业不再具备本条例规定的安全生产条件，不依法处理的。

（4）接到对违反本条例规定行为的举报后，不及时处理的。

（5）在安全生产许可证颁发、管理和监督检查工作中，索取或者接受企业的财物，或者牟取其他利益的。

2. 企业的安全生产许可违法行为

制定《安全生产许可证条例》的目的之一，就是为了严格规范企业的安全生产条件和生产活动的安全。实施安全生产许可，不仅要规范、促使企业实现安全生产，也要查处安全生产许可违法行为的责任者。《安全生产许可证条例》规定实施处罚的违法行为包括：

（1）未取得安全生产许可证擅自进行生产的。这是一种无证非法生产的违法行为。依照《安全生产许可证条例》的规定，无证非法生产的违法行为有3种情况：一是从未申请领取安全生产许可证擅自生产的；二是申请领取安全生产许可证，但经审查不具备安全生产条件，不予颁发安全生产许可证擅自生产的；三是被暂扣或者吊销安全生产许可证擅自进行生产的。

（2）取得安全生产许可证后不再具备安全生产条件的。这是一种持证违法的行为。《安全生产许可证条例》第十四条第一款规定，企业取得安全生产许可证后，不得降低安全生产条件，并应当加强日常安全生产管理，接受安全生产许可证颁发管理机关的监督检查。持证企业在生产过程中降低安全生产条件，也都是违法的。

（3）安全生产许可证有效期满未办理延期手续，继续进行生产的。《安全生产许可证条例》第九条第一款规定，安全生产许可证的有效期为3年。安全生产许可证有效期满需要延期的，企业应当于期满前3个月向原安全生产许可证颁发管理机关办理延期手续。不设安全生产许可证年检是为了方便企业，简化手续。但是安全生产许可证有效期满，仍要依法办理延期手续。逾期仍不办理延期手续，继续生产的，以无证非法生产论处。

（4）转让、冒用安全生产许可证或者使用伪造安全生产许可证的。这是行政法规明令禁止的违法行为。安全生产许可证是企业具备安全生产条件、取得从事相应生产活动的权利的法定凭证。《安全生产许可证条例》第十三条规定，企业不得转让、冒用安全生产许可证或者使用伪造的安全生产许可证。

（5）在《安全生产许可证条例》规定期限内逾期不办理安全生产许可证，或者经审查不具备本条例规定的安全生产条件，未取得安全生产许可证，继续进行生产的。安全生产许可制度不仅适用于新建企业，而且适用于已经生产的企业。《安全生产许可证条例》第二十二条规定，本条例施行前已经进行生产的企业，应当自本条例施行之日起 1 年内，依照本条例的规定向安全生产许可证颁发管理机关申请办理安全生产许可证。据此，已经生产的企业未在法定期限内办理安全生产许可证或者经申请未能取得安全生产许可证继续生产的，构成违法。

（三）行政处罚的种类和决定行政处罚的机关

1. 行政处罚的种类

《安全生产许可证条例》设定的行政处罚有责令停止生产、没收违法所得、罚款、暂扣和吊销安全生产许可证 5 种。关于没收违法所得和暂扣安全生产许可证两种行政处罚，在实施时需要特别注意。

（1）没收违法所得。《安全生产许可证条例》第十九条、第二十条、第二十一条和第二十二条都设定了没收违法所得的行政处罚。违法所得不仅指货币收入，只要是非法取得的货币收入、财物或者资产，一律应当作为违法所得而予以没收。

（2）暂扣安全生产许可证。《安全生产许可证条例》第十四条规定应予暂扣安全生产许可证的行政处罚。在给予暂扣安全生产许可证的行政处罚后，企业不得继续进行生产，必须停产整改；经整改具备安全生产条件的，应当申请安全生产许可证颁发管理机关进行复查。复查后具备安全生产条件的，可以发还安全生产许可证。企业不进行整改或者经整改仍不具备安全生产条件的，可以决定吊销安全生产许可证。

2. 行政处罚的决定机关

安全生产许可证颁发管理的原则是"谁发证、谁管理、谁处罚"。发证权、管理权和处罚权三位一体，不可分离。《安全生产许可证条例》第二十三条规定，本条例规定的行政处罚，由安全生产许可证颁发管理机关决定。按照职责分工，有权对安全生产许可行为实施行政处罚的行政执法主体不是 1 个，而是 4 个。

（1）国务院和省级人民政府的安全生产监督管理部门，是对非煤矿矿山企业和危险化学品、烟花爆竹生产企业安全生产许可违法行为实施行政处罚的决定机关。

（2）国家煤矿安全监察机构和省级煤矿安全监察机构，是对煤矿企业安全生产许可违法行为实施行政处罚的决定机关。

（3）国务院和省级人民政府的建设行政主管部门，是对建筑施工企业安全生产许可违法行为实施行政处罚的决定机关。

（4）国务院国防科技工业主管部门，是对民用爆破器材生产企业安全生产许可违法行为实施行政处罚的决定机关。

（四）刑事处罚

刑事处罚是追究安全生产许可违法行为的法律责任的主要方式。《安全生产许可证条例》规定适用刑事处罚的违法行为，主要有：

1. 安全生产许可证颁发管理机关工作人员构成职务犯罪的。

2. 企业未取得安全生产许可证擅自进行生产、造成重大生产安全事故或者其他严重后果，有关人员构成犯罪的。

3．企业安全生产许可证有效期满逾期不办理延期手续，继续进行生产，有关人员构成犯罪的。

4．企业转让、冒用安全生产许可证或者使用伪造的安全生产许可证，有关人员构成犯罪的。

5．《安全生产许可证条例》施行前已经进行生产的企业逾期不办理安全生产许可证，或者经审查不具备安全生产条件，未取得安全生产许可证，继续进行生产，有关人员构成犯罪的。

第二节　煤矿安全监察条例

2000 年 11 月 7 日国务院发布第 296 号令《煤矿安全监察条例》，自 2000 年 12 月 1 日起施行。《煤矿安全监察条例》的立法目的是为了保障煤矿安全，规范煤矿安全监察工作，保护煤矿职工人身安全和身体健康。

一、煤矿安全监察体制

我国是世界主要煤炭生产国和消耗国。煤炭是我国的主要能源，在我国一次能源生产和消费结构中一直处于十分重要的基础地位。煤炭工业是重要的基础产业，在党和政府的领导下，经过多年的安全专项整治，我国煤矿安全状况明显好转；但由于大多数煤矿规模较小、安全生产条件差、从业人员素质低、安全投入严重不足和安全管理不到位，我国煤矿安全形势又十分严峻。煤矿企业事故的死亡人数在我国工矿商贸企业和矿山企业中是最高的，在世界上也是最多的。据统计，在 1990 ~ 2000 年的 11 年间，全国煤矿年死亡人数在 4500 ~ 7100 之间，平均百万吨死亡率为 5.2。煤矿事故高发的主要原因之一，就是煤矿安全监督管理体制不健全，故应当建立新型的煤矿安全监管体制。

为了适应煤炭工业管理体制改革的需要，加强煤矿安全监察工作，进一步从体制上、组织上加强煤矿安全监督管理，1999 年 12 月 30 日，国务院批准《煤矿安全监察体制改革实施方案》（国办发〔1999〕104 号），借鉴国外的成功经验，决定实行垂直管理的煤矿安全监察体制。设立国家煤矿安全监察局，负责全国煤矿安全监察工作。在河北、山西等 20 个主要产煤的省（自治区、直辖市）设立煤矿安全监察局，省（自治区、直辖市）煤矿安全监察局均为国家煤矿安全监察局的直属机构，实行国家煤矿安全监察局与所在省（自治区、直辖市）政府双重领导、以国家煤矿安全监察局为主的管理体制。原由劳动等部门负责的煤矿安全监察职能，均由煤矿安全监察局承担。在 69 个大中型煤矿矿区设立煤矿安全监察办事处，作为省（自治区、直辖市）煤矿安全监察局的派出机构。独立的、垂直管理的煤矿安全监察体制和体系由此产生，这是深化我国煤炭工业管理体制改革，保障煤矿生产安全的又一重大举措。这次改革的显著特点是：一是政企分开。安全监察与安全管理分开，建立专门从事煤矿安全监察工作的、自上而下垂直管理的煤矿安全监察机构。国家煤矿安全监察局、省（自治区、直辖市）煤矿安全监察局、煤矿安全监察办事处三级设置，既形成了完整的煤矿安全监察体系，又保证了安全监察的独立性。二是建立国家煤矿安全监察员制度。对全国省级煤矿安全监察局及派出的办事处核定行政编制 2800 人，属中央垂直管理。要求国家煤矿安全监察局及有关部门建立国家煤矿安全监察员制度，对煤矿安全监察员的职责、任职资格、培训、录用、监察业务范围和工作任务等做出具体规定，推动煤矿安全监察工作的顺利进行。

为了进一步完善煤矿安全监督管理体制，2004 年 11 月 4 日，国务院办公厅发布《国务院办公厅关于完善煤矿安全监察体制的意见》（国办发〔2004〕79 号），确定了国家监察、地方监管职责，明确了"国家监察、地方监管、企业负责"的煤矿安全工作格局。调整煤矿安全监察机构布局，在监察任务繁重的地区适当增设煤矿安全监察机构。在湖北、广东、广西、青海、福建 5 省（自治区）增设煤矿安全监察局。将煤矿安全监察办事处更名为区域性监察分局。

作为负责煤矿安全监察的专门行政执法机构，各级煤矿安全监察机构必须依法行政，依法监察，煤矿安全监察必须有法可依。因此，有必要通过法律形式确定煤矿安全监察机构的地位、职责和煤矿安全监察内容，将煤矿安全监察纳入法制轨道。《煤矿安全监察条例》等法律法规颁布实施后，又相继制定、出台了煤矿安全监察执法方面的一系列规章和规范性文件，制定了三批 22 种执法文书，及时修订了《煤矿安全规程》。煤矿安全监察方面的法律法规基本上满足了执法的需要，煤矿安全监察的各个层面、各个环节做到了有法可依、有章可循。

经过近 10 年的不断改进与完善，我国现已基本形成了"国家监察、地方监管、企业负责"的煤矿安全工作体制，建立起了一支政治可靠、业务精湛的煤矿安全监察队伍，为保障我国煤矿的安全生产、促进煤炭工业健康发展发挥了十分重要的作用。自国家煤矿安全监察体制组建以来的十年间（1999～2009），全国煤炭产量由 10 亿多吨增长到 30 亿吨，煤矿事故死亡总人数由每年近 7000 人减少到 2600 人左右，煤炭生产百万吨死亡率由 5.4 下降到 1 以下，这是煤矿安全生产状况持续改善、趋向好转的十年。煤矿安全监督管理体制改革实践表明，体制改革的方向是正确的，成效是明显的。

二、煤矿安全监察机构及其职责

（一）煤矿安全监察机构的设置

1. 煤矿安全监察机构的设置

《煤矿安全监察条例》所称的"国家煤矿安全监察机构"是指国家安全生产监督管理总局管理的国家煤矿安全监察局，"地区煤矿安全监察机构"是指省、自治区、直辖市煤矿安全监察局，"煤矿安全监察办事处"是指地区煤矿安全监察分局。截至目前，全国 27 个产煤省（自治区、直辖市）设立了省级煤矿安全监察机构，下设 76 个区域性监察分局。

鉴于国家在一些省、自治区、直辖市没有设立地区煤矿安全监察机构，因此需要明确这些地方负责煤矿安全监察的部门。《煤矿安全监察条例》第四十九条规定："未设立地区煤矿安全监察机构的省、自治区、直辖市，省、自治区、直辖市人民政府可以指定有关部门依照本条例的规定对本行政区域内的煤矿实施安全监察。"

2. 煤矿安全监察机构的法律地位

《煤矿安全监察条例》明确规定，国家对煤矿安全实行监察制度。国务院决定设立的煤矿安全监察机构按照国务院规定的职责，依照本条例的规定实施安全监察。地方人民政府应当加强煤矿安全管理工作，支持和协助煤矿安全监察机构依法对煤矿实施安全监察。煤矿安全监察机构应当及时向有关地方人民政府通报煤矿安全监察的有关情况，并可以提出加强和改善煤矿安全管理的建议。煤矿安全监察应当以预防为主，及时发现和消除事故隐患，有效纠正影响煤矿安全的违法行为，实行安全监察与促进安全管理相结合、教育与惩处相结合的方法。煤矿安全监察机构依法行使职权，不受任何组织和个人的非法干涉。煤矿及其有关人员必须接受并配合煤矿安全监察人员依法实施的安全监察，不得拒绝、阻挠。

（二）煤矿安全监察机构的职责

依照《煤矿安全监察条例》的规定，煤矿安全监察机构的职责包括 4 个方面：

1. 行政处罚权。为了制裁煤矿安全违法行为，保障煤矿依法进行生产，根据《煤矿安全监察条例》、《煤矿安全监察行政处罚办法》及其他有关法律、行政法规的规定，国家煤矿安全监察局、省级煤矿安全监察局和煤矿安全监察办事处，对煤矿及其有关人员违反有关安全生产的法律、行政法规、部门规章、国家标准、行业标准和规程的行为有权实施行政处罚。省级煤矿安全监察局、煤矿安全监察办事处实施行政处罚按照属地原则进行管辖。国家煤矿安全监察局认为应由其实施行政处罚的，由国家煤矿安全监察局管辖。两个以上煤矿安全监察机构因行政处罚管辖权发生争议的，由其共同的上一级煤矿安全监察机构指定管辖。

2. 安全检查权。地区煤矿安全监察机构、煤矿安全监察办事处应当对煤矿实施经常性的安全检查；对事故多发地区的煤矿，应当实施重点安全检查。国家煤矿安全监察机构根据煤矿安全工作的实际情况，组织对全国煤矿的全面安全检查或者重点安全抽查。

地区煤矿安全监察机构、煤矿安全监察办事处应当对每个煤矿建立煤矿安全监察档案。煤矿安全监察人员对每次检查的内容、发现的问题及其处理情况，应当作详细记录，并由参加检查的煤矿安全监察人员签名后归档。

3. 建议报告权。煤矿安全监察机构在实施安全监察过程中，发现煤矿存在的安全问题涉及有关人民政府或其有关部门的，应当向有关人民政府或其有关部门提出建议，并向上级人民政府或其有关部门报告。

4. 事故调查处理权。煤矿安全监察机构负责组织煤矿事故的调查处理。

三、煤矿安全监察员的职权

（一）煤矿安全监察员资格条件

煤矿安全监察员是具体负责煤矿安全监察和行政执法工作的国家公务人员。煤矿安全监察员的素质对其能否秉公执法关系极大。2003 年 6 月 13 日国家安全生产监督管理局、国家煤矿安全监察局颁布的《煤矿安全监察员管理办法》规定，煤矿安全监察员除符合国家公务员的条件外，还应当具备下述 5 项任职条件，由国家煤矿安全监察机构任命：

1. 热爱煤矿安全监察工作，熟悉国家有关煤矿安全的方针、政策、法律、法规、规章、标准、规程。

2. 熟悉煤矿安全监察业务，具有煤矿安全方面的专业知识。

3. 具有大学专科以上学历。

4. 符合国家煤矿安全监察机构规定的工作经历和年龄要求。

5. 身体健康，适应煤矿安全监察工作需要。

（二）煤矿安全监察员的职权

依照《煤矿安全监察条例》和《煤矿安全监察员管理办法》的规定，煤矿安全监察员依法履行下列职责：

1. 有权随时进入煤矿作业现场进行检查，调阅有关资料，参加煤矿安全生产会议，向有关单位或者人员了解情况。

2. 在检查中发现影响煤矿安全的违法行为，有权当场予以纠正或者要求限期改正。

3. 进行现场检查时，发现存在事故隐患的，有权要求煤矿立即消除或者限期解决；发现威胁职工生命安全的紧急情况时，有权要求立即停止作业，下达立即从危险区域内撤出作业人员的命令，并立即将紧急情况和处理措施报告煤矿安全监察机构。

4. 发现煤矿作业场所的瓦斯、粉尘或者其他有毒有害气体的浓度超过国家安全标准或者行业安全标准的，煤矿擅自开采保安煤柱的，或者采用危及相邻煤矿生产安全的决水、爆破、贯通巷道等危险方法进行采矿作业的，有权责令立即停止作业，并将有关情况报告煤矿安全监察机构。

5. 发现煤矿矿长或者其他主管人员违章指挥工人或者强令工人违章、冒险作业，或者发现工人违章作业的，有权立即责令纠正或者责令立即停止作业。

6. 发现煤矿使用的设施、设备、器材、劳动防护用品不符合国家安全标准或者行业安全标准的，有权责令其停止使用；需要查封或者扣押的，应当及时报告煤矿安全监察机构依法处理。

7. 法律、法规赋予的其他权力。

四、煤矿安全监察的主要内容

煤矿安全监察内容是实施煤矿安全监察的重要事项，《煤矿安全监察条例》对此作出了以下几个方面的规定。

（一）煤矿安全生产责任制

煤矿安全监察机构发现煤矿未依法建立安全生产责任制的，有权责令限期改正。

（二）煤矿安全生产组织保障

1. 设置安全生产机构或者配备安全生产人员。煤矿安全监察机构发现煤矿未设置安全生产机构或者配备安全生产人员的，应当责令限期改正。

2. 矿长安全任职资格。煤矿安全监察机构发现煤矿矿长不具备安全专业知识的，应当责令限期改正。

3. 特种作业人员持证上岗。煤矿安全监察机构发现煤矿特种作业人员未取得资格证书上岗作业的，应当责令限期改正。

4. 职工岗前教育培训。煤矿安全监察机构发现煤矿分配职工上岗作业前，未进行安全教育、培训的，应当责令限期改正。

（三）安全技措费的提取和使用

煤矿安全监察机构对煤矿安全技术措施专项费用的提取和使用情况进行监督，对未依法提取或者使用的，应当责令限期改正。

（四）安全设施设计审查

煤矿建设工程设计必须符合煤矿安全规程和行业技术规范的要求。煤矿建设工程安全设施设计必须经煤矿安全监察机构审查同意；未经审查同意的，不得施工。煤矿安全监察机构审查煤矿建设工程安全设施设计，应当自收到申请审查的设计资料之日起30日内审查完毕，签署同意或者不同意的意见，并书面答复。

（五）安全设施验收和安全条件审查

煤矿建设工程竣工后或者投产前，应当经煤矿安全监察机构对其安全设施和条件进行验收；未经验收或者验收不合格的，不得投入生产。煤矿安全监察机构对煤矿建设工程安全设施和条件进行验收，应当自收到申请验收文件之日起30日内验收完毕，签署合格或者不合格的意见，并书面答复。

（六）作业现场检查和复查

1. 煤矿安全监察机构发现煤矿矿井通风、防火、防水、防瓦斯、防毒、防尘等安全设施和条件不符合国家安全标准、行业安全标准、煤矿安全规程和行业技术规范要求的，应当责令立即停止作业或者责令限期达到要求。

2. 煤矿安全监察机构发现作业场所有未使用专用防爆电器设备、专用放炮器、人员专用升降容器、使用明火明电等违法行为的，有权责令立即停止作业，限期改正；有关煤矿或者作业场所经复查合格的，方可恢复作业。

3. 煤矿安全监察人员发现煤矿矿长或者其他主管人员违章指挥工人或者强令工人违章、冒险作业，或者发现工人违章作业的，应当立即纠正或者责令立即停止作业。

4. 煤矿安全监察人员发现煤矿未向职工发放保障安全生产所需的劳动防护用品的，应当责令限期改正。

5. 煤矿安全监察机构依照《煤矿安全监察条例》的规定责令煤矿限期解决事故隐患、限期改正影响煤矿安全的违法行为或者限期使安全设施和条件达到要求的，应当在限期届满时及时对煤矿执行情况进行复查并签署复查意见；经有关煤矿申请，也可以在限期内进行复查并签署复查意见。

煤矿安全监察机构及其煤矿安全监察人员依照《煤矿安全监察条例》的规定责令煤矿立即停止作业，责令立即停止使用不符合国家安全标准或者行业安全标准的设备、器材、仪器、仪表、防护用品，或者责令关闭矿井的，应当对煤矿的执行情况随时进行检查。

（七）专用设备监督检查

煤矿安全监察机构发现煤矿矿井使用的设备、器材、仪器、仪表、防护用品不符合国家安全标准或者行业安全标准的，应当责令限期改正。

（八）事故预防和应急计划

煤矿安全监察机构监督煤矿制定事故预防和应急计划，并检查煤矿制定的发现和消除事故隐患的措施及其落实情况。

五、煤矿事故调查处理的规定

（一）煤矿安全监察机构负责组织调查处理

根据《煤矿安全监察条例》和《煤矿生产安全事故报告和调查处理规定》（安监总政法〔2008〕212 号）的规定，煤矿生产安全事故是指各类煤矿（包括与煤炭生产直接相关的煤矿地面生产系统、附属场所）发生的生产安全事故。特别重大事故由国务院或者根据国务院授权，由国家安全生产监督管理总局组织调查处理。特别重大事故以下等级的事故按照事故等级划分，分别由相应的煤矿安全监察机构负责组织调查处理。未设立煤矿安全监察分局的省级煤矿安全监察机构，由省级煤矿安全监察机构履行煤矿安全监察分局的职责。

（二）事故调查程序和处理办法

煤矿安全监察机构组织调查处理事故，应当依照《生产安全事故报告和调查处理条例》（国务院令第 493 号）和《煤矿生产安全事故报告和调查处理规定》（安监总政法〔2008〕212 号）的规定进行。

特别重大事故由国务院组织事故调查组进行调查，或者根据国务院授权，由国家安全生产监督管理总局组织国务院事故调查组进行调查。重大事故由省级煤矿安全监察机构组织事故调查组进行调查。较大事故由煤矿安全监察分局组织事故调查组进行调查。一般事故中造成人员死亡的，由煤矿安全监察分局组织事故调查组进行调查；没有造成人员死亡的，煤矿安全监察分局可以委托地方人民政府负责煤矿安全生产监督管理的部门或者事故发生单位组织事故调查组进行调查。

特别重大事故由国务院或者经国务院授权由国家安全生产监督管理总局、国家煤矿安全监察局、监察部等有关部门、全国总工会和事故发生地省级人民政府派员组成国务院事故调查组，并邀请最高人民检察院派员参加。特别重大事故以下等级的事故，根据事故的具体情况，由煤矿安全监察机构、有关地方人民政府及其安全生产监督管理部门、负责煤矿安全生产监督管理的部门、行业主管部门、监察机关、公安机关以及工会派人组成事故调查组，并应当邀请人民检察院派人参加。

事故调查组应当坚持实事求是、依法依规、注重实效的三项基本要求和"四不放过"的原则，做到诚信公正、恪尽职守、廉洁自律，遵守事故调查组的纪律，保守事故调查的秘密，不得包庇、袒护负有事故责任的人员或者借机打击报复。重大、较大和一般事故的事故调查组组长由负责煤矿事故调查的煤矿安全监察机构负责人担任。委托调查的一般事故，事故调查组组长由煤矿安全监察机构商事故发生地人民政府确定。

事故调查组应当自事故发生之日起 60 日内提交事故调查报告。特殊情况下，经上级煤矿安全监察机构批准，提交事故调查报告的期限可以适当延长，但延长的期限最长不超过 60 日。

特别重大事故调查报告报经国务院同意后，由国家安全生产监督管理总局批复结案。重大事故调查报告经征求省级人民政府意见后，报国家煤矿安全监察局批复结案。较大事故调查报告经征求设区的市级人民政府意见后，报省级煤矿安全监察机构批复结案。一般事故由煤矿安全监察分局批复结案。重大事故、较大事故、一般事故，煤矿安全监察机构应当自收到事故调查报告之日起 15 日内作出批复。特别重大事故的批复时限依照《生产安全事故报告和调查处理条例》的规定执行。

六、煤矿安全违法行为应负的法律责任

（一）煤矿建设工程安全设施违法的责任

煤矿建设工程安全设施设计未经煤矿安全监察机构审查同意，擅自施工的，由煤矿安全监察机构责令停止施工；拒不执行的，由煤矿安全监察机构移送地质矿产主管部门依法吊销采矿许可证。

煤矿建设工程安全设施和条件未经验收或者验收不合格，擅自投入生产的，由煤矿安全监察机构责令停止生产，处 5 万元以上 10 万元以下的罚款；拒不停止生产的，由煤矿安全监察机构移送地质矿产主管部门依法吊销采矿许可证。

（二）安全设施、条件违法的责任

煤矿矿井通风、防火、防水、防瓦斯、防毒、防尘等安全设施和条件不符合国家安全标准、行业安全标准、煤矿安全规程和行业技术规范的要求，经煤矿安全监察机构责令限期达到要求，逾期仍达不到要求的，由煤矿安全监察机构责令停产整顿；经停产整顿仍不具备安全生产条件的，由煤矿安全监察机构决定吊销煤炭生产许可证，并移送地质矿产主管部门依法吊销采矿许可证。

煤矿作业场所未使用专用防爆电器设备、专用放炮器、人员专用升降容器或者使用明火明电照明，经煤矿安全监察机构责令限期改正，逾期不改正的，由煤矿安全监察机构责令停产整顿，可以处 3 万元以下的罚款。

（三）安技措费、设备、器材等违法的责任

未依法提取或者使用煤矿安全技术措施专项费用，或者使用不符合国家安全标准或者行业安全标准的设备、器材、仪器、仪表、防护用品，经煤矿安全监察机构责令限期改正或者责令立即停止使用，逾期不改正或者不立即停止使用的，由煤矿安全监察机构处 5 万元以下的罚款；情节严重的，由煤矿安全监察机构责令停产整顿；对直接负责的主管人员和其他直接责任人员，依法给予纪律处分。

（四）矿长、特种作业人员无证上岗、职工岗前培训违法的责任

煤矿矿长不具备安全专业知识，或者特种作业人员未取得操作资格证书上岗作业，经煤矿安全监察机构责令限期改正，逾期不改正的，责令停产整顿；调整配备合格人员并经复查合格后，方可恢复生产。

分配职工上岗作业前未进行安全教育、培训，经煤矿安全监察机构责令限期改正，逾期不改正的，由煤矿安全监察机构处 4 万元以下的罚款；情节严重的，由煤矿安全监察机构责令停产整顿；对直接负责的主管人员和其他直接责任人员，依法给予纪律处分。

（五）拒不停止作业的责任

煤矿作业场所的瓦斯、粉尘或者其他有毒有害气体的浓度超过国家安全标准或者行业安全标准，经煤矿安全监察人员责令立即停止作业，拒不停止作业的，由煤矿安全监察机构责令停产整顿，可以处 10 万元以下的罚款。

擅自开采保安煤柱，或者采用危及相邻煤矿生产安全的决水、爆破、贯通巷道等危险

方法进行采矿作业，经煤矿安全监察人员责令立即停止作业，拒不停止作业的，由煤矿安全监察机构决定吊销煤炭生产许可证，并移送地质矿产主管部门依法吊销采矿许可证；构成犯罪的，依法追究刑事责任；造成损失的，依法承担赔偿责任。

（六）管理人员违章管理的责任

煤矿矿长或者其他主管人员有违章指挥工人或者强令工人违章、冒险作业，对工人屡次违章作业熟视无睹、不加制止，对重大事故预兆或者已发现的事故隐患不及时采取措施，拒不执行煤矿安全监察机构及其煤矿安全监察人员的安全监察指令的，由煤矿安全监察机构给予警告；造成严重后果，构成犯罪的，依法追究刑事责任。

（七）拒绝检查、提供虚假情况和隐瞒事故隐患的责任

煤矿有关人员拒绝、阻碍煤矿安全监察机构及其安全监察人员现场检查，或者提供虚假情况，或者隐瞒存在的事故隐患以及其他安全问题的，由煤矿安全监察机构给予警告，可以并处 5 万元以上 10 万元以下的罚款；情节严重的，由煤矿安全监察机构责令停产整顿；对直接负责的主管人员和其他直接责任人员，依法给予撤职直至开除的纪律处分。

（八）妨碍事故调查处理的责任

煤矿发生事故，有不按规定及时、如实报告煤矿事故，伪造、故意破坏煤矿事故现场，阻碍、干涉煤矿事故调查工作，拒绝接受调查取证、提供有关情况和资料的，由煤矿安全监察机构给予警告，可以并处 3 万元以上 15 万元以下的罚款；情节严重的，由煤矿安全监察机构责令停产整顿；对直接负责的主管人员和其他直接责任人员，依法给予降级直至开除的纪律处分；构成犯罪的，依法追究刑事责任。

（九）安全监察人员违法行政的责任

煤矿安全监察人员滥用职权、玩忽职守、徇私舞弊，发现煤矿事故隐患或者影响煤矿安全的违法行为不及时处理或者报告，或者有违反《煤矿安全监察条例》第十九条规定行为之一，构成犯罪的，依法追究刑事责任；尚不构成犯罪的，依法给予行政处分。

第三节　国务院关于预防煤矿生产安全事故的特别规定

2005 年 9 月 3 日国务院第 446 号令公布《国务院关于预防煤矿生产安全事故的特别规定》（以下简称《特别规定》），自公布之日起施行。《特别规定》的立法目的是为了及时发现并排除煤矿安全生产隐患，落实煤矿安全生产责任制，预防煤矿生产安全事故发生，保障职工的生命安全和煤矿安全生产。

《特别规定》的出台背景是：全国煤矿安全生产形势依然严峻，存在的问题仍很突出，煤矿生产安全事故，特别是重特大事故频繁发生，瓦斯爆炸事故居高不下，小煤矿成为事故多发的重灾区，安全生产基础薄弱，执法不力等。针对当时煤矿安全生产中存在的突出问题，《特别规定》将预防煤矿生产安全事故进一步纳入法制化轨道，对预防煤矿生产安全事故的发生实行更加严格的制度和更加严厉的措施。把煤矿安全生产的关口前移，狠抓事故预防这个煤矿安全生产的关键，通过发现隐患，排除隐患，达到消灭事故的目的。因此，特别规定是国务院为遏制煤矿事故多发而采取的一项重要举措。

一、重大安全生产隐患的范围

当前煤矿安全的最大威胁主要来自重大安全生产隐患和煤矿安全违法行为。如果这些隐患和行为得不到及时排除和纠正，必将引发煤矿生产安全事故。过去有关的安全生产法律、法规虽然对重大事故隐患的防范作出了一些规定，但并没有对其作出过明确、具体的法律规定，使得煤矿安全管理缺乏严格的法律规范。"隐患险于明火"。要从根本上防止煤矿生产安全事故发生，必须防患于未然，加强对重大安全生产隐患的排查和治理。因此，《特别规定》按照预防为主的原则，在总结大量煤矿生产事故教训的基础上，第一次明确了需要重点预防的煤矿重大安全生产隐患和应当纠正的违法行为。这就为加强煤矿安全管理和监督检查提供了法律依据。

《特别规定》第八条第二款明确列举了15种必须排除的煤矿重大安全生产隐患和应当及时改正的严重违法行为。国家安全生产监督管理总局制定的《煤矿重大安全生产隐患认定办法（试行）》（安监总煤矿字〔2005〕133号）又从实际出发，将《特别规定》明确的15种煤矿重大安全生产隐患和应当及时改正的严重违法行为具体化为60种。

1. "超能力、超强度或者超定员组织生产"，是指有下列情形之一的：（1）矿井全年产量超过矿井核定生产能力的；（2）矿井月产量超过当月产量计划10%的；（3）一个采区内同一煤层布置3个（含3个）以上回采工作面或5个（含5个）以上掘进工作面同时作业的；（4）未按规定制定主要采掘设备、提升运输设备检修计划或者未按计划检修的；（5）煤矿企业未制定井下劳动定员或实际入井人数超过规定人数的。

2. "瓦斯超限作业"，是指有下列情形之一的：（1）瓦斯检查员配备数量不足的；（2）不按规定检查瓦斯，存在漏检、假检的；（3）井下瓦斯超限后不采取措施继续作业的。

3. "煤与瓦斯突出矿井，未依照规定实施防突出措施"，是指有下列情形之一的：（1）未建立防治突出机构并配备相应专业人员的；（2）未装备矿井安全监控系统和抽放瓦斯系统，未设置采区专用回风巷的；（3）未进行区域突出危险性预测的，未采取区域与局部防突措施的，未进行防治突出措施效果检验的，未采取安全防护措施的；（4）未按规定配备防治突出装备和仪器的。

4. "高瓦斯矿井未建立瓦斯抽放系统和监控系统，或者瓦斯监控系统不能正常运行"，是指有下列情形之一的：（1）高瓦斯矿井未按《煤矿安全规程》第145条的规定建立抽放瓦斯系统的；（2）虽建有矿井安全监控系统但未配备专职人员进行管理、使用和维护的；（3）传感器设置数量不足、安设位置不当、调校不及时，瓦斯超限后不能断电并发出声光报警的。

5. "通风系统不完善、不可靠"，是指有下列情形之一的：（1）矿井总风量不足的；（2）主井、回风井同时出煤的；（3）没有备用主要通风机或者两台主要通风机能力不匹配的；（4）违反规定串联通风的；（5）没有按正规设计形成通风系统的；（6）采掘工作面等主要用风地点风量不足的；（7）采区进（回）风巷未贯穿整个采区，或者虽贯穿整个采区但一段进风、一段回风的；（8）风门、风桥、密闭等通风设施构筑质量不符合标准、设置不能满足通风安全需要的；（9）煤巷、半煤岩巷和有瓦斯涌出的岩巷的掘进工作面未装备甲烷风电闭锁装置或者甲烷断电仪和风电闭锁装置的。

6. "有严重水患，未采取有效措施的"，是指有下列情形之一的：（1）未查明矿井水文地质条件、相邻矿井及废弃老窑积水情况而组织生产的；（2）矿井水文地质条件复杂没有配备防治水机构或人员，未按规定设置防治水设施和配备有关技术装备、仪器的；（3）在有突水威胁区域进行采掘作业而未按规定进行探放水的；（4）擅自开采各种防隔水煤柱的；（五）有明显透水征兆未撤出井下作业人员的。

7. "超层越界开采的"，是指有下列情形之一的：（1）国土资源部门认定为超层越界的；（2）超出采矿许可证规定开采煤层层位进行开采的；（3）超出采矿许可证载明的平面坐标控制范围开采的；（4）擅自开采保安煤柱的。

8. "有冲击地压危险，未采取有效措施的"，是指有下列情形之一的：（1）有冲击地压危险的矿井未配备专业人员并编制专门设计的；（2）未进行冲击地压预测预报、未采取有效防治措施的。

9. "自然发火严重，未采取有效措施的"，是指有下列情形之一的：（1）开采容易自燃和自燃的煤层时，未编制防止采空区自然发火设计或未按设计组织生产的；（2）高瓦斯矿井采用放顶煤采煤法采取措施后仍不能有效防治煤层自然发火的；（3）开采容易自燃和自燃煤层的矿井，未选定自然发火观测站或者观测点位置并建立监测系统、未建立自然发火预测预报制度，未按规定采取预防性灌浆或者全部充填、注惰性气体等措施的；（4）有自然发火征兆而没有采取相应的安全防范措施并继续生产的；（5）开采容易自燃煤层而未设置采区专用回风巷的。

10. "使用明令禁止使用或者淘汰的设备、工艺"，是指有下列情形之一的：（1）被列入国家应予淘汰的煤矿机电设备和工艺目录的产品或工艺，超过规定期限仍在使用的；（2）突出矿井在2006年1月6日之前未采取安全措施使用架线式电机车或在此之后仍继续使用架线式电机车的；（3）矿井提升人员的绞车、钢丝绳、提升容器、斜井人车及采区内电气设备等未取得煤矿矿用产品安全标志、未按规定进行定期检验的；（4）使用非阻燃皮带、非阻燃电缆，采区内电气设备未取得煤矿矿用产品安全标志的；（5）未按矿井瓦斯等级选用相应的煤矿许用炸药和雷管、未使用专用发爆器的；（6）采用不能保证2个畅通安全出口采煤工艺开采（三角煤、残留煤柱按规定开采者除外）的；（7）高瓦斯矿井、煤与瓦斯突出矿井、开采容易自燃和自燃煤层（薄煤层除外）矿井采用前进式采煤方法的；

11. "年产6万吨以上的煤矿没有双回路供电系统"，是指有下列情形之一的：（1）单回路供电的；（2）有两个回路但取自一个区域变电所同一母线端的。

12. "新建煤矿边建设边生产，煤矿改扩建期间，在改扩建的区域生产，或者在其他区域的生产超出安全设计规定的范围和规模的"，是指有下列情形之一的：（1）建设项目安全设施设计未经批准擅自组织施工的；（2）对批准的安全设施设计作出重大变更后未经再次审批即组织施工的；（3）改扩建矿井在改扩建区域生产的；（4）改扩建矿井在非改扩建区域超出安全设计规定范围和规模生产的；（5）建设项目安全设施未经竣工验收并批准而擅自组织生产的。

13. "煤矿实行整体承包生产经营后，未重新取得煤炭生产许可证和安全生产许可证，从事生产的，或者承包方再次转包的，以及煤矿将井下采掘工作面和井巷维修作业进行劳务承包"，是指有下列情形之一的：（1）生产经营单位将煤矿（矿井）整体发包或者出租给不具备安全生产条件或者相应资质的单位或者个人的；（2）煤矿（含矿井）实行整体承包（含托管）但未签订安全管理协议书（或载有双方安全责任与权力内容的承包合同）进行生产的；（3）整体承包方（含承托方）未重新取得煤炭生产许可证和安全生产许可证进行生产的；（4）整体承包方（含托管）再次转包的；（5）煤矿将井下采掘工作面或井巷维修作业对外承包的。

14."煤矿改制期间，未明确安全生产责任人和安全管理机构的，或者在完成改制后，未重新取得或者变更采矿许可证、安全生产许可证、煤炭生产许可证和营业执照的"，是指有下列情形之一的：（1）煤矿改制期间，未明确安全生产责任人进行生产的；（2）煤矿改制期间，未明确安全生产管理机构及其管理人员进行生产的；（3）完成改制后，未重新取得或者变更采矿许可证、安全生产许可证、煤炭生产许可证、工商营业执照、矿长资格证、矿长安全资格证进行生产的。

15."有其他重大安全生产隐患和行为"，是指存在可能造成重大事故的其他安全生产隐患。

《特别规定》第九条要求煤矿企业建立健全安全生产隐患排查、治理和报告制度。《煤矿隐患排查和整顿关闭实施办法（试行）》（安监总煤矿字〔2005〕134 号）作了进一步明确的规定。煤矿企业要建立安全生产隐患排查、治理制度，组织职工发现和排除隐患。煤矿主要负责人应当每月组织一次由相关煤矿安全管理人员、工程技术人员和职工参加的安全生产隐患排查，并对查出的隐患登记建档。煤矿企业要加强现场监督检查，及时发现和查处违章指挥、违章作业和违反操作规程的行为。发现存在重大隐患，要立即停止生产，并向煤矿主要负责人报告。煤矿安全生产隐患实行分级管理和监控。一般隐患由煤矿主要负责人指定隐患整改责任人，责成立即整改或限期整改。对限期整改的隐患，由整改责任人负责监督检查和整改验收，验收合格后报煤矿主要负责人审核签字备案。重大隐患由煤矿主要负责人组织制定隐患整改方案、安全保障措施，落实整改的内容、资金、期限、下井人数、整改作业范围，并组织实施。整改结束后要按照要求认真自检。煤矿企业应当于每季度第一周将上季度重大隐患及排查整改情况向县级以上地方人民政府负责煤矿安全生产监督管理的部门、煤矿安全监察机构提交书面报告，报告应当经煤矿企业主要负责人签字。报告要包括产生重大隐患的原因、现状、危害程度分析、整改方案、安全措施和整改结果等内容，重要情况应当随时报告。县级以上地方人民政府负责煤矿安全生产监督管理的部门、煤矿安全监察机构接到煤矿企业重大隐患整改报告后，对不符合要求和措施不完善的提出修改意见，并对煤矿重大隐患登记建档，指定专人负责跟踪监控，督促企业认真整改。

二、煤矿行政许可的规定

为了确保煤矿安全生产，国家制定相关法律、行政法规对煤炭资源采矿权、安全许可权、煤矿生产权和煤矿企业法人资格以及煤矿有关从业人员的安全资格设定了严格的行政许可，依法实行市场准入制度。《特别规定》再次肯定了实施煤矿行政许可制度的必要性和法定性，划定了合法煤矿与非法煤矿的界限。

《特别规定》第五条规定："煤矿未依法取得采矿许可证、安全生产许可证、煤炭生产许可证、营业执照和矿长未依法取得矿长资格证、矿长安全资格证的，煤矿不得从事生产。擅自从事生产的，属非法煤矿。"该条明确了煤矿取得法定资质、矿长取得法定资格和煤矿合法与非法的界限3个问题。

（一）依法取得有关证照

1．采矿许可证

《矿产资源法》第三条规定："勘查、开采矿产资源，必须依法分别申请、经批准取得探矿权、采矿权，并办理登记……从事矿产资源勘查、开采的，必须符合规定的资质条件。"第十六条对采矿许可证的颁发管理部门及其职责作出了规定。《煤炭法》第十九条第三款规定："经批准开办的煤矿企业，凭批准文件由地质矿产主管部门颁发采矿许可证。"采矿许可证是煤矿取得采矿权的法定凭证。依照矿产资源法律法规和现行职责分工的规定，煤矿采矿许可证的颁发管理机关是县级以上人民政府国土资源管理部门。

2．安全生产许可证

依照《安全生产许可证条例》规定，煤矿企业在领取煤炭生产许可证前，必须依法申请领取安全生产许可证。煤矿安全生产许可证的颁发管理机关是国家煤矿安全监察机构。

3．煤炭生产许可证

依照《煤炭法》和《煤炭生产许可证管理办法》的规定，煤矿企业必须依法申请领取煤炭生产许可证。煤炭生产许可证的颁发管理机关是设区的市以上人民政府煤炭管理部门。

4．营业执照

营业执照是企业取得市场主体资质的法定凭证，是企业作为法人以自己的资产、行为和名义独立享有权利、履行义务和承担责任的标志。依照我国企业登记法律、法规的规定，煤矿企业必须依法办理工商登记并取得企业法人营业执照，才能作为市场主体从事生产经营活动。

（二）有关人员依法取得资格证书

1．矿长资格证

《煤炭法》第二十三条第三款和《煤炭生产许可证管理办法》第四条第四款，在煤矿企业取得煤炭生产许可证的条件中都规定："矿长经依法培训合格，取得矿长资格证书。"依照有关法律规定，煤矿矿长资格证书的颁发管理机关是县级以上人民政府煤炭管理部门。

2．矿长安全资格证

煤炭法律、法规中关于取得煤矿矿长资格的条件既包括行政的，也包括业务的，其中虽有安全条件，但是不够突出、具体和明确，不能满足对矿长安全素质的要求。因此，有必要对煤矿矿长任职的安全资格条件单独作出规定，对矿长安全资格实行行政许可。煤矿矿长安全资格证的颁发管理机关是国家煤矿安全监察机构。

3．特种作业人员操作资格证

国家有关的安全生产法律、法规和煤炭法律、法规，都对煤矿特种作业人员操作资格作出了严格而又明确的规定，要求特种作业人员必须经过专门的安全培训并经考核合格，方可上岗作业。煤矿特种作业人员操作资格证书的颁发管理机关是国家煤矿安全监察机构。

（三）非法煤矿的界定

虽然有关法律、法规对煤矿安全准入和煤矿安全违法行为作出了规定，但是并没有明确合法与非法的界限。所以，一些地方和人员对此理解不一，影响了法律、法规的贯彻实施。

《特别规定》第五条对非法煤矿的界定，明确了两个问题：

1. 合法与非法的根本界限在于煤矿是否依法取得法定的行政许可

对煤矿颁发"三证一照"，实际上是国家赋予煤矿企业煤炭资源占有权、安全许可权、煤矿生产权和企业法人资格等法定权能的法律凭证。只有依法申请领取"三证一照"，才能从事煤炭生产经营，使煤矿企业的权益受法律保护。未依法申请领取"三证一照"擅自从事生产的，属于无证（照）非法煤矿，其权益不但不受法律保护，还要被依法取缔或者关闭。

2. 法定证照必须齐全有效

煤矿从事生产，必须依法申请领取采矿许可证、安全生产许可证和煤炭生产许可证，依法办理工商注册登记并取得企业法人执照。一是"三证一照"缺一不可，必须依法取得。二是证照不全的，不得生产。三是被责令停产整顿或者暂扣证照的，不得生产。

三、停产整顿的规定

对于在煤矿安全监管监察中发现的存在着安全生产隐患或者不具备安全生产条件的煤矿，必须采取断然措施责令煤矿停产整顿。《特别规定》对此作出了比以往更加明确、更加严厉的规定，其目的就是要及时排除隐患，预防事故。《特别规定》第八条规定，煤矿有重大安全生产隐患和行为的，应当立即停止生产，排除隐患。

（一）停产整顿

1. 存在重大安全生产隐患和违法行为是法律明令禁止的

重大安全生产隐患和违法行为是导致煤矿重大、特大事故发生的直接原因，属于违法的范畴。因此，凡是存在重大安全生产隐患和违法行为的煤矿都有义务排除隐患或者进行整顿，不得继续生产。

2. 重大安全生产隐患和违法行为的发现

及时发现煤矿存在的重大安全生产隐患和违法行为，是煤矿企业的法定义务。有关法律、法规都要求煤矿应当加强内部安全管理，建立和实行安全生产责任制，其目的就是要及时发现和排除重大安全生产隐患，停止和纠正违法行为。应当发现而没有发现煤矿自身存在的重大安全生产隐患和违法行为，就是一种违法行为，应当承担相应的法律责任。

另一方面，煤矿安全监管监察部门也要履行监督检查的职责，发现重大安全生产隐患和违法行为时，应当责令煤矿排除隐患或者纠正违法行为。

3. 重大安全生产隐患和违法行为一经发现，必须立即停止生产，排除隐患

这里突出了法律的时效性，即煤矿自己发现的，必须立即排除，不得拖延排除，不得

边生产边排除；煤矿安全监管监察部门发现的，必须立即下达停产整顿的指令，提出整顿的内容、时间等具体要求。否则，就是行政不作为。

（二）停产整顿期间的监督检查

《特别规定》关于煤矿停产整顿期间的监督检查，采取了下列两项措施：

1. 暂扣证照

一些煤矿被责令停产整顿后，仍然持证非法生产，或者停而不改，或者不停不改。为了暂时中止被责令停产整顿煤矿的法定许可，《特别规定》第十一条第一款规定："对被责令停产整顿的煤矿，颁发证照的部门应当暂扣采矿许可证、安全生产许可证、煤炭生产许可证、营业执照和矿长资格证、矿长安全资格证。"

2. 采取有效措施进行监督检查

作为监管主体，有关人民政府对所在地被责令停产整顿的煤矿负有监督检查的职责。为此，《特别规定》第十二条规定："对被停产整顿的煤矿，在停产整顿期间，由有关人民政府采取有效措施进行监督检查。"这里需要把握两点，一是明确了监督检查的主体是有关人民政府。二是必须采取有效措施，《特别规定》之所以不规定具体措施，主要是考虑到各地的情况不同，不论采取哪些措施，只要是合法有效，都可以因地制宜。

（三）停产整顿后的整改复查

为了防止"不停不整"或者走过场，必须对整顿过程以及恢复生产进行监督检查和验收，保证整顿质量。

1. 复产验收

《特别规定》第十一条第二款规定："被责令停产整顿的煤矿应当制定整改方案，落实整改措施和安全技术规定；整改结束后要求恢复生产的，应当由县级以上人民政府负责煤矿安全监督管理的部门自收到恢复生产申请之日起 60 日内组织验收完毕。"这里强调了 3 点：一是必须制定包括整改措施和安全技术要求的整改方案；二是整改后要求恢复生产的，煤矿必须提出验收申请；三是要由地方煤矿安全生产监管部门在法定时限内组织验收。

2. 经验收后依法作出处理决定

《特别规定》第十一条规定了 3 种处理措施，一是验收合格的，经组织验收的地方人民政府负责煤矿安全监督管理的部门的主要负责人签字，并经有关煤矿安全监察机构主要负责人审核同意，报请有关地方人民政府主要负责人签字批准，煤矿方可恢复生产。二是经验收不合格的，由有关人民政府予以关闭。三是被责令停产整顿的煤矿擅自从事生产的，县级以上地方人民政府负责煤矿安全监督管理的部门、煤矿安全监察机构应当提请有关地方人民政府予以关闭，没收违法所得，并处违法所得 1 倍以上 5 倍以下的罚款；构成犯罪的，依法追究刑事责任。

3. 在法定期限内多次发现有重大隐患仍然生产的，予以关闭

《特别规定》对在短期内屡次发现存在重大安全生产隐患的，规定对 3 个月内 2 次或者 2 次以上发现有重大安全生产隐患，仍然进行生产的煤矿，县级以上人民政府负责煤矿安全生产监督管理的部门、煤矿安全监察机构应当提请有关人民政府关闭该煤矿，并由颁发证照的部门立即吊销矿长资格证和矿长安全资格证，该煤矿的法定代表人和矿长 5 年内

不得再担任任何煤矿的法定代表人或者矿长。

四、关闭煤矿的要求

在关闭煤矿的过程中，有一些地方和煤矿不关或者假关，关而不"死"，致使一些煤矿擅自生产或者"死灰复燃"。《特别规定》对需要关闭的煤矿、关闭的程序和关闭的要求作出了明确具体的规定。

（一）非法煤矿的关闭

1. 应予关闭的非法煤矿

《特别规定》不仅界定了非法煤矿，而且还明确了应予关闭的非法煤矿的4种情形：

（1）无证照或者证照不全擅自生产的。

（2）在3个月内2次或者2次以上发现有重大安全生产隐患的。

（3）停产整顿期间擅自从事生产的。

（4）经整顿验收不合格的。

2. 关闭煤矿的决定程序

过去有关法律、法规对关闭煤矿的行政执法主体和关闭程序不够明确，《特别规定》从下列两个方面作出了规定：

（1）有关部门向有关人民政府提出关闭的建议。不论地方人民政府负责安全生产监督管理的部门还是国家煤矿安全监察机构，只要是在履行各自职责的过程中发现应予关闭的非法煤矿，都有权向所在地方的人民政府提出关闭煤矿的建议。在提出关闭建议的同时，还应当依法责令停止生产。

（2）有关人民政府在法定时限内作出决定。接到负责安全生产监督管理的部门、煤矿安全监察机构关于关闭煤矿的建议后，有关县级以上地方人民政府应当在7日内作出关闭或者不予关闭的决定，并由其主要负责人签字存档。对决定关闭的，有关地方人民政府应当立即组织实施。

3. 关闭煤矿的具体要求

《特别规定》提出了关闭煤矿应当达到的5项要求：

（1）吊销相应证照。

（2）停止供应并处理火工用品。

（3）停止供电，拆除矿井生产设备、供电、通信线路。

（4）封闭、填实矿井井筒，平整井口场地，恢复地貌。

（5）妥善遣散从业人员。

为了保护和合理利用煤炭资源，决定关闭的煤矿仍有开采价值的，经依法批准可以进行拍卖。

（二）无安全保障煤矿的关闭

除了非法煤矿必须予以关闭之外，还有一类因非人为原因而存在重大安全生产隐患也需要予以关闭的煤矿，即无安全保障的煤矿。对于这类煤矿的关闭，《特别规定》第十五条作出了规定。

1. 存在不可抗力的重大自然灾害威胁

由于煤炭赋存条件先天存在着瓦斯突出、自然发火、冲击地压、水害威胁等自然灾害，造成对于某些安全生产隐患是不可预见、不可抗拒、不可改变的。存在这些不可抗力的因素致使煤矿安全无保障的，应予关闭。

瓦斯突出，又称煤（岩）与瓦斯突出，是煤矿井下生产过程中，瞬间从煤（岩）体内部向外部巷道或者采场空间喷出大量的煤（岩）和大量瓦斯的现象。瓦斯突出是一种破坏力十分巨大的动力现象，其常伴有猛烈的声响和强大的动能，使井巷设施摧毁，通风系统破坏，甚至引起火灾和瓦斯爆炸事故，严重时会导致整个矿井正常生产系统瘫痪。我国和世界其他主要产煤国家对瓦斯突出的防治技术进行了长期的研究和探索，但距完全控制瓦斯突出仍然存在一定的距离。瓦斯突出是当前和今后一段时间严重威胁煤矿安全生产的主要自然灾害之一，是煤矿安全生产的世界性难题。

自然发火是指具有自燃倾向性的煤层中的碳化物质与空气中的氧在常温下相互作用，产生热量积聚而引起的煤层内因火灾。当前对其发生、发展的准确规律，仍然有待进一步研究。

冲击地压是煤矿井巷或者采场周围在其力学平衡状态破坏时，由于弹性变形能突然释放而产生的突然、急剧、猛烈的动力现象。它具有很大的破坏性，常伴有很大的声响、岩体的震动和冲击波，在一定范围内能感到周围介质的剧烈震动；有时会向采空空间抛出大量的碎煤和岩块，形成大量煤尘；有时还会释放出大量的瓦斯。冲击地压常常导致巷道支架破坏、设备移动和空间被堵塞，危害程度比一般矿山压力显现更为严重，是非常严重的煤矿自然灾害。目前，随着我国煤矿开采深度的不断增加，冲击地压的危害会日益突出。

水害威胁是指威胁煤矿采区、水平或者矿井安全，能够导致矿井局部或者全部被淹没的矿井水害。按照水源不同矿井水害可以分为地表水水害、老窑水水害、孔隙水水害、裂隙水水害、岩溶水水害等等。我国矿井水害严重，经过多年研究，虽然积累了一些防止矿井水害的经验和办法，但因我国煤矿地质条件复杂，地质勘探、矿井地质工作和历史开采资料、新技术等不适应生产发展的需要，造成近几年重大、特大水灾事故不断发生，且有日益严重的趋势。减少水害威胁是摆在我们面前的一大课题。

2. 现有科学技术难以有效防治

上述煤矿的自然灾害威胁必须是现有科学技术没有认识或者没有有效防治方法或者措施的。对目前科技未知的灾害威胁虽不能克服，但可以通过关闭煤矿而避免事故发生。因此，对于上述防治可能或者不能整改或者不能预防的重大自然灾害威胁，采取关闭措施才是科学的、经济的、安全的。

3. 对安全生产无保障的煤矿应当先予停止生产

发现无安全保障的煤矿，不能任其继续生产，必须及时采取果断措施。《特别规定》第十五条要求县级以上地方人民政府负责煤矿安全生产监督管理的部门、煤矿安全监察机构应当责令其立即停止生产。

4. 关闭的程序和实施

（1）县级以上地方人民政府负责煤矿安全生产监督管理的部门、煤矿安全监察机构责令其立即停止生产后，还应提请有关人民政府组织专家进行论证。专家论证应当客观、公正、科学。

（2）政府根据论证结论作出是否关闭的决定，并组织实施。决定是否关闭和组织实施关闭无安全保障的煤矿的行政主体，是有关地方人民政府。

五、预防煤矿事故违法行为所应负的法律责任

《特别规定》将预防煤矿生产安全事故的主体确定为两类，一类是生产主体，一类是监管主体。对两类主体实行责任追究的形式、违法行为的界定和相应的法律制裁，都是以此为基础规定的。

（一）违法行为的责任主体和责任形式

1. 违法行为的责任主体

（1）煤矿企业及其主要负责人。煤矿企业实施了《特别规定》禁止的行为和不履行法定义务的行为，即构成违法，应当承担相应的法律责任。煤矿是预防生产安全事故违法行为的主要的责任主体。当然，对煤矿预防生产安全事故负有责任的法定代表人和矿长，也是违法行为的责任主体。

（2）国家工作人员。地方各级人民政府及其负责煤矿安全生产监督管理的部门、煤矿安全监察机构的行政机关工作人员失职、渎职或有其他行政违法行为的，将被追究法律责任。此外，国有煤矿的主要负责人等人员属于国家工作人员的范畴，其违法行为也属于追究之列。

2. 违法行为的责任形式

（1）行政责任。行政责任是采用最多的法律责任形式。《特别规定》对不同的责任主体实施责任追究的规定是不同的。对煤矿及其主体负责人的行政责任追究采用行政处罚的方式实施。对国家工作人员的行政责任追究采用行政处分的方式实施。

（2）刑事责任。《特别规定》对两类责任主体构成犯罪的，都作了追究刑事责任的规定。煤矿的法定代表人和矿长构成犯罪的，依照《刑法》关于安全生产犯罪的规定处以刑罚。国家工作人员构成犯罪的，依照《刑法》关于职务犯罪的规定处以刑罚。

（二）煤矿企业及其从业人员的违法行为

《特别规定》规定实施行政处罚的煤矿预防生产安全事故违法行为，包括下列10种：

1. 无证照非法生产的。
2. 未依法对安全隐患进行排查和报告的。
3. 有重大安全生产隐患和违法行为仍然进行生产的。
4. 在停产整顿期间擅自生产的。
5. 关闭的煤矿擅自恢复生产的。
6. 未依法对井下作业人员进行安全生产教育和培训的。
7. 1个月内3次以上发现未依法对井下作业人员进行安全生产教育和培训的。
8. 拒不执行有关执法指令的。
9. 未按国家规定带班下井或者下井登记虚假档案的。
10. 未依法向每位矿工发放煤矿矿工安全手册的。

（三）监管监察人员的违法行为

《特别规定》规定给予行政处分的地方人民政府负责煤矿安全生产监督管理的部门和

煤矿安全监察机构的工作人员的行政违法行为，包括下列 8 种：

1. 向不符合法定条件的煤矿或者矿长颁发有关证照的。
2. 不履行日常监管监察职责的。
3. 发现有非法煤矿并且没有采取有效措施制止的。
4. 因监督检查不力，煤矿在停产整顿期间继续生产的。
5. 组织实施关闭煤矿未达到法定要求的。
6. 未履行监督检查煤矿安全生产教育和培训的职责的。
7. 未依法对停产整顿或者关闭的煤矿进行公告的。
8. 未及时调查处理举报事项的。

第四节　建设工程安全生产管理条例

2003 年 11 月 24 日国务院第 393 号令公布《建设工程安全生产管理条例》，自 2004 年 2 月 1 日起施行。《建设工程安全生产管理条例》的立法目的是为了加强建设工程安全生产监督管理，保障人民群众生命和财产安全。

建设行业是国民经济的支柱产业之一，在国民经济中举足轻重。随着我国经济建设的快速发展，固定资产投资水平不断提高，工程建设规模扩大到工业、民用、交通和城市基础设施等各个方面。中国统计年鉴数据显示，截至 2008 年，全国有各类建筑企业 71095 家，从业人员 3315 万人，建筑业总产值达 62036.81 亿元。与其他行业相比，建筑行业属于高危行业，建筑施工范围遍及各个行业、地区，对工程质量和安全的要求很高。建筑工程多属地下、地面、高空作业，面临着固有和不可预见的危险因素和灾害威胁，故而建筑施工事故多发，其事故起数和死亡人数仅次于采矿业，并有逐年上升的趋势。

建筑工程安全存在的主要问题，一是工程建设各方的安全责任不明确。建设单位、勘察单位、设计单位、施工单位、工程监理单位以及设备租赁单位、拆装单位各自的安全生产责任不明确、不具体，缺乏法律规范。二是安全投入不足。一些建筑、施工单位挤扣、减少安全资金，降低成本，必要的安全设备、设施、器材、工具、用品不齐全，陈旧落后，安全性能低，不能及时维修、保养、更新。三是安全责任制和规章制度不明确、不健全、不落实，管理混乱。四是建筑事故应急救援制度不完善。一些建筑施工单位没有制定应急预案，没有应急组织和器材。要改变建筑工程安全的被动局面，有必要制定《建设工程安全生产管理条例》，依法加强监督管理。《建设工程安全生产管理条例》确立了参与建设活动的各主体方、相关方严格的、明确的安全生产责任制度及其法律责任追究制度。

一、建设单位的安全责任

（一）规定建设单位安全责任的必要性

1. 建设单位是建筑工程的投资主体，在建筑活动中居于主导地位

作为业主和甲方，建设单位有权选择勘察、设计、施工、工程监理的单位，可以自行选购施工所需的主要建筑材料，检查工程质量、控制进度、监督工程款使用，对施工的各

个环节实行综合管理。

2. 因建设单位的市场行为不规范所造成的事故居多，必须依法规范

有的建设单位为降低工程造价，不择手段地追求利润最大化，在招投标中压价，将工程发包价压低于成本价。为降低成本，向勘察、设计和监理单位提出违法要求，强令改变勘察设计；对安全措施费不认可，拒付安全生产合理费用，安全投入低；强令施工单位压缩工期，偷工减料，搞"豆腐渣工程"；将工程交给不具备资质和安全条件的单位或者个人施工或者拆除。因此，必须依法规范建设单位的安全责任。《建设工程安全生产管理条例》针对建设单位的不规范行为，从 7 个方面做出了严格的规定。

（二）建设单位应当如实向施工单位提供有关施工资料

作为负责建设工程整体工作的一方，提供真实、准确、完整的建设工程各个环节所需的基础资料是建设单位的基本义务。《建设工程安全生产管理条例》第六条规定，建设单位应当向施工单位提供施工现场及毗邻区域内供水、排水、供电、供气、供热、通信、广播电视等地下观测资料，相邻建筑物和构筑物、地下工程的有关资料，并保证资料的真实、准确、完整。这里强调了 4 个方面内容：一是施工资料的真实性，不得伪造、篡改。二是施工资料的科学性，必须经过科学论证，数据准确。三是施工资料的完整性，必须齐全，能够满足施工需要。四是有关部门和单位应当协助提供施工资料，不得推诿。

（三）建设单位不得向有关单位提出非法要求，不得压缩合同工期

《建设工程安全生产管理条例》第七条规定，建设单位不得对勘察、设计、施工、工程监理等单位提出不符合建设工程安全生产法律、法规和强制性标准规定的要求，不得要求压缩合同的工期。

1. 遵守建设工程安全生产法律、法规和安全标准，是建设单位的法定义务。进行建筑活动，必须严格遵守法定的安全生产条件，依法进行建设施工。违法从事建设工程建设，将要承担法律责任。

2. 要求勘察、设计、施工、工程监理等单位违法从事有关活动，必然会给建设工程带来重大结构性的安全隐患和施工中的安全隐患，容易造成事故。建设单位不得为了盲目赶工期，简化工序，粗制滥造，或者留下建设工程安全隐患。

3. 压缩合同工期必然带来事故隐患，必须禁止。压缩工期是建设单位为了早发挥效益，迫使施工单位增加人力、物力，损害承包方利益，其结果是赶工期、简化工序和违规操作，诱发很多事故，或者留下了结构性安全隐患。确定合理工期是保证建设施工安全和质量的重要措施。合理工期应经双方充分论证、协商一致确定，具有法律效力。要采用科学合理的施工工艺、管理方法和工期定额，保证施工质量和安全。

（四）必须保证必要的安全投入

《建设工程安全生产管理条例》第八条规定，建设单位在编制工程概算时，应当确定建设工程安全作业环境及安全施工所需要费用。

这是对《安全生产法》第十八条规定的具体落实。《安全生产法》第十八条规定："生产经营单位应当具备的安全生产条件所必需的资金投入，由生产经营单位的决策机构、主要负责人或者个人经营的投资人予以保证，并对由于安全生产所必需的资金投入不足导致的后果承担责任。"要保证建设施工安全，必须要有相应的资金投入。安全投入不足的

直接结果，必然是降低工程造价，不具备安全生产条件，甚至导致建设施工事故的发生。工程建设中改善安全作业环境、落实安全生产措施及其相应资金一般由施工单位承担，但是安全作业环境及施工措施所需费用应由建设单位承担。一是安全作业环境及施工措施所需费用是保证建设工程安全和质量的重要条件，该项费用已纳入工程总造价，应由建设单位支付。二是建设工程产品单一、体积庞大、露天生产、高处作业、环境多变、作业危险复杂，要保证安全生产，必须有大量的资金投入，应由建设单位支付。安全作业环境和施工措施所需费用应当符合《建设施工安全检查标准》的要求，建设单位应当据此承担的安全施工措施费用，不得随意降低费用标准。

工程概算是指在初步设计阶段，根据初步设计的图纸、概算定额或概算指标、费用定额及其他有关文件，概略计算的拟建工程费用。在建设部颁布的《建筑施工安全检查标准》中，规定了保证安全生产、文明施工和作业环境的项目。根据这一标准，对安全防护、临时用电、生活设施等的建设标准以及对现场围挡、场地硬化、医疗救助等提出了明确要求。

（五）不得明示或者暗示施工单位购买不符合安全要求的设备、设施、器材和用具

《安全生产法》第三十一条规定，国家对严重危及生产安全的工艺、设备实行淘汰制度。生产经营单位不得使用国家明令淘汰、禁止使用的危及生产安全的工艺、设备。《建设工程安全生产管理条例》第九条进一步规定，建设单位不得明示或者暗示施工单位购买、租赁、使用不符合安全施工要求的安全防护用具、机械设备、施工机具及配件、消防设施和器材。

为了确保工程质量和施工安全，施工单位应当严格按照勘察设计文件、施工工艺和施工规范的要求选用符合国家质量标准、卫生标准和环保标准的安全防护用具、机械设备、施工机具及配件、消防设施和器材。但实践中，由于受利益驱动，建设单位干预施工单位，违反国家规定使用不符合要求的安全防护用具、机械设备、施工机具及配件、消防设施和器材，是导致生产安全事故屡见不鲜的重要原因之一。施工单位购买不安全的设备、设施、器材和用具，对施工安全和建筑物安全构成极大威胁。为此，《建设工程安全生产管理条例》严禁建设单位明示或者暗示施工单位购买不符合安全要求的设备、设施、器材和用具，并规定了相应的法律责任。

（六）开工前报送有关安全施工措施的资料

依照《建设工程安全生产管理条例》第十条的规定，建设单位在申请领取施工许可证时，应当提供建设工程有关安全施工措施的资料。依法批准开工报告的建设工程，建设单位应当自开工报告批准之日起15日内，将保证安全施工的措施报送建设工程所在地的县级以上人民政府建设行政主管部门或者其他有关部门备案。

建设单位在申请领取施工许可证前，应当提供安全施工措施的资料：

1. 施工现场总平面布置图。
2. 临时设施规划方案和已搭建情况。
3. 施工现场安全防护设施（防护网、棚）搭设（设置）计划。
4. 施工进度计划，安全措施费用计划。
5. 施工组织设计（方案、措施）。

6. 拟进入现场使用的起重机械设备（塔式起重机、物料提升机、外用电梯）的型号、数量。

7. 工程项目负责人、安全管理人员和特种作业人员持证上岗情况。

8. 建设单位安全监督人员和工程监理人员的花名册。

对编制安全施工措施应当着重以下几个方面的要求：一是及时性，要在工程开工前编制。考虑到各项安全措施实施前要有一个充裕的准备时间，而且在施工过程中还会随着工程的变化等不断更新完善，应当在工程开工前完成编制。二是要有针对性，不同的建设工程对安全生产的要求也会不同，安全措施必须针对工程的特点、施工方法、场地环境、施工条件等具体情况以及安全的法律法规和强制性标准、技术规范等要求制定，消除施工中的安全隐患，保证施工安全。三是真实有效性，安全施工措施资料不得伪造、编造。建设单位在申请领取施工许可证时，所报送的安全施工措施资料应当真实、有效，能够反映建设工程的安全生产准备情况、达到的条件和施工实施阶段的具体措施。必要时，建设行政主管部门收到资料后，应当尽快派员到现场进行实地勘察。

根据《建筑法》第七条的规定，并不是所有的建设工程都需要领取施工许可证，按照国务院规定的权限和程序批准开工报告的建筑工程，不再领取施工许可证。对于不领取施工许可证的建设工程，为了加强对建设工程安全生产的监督管理，建设单位应当将保证安全施工的措施报送政府有关行政主管部门备案。备案的有关注意事项如下：

1. 备案的时间要求：自开工报告批准之日起 15 日内。

2. 报送备案的内容：保证安全施工的措施，具体要求与申请领取施工许可证的要求相同。

3. 报送的部门：建设行政主管部门或者其他有关部门。其他有关部门是指水利、交通、铁路等专业部门，相关的专业建设工程的保证安全施工的措施应当报送相关的专业部门备案。

（七）关于拆除工程的特殊规定

过去较长时期内，有关建设法律、法规主要是对新建、改建和扩建等工程建设作出了规范，对拆除施工单位的安全要求不够明确，这就导致拆除工程安全没有纳入法律规范，比较混乱，从事拆除工程活动的单位中有的无资质和无技术力量，拆除工程事故频发。为了规范拆除工程安全，《建设工程安全生产管理条例》第十一条规定，建设单位应当将拆除工程发包给具有相应资质等级的施工单位。

《建筑法》第五十条明确规定，房屋拆除应当由具备保证安全条件的施工单位承担，由建筑施工单位负责人对安全生产负责。为了进一步规范拆除工程市场秩序，提高拆除工程的技术保证水平，避免发生安全事故，建设部 2001 年颁布的《建筑业企业资质管理规定》（建设部令第 87 号）将爆破与拆除工程列为专业承包工程资质序列，并对取得该资质的具体条件、承包工程范围作了严格的规定。因此，为了保证拆除活动的安全，建设单位必须选择有相应资质等级的单位承担拆除工程。

建设单位应当在拆除工程施工 15 日前，将下列资料报送建设工程所在地县级以上人民政府建设行政主管部门或者其他有关部门备案：

1. 施工单位资质等级证明。

2. 拟拆除建筑物、构筑物及可能危及毗邻建筑的说明。

3. 拆除施工组织方案。

4. 堆放、清除废弃物的措施。

实施爆破作业的，应当遵守国家有关民用爆炸物品管理的规定。依照《中华人民共和国民用爆炸物品管理条例》的规定，进行大型爆破作业，或在城镇与其他居民聚集的地方，风景名胜区和重要工程设施附近进行控制爆破作业，施工单位必须事先将爆破作业方案，报县、市以上主管部门批准，并征得所在地县、市公安局同意，方准实施爆破作业。

二、勘察、设计及工程监理等单位的安全责任

建设工程具有投资规模大、建设周期长、生产环节多、参与主体多等特点。安全生产是贯穿于工程建设的勘察、设计、工程监理及其他有关单位的活动。勘察单位的勘察文件是设计和施工的基础材料和重要依据，勘察文件的质量又直接关系到设计工程质量和安全性能。设计单位的设计文件质量又关系到施工安全操作、安全防护以及作业人员和建设工程的主体结构安全。工程监理单位是保证建设工程安全生产的重要一方，对保证施工单位作业人员的安全起着重要的作用。施工机械设备生产、租赁、安装以及检验检测机构等与工程建设有关的其他单位是否依法从事相关活动，直接影响到建设工程安全。

（一）勘察单位的安全责任

建设工程勘察是指根据工程要求，查明、分析、评价建设场地的地质地理环境特征和岩土工程条件，编制建设工程勘察文件的活动。

1. 勘察单位的注册资本、专业技术人员、技术装备和业绩应当符合规定。依据《建设工程勘察设计企业资质管理规定》（建设部令第93号）取得相应等级资质证书后，在许可范围内从事勘察活动。

2. 勘察必须满足工程强制性标准的要求。工程建设强制性标准是指工程建设标准中，直接涉及人民生命财产安全、人身健康、环境保护和其他公共利益的、必须强制执行的条款。只有满足工程强制性标准，才能满足工程对安全、质量、卫生、环保等多方面的要求。因此，必须严格执行。如房屋建筑部分的工程建设强制性标准主要由建筑设计、建筑防火、建筑设备、勘察和地质基础、结构设计、房屋抗震设计、结构鉴定和加固、施工质量和安全等8个方面的相关标准组成。

3. 勘察单位提供的勘察文件应当真实、准确，满足安全生产的要求。工程勘察就是要通过测量、测绘、观察、调查、钻探、试验、测试、鉴定、分析资料和综合评价等工作查明场地的地形、地貌、地质、岩型、地质构造、地下水条件和各种自然或者人工地质现象，并提出基础、边坡等工程设计准则和工程施工的指导意见，提出解决岩土工程问题的建议，进行必要的岩土工程治理。

工程勘察应当按照勘察阶段要求，正确反映工程地质条件，提出岩土工程评价，为设计、施工提供依据。因此编制的勘察文件应当客观反映建设场地的地质、地理环境特征和岩土工程条件。勘察单位对提供的勘察成果的真实性和准确性负责。

4. 勘察单位应当严格执行操作规程、采取措施保证各类管线、设施和周边建筑物、构筑物的安全。一是勘察单位应当按照国家有关规定，制定勘察操作规程和勘查钻机、精

探车、经纬仪等设备和检测仪器的安全操作规程，并严格遵守，防止生产安全事故的发生。二是勘察单位应当采取措施，保证现场各类管线、设施和周边建筑物、构筑物的安全。

（二）设计单位的安全责任

建设工程设计，是指根据建设工程的要求，对建设工程所需的技术、经济、资源、环境等条件进行综合分析、论证，编制建设工程设计文件的活动。

1. 设计单位必须依据《建设工程勘察设计企业资质管理规定》（建设部令第93号）取得相应的等级资质证书，在许可范围内承揽设计业务。

2. 设计单位必须依法和标准进行设计，保证设计质量和施工安全。

3. 设计单位应当考虑施工安全和防护需要，对涉及施工安全的重点部位和环节，在设计文件中注明，并对防范生产安全事故提出指导意见。

《建筑法》第三十七条规定："建筑工程设计应当符合按照国家规定制定的建筑安全规程和技术规范，保证工程的安全性能"。下列涉及施工安全的重点部位和环节应当在设计文件中注明，施工单位作业前，设计单位应当就设计意图、设计文件向施工单位做出说明和技术交底，并对防范生产安全事故提出指导意见：（1）地下管线的防护：地下管线的种类和具体位置、地下管线的安全保护措施；（2）外电防护：外电与建筑物的距离、外电电压、应采用的防护措施、设置防护设施施工时应注意的安全作业事项、施工作业中的安全注意事项等；（3）深基坑工程：基坑侧壁选用的安全系数、护壁、支护结构选型、地下水控制方法及验算、承载能力极限状态和正常状态的设计计算和验算、支护结构计算和验算、质量检测及施工监控要求、采取的方式方法、安全防护设施的设置以及安全作业注意事项等；对于特殊结构的混凝土模板支护，设计单位应当提供模板支撑系统结构图及计算书。

4. 采用新结构、新材料、新工艺的建设工程以及特殊结构的工程，设计单位应当提出保障施工作业人员安全和预防生产安全事故的措施建议。

5. 设计单位和注册建筑师等注册执业人员应当对其设计负责。

按照"谁设计谁负责"的原则，设计单位和注册建筑师等注册执业人员应当对其设计质量负责。《建筑法》第七十三条规定："建筑设计单位不按照建筑工程质量、安全标准进行设计的，责令改正，处以罚款；造成工程质量事故的，责令停业整顿，降低资质等级或者吊销资质证书，没收违法所得，并处罚款；造成损失的，承担赔偿责任；构成犯罪的，依法追究刑事责任。"我国目前对设计行业已经实行了建筑师和结构工程师的个人执业注册制度，注册建筑师、注册结构工程师必须在规定的执业范围内对本人负责的建设工程设计质量负责。《建设工程质量管理条例》对注册职业人员应承担的设计质量和安全的法律责任作了明确规定。

（三）工程监理单位的安全责任

工程监理是工程监理单位受建设单位的委托，依据法律、法规及有关的技术标准、设计文件和建设工程承包合同、委托监理合同，代表建设单位对承包单位在施工质量、建设工期、建设资金使用等方面实施监督管理的活动。

1. 工程监理单位应当审查施工组织设计中的安全技术措施或者专项施工方案是否符

合工程建设强制性标准。

2. 工程监理单位在实施监理过程中，发现事故隐患的，应当要求施工单位整改；情节严重的，应当要求施工单位停止施工，并及时报告建设单位。施工单位拒不整改或者不停止施工的，工程监理单位应当及时向有关主管部门报告。

3. 工程监理单位和监理工程师应当按照法律、法规和工程建设强制性标准实施监理，对建设工程安全生产承担监理职责。

（四）有关单位的安全责任

1. 提供机械设备和配件的单位的安全责任

为建设工程提供机械设备和配件的单位，应当按照安全施工的要求配备齐全有效的保险、限位等安全设施和装置。一是向施工单位提供安全可靠的起重机械、挖掘机械、土方铲运机械、凿岩机械、基础及凿井机械、钢筋混凝土机械、筑路机械以及其他施工机械设备。二是应当依照国家有关法律、法规和安全技术规范进行有关机械设备和配件的生产经营活动。机械设备和配件的生产制造单位应当严格按照国家标准进行生产，保证产品的质量和安全。三是施工机械的安全保护装置应当符合国家和行业有关技术标准和规范的要求。对配件的生产与制造，应当符合设计要求，并保证质量和安全性能可靠。在施工过程中，严禁拆除机械设备上的自动控制机构、力矩限位器等安全装置，不得拆除监测、指示、仪表、警报器等自动报警、信号装置。为建设工程提供机械设备和配件的单位，应当对其提供的施工机械设备和配件等产品的质量和安全性能负责，对因产品质量造成生产安全事故的，应当承担相应的法律责任。

2. 出租单位的安全责任

一是出租机械设备、施工机具及配件，应当具有生产（制造）许可证、产品合格证。二是应当对出租机械设备、施工机具及配件的安全性能进行检测，在签订租赁协议时，应当出具检测合格证明。三是禁止出租检测不合格的机械设备、施工机具及配件。

3. 现场安装、拆卸施工起重机械设施单位的安全责任

一是在施工现场安装、拆卸施工起重机械和整体提升脚手架、模板等自升式架设设施，必须具有相应的资质的单位承担。二是安装、拆卸起重机械、整体提升脚手架、模板等自升式架设设施，应当编制拆装方案、制定安全施工措施，并由专业技术人员现场监督。三是施工起重机械、整体提升脚手架、模板等自升式架设设施安装完毕后，安装单位应当自检，出具自检合格证明，并向施工单位进行安全使用说明，办理验收手续并签字。

《建设工程安全生产管理条例》规定，施工起重机械、整体提升脚手架、模板等自升式架设设备的使用达到国家规定的检验检测期限的，必须经具有专业资质的检验检测机构检测。经检测不合格的，不得继续使用。检验检测机构对检测合格的施工起重机械和整体提升脚手架、模板等自升式架设设备，应当出具安全合格证明文件，并对检测结果负责。

三、施工单位的安全责任

施工单位是工程建设活动中的重要主体之一，在施工安全中居于核心地位，是绝大部分生产安全事故的直接责任方。《建设工程安全生产管理条例》对施工单位的市场准入、施工单位的安全生产行为规范和安全生产条件以及施工单位主要负责人、项目负责人、安

全管理人员和作业人员的安全责任，作出了明确的规定。

（一）施工单位的安全资质

建设市场混乱，市场行为不规范，是导致建设施工事故多发的重要原因之一。大批不具备基本安全生产条件的施工单位无证施工、越级承包、非法转包、违法分包的现象相当普遍。要改变这种无序状态，必须建立严格的建设施工安全准入制度，规范建设活动。

《建筑法》第二十六条规定，承包建筑工程的单位应当持有依法取得的资质证书，并在其资质等级许可的业务范围内承揽工程。禁止建筑施工企业超越本企业资质等级许可的业务范围或者以任何形式用其他施工企业的名义承揽工程。禁止建筑施工企业以任何形式允许其他单位或者个人使用本企业的资质证书、营业执照，以本企业的名义承揽工程。建筑法律的有关规定确立的建筑市场准入制度，为施工单位的安全资质设定了法律规范。

《建筑法》第二十条规定了从事建筑活动的建筑施工企业应当具备的条件，具体包括：有符合国家规定的注册资本；有与其从事的建筑活动相适应的具有法定执业资格的专业技术人员；有从事相关建筑活动所应有的技术装备；法律、行政法规规定的其他条件。此外《安全生产法》第十六条规定，生产经营单位应当具备本法和有关法律、行政法规和国家标准或者行业标准规定的安全生产条件；不具备安全生产条件的，不得从事生产经营活动。结合两部法律规定，施工单位要想取得相应的资质证书，除具备《建筑法》规定的注册资本、专业技术人员和技术装备外，还必须具备基本的安全生产条件，包括建立健全安全生产管理机构、配备专职安全管理人员、特种作业人员按国家规定取得特种作业操作资格证书、制定生产安全事故应急救援预案等。

（二）主要负责人和项目负责人的安全施工责任

施工单位主要负责人和项目负责人的安全素质直接关系到施工安全，必须将其应负的施工安全责任法律化。

1. 施工单位主要负责人的安全责任

根据《安全生产法》第十七条有关生产经营单位主要负责人安全责任的规定，结合建设施工的实际，《建设工程安全生产管理条例》第二十一条第一款规定，施工单位主要负责人依法对本单位的安全生产工作全面负责。其主要职责包括：

（1）建立健全安全生产责任制。

（2）建立健全安全教育培训制度。

（3）制定安全生产规章制度和操作规程。

（4）保证本单位安全生产条件所需资金的投入。

（5）对所承担的建设工程进行定期和专项安全检查，并做好安全检查记录。

2. 项目负责人的安全责任

施工单位的项目负责人即项目经理，在工程项目施工中处于《安全生产法》第五条所称的"生产经营单位主要负责人"的地位，应当对建设工程项目的安全生产负责。项目负责人在施工活动中占有非常重要的地位，代表施工企业法定代表人对项目组织实施中劳动力的调配、资金的使用、建筑材料的购进等行使决策权。因此，施工单位的项目负责人应当对建设工程项目施工安全负全面责任，是本项目安全生产的第一责任人。为了加强对项目负责人安全资格的管理，明确其安全生产职责，《建设工程安全生产管理条例》第二十一条第二款规定，施工单位的项目负责人应当由取得相应执业资格的人员担任，对建设工程项目的安全施工负责，其职责主要包括：

（1）落实安全生产责任制。

（2）落实安全生产规章制度和操作规程。

（3）确保安全生产费用的有效使用。

（4）并根据工程的特点组织制定安全施工措施，消除安全事故隐患。

（5）及时、如实报告生产安全事故。

（三）安全管理机构和安全管理人员的配置

《安全生产法》第十九条第一款规定，矿山、建筑施工单位和危险物品的生产、经营、储存单位，应当设置安全生产管理机构或者配备专职安全生产管理人员。依据《建设工程安全生产管理条例》第二十三条的规定，施工单位应当设立安全生产管理机构，配备专职安全生产管理人员。所谓安全生产管理机构是指建筑施工企业设置的负责安全生产管理工作的独立职能部门。所谓专职安全生产管理人员是指经建设主管部门或者其他有关部门安全生产考核合格取得安全生产考核合格证书，并在建筑施工企业及其项目从事安全生产管理工作的专职人员。

专职安全生产管理人员的主要职责包括：

（1）负责对安全生产进行现场监督检查。

（2）发现安全事故隐患，应当及时向项目负责人和安全生产管理机构报告；

（3）对于违章指挥、违章操作的，应当立即制止。

专职安全生产管理人员的配备办法由国务院建设行政主管部门会同国务院其他有关部门制定。根据建设部《建筑施工企业安全生产管理机构设置及专职安全生产管理人员配备办法》的要求，总承包单位配备项目专职安全生产管理人员应当满足下列要求：（1）建筑工程、装修工程按照建筑面积配备：1万平方米以下的工程不少于1人；1万~5万平方米的工程不少于2人；5万平方米及以上的工程不少于3人，且按专业配备专职安全生产管理人员。（2）土木工程、线路管道、设备安装工程按照工程合同价配备：5000万元以下的工程不少于1人；5000万~1亿元的工程不少于2人；1亿元及以上的工程不少于3人，且按专业配备专职安全生产管理人员。分包单位配备项目专职安全生产管理人员应当满足下列要求：（1）专业承包单位应当配置至少1人，并根据所承担的分部分项工程的工程量和施工危险程度增加。（2）劳务分包单位施工人员在50人以下的，应当配备1名专职安全生产管理人员；50人－200人的，应当配备2名专职安全生产管理人员；200人及以上的，应当配备3名及以上专职安全生产管理人员，并根据所承担的分部分项工程施工危险实际情况增加，不得少于工程施工人员总人数的5‰。条例实施后，建设部将会同水利部、交通部、铁道部等有关部门，根据建筑工程和水利工程、交通工程、铁道工程等不同工程施工的特点，制定专职安全生产管理人员的配备办法。

（四）总承包单位与分包单位的安全管理

施工总承包，是指发包单位将建设工程的施工任务，包括土建施工和有关设施、设备安装调试的施工任务，全部发包给一家具备相应的施工总承包资质条件的承包单位，由该施工总承包单位对全过程向建设单位负责，直到工程竣工，向建设单位交付符合设计要求和合同约定的建设工程的承包方式。实行施工总承包的，施工现场由总承包单位全面统一负责，包括工程质量、建设工期、造价控制、施工组织等，由此，施工现场的安全生产也应当由施工总承包单位负责。根据《建筑法》第二十九条的规定，施工总承包的，建筑工程主体结构的施工必须由总承包单位自行完成。

总承包单位依法将建设工程分包给其他单位的，分包合同中应当明确各自的安全生产方面的权利、义务。总承包单位和分包单位对分包工程的安全生产承担连带责任。分包单位应当服从总承包单位的安全生产管理，分包单位不服从管理导致生产安全事故的，由分包单位承担主要责任。

（五）特种作业人员的资格管理

建设施工特种作业人员直接从事建设施工特种作业，具有较大的危险性。他们的安全素质和安全技能，直接关系到施工安全。明确建设施工特种作业人员的范围，严格安全资格管理，十分必要。《安全生产法》第二十三条规定，生产经营单位的特种作业人员必须按照国家有关规定经专门的安全作业培训，取得特种作业操作资格证书，方可上岗作业。《建设工程安全生产管理条例》第二十五条规定，垂直运输机械作业人员、安装拆卸工、爆破作业人员、起重信号工、登高架设作业人员等特种作业人员，必须按照国家有关规定经过专门的安全作业培训，并取得特种作业操作资格证书后，方可上岗作业。

（六）安全警示标志和危险部位的安全防护措施

《安全生产法》第二十八条规定，生产经营单位应当在有较大危险因素的生产经营场所和有关设施、设备上，设置明显的安全警示标志。施工单位应当在施工现场入口、起重机械、临时用电设施、脚手架、出入通道口、楼梯口、电梯井口、孔洞口、桥梁口、隧道口、基坑边沿、爆破物，有害危险气体、液体的存放处等危险部位，设置明显的安全警示标志。安全警示标志必须符合国家标准。施工单位应当根据不同施工阶段和周围环境及季节、气候的变化，在施工现场采取相应的安全施工措施。施工现场暂时停止施工的，施工单位应当做好现场防护，所需费用由责任方承担，或者按照合同约定执行。

（七）施工现场的安全管理

施工现场的安全管理工作量大、涉及面广，需要全面加强。《建设工程安全生产管理条例》第三十条至第三十五条包括下列内容：

1. 毗邻建筑物、构筑物和地下管线和现场围栏的安全管理。
2. 现场消防安全管理。
3. 保障施工人员的人身安全。
4. 施工人员的安全生产义务。
5. 施工现场安全防护用具、机械设备、施工机具和配件的管理。
6. 起重机械、脚手架、模板等设施的验收、检验和备案。

（八）人身意外伤害保险

《建筑法》第四十八条规定，建筑施工企业必须为从事危险作业的职工办理意外伤害保险，支付保险费。《建设工程安全生产管理条例》第三十八条规定，施工单位应当为施工现场从事危险作业的人员办理意外伤害保险。意外伤害保险费由施工单位支付。实行施工总承包的，由总承包单位支付意外伤害保险费。意外伤害保险期限自建设工程开工之日起至竣工验收合格止。建筑法律、行政法规关于人身意外伤害保险的规定，包括4个方面的内容：一是意外伤害保险是法定的强制性保险。该项保险不论施工单位是否愿意、经济状况好坏、工程造价多少，必须投保。二是意外伤害保险的投保人是施工单位。三是意外伤害保险的被保险人或者受益人是从事危险作业的职工。四是意外伤害保险期限与建设工程工期相同。

四、建设工程安全生产监督管理的规定

（一）建筑施工安全生产的监督管理职责划分

建设施工遍及各行各业，有关法律、行政法规对建设施工安全监督管理做出了不同的规定。依照《安全生产法》第九条关于安全生产监督管理职责的规定，《建设工程安全生产管理条例》对建设施工安全综合监督管理和专项监督管理分别作出了规定。

1. 建设施工的综合监督管理

《建设工程安全生产管理条例》第三十九条规定，国务院负责安全生产监督管理的部门依照《中华人民共和国安全生产法》的规定，对全国建设工程安全生产工作实施综合监督管理。县级以上地方人民政府负责安全生产监督管理的部门依照《中华人民共和国安全生产法》的规定，对本行政区域内建设工程安全生产工作实施综合监督管理。

2. 建设施工的专项监督管理

《建设工程安全生产管理条例》第四十条规定，国务院建设行政主管部门对全国的建设工程安全生产实施监督管理。国务院铁路、交通、水利等有关部门按照国务院规定的职责分工，负责有关专业建设工程安全生产的监督管理。县级以上地方人民政府建设行政主管部门对本行政区域内的建设工程安全生产实施监督管理。县级以上地方人民政府交通、水利等有关部门在各自的职责范围内，负责本行政区域内的专业建设工程安全生产的监督管理。

（二）建设施工许可

《建设工程安全生产管理条例》第四十二条规定，建设行政主管部门在审核发放施工许可证时，应当对建设工程是否有安全施工措施进行审查，对没有安全施工措施的，不得颁发施工许可证。建设行政主管部门或者其他有关部门对建设工程是否有安全施工措施进行审查时，不得收取费用。

（三）日常监督检查措施

《建设工程安全生产管理条例》第四十三条规定，县级以上人民政府负有建设工程安全生产监督管理职责的部门在各自的职责范围内履行安全监督检查职责时，有权采取下列措施：

（1）要求被检查单位提供有关建设工程安全生产的文件和资料。

（2）进入被检查单位施工现场进行检查。

（3）纠正施工中违反安全生产要求的行为。

（4）对检查中发现的安全事故隐患，责令立即排除；重大安全事故隐患排除前或者排除过程中无法保证安全的，责令从危险区域内撤出作业人员或者暂时停止施工。

五、建设工程安全生产违法行为应负的法律责任

（一）责任主体

依照《建设工程安全生产管理条例》的规定，建设工程安全生产违法行为的责任主体包括：

1. 建设行政主管部门或者其他有关部门的工作人员。
2. 建设工程的各方主体及其有关人员。
3. 施工单位的主要负责人、项目负责人。
4. 勘察、设计、施工、监理单位的直接责任人员。
5. 注册执业人员。

（二）行政处罚种类

依照《建设工程安全生产管理条例》，对建设工程安全生产违法行为的责任主体实施下列行政处罚：

（1）警告。
（2）责令限期改正。
（3）责令停业整顿。
（4）罚款。
（5）降低资质等级。
（6）吊销资质证书。

（三）行政处罚的实施

根据现行职责分工，对建设工程安全生产违法行为实施行政处罚的决定机关不是一个而是多个，因此，必须明确有关行政处罚的执法主体。为了保证行政处罚的有效实施，《建设工程安全生产管理条例》第六十八条规定，本条例规定的行政处罚，由建设行政主管部门或者其他有关部门依照法定职权决定。违反消防安全管理规定的行为，由公安消防机构依法处罚。有关法律、行政法规对建设工程安全生产违法行为的行政处罚决定机关另有规定的，从其规定。

第五节　危险化学品安全管理条例

2011 年 3 月 2 日国务院重新修订发布了《危险化学品安全管理条例》（国务院令第 591 号），自 2011 年 12 月 1 日起施行。2002 年 1 月 26 日国务院发布的《危险化学品安全管理条例》同时废止。《危险化学品安全管理条例》的立法目的是为了加强对危险化学品的安全管理，预防和减少危险化学品事故，保证人民群众生命财产安全，保护环境。

一、危险化学品安全管理的基本规定

（一）危险化学品的范围

根据全球化学品统一分类和标签制度（GHS）的要求，一是对化学品按其健康、环境

和物理危险对物质和混合物进行统一分类；二是对每种化学品进行统一危险公示要素，包括标签和安全数据单。什么是危险化学品？一是具有毒害、腐蚀、爆炸、燃烧、助燃等特性的化学品；二是具有对人体、设施、环境造成危害的化学品。危险化学品的种类要根据化学品的危险特性的鉴别和分类标准确定。

《危险化学品安全管理条例》第三条规定："本条例所称危险化学品，是指具有毒害、腐蚀、爆炸、燃烧、助燃等性质，对人体、设施、环境具有危害的剧毒化学品和其他化学品。危险化学品目录，由国务院安全生产监督管理部门会同国务院工业和信息化、公安、环境保护、卫生、质量监督检验检疫、交通运输、铁路、民用航空、农业主管部门，根据化学品危险特性的鉴别和分类标准确定、公布，并适时调整。"

（二）《危险化学品安全管理条例》的适用范围

1. 适用范围

《危险化学品安全管理条例》第二条规定："危险化学品生产、储存、使用、经营和运输的安全管理，适用本条例。废弃危险化学品的处置，依照有关环境保护的法律、行政法规和国家有关规定执行。"第九十八条："危险化学品的进出口管理，依照有关对外贸易的法律、行政法规、规章的规定执行；进口的危险化学品的储存、使用、经营、运输的安全管理，依照本条例的规定执行。"

本条例适用的主体范围，中华人民共和国境内一切从事危险化学品生产、储存、使用、经营、运输的自然人、法人和其他组织。即国有企业事业单位、集体所有制的企业、股份制企业、中外合资经营企业、中外合作经营企业、外资企业，合伙企业、个人独资企业、自然人等，不论其经济性质如何，规模大小，还是自然人，只要从事生产、储存、使用、经营、运输危险化学品的活动，都必须遵守本条例的各项规定。

2. 排除适用

《危险化学品安全管理条例》第九十七条规定，监控化学品、属于危险化学品的药品和农药的安全管理，依照本条例的规定执行；法律、行政法规另有规定的，依照其规定。

民用爆炸物品、烟花爆竹、放射性物品、核能物质以及用于国防科研生产的危险化学品的安全管理，不适用本条例。

法律、行政法规对燃气的安全管理另有规定的，依照其规定。

危险化学品容器属于特种设备的，其安全管理依照有关特种设备安全的法律、行政法规的规定执行。

（三）危险化学品单位的安全责任

依据《危险化学品安全管理条例》的规定，危险化学品安全管理，应当坚持安全第一、预防为主、综合治理的方针，强化和落实企业的主体责任。

生产、储存、使用、经营、运输危险化学品的单位（以下统称危险化学品单位）的主要负责人对本单位的危险化学品安全管理工作全面负责。

危险化学品单位应当具备法律、行政法规规定和国家标准、行业标准要求的安全条件，建立、健全安全管理规章制度和岗位安全责任制度，对从业人员进行安全教育、法制教育和岗位技术培训。从业人员应当接受教育和培训，考核合格后上岗作业；对有资格要求的岗位，应当配备依法取得相应资格的人员。

任何单位和个人不得生产、经营、使用国家禁止生产、经营、使用的危险化学品。

国家对危险化学品的使用有限制性规定的，任何单位和个人不得违反限制性规定使用危险化学品。

（四）危险化学品监督管理部门的职责

依照《危险化学品安全管理条例》第六条的规定，对危险化学品的生产、储存、使用、经营、运输实施安全监督管理的有关部门（以下统称负有危险化学品安全监督管理职责的部门），依照下列规定履行职责：

1. 安全生产监督管理部门负责危险化学品安全监督管理综合工作，组织确定、公布、调整危险化学品目录，对新建、改建、扩建生产、储存危险化学品（包括使用长输管道输送危险化学品，下同）的建设项目进行安全条件审查，核发危险化学品安全生产许可证、危险化学品安全使用许可证和危险化学品经营许可证，并负责危险化学品登记工作。

2. 公安机关负责危险化学品的公共安全管理，核发剧毒化学品购买许可证、剧毒化学品道路运输通行证，并负责危险化学品运输车辆的道路交通安全管理。

3. 质量监督检验检疫部门负责核发危险化学品及其包装物、容器（不包括储存危险化学品的固定式大型储罐，下同）生产企业的工业产品生产许可证，并依法对其产品质量实施监督，负责对进出口危险化学品及其包装实施检验。

4. 环境保护主管部门负责废弃危险化学品处置的监督管理，组织危险化学品的环境危害性鉴定和环境风险程度评估，确定实施重点环境管理的危险化学品，负责危险化学品环境管理登记和新化学物质环境管理登记；依照职责分工调查相关危险化学品环境污染事故和生态破坏事件，负责危险化学品事故现场的应急环境监测。

5. 交通运输主管部门负责危险化学品道路运输、水路运输的许可以及运输工具的安全管理，对危险化学品水路运输安全实施监督，负责危险化学品道路运输企业、水路运输企业驾驶人员、船员、装卸管理人员、押运人员、申报人员、集装箱装箱现场检查员的资格认定。

6. 铁路主管部门负责危险化学品铁路运输的安全管理，负责危险化学品铁路运输承运人、托运人的资质审批及其运输工具的安全管理。

7. 民用航空主管部门负责危险化学品航空运输以及航空运输企业及其运输工具的安全管理。

8. 卫生主管部门负责危险化学品毒性鉴定的管理，负责组织、协调危险化学品事故受伤人员的医疗卫生救援工作。

9. 工商行政管理部门依据有关部门的许可证件，核发危险化学品生产、储存、经营、运输企业营业执照，查处危险化学品经营企业违法采购危险化学品的行为。

10. 邮政管理部门负责依法查处寄递危险化学品的行为。

（五）危险化学品安全监督管理部门的监督检查权

依据《危险化学品安全管理条例》第七条的规定，负有危险化学品安全监督管理职责的部门依法进行监督检查，可以采取下列5项措施：

1. 进入危险化学品作业场所实施现场检查，向有关单位和人员了解情况，查阅、复制有关文件、资料。

2. 发现危险化学品事故隐患，责令立即消除或者限期消除。

3. 对不符合法律、行政法规、规章规定或者国家标准、行业标准要求的设施、设备、装置、器材、运输工具，责令立即停止使用。

4. 经本部门主要负责人批准，查封违法生产、储存、使用、经营危险化学品的场所，扣押违法生产、储存、使用、经营、运输的危险化学品以及用于违法生产、使用、运输危险化学品的原材料、设备、运输工具。

5. 发现影响危险化学品安全的违法行为，当场予以纠正或者责令限期改正。

负有危险化学品安全监督管理职责的部门依法进行监督检查，监督检查人员不得少于2人，并应当出示执法证件；有关单位和个人对依法进行的监督检查应当予以配合，不得拒绝、阻碍。

（六）危险化学品安全监管的协调机制

依据《危险化学品安全管理条例》第八条的规定，县级以上人民政府应当建立危险化学品安全监督管理工作协调机制，支持、督促负有危险化学品安全监督管理职责的部门依法履行职责，协调、解决危险化学品安全监督管理工作中的重大问题。

负有危险化学品安全监督管理职责的部门应当相互配合、密切协作，依法加强对危险化学品的安全监督管理。

（七）对违反危险化学品安全管理行为的举报

依据《危险化学品安全管理条例》第九条的规定，任何单位和个人对违反本条例规定的行为，有权向负有危险化学品安全监督管理职责的部门举报。负有危险化学品安全监督管理职责的部门接到举报，应当及时依法处理；对不属于本部门职责的，应当及时移送有关部门处理。

（八）国家鼓励采取新技术、新工艺、新设备

依据《危险化学品安全管理条例》第十条的规定，国家鼓励危险化学品生产企业和使用危险化学品从事生产的企业采用有利于提高安全保障水平的先进技术、工艺、设备以及自动控制系统，鼓励对危险化学品实行专门储存、统一配送、集中销售。

二、危险化学品生产、储存安全管理的规定

（一）生产、储存的规划

依据《危险化学品安全管理条例》第十一条的规定，国家对危险化学品的生产、储存实行统筹规划、合理布局。

国务院工业和信息化主管部门以及国务院其他有关部门依据各自职责，负责危险化学品生产、储存的行业规划和布局。

地方人民政府组织编制城乡规划，应当根据本地区的实际情况，按照确保安全的原则，规划适当区域专门用于危险化学品的生产、储存。

（二）新建、改建、扩建生产、储存建设项目的安全条件审查

依据《危险化学品安全管理条例》第十二条的规定，新建、改建、扩建生产、储存危

险化学品的建设项目（以下简称建设项目），应当由安全生产监督管理部门进行安全条件审查。

建设单位应当对建设项目进行安全条件论证，委托具备国家规定的资质条件的机构对建设项目进行安全评价，并将安全条件论证和安全评价的情况报告报建设项目所在地设区的市级以上人民政府安全生产监督管理部门；安全生产监督管理部门应当自收到报告之日起45日内作出审查决定，并书面通知建设单位。具体办法由国务院安全生产监督管理部门制定。

新建、改建、扩建储存、装卸危险化学品的港口建设项目，由港口行政管理部门按照国务院交通运输主管部门的规定进行安全条件审查。

（三）生产、储存危险化学品单位管道的安全标志及检查

依据《危险化学品安全管理条例》第十三条的规定，生产、储存危险化学品的单位，应当对其铺设的危险化学品管道设置明显标志，并对危险化学品管道定期检查、检测。

进行可能危及危险化学品管道安全的施工作业，施工单位应当在开工的7日前书面通知管道所属单位，并与管道所属单位共同制定应急预案，采取相应的安全防护措施。管道所属单位应当指派专门人员到现场进行管道安全保护指导。

（四）生产危险化学品单位依法取得相应许可证

依据《危险化学品安全管理条例》第十四条的规定，危险化学品生产企业进行生产前，应当依照《安全生产许可证条例》的规定，取得危险化学品安全生产许可证。

生产列入国家实行生产许可证制度的工业产品目录的危险化学品的企业，应当依照《中华人民共和国工业产品生产许可证管理条例》的规定，取得工业产品生产许可证。

负责颁发危险化学品安全生产许可证、工业产品生产许可证的部门，应当将其颁发许可证的情况及时向同级工业和信息化主管部门、环境保护主管部门和公安机关通报。

（五）安全技术说明书

依据《危险化学品安全管理条例》第十五条的规定，危险化学品生产企业应当提供与其生产的危险化学品相符的化学品安全技术说明书，并在危险化学品包装（包括外包装件）上粘贴或者拴挂与包装内危险化学品相符的化学品安全标签。化学品安全技术说明书和化学品安全标签所载明的内容应当符合国家标准的要求。

危险化学品生产企业发现其生产的危险化学品有新的危险特性的，应当立即公告，并及时修订其化学品安全技术说明书和化学品安全标签。

（六）生产实施重点环境管理的危险化学品的环境要求

依据《危险化学品安全管理条例》第十六条的规定，生产实施重点环境管理的危险化学品的企业，应当按照国务院环境保护主管部门的规定，将该危险化学品向环境中释放等相关信息向环境保护主管部门报告。环境保护主管部门可以根据情况采取相应的环境风险控制措施。

（七）危险化学品包装物、容器的安全管理

依据《危险化学品安全管理条例》的规定，危险化学品的包装应当符合法律、行政法规、规章的规定以及国家标准、行业标准的要求。危险化学品包装物、容器的材质以及危险化学品包装的型式、规格、方法和单件质量（重量），应当与所包装的危险化学品的性

质和用途相适应。

生产列入国家实行生产许可证制度的工业产品目录的危险化学品包装物、容器的企业，应当依照《中华人民共和国工业产品生产许可证管理条例》的规定，取得工业产品生产许可证；其生产的危险化学品包装物、容器经国务院质量监督检验检疫部门认定的检验机构检验合格，方可出厂销售。

运输危险化学品的船舶及其配载的容器，应当按照国家船舶检验规范进行生产，并经海事管理机构认定的船舶检验机构检验合格，方可投入使用。

对重复使用的危险化学品包装物、容器，使用单位在重复使用前应当进行检查；发现存在安全隐患的，应当维修或者更换。使用单位应当对检查情况作出记录，记录的保存期限不得少于2年。

（八）生产装置和储存设施的选址

依据《危险化学品安全管理条例》第十九条的规定，危险化学品生产装置或者储存数量构成重大危险源的危险化学品储存设施（运输工具、加油站、加气站除外），与下列场所、设施、区域的距离应当符合国家有关规定：

1. 居住区以及商业中心、公园等人员密集场所。

2. 学校、医院、影剧院、体育场（馆）等公共设施。

3. 饮用水源、水厂以及水源保护区。

4. 车站、码头（依法经许可从事危险化学品装卸作业的除外）、机场以及通信干线、通信枢纽、铁路线路、道路交通干线、水路交通干线、地铁风亭以及地铁站出入口。

5. 基本农田保护区、基本草原、畜禽遗传资源保护区、畜禽规模化养殖场（养殖小区）、渔业水域以及种子、种畜禽、水产苗种生产基地。

6. 河流、湖泊、风景名胜区、自然保护区。

7. 军事禁区、军事管理区。

8. 法律、行政法规规定的其他场所、设施、区域。

已建的危险化学品生产装置或者储存数量构成重大危险源的危险化学品储存设施不符合前款规定的，由所在地设区的市级人民政府安全生产监督管理部门会同有关部门监督其所属单位在规定期限内进行整改；需要转产、停产、搬迁、关闭的，由本级人民政府决定并组织实施。

储存数量构成重大危险源的危险化学品储存设施的选址，应当避开地震活动断层和容易发生洪灾、地质灾害的区域。

（九）生产、储存危险化学品单位安全设备设施的设置

依据《危险化学品安全管理条例》第二十条、第二十一条的规定，生产、储存危险化学品的单位，应当根据其生产、储存的危险化学品的种类和危险特性，在作业场所设置相应的监测、监控、通风、防晒、调温、防火、灭火、防爆、泄压、防毒、中和、防潮、防雷、防静电、防腐、防泄漏以及防护围堤或者隔离操作等安全设施、设备，并按照国家标准、行业标准或者国家有关规定对安全设施、设备进行经常性维护、保养，保证安全设施、设备的正常使用。

生产、储存危险化学品的单位，应当在其作业场所和安全设施、设备上设置明显的安

全警示标志。

生产、储存危险化学品的单位，应当在其作业场所设置通信、报警装置，并保证处于适用状态。

（十）生产、储存危险化学品的安全评价

依据《危险化学品安全管理条例》第二十二条的规定，生产、储存危险化学品的企业，应当委托具备国家规定的资质条件的机构，对本企业的安全生产条件每3年进行一次安全评价，提出安全评价报告。安全评价报告的内容应当包括对安全生产条件存在的问题进行整改的方案。

生产、储存危险化学品的企业，应当将安全评价报告以及整改方案的落实情况报所在地县级人民政府安全生产监督管理部门备案。在港区内储存危险化学品的企业，应当将安全评价报告以及整改方案的落实情况报港口行政管理部门备案。

（十一）生产、储存剧毒化学品和易制爆危险化学品的专项管理

依据《危险化学品安全管理条例》的规定，生产、储存剧毒化学品或者国务院公安部门规定的可用于制造爆炸物品的危险化学品（以下简称易制爆危险化学品）的单位，应当如实记录其生产、储存的剧毒化学品、易制爆危险化学品的数量、流向，并采取必要的安全防范措施，防止剧毒化学品、易制爆危险化学品丢失或者被盗；发现剧毒化学品、易制爆危险化学品丢失或者被盗的，应当立即向当地公安机关报告。

生产、储存剧毒化学品、易制爆危险化学品的单位，应当设置治安保卫机构，配备专职治安保卫人员。

（十二）危险化学品仓库的安全管理

依据《危险化学品安全管理条例》的规定，生产、储存危险化学品的仓库应当遵循下列要求：

1. 危险化学品应当储存在专用仓库、专用场地或者专用储存室（以下统称专用仓库）内，并由专人负责管理；剧毒化学品以及储存数量构成重大危险源的其他危险化学品，应当在专用仓库内单独存放，并实行双人收发、双人保管制度。

2. 危险化学品的储存方式、方法以及储存数量应当符合国家标准或者国家有关规定。

3. 储存危险化学品的单位应当建立危险化学品出入库核查、登记制度。

4. 对剧毒化学品以及储存数量构成重大危险源的其他危险化学品，储存单位应当将其储存数量、储存地点以及管理人员的情况，报所在地县级人民政府安全生产监督管理部门（在港区内储存的，报港口行政管理部门）和公安机关备案。

5. 危险化学品专用仓库应当符合国家标准、行业标准的要求，并设置明显的标志。储存剧毒化学品、易制爆危险化学品的专用仓库，应当按照国家有关规定设置相应的技术防范设施。

6. 储存危险化学品的单位应当对其危险化学品专用仓库的安全设施、设备定期进行检测、检验。

（十三）危险化学品单位转产、停产、停业或者解散的安全管理

依据《危险化学品安全管理条例》的规定，生产、储存危险化学品的单位转产、停产、停业或者解散的，应当采取有效措施，及时、妥善处置其危险化学品生产装置、储存

设施以及库存的危险化学品，不得丢弃危险化学品；处置方案应当报所在地县级人民政府安全生产监督管理部门、工业和信息化主管部门、环境保护主管部门和公安机关备案。安全生产监督管理部门应当会同环境保护主管部门和公安机关对处置情况进行监督检查，发现未依照规定处置的，应当责令其立即处置。

三、危险化学品使用的安全管理规定

（一）使用危险化学品的单位基本安全要求

依据《危险化学品安全管理条例》的规定，使用危险化学品的单位应当遵循下列要求：

1. 使用危险化学品的单位，其使用条件（包括工艺）应当符合法律、行政法规的规定和国家标准、行业标准的要求，并根据所使用的危险化学品的种类、危险特性以及使用量和使用方式，建立、健全使用危险化学品的安全管理规章制度和安全操作规程，保证危险化学品的安全使用。

2. 使用实施重点环境管理的危险化学品从事生产的企业，应当按照国务院环境保护主管部门的规定，将该危险化学品向环境中释放等相关信息向环境保护主管部门报告。

3. 使用危险化学品的单位，应当遵守《危险化学品安全管理条例》第二十条关于安全设备设施的设置的规定。

4. 使用危险化学品的单位，应当遵守《危险化学品安全管理条例》第二十三条第一款关于生产、储存剧毒化学品和易制爆危险化学品的专项管理规定。

5. 使用危险化学品的单位，应当遵守《危险化学品安全管理条例》第二十七条关于生产、储存危险化学品单位的转产、停产、停业或者解散的规定。

6. 使用危险化学品的单位，应当遵守《危险化学品安全管理条例》第二十二条关于生产、储存危险化学品单位的安全评价的规定。

（二）安全使用许可证

依据《危险化学品安全管理条例》的规定，使用危险化学品从事生产并且使用量达到规定数量的化工企业（属于危险化学品生产企业的除外），应当依照本条例的规定取得危险化学品安全使用许可证。具体规定的危险化学品使用量的数量标准，由国务院安全生产监督管理部门会同国务院公安部门、农业主管部门确定并公布。

1. 安全条件

依据《危险化学品安全管理条例》的规定，申请危险化学品安全使用许可证的化工企业，除应当符合本条例第二十八条的规定外，还应当具备下列条件：

（1）有与所使用的危险化学品相适应的专业技术人员。

（2）有安全管理机构和专职安全管理人员。

（3）有符合国家规定的危险化学品事故应急预案和必要的应急救援器材、设备。

（4）依法进行了安全评价。

2. 申办程序

依据《危险化学品安全管理条例》的规定，使用危险化学品的单位，申请危险化学品安全使用许可证的化工企业，应当向所在地设区的市级人民政府安全生产监督管理部门提出申

请，并提交其符合申办规定条件的证明材料。设区的市级人民政府安全生产监督管理部门应当依法进行审查，自收到证明材料之日起 45 日内作出批准或者不予批准的决定。予以批准的，颁发危险化学品安全使用许可证；不予批准的，书面通知申请人并说明理由。

（三）安全使用许可证的信息共享

依据《危险化学品安全管理条例》的规定，安全生产监督管理部门应当将其颁发危险化学品安全使用许可证的情况及时向同级环境保护主管部门和公安机关通报。

四、危险化学品经营的安全管理规定

（一）经营许可证

依据《危险化学品安全管理条例》的规定，国家对危险化学品经营（包括仓储经营，下同）实行许可制度。未经许可，任何单位和个人不得经营危险化学品。

依法设立的危险化学品生产企业在其厂区范围内销售本企业生产的危险化学品，不需要取得危险化学品经营许可。

依照《中华人民共和国港口法》的规定取得港口经营许可证的港口经营人，在港区内从事危险化学品仓储经营，不需要取得危险化学品经营许可。

申请人持危险化学品经营许可证向工商行政管理部门办理登记手续后，方可从事危险化学品经营活动。法律、行政法规或者国务院规定经营危险化学品还需要经其他有关部门许可的，申请人向工商行政管理部门办理登记手续时还应当持相应的许可证件。

1. 安全条件

依据《危险化学品安全管理条例》的规定，从事危险化学品经营的企业应当具备下列条件：

（1）有符合国家标准、行业标准的经营场所，储存危险化学品的，还应当有符合国家标准、行业标准的储存设施。

（2）从业人员经过专业技术培训并经考核合格。

（3）有健全的安全管理规章制度。

（4）有专职安全管理人员。

（5）有符合国家规定的危险化学品事故应急预案和必要的应急救援器材、设备。

（6）法律、法规规定的其他条件。

2. 申办程序

依据《危险化学品安全管理条例》的规定，从事剧毒化学品、易制爆危险化学品经营的企业，应当向所在地设区的市级人民政府安全生产监督管理部门提出申请，从事其他危险化学品经营的企业，应当向所在地县级人民政府安全生产监督管理部门提出申请（有储存设施的，应当向所在地设区的市级人民政府安全生产监督管理部门提出申请）。申请人应当提交其符合申办规定条件的证明材料。

设区的市级人民政府安全生产监督管理部门或者县级人民政府安全生产监督管理部门应当依法进行审查，并对申请人的经营场所、储存设施进行现场核查，自收到证明材料之日起 30 日内作出批准或者不予批准的决定。予以批准的，颁发危险化学品经营许可证；不予批准的，书面通知申请人并说明理由。

（二）经营许可证的信息共享

依据《危险化学品安全管理条例》的规定，设区的市级人民政府安全生产监督管理部门和县级人民政府安全生产监督管理部门应当将其颁发危险化学品经营许可证的情况及时向同级环境保护主管部门和公安机关通报。

（三）危险化学品经营企业的安全管理

依据《危险化学品安全管理条例》的规定，危险化学品经营企业应当遵守下规定：

1. 危险化学品经营企业储存危险化学品的，应当遵守本条例第二章关于储存危险化学品的规定。

2. 危险化学品商店内只能存放民用小包装的危险化学品。

3. 危险化学品经营企业不得向未经许可从事危险化学品生产、经营活动的企业采购危险化学品，不得经营没有化学品安全技术说明书或者化学品安全标签的危险化学品。

（四）剧毒化学品购买许可证

1. 申办条件

依据《危险化学品安全管理条例》的规定，申请取得剧毒化学品购买许可证，申请人应当向所在地县级人民政府公安机关提交下列材料：

（1）营业执照或者法人证书（登记证书）的复印件。

（2）拟购买的剧毒化学品品种、数量的说明。

（3）购买剧毒化学品用途的说明。

（4）经办人的身份证明。

2. 申办程序

县级人民政府公安机关应当自收到申办条件规定的材料之日起3日内，作出批准或者不予批准的决定。予以批准的，颁发剧毒化学品购买许可证；不予批准的，书面通知申请人并说明理由。

剧毒化学品购买许可证管理办法由国务院公安部门制定。

（五）购买剧毒化学品、易制爆危险化学品的安全规定

依据《危险化学品安全管理条例》的规定，对购买剧毒化学品、易制爆危险化学品作出如下规定：

1. 依法取得危险化学品安全生产许可证、危险化学品安全使用许可证、危险化学品经营许可证的企业，凭相应的许可证件购买剧毒化学品、易制爆危险化学品。民用爆炸物品生产企业凭民用爆炸物品生产许可证购买易制爆危险化学品。

2. 除依法取得危险化学品安全生产许可证、危险化学品安全使用许可证、危险化学品经营许可证的企业、民用爆炸物品生产企业以外，其他单位购买剧毒化学品的，应当向所在地县级人民政府公安机关申请取得剧毒化学品购买许可证；购买易制爆危险化学品的，应当持本单位出具的合法用途说明。

3. 个人不得购买剧毒化学品（属于剧毒化学品的农药除外）和易制爆危险化学品。

（六）销售剧毒化学品、易制爆危险化学品的安全规定

依据《危险化学品安全管理条例》的规定，对销售剧毒化学品、易制爆危险化学品作出如下规定：

1. 危险化学品生产企业、经营企业销售剧毒化学品、易制爆危险化学品，应当查验本条例第三十八条第一款、第二款规定的相关许可证件或者证明文件，不得向不具有相关许可证件或者证明文件的单位销售剧毒化学品、易制爆危险化学品。对持剧毒化学品购买许可证购买剧毒化学品的，应当按照许可证载明的品种、数量销售。

2. 禁止向个人销售剧毒化学品（属于剧毒化学品的农药除外）和易制爆危险化学品。

3. 危险化学品生产企业、经营企业销售剧毒化学品、易制爆危险化学品，应当如实记录购买单位的名称、地址、经办人的姓名、身份证号码以及所购买的剧毒化学品、易制爆危险化学品的品种、数量、用途。销售记录以及经办人的身份证明复印件、相关许可证件复印件或者证明文件的保存期限不得少于 1 年。

4. 剧毒化学品、易制爆危险化学品的销售企业、购买单位应当在销售、购买后 5 日内，将所销售、购买的剧毒化学品、易制爆危险化学品的品种、数量以及流向信息报所在地县级人民政府公安机关备案，并输入计算机系统。

（七）出借、转让其购买的剧毒化学品、易制爆危险化学品的禁止规定

依据《危险化学品安全管理条例》的规定，使用剧毒化学品、易制爆危险化学品的单位不得出借、转让其购买的剧毒化学品、易制爆危险化学品；因转产、停产、搬迁、关闭等确需转让的，应当向具有本条例第三十八条第一款、第二款规定的相关许可证件或者证明文件的单位转让，并在转让后将有关情况及时向所在地县级人民政府公安机关报告。

五、危险化学品运输的安全管理规定

（一）道路、水路运输的资质和资格

1. 企业资质

依据《危险化学品安全管理条例》的规定，从事危险化学品道路运输、水路运输的，应当分别依照有关道路运输、水路运输的法律、行政法规的规定，取得危险货物道路运输许可、危险货物水路运输许可，并向工商行政管理部门办理登记手续。

危险化学品道路运输企业、水路运输企业应当配备专职安全管理人员。

2. 人员资格

依据《危险化学品安全管理条例》的规定，危险化学品道路运输企业、水路运输企业的驾驶人员、船员、装卸管理人员、押运人员、申报人员、集装箱装箱现场检查员应当经交通运输主管部门考核合格，取得从业资格。具体办法由国务院交通运输主管部门制定。

（二）装卸的安全管理

依据《危险化学品安全管理条例》的规定，危险化学品的装卸作业应当遵守安全作业标准、规程和制度，并在装卸管理人员的现场指挥或者监控下进行。水路运输危险化学品的集装箱装箱作业应当在集装箱装箱现场检查员的指挥或者监控下进行，并符合积载、隔离的规范和要求；装箱作业完毕后，集装箱装箱现场检查员应当签署装箱证明书。

（三）道路运输途中的安全管理

依据《危险化学品安全管理条例》的规定，危险化学品运输途中应当遵守下列规定：

1. 运输危险化学品，应当根据危险化学品的危险特性采取相应的安全防护措施，并配备必要的防护用品和应急救援器材。

2. 用于运输危险化学品的槽罐以及其他容器应当封口严密，能够防止危险化学品在运输过程中因温度、湿度或者压力的变化发生渗漏、洒漏；槽罐以及其他容器的溢流和泄压装置应当设置准确、起闭灵活。

3. 运输危险化学品的驾驶人员、船员、装卸管理人员、押运人员、申报人员、集装箱装箱现场检查员，应当了解所运输的危险化学品的危险特性及其包装物、容器的使用要求和出现危险情况时的应急处置方法。

4. 通过道路运输危险化学品的，托运人应当委托依法取得危险货物道路运输许可的企业承运。

5. 通过道路运输危险化学品的，应当按照运输车辆的核定载质量装载危险化学品，不得超载。

6. 危险化学品运输车辆应当符合国家标准要求的安全技术条件，并按照国家有关规定定期进行安全技术检验。

7. 危险化学品运输车辆应当悬挂或者喷涂符合国家标准要求的警示标志。

8. 通过道路运输危险化学品的，应当配备押运人员，并保证所运输的危险化学品处于押运人员的监控之下。

9. 运输危险化学品途中因住宿或者发生影响正常运输的情况，需要较长时间停车的，驾驶人员、押运人员应当采取相应的安全防范措施；运输剧毒化学品或者易制爆危险化学品的，还应当向当地公安机关报告。

10. 未经公安机关批准，运输危险化学品的车辆不得进入危险化学品运输车辆限制通行的区域。危险化学品运输车辆限制通行的区域由县级人民政府公安机关划定，并设置明显的标志。

（四）剧毒化学品道路运输通行证

依据《危险化学品安全管理条例》的规定，通过道路运输剧毒化学品的，托运人应当向运输始发地或者目的地县级人民政府公安机关申请剧毒化学品道路运输通行证。

1. 申办条件

申请剧毒化学品道路运输通行证，托运人应当向县级人民政府公安机关提交下列材料：

（1）拟运输的剧毒化学品品种、数量的说明。

（2）运输始发地、目的地、运输时间和运输路线的说明。

（3）承运人取得危险货物道路运输许可、运输车辆取得营运证以及驾驶人员、押运人员取得上岗资格的证明文件。

（4）本条例第三十八条第一款、第二款规定的购买剧毒化学品的相关许可证件，或者海关出具的进出口证明文件。

2. 申办程序

县级人民政府公安机关应当自收到前款规定的材料之日起 7 日内，作出批准或者不予批准的决定。予以批准的，颁发剧毒化学品道路运输通行证；不予批准的，书面通知申请人并说明理由。

剧毒化学品道路运输通行证管理办法由国务院公安部门制定。

（五）剧毒化学品、易制爆危险化学品丢失、被盗、被抢的安全管理

依据《危险化学品安全管理条例》的规定，剧毒化学品、易制爆危险化学品在道路运输途中丢失、被盗、被抢或者出现流散、泄漏等情况的，驾驶人员、押运人员应当立即采取相应的警示措施和安全措施，并向当地公安机关报告。公安机关接到报告后，应当根据实际情况立即向安全生产监督管理部门、环境保护主管部门、卫生主管部门通报。有关部门应当采取必要的应急处置措施。

（六）内河运输剧毒化学品和其他危险化学品的禁止规定

依据《危险化学品安全管理条例》的规定，禁止通过内河封闭水域运输剧毒化学品以及国家规定禁止通过内河运输的其他危险化学品。

除内河封闭水域以外的内河水域，禁止运输国家规定禁止通过内河运输的剧毒化学品以及其他危险化学品。

禁止通过内河运输的剧毒化学品以及其他危险化学品的范围，由国务院交通运输主管部门会同国务院环境保护主管部门、工业和信息化主管部门、安全生产监督管理部门，根据危险化学品的危险特性、危险化学品对人体和水环境的危害程度以及消除危害后果的难易程度等因素规定并公布。

（七）水路运输的安全管理

依据《危险化学品安全管理条例》的规定，水路运输危险化学品应当遵守下列规定：

1. 通过水路运输危险化学品的，应当遵守法律、行政法规以及国务院交通运输主管部门关于危险货物水路运输安全的规定。

2. 海事管理机构应当根据危险化学品的种类和危险特性，确定船舶运输危险化学品的相关安全运输条件。拟交付船舶运输的化学品的相关安全运输条件不明确的，应当经国家海事管理机构认定的机构进行评估，明确相关安全运输条件并经海事管理机构确认后，方可交付船舶运输。

3. 通过内河运输危险化学品，应当由依法取得危险货物水路运输许可的水路运输企业承运，其他单位和个人不得承运。托运人应当委托依法取得危险货物水路运输许可的水路运输企业承运，不得委托其他单位和个人承运。

4. 通过内河运输危险化学品，应当使用依法取得危险货物适装证书的运输船舶。水路运输企业应当针对所运输的危险化学品的危险特性，制定运输船舶危险化学品事故应急救援预案，并为运输船舶配备充足、有效的应急救援器材和设备。

5. 通过内河运输危险化学品的船舶，其所有人或者经营人应当取得船舶污染损害责任保险证书或者财务担保证明。船舶污染损害责任保险证书或者财务担保证明的副本应当随船携带。

6. 通过内河运输危险化学品，危险化学品包装物的材质、型式、强度以及包装方法应当符合水路运输危险化学品包装规范的要求。国务院交通运输主管部门对单船运输的危险化学品数量有限制性规定的，承运人应当按照规定安排运输数量。

7. 用于危险化学品运输作业的内河码头、泊位应当符合国家有关安全规范，与饮用水取水口保持国家规定的距离。有关管理单位应当制定码头、泊位危险化学品事故应急预案，并为码头、泊位配备充足、有效的应急救援器材和设备。用于危险化学品运输作业的

内河码头、泊位，经交通运输主管部门按照国家有关规定验收合格后方可投入使用。

8. 船舶载运危险化学品进出内河港口，应当将危险化学品的名称、危险特性、包装以及进出港时间等事项，事先报告海事管理机构。海事管理机构接到报告后，应当在国务院交通运输主管部门规定的时间内作出是否同意的决定，通知报告人，同时通报港口行政管理部门。定船舶、定航线、定货种的船舶可以定期报告。

9. 在内河港口内进行危险化学品的装卸、过驳作业，应当将危险货物的名称、特性、包装和作业的时间、地点等事项报告港口行政管理部门。港口行政管理部门接到报告后，应当在国务院交通运输主管部门规定的时间内作出是否同意的决定，通知报告人，同时通报海事管理机构。

10. 载运危险化学品的船舶在内河航行，通过过船建筑物的，应当提前向交通运输主管部门申报，并接受交通运输主管部门的管理。

11. 载运危险化学品的船舶在内河航行、装卸或者停泊，应当悬挂专用的警示标志，按照规定显示专用信号。

12. 载运危险化学品的船舶在内河航行，按照国务院交通运输主管部门的规定需要引航的，应当申请引航。

13. 载运危险化学品的船舶在内河航行，应当遵守法律、行政法规和国家其他有关饮用水水源保护的规定。内河航道发展规划应当与依法经批准的饮用水水源保护区划定方案相协调。

（八）托运人的责任

依据《危险化学品安全管理条例》的规定，托运危险化学品的，托运人应当向承运人说明所托运的危险化学品的种类、数量、危险特性以及发生危险情况的应急处置措施，并按照国家有关规定对所托运的危险化学品妥善包装，在外包装上设置相应的标志。

运输危险化学品需要添加抑制剂或者稳定剂的，托运人应当添加，并将有关情况告知承运人。

托运人不得在托运的普通货物中夹带危险化学品，不得将危险化学品匿报或者谎报为普通货物托运。

任何单位和个人不得交寄危险化学品或者在邮件、快件内夹带危险化学品，不得将危险化学品匿报或者谎报为普通物品交寄。

六、危险化学品登记与事故应急救援

（一）危险化学品登记管理

依据《危险化学品安全管理条例》的规定，国家实行危险化学品登记制度，为危险化学品安全管理以及危险化学品事故预防和应急救援提供技术、信息支持。

危险化学品生产企业、进口企业，应当向国务院安全生产监督管理部门负责危险化学品登记的机构（以下简称危险化学品登记机构）办理危险化学品登记。

危险化学品登记包括下列内容：

1. 分类和标签信息。

2. 物理、化学性质。

3. 主要用途。

4. 危险特性。

5. 储存、使用、运输的安全要求。

6. 出现危险情况的应急处置措施。

对同一企业生产、进口的同一品种的危险化学品，不进行重复登记。危险化学品生产企业、进口企业发现其生产、进口的危险化学品有新的危险特性的，应当及时向危险化学品登记机构办理登记内容变更手续。

（二）危险化学品事故应急预案

依据《危险化学品安全管理条例》的规定，县级以上地方人民政府安全生产监督管理部门应当会同工业和信息化、环境保护、公安、卫生、交通运输、铁路、质量监督检验检疫等部门，根据本地区实际情况，制定危险化学品事故应急预案，报本级人民政府批准。

危险化学品单位应当制定本单位危险化学品事故应急预案，配备应急救援人员和必要的应急救援器材、设备，并定期组织应急救援演练。

危险化学品单位应当将其危险化学品事故应急预案报所在地设区的市级人民政府安全生产监督管理部门备案。

（三）危险化学品事故应急救援

依据《危险化学品安全管理条例》的规定，发生危险化学品事故，事故单位主要负责人应当立即按照本单位危险化学品应急预案组织救援，并向当地安全生产监督管理部门和环境保护、公安、卫生主管部门报告；道路运输、水路运输过程中发生危险化学品事故的，驾驶人员、船员或者押运人员还应当向事故发生地交通运输主管部门报告。

发生危险化学品事故，有关地方人民政府应当立即组织安全生产监督管理、环境保护、公安、卫生、交通运输等有关部门，按照本地区危险化学品事故应急预案组织实施救援，不得拖延、推诿。

有关地方人民政府及其有关部门应当按照下列规定，采取必要的应急处置措施，减少事故损失，防止事故蔓延、扩大：

1. 立即组织营救和救治受害人员，疏散、撤离或者采取其他措施保护危害区域内的其他人员。

2. 迅速控制危害源，测定危险化学品的性质、事故的危害区域及危害程度。

3. 针对事故对人体、动植物、土壤、水源、大气造成的现实危害和可能产生的危害，迅速采取封闭、隔离、洗消等措施。

4. 对危险化学品事故造成的环境污染和生态破坏状况进行监测、评估，并采取相应的环境污染治理和生态修复措施。

有关危险化学品单位应当为危险化学品事故应急救援提供技术指导和必要的协助。

七、法律责任

（一）生产、经营、使用国家禁止生产、经营、使用的危险化学品的处罚

依据《危险化学品安全管理条例》第七十五条的规定，生产、经营、使用国家禁止生产、经营、使用的危险化学品的，由安全生产监督管理部门责令停止生产、经营、使用活

动，处 20 万元以上 50 万元以下的罚款，有违法所得的，没收违法所得；构成犯罪的，依法追究刑事责任。

有上述规定行为的，安全生产监督管理部门还应当责令其对所生产、经营、使用的危险化学品进行无害化处理。

违反国家关于危险化学品使用的限制性规定使用危险化学品的，由安全生产监督管理部门责令停止生产、经营、使用活动，处 20 万元以上 50 万元以下的罚款，有违法所得的，没收违法所得；构成犯罪的，依法追究刑事责任。

（二）新建、改建、扩建生产、储存危险化学品的建设项目违反安全审查的处罚

依据《危险化学品安全管理条例》第七十六条的规定，未经安全条件审查，新建、改建、扩建生产、储存危险化学品的建设项目的，由安全生产监督管理部门责令停止建设，限期改正；逾期不改正的，处 50 万元以上 100 万元以下的罚款；构成犯罪的，依法追究刑事责任。

未经安全条件审查，新建、改建、扩建储存、装卸危险化学品的港口建设项目的，由港口行政管理部门依照前款规定予以处罚。

（三）违反有关安全许可规定的处罚

依据《危险化学品安全管理条例》第七十七条的规定，未依法取得危险化学品安全生产许可证从事危险化学品生产，或者未依法取得工业产品生产许可证从事危险化学品及其包装物、容器生产的，分别依照《安全生产许可证条例》、《中华人民共和国工业产品生产许可证管理条例》的规定处罚。

违反本条例规定，化工企业未取得危险化学品安全使用许可证，使用危险化学品从事生产的，由安全生产监督管理部门责令限期改正，处 10 万元以上 20 万元以下的罚款；逾期不改正的，责令停产整顿。

违反本条例规定，未取得危险化学品经营许可证从事危险化学品经营的，由安全生产监督管理部门责令停止经营活动，没收违法经营的危险化学品以及违法所得，并处 10 万元以上 20 万元以下的罚款；构成犯罪的，依法追究刑事责任。

（四）危险化学品的单位违反有安全管理的处罚

依据《危险化学品安全管理条例》第七十八条的规定，有下列情形之一的，由安全生产监督管理部门责令改正，可以处 5 万元以下的罚款；拒不改正的，处 5 万元以上 10 万元以下的罚款；情节严重的，责令停产停业整顿：

1. 生产、储存危险化学品的单位未对其铺设的危险化学品管道设置明显的标志，或者未对危险化学品管道定期检查、检测的。

2. 进行可能危及危险化学品管道安全的施工作业，施工单位未按照规定书面通知管道所属单位，或者未与管道所属单位共同制定应急预案、采取相应的安全防护措施，或者管道所属单位未指派专门人员到现场进行管道安全保护指导的。

3. 危险化学品生产企业未提供化学品安全技术说明书，或者未在包装（包括外包装件）上粘贴、拴挂化学品安全标签的。

4. 危险化学品生产企业提供的化学品安全技术说明书与其生产的危险化学品不相符，或者在包装（包括外包装件）粘贴、拴挂的化学品安全标签与包装内危险化学品不相符，

或者化学品安全技术说明书、化学品安全标签所载明的内容不符合国家标准要求的。

5. 危险化学品生产企业发现其生产的危险化学品有新的危险特性不立即公告，或者不及时修订其化学品安全技术说明书和化学品安全标签的。

6. 危险化学品经营企业经营没有化学品安全技术说明书和化学品安全标签的危险化学品的。

7. 危险化学品包装物、容器的材质以及包装的型式、规格、方法和单件质量（重量）与所包装的危险化学品的性质和用途不相适应的。

8. 生产、储存危险化学品的单位未在作业场所和安全设施、设备上设置明显的安全警示标志，或者未在作业场所设置通讯、报警装置的。

9. 危险化学品专用仓库未设专人负责管理，或者对储存的剧毒化学品以及储存数量构成重大危险源的其他危险化学品未实行双人收发、双人保管制度的。

10. 储存危险化学品的单位未建立危险化学品出入库核查、登记制度的。

11. 危险化学品专用仓库未设置明显标志的；

12. 危险化学品生产企业、进口企业不办理危险化学品登记，或者发现其生产、进口的危险化学品有新的危险特性不办理危险化学品登记内容变更手续的。

从事危险化学品仓储经营的港口经营人有前款规定情形的，由港口行政管理部门依照前款规定予以处罚。储存剧毒化学品、易制爆危险化学品的专用仓库未按照国家有关规定设置相应的技术防范设施的，由公安机关依照前款规定予以处罚。

生产、储存剧毒化学品、易制爆危险化学品的单位未设置治安保卫机构、配备专职治安保卫人员的，依照《企业事业单位内部治安保卫条例》的规定处罚。

（五）危险化学品包装物、容器违反检验规定的处罚

依据《危险化学品安全管理条例》第七十九条的规定，危险化学品包装物、容器生产企业销售未经检验或者经检验不合格的危险化学品包装物、容器的，由质量监督检验检疫部门责令改正，处 10 万元以上 20 万元以下的罚款，有违法所得的，没收违法所得；拒不改正的，责令停产停业整顿；构成犯罪的，依法追究刑事责任。

将未经检验合格的运输危险化学品的船舶及其配载的容器投入使用的，由海事管理机构依照前款规定予以处罚。

（六）生产、储存、使用危险化学品的单位违反有关安全管理规定的处罚

依据《危险化学品安全管理条例》第八十条的规定，生产、储存、使用危险化学品的单位有下列情形之一的，由安全生产监督管理部门责令改正，处 5 万元以上 10 万元以下的罚款；拒不改正的，责令停产停业整顿直至由原发证机关吊销其相关许可证件，并由工商行政管理部门责令其办理经营范围变更登记或者吊销其营业执照；有关责任人员构成犯罪的，依法追究刑事责任：

1. 对重复使用的危险化学品包装物、容器，在重复使用前不进行检查的。

2. 未根据其生产、储存的危险化学品的种类和危险特性，在作业场所设置相关安全设施、设备，或者未按照国家标准、行业标准或者国家有关规定对安全设施、设备进行经常性维护、保养的。

3. 未依照本条例规定对其安全生产条件定期进行安全评价的。

4. 未将危险化学品储存在专用仓库内，或者未将剧毒化学品以及储存数量构成重大危险源的其他危险化学品在专用仓库内单独存放的；

5. 危险化学品的储存方式、方法或者储存数量不符合国家标准或者国家有关规定的；

6. 危险化学品专用仓库不符合国家标准、行业标准的要求的；

7. 未对危险化学品专用仓库的安全设施、设备定期进行检测、检验的。

从事危险化学品仓储经营的港口经营人有前款规定情形的，由港口行政管理部门依照前款规定予以处罚。

（七）生产、储存、使用剧毒化学品、易制爆危险化学品的单位违反有关规定的处罚

依据《危险化学品安全管理条例》第八十一条的规定，有下列情形之一的，由公安机关责令改正，可以处1万元以下的罚款；拒不改正的，处1万元以上5万元以下的罚款：

1. 生产、储存、使用剧毒化学品、易制爆危险化学品的单位不如实记录生产、储存、使用的剧毒化学品、易制爆危险化学品的数量、流向的。

2. 生产、储存、使用剧毒化学品、易制爆危险化学品的单位发现剧毒化学品、易制爆危险化学品丢失或者被盗，不立即向公安机关报告的。

3. 储存剧毒化学品的单位未将剧毒化学品的储存数量、储存地点以及管理人员的情况报所在地县级人民政府公安机关备案的。

4. 危险化学品生产企业、经营企业不如实记录剧毒化学品、易制爆危险化学品购买单位的名称、地址、经办人的姓名、身份证号码以及所购买的剧毒化学品、易制爆危险化学品的品种、数量、用途，或者保存销售记录和相关材料的时间少于1年的。

5. 剧毒化学品、易制爆危险化学品的销售企业、购买单位未在规定的时限内将所销售、购买的剧毒化学品、易制爆危险化学品的品种、数量以及流向信息报所在地县级人民政府公安机关备案的。

6. 使用剧毒化学品、易制爆危险化学品的单位依照本条例规定转让其购买的剧毒化学品、易制爆危险化学品，未将有关情况向所在地县级人民政府公安机关报告的。

生产、储存危险化学品的企业或者使用危险化学品从事生产的企业未按照本条例规定将安全评价报告以及整改方案的落实情况报安全生产监督管理部门或者港口行政管理部门备案，或者储存危险化学品的单位未将其剧毒化学品以及储存数量构成重大危险源的其他危险化学品的储存数量、储存地点以及管理人员的情况报安全生产监督管理部门或者港口行政管理部门备案的，分别由安全生产监督管理部门或者港口行政管理部门依照前款规定予以处罚。

生产实施重点环境管理的危险化学品的企业或者使用实施重点环境管理的危险化学品从事生产的企业未按照规定将相关信息向环境保护主管部门报告的，由环境保护主管部门依照本条第一款的规定予以处罚。

（八）违反有关转产、停产、停业或者解散规定的处罚

依据《危险化学品安全管理条例》第八十二条的规定，生产、储存、使用危险化学品的单位转产、停产、停业或者解散，未采取有效措施及时、妥善处置其危险化学品生产装置、储存设施以及库存的危险化学品，或者丢弃危险化学品的，由安全生产监督管理部门责令改正，处5万元以上10万元以下的罚款；构成犯罪的，依法追究刑事责任。

生产、储存、使用危险化学品的单位转产、停产、停业或者解散，未依照本条例规定将其危险化学品生产装置、储存设施以及库存危险化学品的处置方案报有关部门备案的，分别由有关部门责令改正，可以处1万元以下的罚款；拒不改正的，处1万元以上5万元以下的罚款。

（九）危险化学品经营企业违反采购规定的处罚

依据《危险化学品安全管理条例》第八十三条的规定，危险化学品经营企业向未经许可违法从事危险化学品生产、经营活动的企业采购危险化学品的，由工商行政管理部门责令改正，处10万元以上20万元以下的罚款；拒不改正的，责令停业整顿直至由原发证机关吊销其危险化学品经营许可证，并由工商行政管理部门责令其办理经营范围变更登记或者吊销其营业执照。

（十）违反规定销售剧毒化学品、易制爆危险化学品的处罚

依据《危险化学品安全管理条例》第八十四条的规定，危险化学品生产企业、经营企业有下列情形之一的，由安全生产监督管理部门责令改正，没收违法所得，并处10万元以上20万元以下的罚款；拒不改正的，责令停产停业整顿直至吊销其危险化学品安全生产许可证、危险化学品经营许可证，并由工商行政管理部门责令其办理经营范围变更登记或者吊销其营业执照：

1. 向不具有本条例第三十八条第一款、第二款规定的相关许可证件或者证明文件的单位销售剧毒化学品、易制爆危险化学品的。

2. 不按照剧毒化学品购买许可证载明的品种、数量销售剧毒化学品的。

3. 向个人销售剧毒化学品（属于剧毒化学品的农药除外）、易制爆危险化学品的。

不具有本条例第三十八条第一款、第二款规定的相关许可证件或者证明文件的单位购买剧毒化学品、易制爆危险化学品，或者个人购买剧毒化学品（属于剧毒化学品的农药除外）、易制爆危险化学品的，由公安机关没收所购买的剧毒化学品、易制爆危险化学品，可以并处5 000元以下的罚款。

使用剧毒化学品、易制爆危险化学品的单位出借或者向不具有本条例第三十八条第一款、第二款规定的相关许可证件的单位转让其购买的剧毒化学品、易制爆危险化学品，或者向个人转让其购买的剧毒化学品（属于剧毒化学品的农药除外）、易制爆危险化学品的，由公安机关责令改正，处10万元以上20万元以下的罚款；拒不改正的，责令停产停业整顿。

（十一）违反道路、水路运输规定的处罚

依据《危险化学品安全管理条例》的规定，未依法取得危险货物道路运输许可、危险货物水路运输许可，从事危险化学品道路运输、水路运输的，分别依照有关道路运输、水路运输的法律、行政法规的规定处罚。

1. 有下列情形之一的，由交通运输主管部门责令改正，处5万元以上10万元以下的罚款；拒不改正的，责令停产停业整顿；构成犯罪的，依法追究刑事责任。

（1）危险化学品道路运输企业、水路运输企业的驾驶人员、船员、装卸管理人员、押运人员、申报人员、集装箱装箱现场检查员未取得从业资格上岗作业的。

（2）运输危险化学品，未根据危险化学品的危险特性采取相应的安全防护措施，或者

未配备必要的防护用品和应急救援器材的。

（3）使用未依法取得危险货物适装证书的船舶，通过内河运输危险化学品的。

（4）通过内河运输危险化学品的承运人违反国务院交通运输主管部门对单船运输的危险化学品数量的限制性规定运输危险化学品的。

（5）用于危险化学品运输作业的内河码头、泊位不符合国家有关安全规范，或者未与饮用水取水口保持国家规定的安全距离，或者未经交通运输主管部门验收合格投入使用的。

（6）托运人不向承运人说明所托运的危险化学品的种类、数量、危险特性以及发生危险情况的应急处置措施，或者未按照国家有关规定对所托运的危险化学品妥善包装并在外包装上设置相应标志的。

（7）运输危险化学品需要添加抑制剂或者稳定剂，托运人未添加或者未将有关情况告知承运人的。

2．有下列情形之一的，由交通运输主管部门责令改正，处 10 万元以上 20 万元以下的罚款，有违法所得的，没收违法所得；拒不改正的，责令停产停业整顿；构成犯罪的，依法追究刑事责任：

（1）委托未依法取得危险货物道路运输许可、危险货物水路运输许可的企业承运危险化学品的。

（2）通过内河封闭水域运输剧毒化学品以及国家规定禁止通过内河运输的其他危险化学品的。

（3）通过内河运输国家规定禁止通过内河运输的剧毒化学品以及其他危险化学品的。

（4）在托运的普通货物中夹带危险化学品，或者将危险化学品谎报或者匿报为普通货物托运的。

在邮件、快件内夹带危险化学品，或者将危险化学品谎报为普通物品交寄的，依法给予治安管理处罚；构成犯罪的，依法追究刑事责任。

邮政企业、快递企业收寄危险化学品的，依照《中华人民共和国邮政法》的规定处罚。

3．有下列情形之一的，由公安机关责令改正，处 5 万元以上 10 万元以下的罚款；构成违反治安管理行为的，依法给予治安管理处罚；构成犯罪的，依法追究刑事责任：

（1）超过运输车辆的核定载质量装载危险化学品的。

（2）使用安全技术条件不符合国家标准要求的车辆运输危险化学品的。

（3）运输危险化学品的车辆未经公安机关批准进入危险化学品运输车辆限制通行的区域的。

（4）未取得剧毒化学品道路运输通行证，通过道路运输剧毒化学品的。

4．有下列情形之一的，由公安机关责令改正，处 1 万元以上 5 万元以下的罚款；构成违反治安管理行为的，依法给予治安管理处罚：

（1）危险化学品运输车辆未悬挂或者喷涂警示标志，或者悬挂或者喷涂的警示标志不符合国家标准要求的。

（2）通过道路运输危险化学品，不配备押运人员的。

（3）运输剧毒化学品或者易制爆危险化学品途中需要较长时间停车，驾驶人员、押运人员不向当地公安机关报告的。

（4）剧毒化学品、易制爆危险化学品在道路运输途中丢失、被盗、被抢或者发生流散、泄露等情况，驾驶人员、押运人员不采取必要的警示措施和安全措施，或者不向当地公安机关报告的。

5. 有下列情形之一的，由交通运输主管部门责令改正，可以处 1 万元以下的罚款；拒不改正的，处 1 万元以上 5 万元以下的罚款：

（1）危险化学品道路运输企业、水路运输企业未配备专职安全管理人员的。

（2）用于危险化学品运输作业的内河码头、泊位的管理单位未制定码头、泊位危险化学品事故应急救援预案，或者未为码头、泊位配备充足、有效的应急救援器材和设备的。

（十二）违反有关许可管理的处罚

依据《危险化学品安全管理条例》第九十三条的规定，伪造、变造或者出租、出借、转让危险化学品安全生产许可证、工业产品生产许可证，或者使用伪造、变造的危险化学品安全生产许可证、工业产品生产许可证的，分别依照《安全生产许可证条例》、《中华人民共和国工业产品生产许可证管理条例》的规定处罚。

伪造、变造或者出租、出借、转让本条例规定的其他许可证，或者使用伪造、变造的本条例规定的其他许可证的，分别由相关许可证的颁发管理机关处 10 万元以上 20 万元以下的罚款，有违法所得的，没收违法所得；构成违反治安管理行为的，依法给予治安管理处罚；构成犯罪的，依法追究刑事责任。

（十三）危险化学品安全监督管理部门及其工作人员渎职、失职的法律责任

依据《危险化学品安全管理条例》第九十六条的规定，负有危险化学品安全监督管理职责的部门的工作人员，在危险化学品安全监督管理工作中滥用职权、玩忽职守、徇私舞弊，构成犯罪的，依法追究刑事责任；尚不构成犯罪的，依法给予处分。

第六节 烟花爆竹安全管理条例

为了加强烟花爆竹生产安全的管理和监督，防止和减少烟花爆竹事故，2006 年 1 月 21 日国务院公布了《烟花爆竹安全管理条例》，自公布之日起施行。

一、烟花爆竹安全管理的基本规定

（一）烟花爆竹的范围

《烟花爆竹安全管理条例》第二条规定："本条例所称烟花爆竹，是指烟花爆竹制品和用于生产烟花爆竹的民用黑火药、烟火药、引火线等物品。"

（二）资质许可

《烟花爆竹安全管理条例》第三条规定："国家对烟花爆竹的生产、经营、运输和举办焰火晚会以及其他大型焰火燃放活动，实行许可证制度。未经许可，任何单位或者个人不得生产、经营、运输烟花爆竹，不得举办焰火晚会以及其他大型焰火燃放活动"。

（三）烟花爆竹安全管理的政府部门及职责

依据《烟花爆竹安全管理条例》的规定，安全生产监督管理部门负责烟花爆竹的安全生产监督管理；公安部门负责烟花爆竹的公共安全管理；质量监督检验部门负责烟花爆竹的质量监督和进出口检验。

公安部门、安全生产监督管理部门、质量监督检验部门、工商行政管理部门应当按照职责分工，组织查处非法生产、经营、储存、运输、邮寄烟花爆竹以及非法燃放烟花爆竹的行为。

（四）主要负责人的责任

依据《烟花爆竹安全管理条例》的规定，烟花爆竹生产、经营、运输企业和焰火晚会以及其他大型焰火燃放活动主办单位的主要负责人，对本单位的烟花爆竹安全工作负责。

烟花爆竹生产、经营、运输企业和焰火晚会以及其他大型焰火燃放活动主办单位应当建立健全安全责任制，制定各项安全管理制度和操作规程，并对从业人员定期进行安全教育、法制教育和岗位技术培训。

二、烟花爆竹生产安全的规定

（一）烟花爆竹生产企业应当具备的安全生产条件

烟花爆竹生产企业应当具备以下条件：

1. 符合当地产业结构规划。
2. 基本建设项目经过批准。
3. 选址符合城乡规划，并与周边建筑、设施保持必要的安全距离。
4. 厂房和仓库的设计、结构和材料以及防火、防爆、防雷、防静电等安全设备、设施符合国家有关标准和规范。
5. 生产设备、工艺符合安全标准。
6. 产品品种、规格、质量符合国家标准。
7. 有健全的安全生产责任制。
8. 有安全生产管理机构和专职安全生产管理人员。
9. 依法进行了安全评价。
10. 有事故应急救援预案、应急救援组织或者应急救援人员，配备必要的应急救援器材、设备。
11. 法律、法规规定的其他条件。

（二）烟花爆竹安全生产许可证

依据《烟花爆竹安全管理条例》的规定，生产烟花爆竹的企业，应当在投入生产前向所在地设区的市人民政府安全生产监督管理部门提出安全审查申请，并提交能够证明符合本条例第八条规定条件的有关材料。设区的市人民政府安全生产监督管理部门应当自收到材料之日起20日内提出安全审查初步意见，报省、自治区、直辖市人民政府安全生产监督管理部门审查。省、自治区、直辖市人民政府安全生产监督管理部门应当自受理申请之日起45日内进行安全审查，对符合条件的，核发《烟花爆竹安全生产许可证》；对不符合条件的，应当说明理由。

生产烟花爆竹的企业，持《烟花爆竹安全生产许可证》到工商行政管理部门办理登记手续后，方可从事烟花爆竹生产活动。

生产烟花爆竹的企业为扩大生产能力进行基本建设或者技术改造的，应当依照本条例的规定申请办理安全生产许可证。

（三）从业人员的安全资格

依据《烟花爆竹安全管理条例》的要求，生产烟花爆竹的企业，应当对生产作业人员进行安全生产知识教育，对从事药物混合、造粒、筛选、装药、筑药、压药、切引、搬运等危险工序的作业人员进行专业技术培训。从事危险工序的作业人员经设区的市人民政府安全生产监督管理部门考核合格，方可上岗作业。

（四）安全管理

依据《烟花爆竹安全管理条例》的规定，生产烟花爆竹的企业，应当按照安全生产许可证核定的产品种类进行生产，生产工序和生产作业应当执行有关国家标准和行业标准。

生产烟花爆竹使用的原料，应当符合国家标准的规定。生产烟花爆竹使用的原料，国家标准有用量限制的，不得超过规定的用量。不得使用国家标准规定禁止使用或者禁忌配伍的物质生产烟花爆竹。

生产烟花爆竹的企业，应当按照国家标准的规定，在烟花爆竹产品上标注燃放说明，并在烟花爆竹包装物上印制易燃易爆危险物品警示标志。

生产烟花爆竹的企业，应当对黑火药、烟火药、引火线的保管采取必要的安全技术措施，建立购买、领用、销售登记制度，防止黑火药、烟火药、引火线丢失。黑火药、烟火药、引火线丢失的，企业应当立即向当地安全生产监督管理部门和公安部门报告。

（五）规章制度

烟花爆竹生产企业应当建立健全安全责任制，制定各项安全管理制度和操作规程。

三、烟花爆竹经营安全的规定

（一）烟花爆竹的批发和零售

《烟花爆竹安全管理条例》规定，从事烟花爆竹批发的企业和零售经营者的经营布点，应当经安全生产监督管理部门审批。在城市市区，禁止布设烟花爆竹批发场所；烟花爆竹零售网点，应当按照严格控制的原则合理布设。

烟花爆竹批发企业应当向生产烟花爆竹的企业采购烟花爆竹，向烟花爆竹零售经营者供应烟花爆竹，但不得向从事烟花爆竹零售的经营者供应按照国家标准规定应由专业燃放人员燃放的烟花爆竹。

烟花爆竹批发企业、零售经营者不得采购和销售非法生产、经营的烟花爆竹。生产、经营黑火药、烟火药、引火线的企业，不得向未取得烟花爆竹安全生产许可的任何单位或者个人销售黑火药、烟火药和引火线。

（二）烟花爆竹批发企业的条件

依照《烟花爆竹安全管理条例》的规定，烟花爆竹批发企业应当具备的条件有：

1. 具有企业法人条件。

2. 经营场所与周边建筑、设施保持必要的安全距离。

3. 有符合国家标准的经营场所和储存仓库。

4. 有保管员、仓库守护员。

5. 依法进行了安全评价。

6. 有事故应急救援预案、应急救援组织和人员，并配备必要的应急救援器材、设备。

7. 法律、法规规定的其他条件。

（三）烟花爆竹零售经营者的条件

依照《烟花爆竹安全管理条例》的规定，烟花爆竹零售经营者应当具备下列条件：

1. 主要负责人经过安全知识教育。

2. 实行专店或者专柜销售，设专人负责安全管理。

3. 经营场所配备必要的消防器材，张贴明显的安全警示标志。

4. 法律、法规规定的其他条件。

（四）烟花爆竹经营安全许可证

依据《烟花爆竹安全管理条例》的规定，申请从事烟花爆竹批发的企业，应当向所在地省、自治区、直辖市人民政府安全生产监督管理部门或者其委托的设区的市人民政府安全生产监督管理部门提出申请，并提供能够证明符合本条例第十七条规定条件的有关材料。受理申请的安全生产监督管理部门应当自受理申请之日起 30 日内对提交的有关材料和经营场所进行审查，对符合条件的，核发《烟花爆竹经营（批发）许可证》；对不符合条件的，应当说明理由。

申请从事烟花爆竹零售的经营者，应当向所在地县级人民政府安全生产监督管理部门提出申请，并提供能够证明符合本条例第十八条规定条件的有关材料。受理申请的安全生产监督管理部门应当自受理申请之日起 20 日内对提交的有关材料和经营场所进行审查，对符合条件的，核发《烟花爆竹经营（零售）许可证》；对不符合条件的，应当说明理由。

烟花爆竹批发企业、零售经营者，持烟花爆竹经营许可证到工商行政管理部门办理登记手续后，方可从事烟花爆竹经营活动。

四、烟花爆竹运输安全的规定

（一）烟花爆竹道路运输许可证

依据《烟花爆竹安全管理条例》的规定，从事道路运输烟花爆竹的，托运人应当向运达地县级人民政府公安部门提出申请，并提交七方面的证明材料，包括：承运人从事危险货物运输的资质证明；驾驶员、押运员从事危险货物运输的资格证明；危险货物运输车辆的道路运输证明；托运人从事烟花爆竹生产、经营的资质证明；烟花爆竹的购销合同及运输烟花爆竹的种类、规格、数量；烟花爆竹的产品质量和包装合格证明；运输车辆牌号、运输时间、起始地点、行驶路线、经停地点等。

受理道路运输烟花爆竹申请的公安部门应当自受理申请之日起 3 日内对托运人提交的有关材料进行审查，对符合条件的，核发《烟花爆竹道路运输许可证》；对不符合条件的，应当说明理由。《烟花爆竹道路运输许可证》应当载明托运人、承运人、一次性运输有效期限、起始地点、行驶路线、经停地点、烟花爆竹的种类、规格和数量。

（二）道路运输烟花爆竹的要求

依据《烟花爆竹安全管理条例》的规定，从事道路运输烟花爆竹的除应当遵守《中华人民共和国道路交通安全法》外，还应当遵守：随车携带《烟花爆竹道路运输许可证》；不得违反运输许可事项；运输车辆悬挂或者安装符合国家标准的易燃易爆危险物品警示标志；烟花爆竹的装载符合国家有关标准和规范；装载烟花爆竹的车厢不得载人；运输车辆限速行驶，途中经停必须有专人看守；出现危险情况立即采取必要的措施，并报告当地公安部门。

托运人将烟花爆竹运达目的地后，收货人应当在 3 日内将《烟花爆竹道路运输许可证》交回发证机关核销。禁止邮寄烟花爆竹，禁止在托运的行李、包裹、邮件中夹带烟花爆竹。

经由铁路、水路、航空运输烟花爆竹的，应当依照铁路、水路、航空运输安全管理的有关法律、法规、规章的规定执行。

五、烟花爆竹燃放安全的规定

（一）一般要求

依据《烟花爆竹安全管理条例》的规定，燃放烟花爆竹应当遵守有关法律、法规和规章的规定。燃放烟花爆竹，应当按照燃放说明燃放，不得以危害公共安全和人身、财产安全的方式燃放烟花爆竹。禁止在法律法规明确规定禁燃的地点燃放烟花爆竹，这些地点包括：文物保护单位；车站、码头、飞机场等交通枢纽以及铁路线路安全保护区内；易燃易爆物品生产、储存单位；输变电设施安全保护区内；医疗机构、幼儿园、中小学校、敬老院；山林、草原等重点防火区；县级以上地方人民政府规定的禁止燃放烟花爆竹的其他地点。除上述地点外，县级以上地方人民政府可以根据本行政区域的实际情况，确定限制或者禁止燃放烟花爆竹的时间、地点和种类。

各级人民政府和政府有关部门应当开展社会宣传活动，教育公民遵守有关法律、法规和规章，安全燃放烟花爆竹。广播、电视、报刊等新闻媒体，应当做好安全燃放烟花爆竹的宣传、教育工作。未成年人的监护人应当对未成年人进行安全燃放烟花爆竹的教育。

（二）焰火晚会等大型焰火燃放活动的许可

依据《烟花爆竹安全管理条例》的规定，举办焰火晚会以及其他大型焰火燃放活动，应当按照举办的时间、地点、环境、活动性质、规模以及燃放烟花爆竹的种类、规格和数量，确定危险等级，实行分级管理。

申请举办焰火晚会以及其他大型焰火燃放活动，主办单位应当按照分级管理的规定，向公安部门提出申请，并提交有关材料：举办焰火晚会以及其他大型焰火燃放活动的时间、地点、环境、活动性质、规模；燃放烟花爆竹的种类、规格、数量；燃放作业方案；燃放作业单位、作业人员符合行业标准规定条件的证明等。

受理申请的公安部门应当自受理申请之日起 20 日内对提交的有关材料进行审查，对符合条件的，核发《焰火燃放许可证》；对不符合条件的，应当说明理由。焰火晚会以及其他大型焰火燃放活动燃放作业单位和作业人员，应当按照焰火燃放安全规程和经许可的燃放作业方案进行燃放作业。公安部门应当加强对危险等级较高的焰火晚会以及其他大型焰火燃放活动的监督检查。

六、烟花爆竹安全违法行为应负的法律责任

（一）非法从事烟花爆竹生产经营运输活动的处罚

《烟花爆竹安全管理条例》第三十六条规定，对未经许可生产、经营烟花爆竹制品，或者向未取得烟花爆竹安全生产许可的单位或者个人销售黑火药、烟火药、引火线的，由安全生产监督管理部门责令停止非法生产、经营活动，处2万元以上10万元以下的罚款，并没收非法生产、经营的物品及违法所得。

对未经许可经由道路运输烟花爆竹的，由公安部门责令停止非法运输活动，处1万元以上5万元以下的罚款，并没收非法运输的物品及违法所得。

非法生产、经营、运输烟花爆竹，构成违反治安管理行为的，依法给予治安管理处罚；构成犯罪的，依法追究刑事责任。

（二）对不具备安全生产条件的生产企业的处罚

《烟花爆竹安全管理条例》第三十七条规定，生产烟花爆竹的企业有下列行为之一的，由安全生产监督管理部门责令限期改正，处1万元以上5万元以下的罚款；逾期不改正的，责令停产停业整顿，情节严重的，吊销安全生产许可证：

（1）未按照安全生产许可证核定的产品种类进行生产的。

（2）生产工序或者生产作业不符合有关国家标准、行业标准的。

（3）雇佣未经设区的市人民政府安全生产监督管理部门考核合格的人员从事危险工序作业的。

（4）生产烟花爆竹使用的原料不符合国家标准规定的，或者使用的原料超过国家标准规定的用量限制的。

（5）使用按照国家标准规定禁止使用或者禁忌配伍的物质生产烟花爆竹的。

（6）未按照国家标准的规定在烟花爆竹产品上标注燃放说明，或者未在烟花爆竹的包装物上印制易燃易爆危险物品警示标志的。

（三）对违反规定销售烟花爆竹活动的处罚

《烟花爆竹安全管理条例》第三十八条规定，从事烟花爆竹批发的企业向从事烟花爆竹零售的经营者供应非法生产、经营的烟花爆竹，或者供应按照国家标准规定应当由专业燃放人员燃放的烟花爆竹的，由安全生产监督管理部门责令停止违法行为，处2万元以上10万元以下的罚款，并没收非法经营的物品及违法所得；情节严重的，吊销烟花爆竹经营许可证。

从事烟花爆竹零售的经营者销售非法生产、经营的烟花爆竹，或者销售按照国家标准规定应当由专业燃放人员燃放的烟花爆竹的，由安全生产监督管理部门责令停止违法行为，处1 000元以上5 000元以下的罚款，并没收非法经营的物品及违法所得；情节严重的，吊销烟花爆竹经营许可证。

（四）对丢失主要烟花爆竹生产原料而不报告的行为的处罚

《烟花爆竹安全管理条例》第三十九条规定，生产、经营、使用黑火药、烟火药、引火线的企业，丢失黑火药、烟火药、引火线未及时向当地安全生产监督管理部门和公安部

门报告的，由公安部门对企业主要负责人处 5 000 元以上 2 万元以下的罚款，对丢失的物品予以追缴。

（五）对违反道路运输规定的行为的处罚

《烟花爆竹安全管理条例》第四十条规定，经由道路运输烟花爆竹，有下列行为之一的，由公安部门责令改正，处 200 元以上 2 000 元以下的罚款：

（1）违反运输许可事项的。

（2）未随车携带《烟花爆竹道路运输许可证》的。

（3）运输车辆没有悬挂或者安装符合国家标准的易燃易爆危险物品警示标志的。

（4）烟花爆竹的装载不符合国家有关标准和规范的。

（5）装载烟花爆竹的车厢载人的。

（6）超过危险物品运输车辆规定时速行驶的。

（7）运输车辆途中经停没有专人看守的。

（8）运达目的地后，未按规定时间将《烟花爆竹道路运输许可证》交回发证机关核销的。

（六）对违规携带和邮寄烟花爆竹行为的处罚

《烟花爆竹安全管理条例》第四十一条规定，对携带烟花爆竹搭乘公共交通工具，或者邮寄烟花爆竹以及在托运的行李、包裹、邮件中夹带烟花爆竹的，由公安部门没收非法携带、邮寄、夹带的烟花爆竹，可以并处 200 元以上 1 000 元以下的罚款。

（七）对违规举办大型焰火燃放活动的处罚

《烟花爆竹安全管理条例》第四十二条规定，对未经许可举办焰火晚会以及其他大型焰火燃放活动，或者焰火晚会以及其他大型焰火燃放活动燃放作业单位和作业人员违反焰火燃放安全规程、燃放作业方案进行燃放作业的，由公安部门责令停止燃放，对责任单位处 1 万元以上 5 万元以下的罚款。

在禁止燃放烟花爆竹的时间、地点燃放烟花爆竹，或者以危害公共安全和人身、财产安全的方式燃放烟花爆竹的，由公安部门责令停止燃放，处 100 元以上 500 元以下的罚款；构成违反治安管理行为的，依法给予治安管理处罚。

（八）对没收非法烟花爆竹产品的处置

《烟花爆竹安全管理条例》第四十三条规定，对没收的非法烟花爆竹以及生产、经营企业弃置的废旧烟花爆竹，应当就地封存，并由公安部门组织销毁、处置。

（九）对监管部门有关人员违规行为的处罚

《烟花爆竹安全管理条例》第四十四条规定，安全生产监督管理部门、公安部门、质量监督检验部门、工商行政管理部门的工作人员，在烟花爆竹安全监管工作中滥用职权、玩忽职守、徇私舞弊，构成犯罪的，依法追究刑事责任；尚不构成犯罪的，依法给予行政处分。

第七节 民用爆炸物品安全管理条例

为了加强对民用爆破物品的安全管理，预防爆炸事故发生，2006 年 5 月 10 日温家宝总理签发第466号国务院令，公布了《民用爆炸物品安全管理条例》（以下简称《民爆条例》），自2006年9月1日起施行，1984年1月6日国务院发布的《民用爆炸物品管理条例》同时废止。《民爆条例》的公布实施，标志着国家对民用爆炸物品安全的监督管理进入了法制化、制度化的新阶段。

一、民用爆炸物品安全管理的基本规定

（一）《民用爆炸物品安全管理条例》的适用范围

依照《民爆条例》第二条的规定，所谓民用爆炸物品，是指用于非军事目的、列入民用爆炸物品品名表的各类火药、炸药及其制品和雷管、导火索等点火、起爆器材。民用爆炸物品的生产、销售、购买、进出口、运输、爆破作业和储存以及硝酸铵的销售、购买，适用《民用爆炸物品安全管理条例》。《民用爆炸物品安全管理条例》不仅将工业用的民用爆炸物品的安全纳入了法律规范，还将其他民用爆炸物品的安全纳入了法律规范。这里所称的民用爆炸物品主要是指工业用的民用爆破器材。从这个意义上说，人们通常所称的民用爆破器材实际上是民用爆炸物品的同义词；从事民用爆炸物品生产的企业主要是指民用爆破器材生产企业。

（二）民用爆炸物品安全监管的政府部门及职责

依据《民用爆炸物品安全管理条例》的规定，国防科技工业主管部门负责民用爆炸物品生产、销售的安全监督管理。

公安机关负责民用爆炸物品公共安全管理和民用爆炸物品购买、运输、爆破作业的安全监督管理，监控民用爆炸物品流向。

安全生产监督、铁路、交通、民用航空主管部门依照法律、行政法规的规定，负责做好民用爆炸物品的有关安全监督管理工作。

国防科技工业主管部门、公安机关、工商行政管理部门按照职责分工，负责组织查处非法生产、销售、购买、储存、运输、邮寄、使用民用爆炸物品的行为。

（三）从业人员的资格

依据《民用爆炸物品安全管理条例》的规定，无民事行为能力人、限制民事行为能力人或者曾因犯罪受过刑事处罚的人，不得从事民用爆炸物品的生产、销售、购买、运输和爆破作业。

民用爆炸物品从业单位应当加强对本单位从业人员的安全教育、法制教育和岗位技术培训，从业人员经考核合格的，方可上岗作业；对有资格要求的岗位，应当配备具有相应资格的人员。

二、民用爆炸物品生产的安全管理规定

依据《民用爆炸物品安全管理条例》的规定，设立民用爆破器材生产企业，应当遵循统筹规划、合理布局的原则。设立民用爆破器材生产企业，必须具备法定的安全生产条件，按照法定程序申请取得生产许可。

（一）设立民用爆破器材生产企业的条件

依据《民用爆炸物品安全管理条例》第十一条规定，申请从事民用爆炸物品生产的企

业，应当具备下列条件：

1. 符合国家产业结构规划和产业技术标准。

2. 厂房和专用仓库的设计、结构、建筑材料、安全距离以及防火、防爆、防雷、防静电等安全设备、设施符合国家有关标准和规范。

3. 生产设备、工艺符合有关安全生产的技术标准和规程。

4. 有具备相应资格的专业技术人员、安全生产管理人员和生产岗位人员。

5. 有健全的安全管理制度、岗位安全责任制度。

6. 法律、行政法规规定的其他条件。

（二）取得生产许可、安全许可、工商登记的程序

申请从事民用爆炸物品生产的企业，应当向国务院国防科技工业主管部门提交申请书、可行性研究报告以及能够证明其符合依据《民用爆炸物品安全管理条例》第十一条规定条件的有关材料。

国务院国防科技工业主管部门应当自受理申请之日起 45 日内进行审查，对符合条件的，核发《民用爆炸物品生产许可证》；对不符合条件的，不予核发《民用爆炸物品生产许可证》，书面向申请人说明理由。民用爆炸物品生产企业为调整生产能力及品种进行改建、扩建的，应当申请办理《民用爆炸物品生产许可证》。

取得《民用爆炸物品生产许可证》的企业应当在基本建设完成后，向国务院国防科技工业主管部门申请安全生产许可。国务院国防科技工业主管部门应当依照《安全生产许可证条例》的规定对其进行查验，对符合条件的，在《民用爆炸物品生产许可证》上标注安全生产许可。民用爆炸物品生产企业持经标注的安全生产许可的《民用爆炸物品生产许可证》到工商行政管理部门办理工商登记后，方可生产民用爆炸物品。民用爆炸物品生产企业应当在办理工商登记后 3 日内，向所在地县级人民政府公安机关备案。

三、民用爆炸物品销售、购买的安全管理规定

民用爆炸物品销售、购买，实行安全许可制度。

（一）民用爆炸物品的销售许可

依据《民用爆炸物品安全管理条例》的规定，申请从事民用爆炸物品销售的企业，应当具备下列条件：

1. 符合对民用爆炸物品销售企业规划的要求。

2. 销售场所和专用仓库符合国家有关标准和规范。

3. 有具备相应资格的安全管理人员、仓库管理人员。

4. 有健全的安全管理制度、岗位安全责任制度。

5. 法律、行政法规规定的其他条件。

申请从事民用爆炸物品销售的企业，应当向所在地省、自治区、直辖市人民政府国防科技工业主管部门提交申请书、可行性研究报告以及能够证明其符合规定条件的有关材料。

省、自治区、直辖市人民政府国防科技工业主管部门应当自受理之日起 30 日内进行审查，并对申请单位的销售场所和专用仓库等经营设施进行查验，对符合条件的，核发

《民用爆炸物品销售许可证》；对不符合条件的，不予核发《民用爆炸物品销售许可证》，书面向申请人说明理由。

民用爆炸物品销售企业持《民用爆炸物品销售许可证》到工商行政管理部门办理工商登记后，方可销售民用爆炸物品。民用爆炸物品销售企业应当在办理工商登记后 3 日内，向所在地县级人民政府公安机关备案。

（二）民用爆炸物品的购买许可

依据《民用爆炸物品安全管理条例》的规定，民用爆炸物品使用单位购买民用爆炸物品的，应当向所在地县级人民政府公安机关提出购买申请，并提交有关材料：

1. 工商营业执照或者事业单位法人证书。

2.《爆破作业单位许可证》或者其他合法使用的证明。

3. 购买单位的名称、地址、银行账户。

4. 购买的品种、数量和用途说明。

受理申请的公安机关应当自受理之日起 5 日内对提交的有关材料进行审查，对符合条件的，核发《民用爆炸物品购买许可证》；对不符合条件的，不予核发《民用爆炸物品购买许可证》，书面向申请人说明理由。《民用爆炸物品购买许可证》应当载明许可购买的品种、数量、购买单位以及许可的有效期限。

（三）民用爆炸物品销售、购买的特别规定

依据《民用爆炸物品安全管理条例》的规定，民用爆炸物品生产企业凭《民用爆炸物品生产许可证》，可以销售本企业生产的民用爆炸物品。民用爆炸物品生产企业销售本企业生产的民用爆炸物品，不得超出核定的品种、数量。

民用爆炸物品使用单位凭《民用爆炸物品购买许可证》购买民用爆炸物品的，还应当提供经办人的身份证明。

民用爆炸物品生产企业凭《民用爆炸物品生产许可证》购买属于民用爆炸物品的原料、民用爆炸物品销售单位凭《民用爆炸物品销售许可证》购买民用爆炸物品的，还应当提供经办人的身份证明。销售民用爆炸物品的企业，应当查验有关许可证和经办人的身份证明；对持《民用爆炸物品购买许可证》购买的，应当按照许可的品种、数量销售。

销售、购买民用爆炸物品，应当通过银行账户进行交易，不得使用现金或者实物进行交易。销售民用爆炸物品的企业，应当将购买单位的许可证、银行账户转帐凭证、经办人的身份证明复印件保存 2 年备查。

销售民用爆炸物品的企业，应当自民用爆炸物品买卖成交之日起 3 日内，将销售的品种、数量和购买单位向所在地省、自治区、直辖市人民政府国防科技工业主管部门和所在地县级人民政府公安机关备案。

购买民用爆炸物品的单位，应当自民用爆炸物品买卖成交之日起 3 日内，将购买的品种、数量向所在地县级人民政府公安机关备案。

进出口民用爆炸物品，应当经国务院国防科技工业主管部门审批。进出口民用爆炸物品审批办法，由国务院国防科技工业主管部门会同国务院公安部门、海关总署规定。进出口单位应当将进出口的民用爆炸物品的品种、数量向收货地或者出境口岸所在地县级人民政府公安机关备案。

四、民用爆炸物品运输的安全管理规定

民用爆炸物品运输，实行安全许可制度。

（一）民用爆炸物品的运输许可

国家对民用爆炸物品运输实施行政许可制度。依据《民用爆炸物品安全管理条例》第二十六条的规定，运输民用爆炸物品，运输单位应向运达地县级人民政府公安机关提出申请，并提交包括下列内容的材料：

1. 民用爆炸物品生产企业、销售企业、使用单位以及进出口单位分别提供的《民用爆炸物品生产许可证》、《民用爆炸物品销售许可证》、《民用爆炸物品购买许可证》或者进出口批准证明。

2. 运输民用爆炸物品的品种、数量、包装材料和包装方式。

3. 运输民用爆炸物品的特性、出现险情的应急处置方法。

4. 运输时间、起始地点、运输路线、经停地点。

受理申请的公安机关应当自受理申请之日起3日内对提交的有关材料进行审查，对符合条件的，核发《民用爆炸物品运输许可证》；对不符合条件的，不予核发《民用爆炸物品运输许可证》，书面向申请人说明理由。

《民用爆炸物品运输许可证》应当载明收货单位、销售企业、承运人、一次性运输有效期限、起始地点、运输路线、经停地点，民用爆炸物品的品种、数量。

运输民用爆炸物品的，应当凭《民用爆炸物品运输许可证》，按照许可的品种、数量运输。

（二）经由道路运输民用爆炸物品的特别规定

依据《民用爆炸物品安全管理条例》的规定，经由道路运输民用爆炸物品的，应当遵守下列规定：

1. 携带《民用爆炸物品运输许可证》。

2. 民用爆炸物品的装载符合国家有关标准和规范，车厢内不得载人。

3. 运输车辆安全技术状况应当符合国家有关安全技术标准的要求，并按照规定悬挂或者安装符合国家标准的易燃易爆危险物品警示标志。

4. 运输民用爆炸物品的车辆应当保持安全车速。

5. 按照规定的路线行驶，途中经停应当由专人看守，并远离建筑设施和人口稠密的地方，不得在许可以外的地点经停。

6. 按照安全操作规程装卸民用爆炸物品，并在装卸现场设置警戒，禁止无关人员进入。

7. 出现危险情况立即采取必要的应急处置措施，并报告当地公安机关。

民用爆炸物品运达目的地，收货单位应当进行验收后在《民用爆炸物品运输许可证》上签注，并在3日内将《民用爆炸物品运输许可证》交回发证机关核销。

（三）以其他方式携带和邮寄民用爆炸物品的禁止性规定

1. 禁止携带民用爆炸物品搭乘公共交通工具或者进入公共场所。

2. 禁止邮寄民用爆炸物品。

3. 禁止在托运的货物、行李、包裹、邮件中夹带民用爆炸物品。

五、爆破作业的安全管理规定

（一）爆破作业的安全许可

依据《民用爆炸物品安全管理条例》第三十一条规定，申请从事爆破作业的单位，应当具备下列条件：

1. 爆破作业属于合法的生产活动。

2. 有符合国家有关标准和规范的民用爆炸物品专用仓库。

3. 有具备相应资格的安全管理人员、仓库管理人员和具备国家规定执业资格的爆破作业人员。

4. 有健全的安全管理制度、岗位安全责任制度。

5. 有符合国家标准、行业标准的爆破作业专用设备。

6. 法律、行政法规规定的其他条件。

申请从事爆破作业的单位，应当按国务院公安部门的规定，向有关人民政府公安机关提出申请，并提供能够证明其符合《民爆条例》第三十一条规定的有关材料。受理申请的公安机关应当自受理申请之日起 20 日内进行审查，对符合条件的，核发《爆破作业单位许可证》；对不符合条件的，不予核发《爆破作业单位许可证》，书面向申请人说明理由。

营业性爆破作业单位持《爆破作业单位许可证》到工商行政管理部门办理工商登记后，方可从事营业性爆破作业活动。

爆破作业单位应当在办理工商登记后 3 日内，向所在地县级人民政府公安机关备案。

（二）爆破作业的安全管理

依据《民爆条例》的规定，爆炸作业应当遵守下列规定：

1. 爆破作业单位应当对本单位爆破作业人员、安全管理人员、仓库管理人员进行专业技术培训。爆破作业人员应当经设区的市级人民政府公安机关考核合格，取得《爆破作业人员许可证》后，方可从事爆破作业。

2. 爆破作业单位应当按照其资质等级承接爆破作业项目，爆破作业人员应当按照其资格等级从事爆破作业。爆破作业的分级管理办法由国务院公安部门规定。

3. 在城市、风景名胜区和重要工程设施附近实施爆破作业的，应当向爆破作业所在地设区的市级人民政府公安机关提出申请，提交《爆破作业单位许可证》和具有相应资质的安全评估企业出具的爆破设计、施工方案评估报告。受理申请的公安机关应当自受理之日起 20 日内对提交的有关材料进行审查，对符合条件的，作出批准的决定；不符合条件的，作出不予批准的决定，并书面向申请人说明理由。实施上述爆破作业，应当由具有资质的安全监理企业进行监理，由爆破所在地县级人民政府公安机关负责组织实施安全警戒。

4. 爆破作业单位跨省、自治区、直辖市行政区域从事爆破作业的，应当事先将爆破作业项目的有关情况向爆破作业所在地县级人民政府公安机关报告。

5. 爆破作业单位应当如实记载领取、发放民用爆炸物品的品种、数量、编号以及领取、发放人员姓名。领取民用爆炸物品的数量不得超过当班用量，作业后剩余的民用爆炸物品必须当班清退回库。爆破作业单位应当将领取、发放民用爆炸物品的原始记录保存 2 年备查。

6. 实施爆破作业，应当遵守国家有关标准和规范，在安全距离以外设置警示标志并安排警戒人员，防止无关人员进入；爆破作业结束后应当及时检查、排除未引爆的民用爆炸物品。

7. 爆破作业单位不再使用民用爆炸物品时，应当将剩余的民用爆炸物品登记造册，报所在地县级人民政府公安机关监督销毁。发现、拣拾无主民用爆炸物品的，应当立即报告当地公安机关。

六、民用爆炸物品储存的安全管理规定

依据《民用爆炸物品安全管理条例》的规定，民用爆炸物品应当储存在专用仓库内，并按照国家规定设置技术防范设施。

（一）储存民用爆炸物品的规定

依据《民用爆炸物品安全管理条例》的规定，储存民用爆炸物品应当遵守下列规定：

1. 建立出入库检查、登记制度，收存和发放储存民用爆炸物品必须进行登记，做到账目清楚，账物相符。

2. 储存的民用爆炸物品数量不得超过储存设计容量，对性质相抵触的民用爆炸物品必须分库储存，严禁在库房内存放其他物品。

3. 专用仓库应当指定专人管理、看护，严禁无关人员进入仓库区内，严禁在仓库区内吸烟和用火，严禁把其他容易引起燃烧、爆炸的物品带入仓库区内，严禁在库房内住宿和进行其他活动。

4. 民用爆炸物品丢失、被盗、被抢，应当立即报告当地公安机关。

（二）现场临时存放民用爆炸物品的规定

依据《民用爆炸物品安全管理条例》的规定，在爆破作业现场临时存放民用爆炸物品的，应当具备临时存放民用爆炸物品的条件，并设专人管理、看护，不得在不具备安全存放条件的场所存放民用爆炸物品。民用爆炸物品变质和过期失效的，应当及时清理出库，并予以销毁。销毁前应当登记造册，提出销毁方案，报省、自治区、直辖市人民政府国防科技工业主管部门、所在地县级人民政府公安机关组织监督销毁。

七、民用爆炸物品安全管理违法行为应负的法律责任

（一）违反《民用爆炸物品安全管理条例》的规定，非法制造、买卖、运输、储存民用爆炸物品，构成犯罪的，依法追究刑事责任；尚不构成犯罪，有违反治安管理行为的，依法给予治安管理处罚。

在生产、储存、运输、使用民用爆炸物品中发生重大事故，造成严重后果或者后果特别严重，构成犯罪的，依法追究刑事责任。

未经许可生产、销售民用爆炸物品的，由国防科技工业主管部门责令停止非法生产、销售活动，处 10 万元以上 50 万元以下的罚款，并没收非法生产、销售的民用爆炸物品及其违法所得。

未经许可购买、运输民用爆炸物品或者违法从事爆破作业的，由公安机关责令停止非法购买、运输、爆破作业活动，处 5 万元以上 20 万元以下的罚款，并没收非法购买、运输以及从事爆破作业使用的民用爆炸物品及其违法所得。

（二）违反《民用爆炸物品安全管理条例》的规定，生产、销售民用爆炸物品的企业有下列行为之一的，由国防科技工业主管部门责令限期改正，处 10 万元以上 50 万元以下的罚款；逾期不改正的，责令停产停业整顿；情节严重的，吊销《民用爆炸物品生产许可证》或者《民用爆炸物品销售许可证》：

（1）超出生产许可的品种、数量进行生产、销售的。

（2）违反安全技术规程生产作业的。

（3）民用爆炸物品的质量不符合相关标准的。

（4）民用爆炸物品的包装不符合法律、行政法规的规定以及相关标准的。

（5）超出购买许可的品种、数量销售民用爆炸物品的。

（6）向没有《民用爆炸物品生产许可证》、《民用爆炸物品销售许可证》、《民用爆炸物品购买许可证》的单位销售民用爆炸物品的。

（7）民用爆炸物品生产企业销售本企业生产的民用爆炸物品未按规定向国防科技工业主管部门备案的。

（8）未经审批进出口民用爆炸物品的。

（三）违反《民用爆炸物品安全管理条例》的规定，有下列情形之一的，由公安机关责令限期改正，处 5 万元以上 20 万元以下的罚款；逾期不改正的，责令停产停业整顿：

（1）未按照规定对民用爆炸物品做出警示标志、登记标识或者未对雷管编码打号的。

（2）超出购买许可的品种、数量购买民用爆炸物品的。

（3）使用现金或者实物进行民用爆炸物品交易的。

（4）未按照规定保存购买单位的许可证、银行账户转帐凭证、经办人的身份证明复印件的。

（5）销售、购买、进出口民用爆炸物品，未按照规定向公安机关备案的。

（6）未按照规定建立民用爆炸物品登记制度，如实将本单位生产、销售、购买、运输、储存、使用民用爆炸物品的品种、数量和流向信息输入计算机系统的。

（7）未按照规定将《民用爆炸物品运输许可证》交回发证机关核销的。

（四）违反《民用爆炸物品安全管理条例》的规定，经由道路运输民用爆炸物品，有下列情形之一的，由公安机关责令改正，处 5 万元以上 20 万元以下的罚款：

（1）违反运输许可事项的。

（2）未携带《民用爆炸物品运输许可证》的。

（3）违反有关标准和规范混装民用爆炸物品的。

（4）运输车辆未按照规定悬挂或者安装符合国家标准的易燃易爆危险物品警示标志的。

（5）未按照规定的路线行驶，途中经停没有专人看守或者在许可以外的地点经停的。

（6）装载民用爆炸物品的车厢载人的。

（7）出现危险情况未立即采取必要的应急处置措施、报告当地公安机关的。

（五）违反《民用爆炸物品安全管理条例》的规定，从事爆破作业的单位有下列情形之一的，由公安机关责令停止违法行为或者限期改正，处 10 万元以上 50 万元以下的罚款；逾期不改正的，责令停产停业整顿；情节严重的，吊销《爆破作业单位许可证》：

（1）爆破作业单位未按照其资质等级从事爆破作业的。

（2）营业性爆破作业单位跨省、自治区、直辖市行政区域实施爆破作业，未按照规定事先向爆破作业所在地的县级公安机关报告的。

（3）爆破作业单位未按照规定建立民用爆炸物品领取登记制度、保存登记记录的。

（4）违反国家有关标准和规范实施作业的。

爆破作业人员违反国家有关标准和规范的规定实施爆破作业的，由公安机关责令限期改正；情节严重的，吊销《爆破作业人员许可证》。

（六）违反《民用爆炸物品安全管理条例》的规定，有下列情形之一的，由国防科技工业主管部门、公安机关按照职责责令限期改正，可以并处 5 万元以上 20 万元以下的罚款；逾期不改正的，责令停产停业整顿；情节严重的，吊销许可证：

（1）未按照规定在专用仓库设置技术防范设施的。

（2）未按照规定建立出入库检查、登记制度或者收存和发放民用爆炸物品致使账物不符的。

（3）超量储存、在非专用仓库储存或者违反储存标准和规范储存民用爆炸物品的。

（4）有本条例规定的其他违反民用爆炸物品储存管理规定行为的。

（七）违反《民用爆炸物品安全管理条例》的规定，民用爆炸物品从业单位有下列情形之一的，由公安机关处 2 万元以上 10 万元以下的罚款；情节严重的，吊销其许可证；有违反治安管理行为的，依法给予治安管理处罚：

（1）违反安全管理制度，致使民用爆炸物品丢失、被盗、被抢的。

（2）民用爆炸物品丢失、被盗、被抢，未按照规定向当地公安机关报告或者故意隐瞒不报的。

（3）转让、出借、转借、抵押、赠送民用爆炸物品的。

（八）违反《民用爆炸物品安全管理条例》的规定，携带民用爆炸物品搭乘公共交通工具或者进入公共场所，邮寄或者在托运的货物、行李、包裹、邮件中夹带民用爆炸物品，构成犯罪的，依法追究刑事责任；尚不构成犯罪的，由公安机关依法给予治安管理处罚，没收非法的民用爆炸物品，处 1 000 元以上 1 万元以下的罚款。

（九）民用爆炸物品从业单位的主要负责人未履行《民用爆炸物品安全管理条例》规定的安全管理责任，导致发生重大伤亡事故或者造成其他严重后果，构成犯罪的，依法追究刑事责任；尚不构成犯罪的，对主要负责人给予撤职处分，对个人经营的投资人处 2 万元以上 20 万元以下的罚款。

（十）国防科技工业主管部门、公安机关、工商行政管理部门的工作人员，在民用爆炸物品安全监督管理工作中滥用职权、玩忽职守或者徇私舞弊，构成犯罪的，依法追究刑事责任；尚不构成犯罪的，依法给予行政处分。

第八节　特种设备安全监察条例

2003 年 3 月 11 日国务院令第 373 号公布《特种设备安全监察条例》,自 2003 年 6 月 1 日起施行。2009 年 1 月 24 日,国务院令第 549 号对《特种设备安全监察条例》进行了修订,自 2009 年 5 月 1 日起施行。《特种设备安全监察条例》的立法目的是为了加强特种设备的安全监察,防止和减少事故,保障人民群众生命和财产安全,促进经济发展。

一、特种设备安全监察的基本规定

（一）特种设备的概念

1. 锅炉

锅炉,是指利用各种燃料、电或者其他能源,将所盛装的液体加热到一定的参数,并对外输出热能的设备,其范围规定为容积大于或者等于 30L 的承压蒸汽锅炉;出口水压大于或者等于 0.1 MPa（表压）,且额定功率大于或者等于 0.1 MW 的承压热水锅炉;有机热载体锅炉

2. 压力容器

压力容器,是指盛装气体或者液体,承载一定压力的密闭设备,其范围规定为最高工作压力大于或者等于 0.1 MPa（表压）,且压力与容积的乘积大于或者等于 2.5 MPa·L 的气体、液化气体和最高工作温度高于或者等于标准沸点的液体的固定式容器和移动式容器;盛装公称工作压力大于或者等于 0.2 MPa（表压）,且压力与容积的乘积大于或者等于 1.0 MPa·L 的气体、液化气体和标准沸点等于或者低于 60℃液体的气瓶;氧舱等。

3. 压力管道

压力管道,是指利用一定的压力,用于输送气体或者液体的管状设备,其范围规定为最高工作压力大于或者等于 0.1 MPa（表压）的气体、液化气体、蒸汽介质或者可燃、易爆、有毒、有腐蚀性、最高工作温度高于或者等于标准沸点的液体介质,且公称直径大于 25 mm 的管道。

4. 电梯

电梯,是指动力驱动,利用沿刚性导轨运行的箱体或者沿固定线路运行的梯级（踏步）,进行升降或者平行运送人、货物的机电设备,包括载人（货）电梯、自动扶梯、自动人行道等。

5. 起重机械

起重机械,是指用于垂直升降或者垂直升降并水平移动重物的机电设备,其范围规定为额定起重量大于或者等于 0.5 t 的升降机;额定起重量大于或者等于 1 t,且提升高度大于或者等于 2 m 的起重机和承重形式固定的电动葫芦等。

6. 客运索道

客运索道,是指动力驱动,利用柔性绳索牵引箱体等运载工具运送人员的机电设备,包括客运架空索道、客运缆车、客运拖牵索道等。

7．大型游乐设施

大型游乐设施，是指用于经营目的，承载乘客游乐的设施，其范围规定为设计最大运行线速度大于或者等于 2 m/s，或者运行高度距地面高于或者等于 2 m 的载人大型游乐设施。

8．场（厂）内专用机动车辆

场（厂）内专用机动车辆，是指除道路交通、农用车辆以外仅在工厂厂区、旅游景区、游乐场所等特定区域使用的专用机动车辆。

特种设备包括其所用的材料、附属的安全附件、安全保护装置和与安全保护装置相关的设施。

（二）《特种设备安全监察条例》的适用范围

《特种设备安全监察条例》第二条规定："本条例所称特种设备是指涉及生命安全、危险性较大的锅炉、压力容器（含气瓶，下同）、压力管道、电梯、起重机械、客运索道、大型游乐设施和场（厂）内专用机动车辆。前款特种设备的目录由国务院负责特种设备安全监督管理的部门（以下简称国务院特种设备安全监督管理部门）制订，报国务院批准后执行。"

第三条第一款规定："特种设备的生产（含设计、制造、安装、改造、维修，下同）、使用、检验检测及其监督检查，应当遵守本条例，但本条例另有规定的除外。"

（三）排除适用的规定

鉴于目前我国特种设备种类较多，已有一些特种设备形成了固有的监督管理体制并行之有效，所以对于某些特殊的特种设备的安全监督管理不需要改变现行管理体制，不宜作出统一的规定。

《特种设备安全监察条例》第三条第二款规定："军事装备、核设施、航空航天器、铁路机车、海上设施和船舶以及矿山井下使用的特种设备、民用机场专用设备的安全监察不适用本条例。"第三条第三款规定："房屋建筑工地和市政工程工地用起重机械、场（厂）内专用机动车辆的安装、使用的监督管理，由建设行政主管部门依照有关法律、法规的规定执行。"

第一百条规定："压力管道设计、安装、使用的安全监督管理办法由国务院另行制定。"

（四）特种设备安全监察部门

对于锅炉、压力容器（含气瓶）、压力管道、电梯、起重机械、客运索道、大型游乐设施和场（厂）内专用机动车辆等 8 种特种设备，《特种设备安全监察条例》第四条规定，国务院特种设备安全监督管理部门负责全国特种设备的安全监察工作，县以上地方负责特种设备安全监督管理的部门对本行政区域内特种设备实施安全监察（以下统称特种设备安全监督管理部门）。

（五）特种设备生产、使用单位和检验检测机构的职责

依据《特种设备安全监察条例》的规定，特种设备生产、使用单位应当建立健全特种设备安全、节能管理制度和岗位安全、节能责任制度。

特种设备生产、使用单位的主要负责人应当对本单位特种设备的安全和节能全面

负责。

特种设备生产、使用单位和特种设备检验检测机构，应当接受特种设备安全监督管理部门依法进行的特种设备安全监察。

特种设备检验检测机构，应当依照本条例规定，进行检验检测工作，对其检验检测结果、鉴定结论承担法律责任。

二、特种设备生产的安全规定

（一）特种设备生产单位的规定

依据《特种设备安全监察条例》的规定，特种设备生产单位，应当依照本条例规定以及国务院特种设备安全监督管理部门制订并公布的安全技术规范（以下简称安全技术规范）的要求，进行生产活动。

特种设备生产单位对其生产的特种设备的安全性能和能效指标负责，不得生产不符合安全性能要求和能效指标的特种设备，不得生产国家产业政策明令淘汰的特种设备。

（二）压力容器设计的安全管理

1．设计单位的条件

依据《特种设备安全监察条例》的规定，压力容器的设计单位应当经国务院特种设备安全监督管理部门许可，方可从事压力容器的设计活动。

压力容器的设计单位应当具备下列条件：

（1）有与压力容器设计相适应的设计人员、设计审核人员。

（2）有与压力容器设计相适应的场所和设备。

（3）有与压力容器设计相适应的健全的管理制度和责任制度。

2．设计文件鉴定

依据《特种设备安全监察条例》的规定，锅炉、压力容器中的气瓶（以下简称气瓶）、氧舱和客运索道、大型游乐设施以及高耗能特种设备的设计文件，应当经国务院特种设备安全监督管理部门核准的检验检测机构鉴定，方可用于制造。

（三）特种设备及其安全附件、装置的安全管理

1．新产品的试验和测试

依据《特种设备安全监察条例》的规定，按照安全技术规范的要求，应当进行型式试验的特种设备产品、部件或者试制特种设备新产品、新部件、新材料，必须进行型式试验和能效测试。

2．锅炉等特种设备及部件的许可

依照《特种设备安全监察条例》的规定，锅炉、压力容器、电梯、起重机械、客运索道、大型游乐设施及其安全附件、安全保护装置的制造、安装、改造单位，以及压力管道用管子、管件、阀门、法兰、补偿器、安全保护装置等（以下简称压力管道元件）的制造单位和场（厂）内专用机动车辆的制造、改造单位，应当经国务院特种设备安全监督管理部门许可，方可从事相应的活动。

前款特种设备的制造、安装、改造单位应当具备下列条件：

（1）有与特种设备制造、安装、改造相适应的专业技术人员和技术工人。

（2）有与特种设备制造、安装、改造相适应的生产条件和检测手段。

（3）有健全的质量管理制度和责任制度。

3. 出厂附件规定

依照《特种设备安全监察条例》的规定，特种设备出厂时，应当附有安全技术规范要求的设计文件、产品质量合格证明、安装及使用维修说明、监督检验证明等文件。

（四）特种设备安装、改造和维修的安全管理

1. 维修单位的要求

依照《特种设备安全监察条例》的规定，锅炉、压力容器、电梯、起重机械、客运索道、大型游乐设施、场（厂）内专用机动车辆的维修单位，应当有与特种设备维修相适应的专业技术人员和技术工人以及必要的检测手段，并经省、自治区、直辖市特种设备安全监督管理部门许可，方可从事相应的维修活动。

2. 安装、改造、维修的管理

依照《特种设备安全监察条例》的规定，锅炉、压力容器、起重机械、客运索道、大型游乐设施的安装、改造、维修以及场（厂）内专用机动车辆的改造、维修，必须由依照本条例取得许可的单位进行。

电梯的安装、改造、维修，必须由电梯制造单位或者其通过合同委托、同意的依照本条例取得许可的单位进行。电梯制造单位对电梯质量以及安全运行涉及的质量问题负责。

特种设备安装、改造、维修的施工单位应当在施工前将拟进行的特种设备安装、改造、维修情况书面告知直辖市或者设区的市的特种设备安全监督管理部门，告知后即可施工。

3. 电梯安装的管理

依照《特种设备安全监察条例》的规定，电梯井道的土建工程必须符合建筑工程质量要求。电梯安装施工过程中，电梯安装单位应当遵守施工现场的安全生产要求，落实现场安全防护措施。电梯安装施工过程中，施工现场的安全生产监督，由有关部门依照有关法律、行政法规的规定执行。

电梯安装施工过程中，电梯安装单位应当服从建筑施工总承包单位对施工现场的安全生产管理，并订立合同，明确各自的安全责任。

4. 电梯的制造、安装、改造和维修的技术要求

依照《特种设备安全监察条例》的规定，电梯的制造、安装、改造和维修活动，必须严格遵守安全技术规范的要求。电梯制造单位委托或者同意其他单位进行电梯安装、改造、维修活动的，应当对其安装、改造、维修活动进行安全指导和监控。电梯的安装、改造、维修活动结束后，电梯制造单位应当按照安全技术规范的要求对电梯进行校验和调试，并对校验和调试的结果负责。

5. 技术资料移交归档

依照《特种设备安全监察条例》的规定，锅炉、压力容器、电梯、起重机械、客运索道、大型游乐设施的安装、改造、维修以及场（厂）内专用机动车辆的改造、维修竣工后，安装、改造、维修的施工单位应当在验收后30日内将有关技术资料移交使用单位，高耗能特种设备还应当按照安全技术规范的要求提交能效测试报告。使用单位应当将其存

入该特种设备的安全技术档案。

6. 特种设备的监督检验

依据《特种设备安全监察条例》的规定，锅炉、压力容器、压力管道元件、起重机械、大型游乐设施的制造过程和锅炉、压力容器、电梯、起重机械、客运索道、大型游乐设施的安装、改造、重大维修过程，必须经国务院特种设备安全监督管理部门核准的检验检测机构按照安全技术规范的要求进行监督检验；未经监督检验合格的不得出厂或者交付使用。

（五）气瓶充装单位的安全管理

依据《特种设备安全监察条例》的规定，移动式压力容器、气瓶充装单位应当经省、自治区、直辖市的特种设备安全监督管理部门许可，方可从事充装活动。

充装单位应当具备下列条件：

（1）有与充装和管理相适应的管理人员和技术人员。

（2）有与充装和管理相适应的充装设备、检测手段、场地厂房、器具、安全设施。

（3）有健全的充装管理制度、责任制度、紧急处理措施。

气瓶充装单位应当向气体使用者提供符合安全技术规范要求的气瓶，对使用者进行气瓶安全使用指导，并按照安全技术规范的要求办理气瓶使用登记，提出气瓶的定期检验要求。

三、特种设备使用的安全规定

（一）特种设备使用单位的安全管理

1. 基本要求

依据《特种设备安全监察条例》的规定，特种设备使用单位，应当严格执行本条例和有关安全生产的法律、行政法规的规定，保证特种设备的安全使用。特种设备使用单位应当使用符合安全技术规范要求的特种设备。特种设备投入使用前，使用单位应当核对其是否附有依据《特种设备安全监察条例》第十五条规定的相关文件。

2. 使用登记

依据《特种设备安全监察条例》的规定，特种设备在投入使用前或者投入使用后30日内，特种设备使用单位应当向直辖市或者设区的市的特种设备安全监督管理部门登记。登记标志应当置于或者附着于该特种设备的显著位置。

3. 安全技术档案

依据《特种设备安全监察条例》的规定，特种设备使用单位应当建立特种设备安全技术档案。安全技术档案应当包括以下内容：

（1）特种设备的设计文件、制造单位、产品质量合格证明、使用维护说明等文件以及安装技术文件和资料。

（2）特种设备的定期检验和定期自行检查的记录。

（3）特种设备的日常使用状况记录。

（4）特种设备及其安全附件、安全保护装置、测量调控装置及有关附属仪器仪表的日常维护保养记录。

（5）特种设备运行故障和事故记录。

（6）高耗能特种设备的能效测试报告、能耗状况记录以及节能改造技术资料。

（二）特种设备维护保养和定期检验

1. 特种设备维护保养

依据《特种设备安全监察条例》的规定，特种设备使用单位应当对在用特种设备进行经常性日常维护保养，并定期自行检查。特种设备使用单位对在用特种设备应当至少每月进行一次自行检查，并作出记录。特种设备使用单位在对在用特种设备进行自行检查和日常维护保养时发现异常情况的，应当及时处理。特种设备使用单位应当对在用特种设备的安全附件、安全保护装置、测量调控装置及有关附属仪器仪表进行定期校验、检修，并作出记录。

2. 特种设备定期检验检测

依据《特种设备安全监察条例》的规定，锅炉使用单位应当按照安全技术规范的要求进行锅炉水（介）质处理，并接受特种设备检验检测机构实施的水（介）质处理定期检验。从事锅炉清洗的单位，应当按照安全技术规范的要求进行锅炉清洗，并接受特种设备检验检测机构实施的锅炉清洗过程监督检验。特种设备使用单位应当按照安全技术规范的定期检验要求，在安全检验合格有效期届满前1个月向特种设备检验检测机构提出定期检验要求。检验检测机构接到定期检验要求后，应当按照安全技术规范的要求及时进行安全性能检验和能效测试。未经定期检验或者检验不合格的特种设备，不得继续使用。

（三）特种设备故障和事故隐患的处理

1. 事故故障消除

依据《特种设备安全监察条例》的规定，特种设备出现故障或者发生异常情况，使用单位应当对其进行全面检查，消除事故隐患后，方可重新投入使用。特种设备不符合能效指标的，特种设备使用单位应当采取相应措施进行整改。

2. 报废注销

依据《特种设备安全监察条例》的规定，特种设备存在严重事故隐患，无改造、维修价值，或者超过安全技术规范规定使用年限，特种设备使用单位应当及时予以报废，并应当向原登记的特种设备安全监督管理部门办理注销。

（四）公共服务特种设备的安全管理

1. 电梯维护保养单位资质

依据《特种设备安全监察条例》的规定，电梯的日常维护保养必须由依照本条例取得许可的安装、改造、维修单位或者电梯制造单位进行。

2. 电梯维护保养的安全要求

依据《特种设备安全监察条例》的规定，电梯应当至少每15日进行一次清洁、润滑、调整和检查。电梯的日常维护保养单位应当在维护保养中严格执行国家安全技术规范的要求，保证其维护保养的电梯的安全技术性能，并负责落实现场安全防护措施，保证施工安全。电梯的日常维护保养单位，应当对其维护保养的电梯的安全性能负责。接到故障通知后，应当立即赶赴现场，并采取必要的应急救援措施。

3. 安全管理机构和安全管理人员

依据《特种设备安全监察条例》的规定，电梯、客运索道、大型游乐设施等为公众提供服务的特种设备运营使用单位，应当设置特种设备安全管理机构或者配备专职的安全管理人员；其他特种设备使用单位，应当根据情况设置特种设备安全管理机构或者配备专职、兼职的安全管理人员。特种设备的安全管理人员应当对特种设备使用状况进行经常性检查，发现问题的应当立即处理；情况紧急时，可以决定停止使用特种设备并及时报告本单位有关负责人。

4. 使用前的试运行和例行检查

依据《特种设备安全监察条例》的规定，客运索道、大型游乐设施的运营使用单位在客运索道、大型游乐设施每日投入使用前，应当进行试运行和例行安全检查，并对安全装置进行检查确认。电梯、客运索道、大型游乐设施的运营使用单位应当将电梯、客运索道、大型游乐设施的安全注意事项和警示标志置于易于为乘客注意的显著位置。

5. 客运索道、大型游乐设施的运营安全

依据《特种设备安全监察条例》的规定，客运索道、大型游乐设施的运营使用单位的主要负责人应当熟悉客运索道、大型游乐设施的相关安全知识，并全面负责客运索道、大型游乐设施的安全使用。客运索道、大型游乐设施的运营使用单位的主要负责人至少应当每月召开一次会议，督促、检查客运索道、大型游乐设施的安全使用工作。客运索道、大型游乐设施的运营使用单位，应当结合本单位的实际情况，配备相应数量的营救装备和急救物品。

6. 电梯运行安全

依据《特种设备安全监察条例》的规定，电梯投入使用后，电梯制造单位应当对其制造的电梯的安全运行情况进行跟踪调查和了解，对电梯的日常维护保养单位或者电梯的使用单位在安全运行方面存在的问题，提出改进建议，并提供必要的技术帮助。发现电梯存在严重事故隐患的，应当及时向特种设备安全监督管理部门报告。电梯制造单位对调查和了解的情况，应当作出记录。

(五) 特种设备作业人员管理

1. 特种设备作业人员资格

依据《特种设备安全监察条例》的规定，锅炉、压力容器、电梯、起重机械、客运索道、大型游乐设施、场（厂）内专用机动车辆的作业人员及其相关管理人员（以下统称特种设备作业人员），应当按照国家有关规定经特种设备安全监督管理部门考核合格，取得国家统一格式的特种作业人员证书，方可从事相应的作业或者管理工作。

2. 使用单位特种作业人员安全教育和培训

依据《特种设备安全监察条例》的规定，特种设备使用单位应当对特种设备作业人员进行特种设备安全、节能教育和培训，保证特种设备作业人员具备必要的特种设备安全、节能知识。特种设备作业人员在作业中应当严格执行特种设备的操作规程和有关的安全规章制度。

3. 事故隐患报告

依据《特种设备安全监察条例》的规定，特种设备作业人员在作业过程中发现事故隐患或者其他不安全因素，应当立即向现场安全管理人员和单位有关负责人报告。

四、特种设备检验检测的规定

（一）特种设备检验检测机构资质认可

依据《特种设备安全监察条例》的规定，从事本条例规定的监督检验、定期检验、型式试验以及专门为特种设备生产、使用、检验检测提供无损检测服务的特种设备检验检测机构，应当经国务院特种设备安全监督管理部门核准。特种设备使用单位设立的特种设备检验检测机构，经国务院特种设备安全监督管理部门核准，负责本单位核准范围内的特种设备定期检验工作。

特种设备检验检测机构，应当具备下列条件：

（1）有与所从事的检验检测工作相适应的检验检测人员。

（2）有与所从事的检验检测工作相适应的检验检测仪器和设备。

（3）有健全的检验检测管理制度、检验检测责任制度。

（二）检验检测人员资格管理

依据《特种设备安全监察条例》的规定，从事本条例规定的监督检验、定期检验、型式试验和无损检测的特种设备检验检测人员应当经国务院特种设备安全监督管理部门组织考核合格，取得检验检测人员证书，方可从事检验检测工作。

（三）检验检测活动的规定

1. 检验检测机构和检验检测人员职业准则

依据《特种设备安全监察条例》的规定，检验检测人员从事检验检测工作，必须在特种设备检验检测机构执业，但不得同时在两个以上检验检测机构中执业。特种设备检验检测机构和检验检测人员进行特种设备检验检测，应当遵循诚信原则和方便企业的原则，为特种设备生产、使用单位提供可靠、便捷的检验检测服务。特种设备检验检测机构和检验检测人员对涉及的被检验检测单位的商业秘密，负有保密义务。

2. 特种设备检验检测的要求

依据《特种设备安全监察条例》的规定，特种设备检验检测机构和检验检测人员应当客观、公正、及时地出具检验检测结果、鉴定结论。检验检测结果、鉴定结论经检验检测人员签字后，由检验检测机构负责人签署。特种设备检验检测机构和检验检测人员对检验检测结果、鉴定结论负责。特种设备检验检测机构和检验检测人员不得从事特种设备的生产、销售，不得以其名义推荐或者监制、监销特种设备。

3. 事故隐患报告

依据《特种设备安全监察条例》的规定，特种设备检验检测机构进行特种设备检验检测，发现严重事故隐患或者能耗严重超标的，应当及时告知特种设备使用单位，并立即向特种设备安全监督管理部门报告。

4. 投诉监督

依据《特种设备安全监察条例》的规定，特种设备检验检测机构和检验检测人员利用检验检测工作故意刁难特种设备生产、使用单位，特种设备生产、使用单位有权向特种设备安全监督管理部门投诉，接到投诉的特种设备安全监督管理部门应当及时进行调查处理。

五、特种设备安全检查监督的规定

（一）特种设备安全监察部门的职责

1. 日常安全监察和重点安全监察

依据《特种设备安全监察条例》的规定，特种设备安全监督管理部门应当依照本条例的规定，对特种设备生产、使用单位和检验检测机构实施安全监察。对学校、幼儿园以及车站、客运码头、商场、体育场馆、展览馆、公园等公众聚集场所的特种设备，特种设备安全监督管理部门应当实施重点安全监察。

2. 检查职权

依据《特种设备安全监察条例》的规定，特种设备安全监督管理部门根据举报或者取得的涉嫌违法证据，对涉嫌违反本条例规定的行为进行查处时，可以行使下列职权：

（1）向特种设备生产、使用单位和检验检测机构的法定代表人、主要负责人和其他有关人员调查、了解与涉嫌从事违反本条例的生产、使用、检验检测有关的情况。

（2）查阅、复制特种设备生产、使用单位和检验检测机构的有关合同、发票、账簿以及其他有关资料。

（3）对有证据表明不符合安全技术规范要求的或者有其他严重事故隐患、能耗严重超标的特种设备，予以查封或者扣押。

（二）许可、核准和登记的规定

依据《特种设备安全监察条例》的规定，依照本条例规定实施许可、核准、登记的特种设备安全监督管理部门，应当严格依照本条例规定条件和安全技术规范要求对有关事项进行审查；不符合本条例规定条件和安全技术规范要求的，不得许可、核准、登记；在申请办理许可、核准期间，特种设备安全监督管理部门发现申请人未经许可从事特种设备相应活动或者伪造许可、核准证书的，不予受理或者不予许可、核准，并在1年内不再受理其新的许可、核准申请。未依法取得许可、核准、登记的单位擅自从事特种设备的生产、使用或者检验检测活动的，特种设备安全监督管理部门应当依法予以处理。违反本条例规定，被依法撤销许可的，自撤销许可之日起3年内，特种设备安全监督管理部门不予受理其新的许可申请。

（三）特种设备监督检查

1. 实施行政审批和行政许可的规定

依据《特种设备安全监察条例》的规定，特种设备安全监督管理部门在办理本条例规定的有关行政审批事项时，其受理、审查、许可、核准的程序必须公开，并应当自受理申请之日起30日内，作出许可、核准或者不予许可、核准的决定；不予许可、核准的，应当书面向申请人说明理由。

地方各级特种设备安全监督管理部门不得以任何形式进行地方保护和地区封锁，不得对已经依照本条例规定在其他地方取得许可的特种设备生产单位重复进行许可，也不得要求对依照本条例规定在其他地方检验检测合格的特种设备，重复进行检验检测。

2. 监察执法的规定

依据《特种设备安全监察条例》的规定，特种设备安全监督管理部门的安全监察人员（以下简称特种设备安全监察人员）应当熟悉相关法律、法规、规章和安全技术规范，具有相应的专业知识和工作经验，并经国务院特种设备安全监督管理部门考核，取得特种设备安全监察人员证书。特种设备安全监察人员应当忠于职守、坚持原则、秉公执法。

特种设备安全监督管理部门对特种设备生产、使用单位和检验检测机构实施安全监察时，应当有两名以上特种设备安全监察人员参加，并出示有效的特种设备安全监察人员证件。特种设备安全监督管理部门对特种设备生产、使用单位和检验检测机构实施安全监察，应当对每次安全监察的内容、发现的问题及处理情况，作出记录，并由参加安全监察的特种设备安全监察人员和被检查单位的有关负责人签字后归档。被检查单位的有关负责人拒绝签字的，特种设备安全监察人员应当将情况记录在案。

3. 实施行政强制措施的规定

依据《特种设备安全监察条例》的规定，特种设备安全监督管理部门对特种设备生产、使用单位和检验检测机构进行安全监察时，发现有违反本条例规定和安全技术规范要求的行为或者在用的特种设备存在事故隐患、不符合能效指标的，应当以书面形式发出特种设备安全监察指令，责令有关单位及时采取措施，予以改正或者消除事故隐患。紧急情况下需要采取紧急处置措施的，应当随后补发书面通知。

4. 定期公布特种设备安全及能效

依据《特种设备安全监察条例》的规定，国务院特种设备安全监督管理部门和省、自治区、直辖市特种设备安全监督管理部门应当定期向社会公布特种设备安全以及能效状况。公布特种设备安全以及能效状况，应当包括下列内容：

（1）特种设备质量安全状况。

（2）特种设备事故的情况、特点、原因分析、防范对策。

（3）特种设备能效状况。

（4）其他需要公布的情况。

六、特种设备事故的报告和调查处理规定

（一）事故种类划分

1. 特种设备特别重大事故

依据《特种设备安全监察条例》的规定，有下列情形之一的，为特别重大事故：

（1）特种设备事故造成30人以上死亡，或者100人以上重伤（包括急性工业中毒，下同），或者1亿元以上直接经济损失的。

（2）600兆瓦以上锅炉爆炸的。

（3）压力容器、压力管道有毒介质泄漏，造成15万人以上转移的。

（4）客运索道、大型游乐设施高空滞留100人以上并且时间在48小时以上的。

2. 特种设备重大事故

依据《特种设备安全监察条例》的规定，有下列情形之一的，为重大事故：

（1）特种设备事故造成10人以上30人以下死亡，或者50人以上100人以下重伤，或者5 000万元以上1亿元以下直接经济损失的。

（2）600 兆瓦以上锅炉因安全故障中断运行 240 小时以上的。

（3）压力容器、压力管道有毒介质泄漏，造成 5 万人以上 15 万人以下转移的。

（4）客运索道、大型游乐设施高空滞留 100 人以上并且时间在 24 小时以上 48 小时以下的。

3. 特种设备较大事故

依据《特种设备安全监察条例》的规定，有下列情形之一的，为较大事故：

（1）特种设备事故造成 3 人以上 10 人以下死亡，或者 10 人以上 50 人以下重伤，或者 1 000 万元以上 5 000 万元以下直接经济损失的。

（2）锅炉、压力容器、压力管道爆炸的。

（3）压力容器、压力管道有毒介质泄漏，造成 1 万人以上 5 万人以下转移的。

（4）起重机械整体倾覆的。

（5）客运索道、大型游乐设施高空滞留人员 12 小时以上的。

4. 特种设备一般事故

依据《特种设备安全监察条例》的规定，有下列情形之一的，为一般事故：

（1）特种设备事故造成 3 人以下死亡，或者 10 人以下重伤，或者 1 万元以上 1 000 万元以下直接经济损失的。

（2）压力容器、压力管道有毒介质泄漏，造成 500 人以上 1 万人以下转移的。

（3）电梯轿厢滞留人员 2 小时以上的。

（4）起重机械主要受力结构件折断或者起升机构坠落的。

（5）客运索道高空滞留人员 3.5 小时以上 12 小时以下的。

（6）大型游乐设施高空滞留人员 1 小时以上 12 小时以下的。

（二）应急预案及演炼

依据《特种设备安全监察条例》的规定，特种设备安全监督管理部门应当制定特种设备应急预案。特种设备使用单位应当制定事故应急专项预案，并定期进行事故应急演练。

（三）事故抢救及报告

依据《特种设备安全监察条例》的规定，特种设备事故发生后，事故发生单位应当立即启动事故应急预案，组织抢救，防止事故扩大，减少人员伤亡和财产损失，并及时向事故发生地县以上特种设备安全监督管理部门和有关部门报告。压力容器、压力管道发生爆炸或者泄漏，在抢险救援时应当区分介质特性，严格按照相关预案规定程序处理，防止二次爆炸。

（四）事故调查

依据《特种设备安全监察条例》的规定，特别重大事故由国务院或者国务院授权有关部门组织事故调查组进行调查。重大事故由国务院特种设备安全监督管理部门会同有关部门组织事故调查组进行调查。较大事故由省、自治区、直辖市特种设备安全监督管理部门会同有关部门组织事故调查组进行调查。一般事故由设区的市的特种设备安全监督管理部门会同有关部门组织事故调查组进行调查。

（五）事故批复

依据《特种设备安全监察条例》的规定，事故调查报告应当由负责组织事故调查的特种设备安全监督管理部门的所在地人民政府批复，并报上一级特种设备安全监督管理部门备案。有关机关应当按照批复，依照法律、行政法规规定的权限和程序，对事故责任单位和有关人员进行行政处罚，对负有事故责任的国家工作人员进行处分。

七、特种设备安全违法行为应负的法律责任

（一）擅自从事特种设备设计、制造活动的法律责任

1. 依据《特种设备安全监察条例》的规定，未经许可，擅自从事压力容器设计活动的，由特种设备安全监督管理部门予以取缔，处 5 万元以上 20 万元以下罚款；有违法所得的，没收违法所得；触犯刑律的，对负有责任的主管人员和其他直接责任人员依照刑法关于非法经营罪或者其他罪的规定，依法追究刑事责任。

2. 依据《特种设备安全监察条例》的规定，锅炉、气瓶、氧舱和客运索道、大型游乐设施以及高耗能特种设备的设计文件，未经国务院特种设备安全监督管理部门核准的检验检测机构鉴定，擅自用于制造的，由特种设备安全监督管理部门责令改正，没收非法制造的产品，处 5 万元以上 20 万元以下罚款；触犯刑律的，对负有责任的主管人员和其他直接责任人员依照刑法关于生产、销售伪劣产品罪、非法经营罪或者其他罪的规定，依法追究刑事责任。

（二）违反型式试验的法律责任

依据《特种设备安全监察条例》的规定，按照安全技术规范的要求应当进行型式试验的特种设备产品、部件或者试制特种设备新产品、新部件，未进行整机或者部件型式试验的，由特种设备安全监督管理部门责令限期改正；逾期未改正的，处 2 万元以上 10 万元以下罚款。

（三）擅自从事特种设备生产、安装、改造、维修保养活动的法律责任

1. 依据《特种设备安全监察条例》的规定，未经许可，擅自从事锅炉、压力容器、电梯、起重机械、客运索道、大型游乐设施、场（厂）内专用机动车辆及其安全附件、安全保护装置的制造、安装、改造以及压力管道元件的制造活动的，由特种设备安全监督管理部门予以取缔，没收非法制造的产品，已经实施安装、改造的，责令恢复原状或者责令限期由取得许可的单位重新安装、改造，处 10 万元以上 50 万元以下罚款；触犯刑律的，对负有责任的主管人员和其他直接责任人员依照刑法关于生产、销售伪劣产品罪、非法经营罪、重大责任事故罪或者其他罪的规定，依法追究刑事责任。

2. 依据《特种设备安全监察条例》的规定，特种设备出厂时，未按照安全技术规范的要求附有设计文件、产品质量合格证明、安装及使用维修说明、监督检验证明等文件的，由特种设备安全监督管理部门责令改正；情节严重的，责令停止生产、销售，处违法生产、销售货值金额 30% 以下罚款；有违法所得的，没收违法所得。

3. 依据《特种设备安全监察条例》的规定，未经许可，擅自从事锅炉、压力容器、电梯、起重机械、客运索道、大型游乐设施、场（厂）内专用机动车辆的维修或者日常维护保养的，由特种设备安全监督管理部门予以取缔，处 1 万元以上 5 万元以下罚款；有违法所得的，没收违法所得；触犯刑律的，对负有责任的主管人员和其他直接责任人员依照刑法关于非法经营罪、重大责任事故罪或者其他罪的规定，依法追究刑事责任。

4. 依据《特种设备安全监察条例》的规定，锅炉、压力容器、电梯、起重机械、客运索道、大型游乐设施的安装、改造、维修的施工单位以及场（厂）内专用机动车辆的改造、维修单位，在施工前未将拟进行的特种设备安装、改造、维修情况书面告知直辖市或者设区的市的特种设备安全监督管理部门即行施工的，或者在验收后30日内未将有关技术资料移交锅炉、压力容器、电梯、起重机械、客运索道、大型游乐设施的使用单位的，由特种设备安全监督管理部门责令限期改正；逾期未改正的，处2000元以上1万元以下罚款。

5. 依据《特种设备安全监察条例》的规定，锅炉、压力容器、压力管道元件、起重机械、大型游乐设施的制造过程和锅炉、压力容器、电梯、起重机械、客运索道、大型游乐设施的安装、改造、重大维修过程，以及锅炉清洗过程，未经国务院特种设备安全监督管理部门核准的检验检测机构按照安全技术规范的要求进行监督检验的，由特种设备安全监督管理部门责令改正，已经出厂的，没收违法生产、销售的产品，已经实施安装、改造、重大维修或者清洗的，责令限期进行监督检验，处5万元以上20万元以下罚款；有违法所得的，没收违法所得；情节严重的，撤销制造、安装、改造或者维修单位已经取得的许可，并由工商行政管理部门吊销其营业执照；触犯刑律的，对负有责任的主管人员和其他直接责任人员依照刑法关于生产、销售伪劣产品罪或者其他罪的规定，依法追究刑事责任。

6. 依据《特种设备安全监察条例》的规定，未经许可，擅自从事移动式压力容器或者气瓶充装活动的，由特种设备安全监督管理部门予以取缔，没收违法充装的气瓶，处10万元以上50万元以下罚款；有违法所得的，没收违法所得；触犯刑律的，对负有责任的主管人员和其他直接责任人员依照刑法关于非法经营罪或者其他罪的规定，依法追究刑事责任。

移动式压力容器、气瓶充装单位未按照安全技术规范的要求进行充装活动的，由特种设备安全监督管理部门责令改正，处2万元以上10万元以下罚款；情节严重的，撤销其充装资格。

（四）电梯制造单位违反有关规定的处理

依据《特种设备安全监察条例》的规定，电梯制造单位有下列情形之一的，由特种设备安全监督管理部门责令限期改正；逾期未改正的，予以通报批评：

（1）未依照本条例第十九条的规定对电梯进行校验、调试的。

（2）对电梯的安全运行情况进行跟踪调查和了解时，发现存在严重事故隐患，未及时向特种设备安全监督管理部门报告的。

（五）特种设备生产单位、检验检测机构的法律责任

依据《特种设备安全监察条例》的规定，已经取得许可、核准的特种设备生产单位、检验检测机构有下列行为之一的，由特种设备安全监督管理部门责令改正，处2万元以上10万元以下罚款；情节严重的，撤销其相应资格：

（1）未按照安全技术规范的要求办理许可证变更手续的。

（2）不再符合本条例规定或者安全技术规范要求的条件，继续从事特种设备生产、检验检测的。

（3）未依照本条例规定或者安全技术规范要求进行特种设备生产、检验检测的。

（4）伪造、变造、出租、出借、转让许可证书或者监督检验报告的。

（六）特种设备使用单位的法律责任

依据《特种设备安全监察条例》的规定，特种设备使用单位有下列情形之一的，由特种设备安全监督管理部门责令限期改正；逾期未改正的，处 2000 元以上 2 万元以下罚款；情节严重的，责令停止使用或者停产停业整顿：

（1）特种设备投入使用前或者投入使用后 30 日内，未向特种设备安全监督管理部门登记，擅自将其投入使用的。

（2）未依照本条例第二十六条的规定，建立特种设备安全技术档案的。

（3）未依照本条例第二十七条的规定，对在用特种设备进行经常性日常维护保养和定期自行检查的，或者对在用特种设备的安全附件、安全保护装置、测量调控装置及有关附属仪器仪表进行定期校验、检修，并作出记录的。

（4）未按照安全技术规范的定期检验要求，在安全检验合格有效期届满前 1 个月向特种设备检验检测机构提出定期检验要求的。

（5）使用未经定期检验或者检验不合格的特种设备的。

（6）特种设备出现故障或者发生异常情况，未对其进行全面检查、消除事故隐患，继续投入使用的。

（7）未制定特种设备事故应急专项预案的。

（8）未依照本条例第三十一条第二款的规定，对电梯进行清洁、润滑、调整和检查的。

（9）未按照安全技术规范要求进行锅炉水（介）质处理的。

（10）特种设备不符合能效指标，未及时采取相应措施进行整改的。

特种设备使用单位使用未取得生产许可的单位生产的特种设备或者将非承压锅炉、非压力容器作为承压锅炉、压力容器使用的，由特种设备安全监督管理部门责令停止使用，予以没收，处 2 万元以上 10 万元以下罚款。

（七）特种设备未按规定注销的法律责任

依据《特种设备安全监察条例》的规定，特种设备存在严重事故隐患，无改造、维修价值，或者超过安全技术规范规定的使用年限，特种设备使用单位未予以报废，并向原登记的特种设备安全监督管理部门办理注销的，由特种设备安全监督管理部门责令限期改正；逾期未改正的，处 5 万元以上 20 万元以下罚款。

（八）电梯、客运索道、大型游乐设施的运营使用单位的法律责任

依据《特种设备安全监察条例》的规定，电梯、客运索道、大型游乐设施的运营使用单位有下列情形之一的，由特种设备安全监督管理部门责令限期改正；逾期未改正的，责令停止使用或者停产停业整顿，处 1 万元以上 5 万元以下罚款：

（1）客运索道、大型游乐设施每日投入使用前，未进行试运行和例行安全检查，并对安全装置进行检查确认的。

（2）未将电梯、客运索道、大型游乐设施的安全注意事项和警示标志置于易于为乘客注意的显著位置的。

（九）特种设备使用单位有关安全管理机构和从业人员的法律责任

依据《特种设备安全监察条例》的规定，特种设备使用单位有下列情形之一的，由特种设备安全监督管理部门责令限期改正；逾期未改正的，责令停止使用或者停产停业整顿，处2000元以上2万元以下罚款：

（1）未依照本条例规定设置特种设备安全管理机构或者配备专职、兼职的安全管理人员的。

（2）从事特种设备作业的人员，未取得相应特种作业人员证书，上岗作业的。

（3）未对特种设备作业人员进行特种设备安全教育和培训的。

（十）发生特种设备事故不及时抢救及隐瞒不报谎报或者拖延不报的法律责任

依据《特种设备安全监察条例》的规定，发生特种设备事故，有下列情形之一的，对单位，由特种设备安全监督管理部门处5万元以上20万元以下罚款；对主要负责人，由特种设备安全监督管理部门处4000元以上2万元以下罚款；属于国家工作人员的，依法给予处分；触犯刑律的，依照刑法关于重大责任事故罪或者其他罪的规定，依法追究刑事责任：

（1）特种设备使用单位的主要负责人在本单位发生特种设备事故时，不立即组织抢救或者在事故调查处理期间擅离职守或者逃匿的。

（2）特种设备使用单位的主要负责人对特种设备事故隐瞒不报、谎报或者拖延不报的。

（十一）事故发生单位的法律责任

依据《特种设备安全监察条例》的规定，对事故发生负有责任的单位，由特种设备安全监督管理部门依照下列规定处以罚款：

（1）发生一般事故的，处10万元以上20万元以下罚款。

（2）发生较大事故的，处20万元以上50万元以下罚款。

（3）发生重大事故的，处50万元以上200万元以下罚款。

（十二）事故发生单位主要负责人的法律责任

依据《特种设备安全监察条例》的规定，对事故发生负有责任的单位的主要负责人未依法履行职责，导致事故发生的，由特种设备安全监督管理部门依照下列规定处以罚款；属于国家工作人员的，并依法给予处分；触犯刑律的，依照刑法关于重大责任事故罪或者其他罪的规定，依法追究刑事责任：

（1）发生一般事故的，处上一年年收入30%的罚款。

（2）发生较大事故的，处上一年年收入40%的罚款。

（3）发生重大事故的，处上一年年收入60%的罚款。

（十三）特种设备作业人员的法律责任

依据《特种设备安全监察条例》的规定，特种设备作业人员违反特种设备的操作规程和有关的安全规章制度操作，或者在作业过程中发现事故隐患或者其他不安全因素，未立即向现场安全管理人员和单位有关负责人报告的，由特种设备使用单位给予批评教育、处分；情节严重的，撤销特种设备作业人员资格；触犯刑律的，依照刑法关于重大责任事故罪或者其他罪的规定，依法追究刑事责任。

（十四）特种设备检验检测机构的法律责任

依据《特种设备安全监察条例》的规定，特种设备检验检测机构违反本条例的有关规定，依照本条例第九十一条、第九十二条、第九十三条、第九十四条、第九十五条、第九十六条的规定追究法律责任。

（十五）特种设备安全监察人员的法律责任

依据《特种设备安全监察条例》的规定，特种设备安全监督管理部门及其特种设备安全监察人员，有下列违法行为之一的，对直接负责的主管人员和其他直接责任人员，依法给予降级或者撤职的处分；触犯刑律的，依照刑法关于受贿罪、滥用职权罪、玩忽职守罪或者其他罪的规定，依法追究刑事责任：

（1）不按照本条例规定的条件和安全技术规范要求，实施许可、核准、登记的。

（2）发现未经许可、核准、登记擅自从事特种设备的生产、使用或者检验检测活动不予取缔或者不依法予以处理的。

（3）发现特种设备生产、使用单位不再具备本条例规定的条件而不撤销其原许可，或者发现特种设备生产、使用违法行为不予查处的。

（4）发现特种设备检验检测机构不再具备本条例规定的条件而不撤销其原核准，或者对其出具虚假的检验检测结果、鉴定结论或者检验检测结果、鉴定结论严重失实的行为不予查处的。

（5）对依照本条例规定在其他地方取得许可的特种设备生产单位重复进行许可，或者对依照本条例规定在其他地方检验检测合格的特种设备，重复进行检验检测的。

（6）发现有违反本条例和安全技术规范的行为或者在用的特种设备存在严重事故隐患，不立即处理的。

（7）发现重大的违法行为或者严重事故隐患，未及时向上级特种设备安全监督管理部门报告，或者接到报告的特种设备安全监督管理部门不立即处理的。

（8）迟报、漏报、瞒报或者谎报事故的。

（9）妨碍事故救援或者事故调查处理的。

（十六）生产、使用单位或者检验检测机构拒不接受安全监察的法律责任

依据《特种设备安全监察条例》的规定，特种设备的生产、使用单位或者检验检测机构，拒不接受特种设备安全监督管理部门依法实施的安全监察的，由特种设备安全监督管理部门责令限期改正；逾期未改正的，责令停产停业整顿，处2万元以上10万元以下罚款；触犯刑律的，依照刑法关于妨害公务罪或者其他罪的规定，依法追究刑事责任。

特种设备生产、使用单位擅自动用、调换、转移、损毁被查封、扣押的特种设备或者其主要部件的，由特种设备安全监督管理部门责令改正，处5万元以上20万元以下罚款；情节严重的，撤销其相应资格。

第九节　使用有毒物品作业场所劳动保护条例

2002年5月12日，国务院令第352号公布《使用有毒物品作业场所劳动保护条例》，

自公布之日起施行。《使用有毒物品作业场所劳动保护条例》的立法目的是为了保证作业场所安全使用有毒物品，预防、控制和消除职业中毒危害，保护劳动者的生命安全、身体健康及其相关权益。

一、使用有毒物品作业场所劳动保护的基本规定

（一）有毒物品的范围

界定有毒物品的范围，是明确《使用有毒物品作业场所劳动保护条例》适用范围的前提。有毒物品的种类很多，有的可能很容易造成职业中毒危害，有的造成职业中毒危害的可能性很小。造成职业中毒危害的情况也很复杂，与有毒物品的种类、接触时间、作业环境等因素有关，但有毒物品的种类至关重要。要防止职业中毒危害，首先要确定有毒物品的种类和范围，制定有毒物品目录，通过目录管理，加强劳动保护。《使用有毒物品作业场所劳动保护条例》第三条规定："按照有毒物品产生的职业中毒危害程度，有毒物品分为一般有毒物品和高毒物品。国家对作业场所使用高毒物品实行特殊管理。一般有毒物品目录、高毒物品目录由国务院卫生行政部门会同有关部门依据国家标准制定、调整并公布。"目前，卫生部已经制定了高毒物品目录，共54种，包括苯、苯胺、汞等。使用这54种高毒物品的作业场所，必须遵守《使用有毒物品作业场所劳动保护条例》的规定。

（二）《使用有毒物品作业场所劳动保护条例》的适用范围

1. 基本适用规定。《使用有毒物品作业场所劳动保护条例》第二条规定："作业场所使用有毒物品可能产生职业中毒危害的劳动保护，适用本条例。"作业场所使用列入高毒物品目录、一般有毒物品目录的有毒物品的，必须遵守本条例的规定，采取劳动保护措施，防止职业中毒危害。

2. 补充适用规定。《使用有毒物品作业场所劳动保护条例》第七十条第一款规定："涉及作业场所使用有毒物品可能产生职业中毒危害的劳动保护的有关事项，本条例未作规定的，依照职业病防治法和其他有关法律、行政法规的规定执行。"

3. 排除适用规定。鉴于有毒物品的生产、经营、储存、运输、使用和废弃处置有专门的安全管理规定，但其作业场所又都可能涉及使用有毒物品，为避免重复，《使用有毒物品作业场所劳动保护条例》第七十条第二款规定："有毒物品的生产、经营、储存、运输、使用和废弃处置的安全管理，依照《危险化学品安全管理条例》执行。"

（三）未成年人和妇女的特殊保护

依据《使用有毒物品作业场所劳动保护条例》的规定，用人单位禁止使用童工。用人单位不得安排未成年人和孕期、哺乳期的女职工从事使用有毒物品的作业。

（四）使用有毒物品作业场所监督检查的政府部门及职责

依据《使用有毒物品作业场所劳动保护条例》的规定，使用有毒物品作业场所的监督检查及职业卫生安全许可证的颁发均由卫生行政部门负责。但是，根据2005年、2008年国务院关于国家安全生产监督管理总局和卫生部有关职业卫生监督管理职责调整的规定，作业场所职业卫生的监督检查和职业卫生安全许可证颁发的职责由国家安全生产监督管理总局负责。正在修订的《职业病防治法》也将作相应的调整。

（五）工会的职责

依据《使用有毒物品作业场所劳动保护条例》的规定，工会组织应当督促并协助用人单位开展职业卫生宣传教育和培训，对用人单位的职业卫生工作提出意见和建议，与用人单位就劳动者反映的职业病防治问题进行协调并督促解决。工会组织对用人单位违反法律、法规，侵犯劳动者合法权益的行为，有权要求纠正；产生严重职业中毒危害时，有权要求用人单位采取防护措施，或者向政府有关部门建议采取强制性措施；发生职业中毒事故时，有权参与事故调查处理；发现危及劳动者生命、健康的情形时，有权建议用人单位组织劳动者撤离危险现场，用人单位应当立即作出处理。

二、作业场所的预防措施

（一）职业卫生安全许可

依据《使用有毒物品作业场所劳动保护条例》的规定，用人单位的设立，应当符合有关法律、行政法规规定的设立条件，并依法办理有关手续，取得营业执照。用人单位的使用有毒物品作业场所，除应当符合《职业病防治法》规定的职业卫生要求外，还必须符合下列要求：

1. 作业场所与生活场所分开，作业场所不得住人。

2. 有害作业与无害作业分开，高毒作业场所与其他作业场所隔离。

3. 设置有效的通风装置；可能突然泄漏大量有毒物品或者易造成急性中毒的作业场所，设置自动报警装置和事故通风设施。

4. 高毒作业场所设置应急撤离通道和必要的泄险区。

用人单位及其作业场所符合前两款规定的，由卫生行政部门发给职业卫生安全许可证，方可从事使用有毒物品的作业。

（二）警示标识规定

依据《使用有毒物品作业场所劳动保护条例》的规定，使用有毒物品作业场所应当设置黄色区域警示线、警示标识和中文警示说明。警示说明应当载明产生职业中毒危害的种类、后果、预防以及应急救治措施等内容。高毒作业场所应当设置红色区域警示线、警示标识和中文警示说明，并设置通讯报警设备。

（三）建设项目"三同时"管理

依据《使用有毒物品作业场所劳动保护条例》的规定，新建、扩建、改建的建设项目和技术改造、技术引进项目（以下统称建设项目），可能产生职业中毒危害的，应当依照《职业病防治法》的规定进行职业中毒危害预评价，并经卫生行政部门审核同意；可能产生职业中毒危害的建设项目的职业中毒危害防护设施应当与主体工程同时设计，同时施工，同时投入生产和使用；建设项目竣工，应当进行职业中毒危害控制效果评价，并经卫生行政部门验收合格。

存在高毒作业的建设项目的职业中毒危害防护设施设计，应当经卫生行政部门进行卫生审查。经审查，符合国家职业卫生标准和卫生要求的，方可施工。

（四）职业危害申报

依据《使用有毒物品作业场所劳动保护条例》的规定，用人单位应当按照国务院卫生行政部门的规定，向卫生行政部门及时、如实申报存在职业中毒危害项目。从事使用高毒物品作业的用人单位，在申报使用高毒物品作业项目时，应当向卫生行政部门提交下列有关资料：

1. 职业中毒危害控制效果评价报告。

2. 职业卫生管理制度和操作规程等材料。

3. 职业中毒事故应急救援预案。

从事使用高毒物品作业的用人单位变更所使用的高毒物品品种的，应当依照前款规定向原受理申报的卫生行政部门重新申报。用人单位变更名称、法定代表人或者负责人的，应当向原受理申报的卫生行政部门备案。

（五）应急预案及应急器材、设备配备

依据《使用有毒物品作业场所劳动保护条例》的规定，从事使用高毒物品作业的用人单位，应当配备应急救援人员和必要的应急救援器材、设备，制定事故应急救援预案，并根据实际情况变化对应急救援预案适时进行修订，定期组织演练。事故应急救援预案和演练记录应当报当地卫生行政部门、安全生产监督管理部门和公安部门备案。

三、劳动过程的防护

（一）职业卫生医师和护士配备

依据《使用有毒物品作业场所劳动保护条例》的规定，用人单位应当依照《职业病防治法》的有关规定，采取有效的职业卫生防护管理措施，加强劳动过程中的防护与管理。从事使用高毒物品作业的用人单位，应当配备专职的或者兼职的职业卫生医师和护士；不具备配备专职的或者兼职的职业卫生医师和护士条件的，应当与依法取得资质认证的职业卫生技术服务机构签订合同，由其提供职业卫生服务。

（二）职业危害告知及紧急处置

依据《使用有毒物品作业场所劳动保护条例》的规定，用人单位应当与劳动者订立劳动合同，将工作过程中可能产生的职业中毒危害及其后果、职业中毒危害防护措施和待遇等如实告知劳动者，并在劳动合同中写明，不得隐瞒或者欺骗。劳动者在已订立劳动合同期间因工作岗位或者工作内容变更，从事劳动合同中未告知的存在职业中毒危害的作业时，用人单位应当依照前款规定，如实告知劳动者，并协商变更原劳动合同有关条款。

用人单位违反上述规定的，劳动者有权拒绝从事存在职业中毒危害的作业，用人单位不得因此单方面解除或者终止与劳动者所订立的劳动合同。

（三）职业卫生培训

依据《使用有毒物品作业场所劳动保护条例》的规定，用人单位有关管理人员应当熟悉有关职业病防治的法律、法规以及确保劳动者安全使用有毒物品作业的知识。用人单位应当对劳动者进行上岗前的职业卫生培训和在岗期间的定期职业卫生培训，普及有关职业卫生知识，督促劳动者遵守有关法律、法规和操作规程，指导劳动者正确使用职业中毒危害防护设备和个人使用的职业中毒危害防护用品。劳动者经培训考核合格，方可上岗作业。

（四）安全设备、设施

依据《使用有毒物品作业场所劳动保护条例》的规定，用人单位应当确保职业中毒危害防护设备、应急救援设施、通讯报警装置处于正常适用状态，不得擅自拆除或者停止运行。

用人单位应当对上述所列设施进行经常性的维护、检修，定期检测其性能和效果，确保其处于良好运行状态。

职业中毒危害防护设备、应急救援设施和通讯报警装置处于不正常状态时，用人单位应当立即停止使用有毒物品作业；恢复正常状态后，方可重新作业。

（五）劳动防护用品配备

依据《使用有毒物品作业场所劳动保护条例》的规定，用人单位应当为从事使用有毒物品作业的劳动者提供符合国家职业卫生标准的防护用品，并确保劳动者正确使用。

（六）有毒物品包装及说明书

依据《使用有毒物品作业场所劳动保护条例》的规定，有毒物品必须附具说明书，如实载明产品特性、主要成分、存在的职业中毒危害因素、可能产生的危害后果、安全使用注意事项、职业中毒危害防护以及应急救治措施等内容，没有说明书或者说明书不符合要求的，不得向用人单位销售。用人单位有权向生产、经营有毒物品的单位索取说明书。

有毒物品的包装应当符合国家标准，并以易于劳动者理解的方式加贴或者拴挂有毒物品安全标签。有毒物品的包装必须有醒目的警示标识和中文警示说明。经营、使用有毒物品的单位，不得经营、使用没有安全标签、警示标识和中文警示说明的有毒物品。

（七）生产装置的维护、检修

依据《使用有毒物品作业场所劳动保护条例》的规定，用人单位维护、检修存在高毒物品的生产装置，必须事先制定维护、检修方案，明确职业中毒危害防护措施，确保维护、检修人员的生命安全和身体健康。维护、检修存在高毒物品的生产装置，必须严格按照维护、检修方案和操作规程进行。维护、检修现场应当有专人监护，并设置警示标志。

（八）进入设备、容器或者狭窄封闭场所的特殊防护

依据《使用有毒物品作业场所劳动保护条例》的规定，需要进入存在高毒物品的设备、容器或者狭窄封闭场所作业时，用人单位应当事先采取下列措施：

1. 保持作业场所良好的通风状态，确保作业场所职业中毒危害因素浓度符合国家职业卫生标准。

2. 为劳动者配备符合国家职业卫生标准的防护用品。

3. 设置现场监护人员和现场救援设备。

未采取前款规定措施或者采取的措施不符合要求的，用人单位不得安排劳动者进入存在高毒物品的设备、容器或者狭窄封闭场所作业。

（九）危害因素检测、评价

依据《使用有毒物品作业场所劳动保护条例》的规定，用人单位应当按照国务院卫生

行政部门的规定，定期对使用有毒物品作业场所的职业中毒危害因素进行检测、评价。检测、评价结果存入用人单位职业卫生档案，定期向所在地卫生行政部门报告并向劳动者公布。从事使用高毒物品作业的用人单位应当至少每月对高毒作业场所进行一次职业中毒危害因素检测；至少每半年进行一次职业中毒危害控制效果评价。

高毒作业场所职业中毒危害因素不符合国家职业卫生标准和卫生要求时，用人单位必须立即停止高毒作业，并采取相应的治理措施。经治理，职业中毒危害因素符合国家职业卫生标准和卫生要求的，方可重新作业。

（十）淋浴间和更衣室设置

依据《使用有毒物品作业场所劳动保护条例》的规定，从事使用高毒物品作业的用人单位应当设置淋浴间和更衣室，并设置清洗、存放或者处理从事使用高毒物品作业劳动者的工作服、工作鞋帽等物品的专用间。劳动者结束作业时，其使用的工作服、工作鞋帽等物品必须存放在高毒作业区域内，不得穿戴到非高毒作业区域。

（十一）岗位轮换

依据《使用有毒物品作业场所劳动保护条例》的规定，用人单位应当按照规定对从事使用高毒物品作业的劳动者进行岗位轮换。用人单位应当为从事使用高毒物品作业的劳动者提供岗位津贴。

（十二）转产、停产、停业的规定

依据《使用有毒物品作业场所劳动保护条例》的规定，用人单位转产、停产、停业或者解散、破产的，应当采取有效措施，妥善处理留存或者残留有毒物品的设备、包装物和容器。

四、职业健康监护

（一）健康检查

依据《使用有毒物品作业场所劳动保护条例》的规定，用人单位应当组织从事使用有毒物品作业的劳动者进行上岗前职业健康检查。用人单位不得安排未经上岗前职业健康检查的劳动者从事使用有毒物品的作业，不得安排有职业禁忌的劳动者从事其所禁忌的作业。

用人单位应当对从事使用有毒物品作业的劳动者进行定期职业健康检查。用人单位发现有职业禁忌或者有与所从事职业相关的健康损害的劳动者，应当将其及时调离原工作岗位，并妥善安置。用人单位对需要复查和医学观察的劳动者，应当按照体检机构的要求安排其复查和医学观察。

用人单位应当对从事使用有毒物品作业的劳动者进行离岗时的职业健康检查；对离岗时未进行职业健康检查的劳动者，不得解除或者终止与其订立的劳动合同。用人单位发生分立、合并、解散、破产等情形的，应当对从事使用有毒物品作业的劳动者进行健康检查，并按照国家有关规定妥善安置职业病病人。

用人单位对受到或者可能受到急性职业中毒危害的劳动者，应当及时组织进行健康检查和医学观察。劳动者职业健康检查和医学观察的费用，由用人单位承担。

（二）职业健康监护档案

依据《使用有毒物品作业场所劳动保护条例》的规定，用人单位应当建立职业健康监护档案。职业健康监护档案应当包括下列内容：

1．劳动者的职业史和职业中毒危害接触史。

2．相应作业场所职业中毒危害因素监测结果。

3．职业健康检查结果及处理情况。

4．职业病诊疗等劳动者健康资料。

五、劳动者的权利与义务

（一）紧急撤离权

依据《使用有毒物品作业场所劳动保护条例》的规定，从事使用有毒物品作业的劳动者在存在威胁生命安全或者身体健康危险的情况下，有权通知用人单位并从使用有毒物品造成的危险现场撤离。用人单位不得因劳动者依据前款规定行使权利，而取消或者减少劳动者在正常工作时享有的工资、福利待遇。

（二）职业卫生保护权利

依据《使用有毒物品作业场所劳动保护条例》的规定，劳动者享有下列职业卫生保护权利：

1．获得职业卫生教育、培训。

2．获得职业健康检查、职业病诊疗、康复等职业病防治服务。

3．了解工作场所产生或者可能产生的职业中毒危害因素、危害后果和应当采取的职业中毒危害防护措施。

4．要求用人单位提供符合防治职业病要求的职业中毒危害防护设施和个人使用的职业中毒危害防护用品，改善工作条件。

5．对违反职业病防治法律、法规，危及生命、健康的行为提出批评、检举和控告。

6．拒绝违章指挥和强令进行没有职业中毒危害防护措施的作业。

7．参与用人单位职业卫生工作的民主管理，对职业病防治工作提出意见和建议。

用人单位应当保障劳动者行使上述所列权利。禁止因劳动者依法行使正当权利而降低其工资、福利等待遇或者解除、终止与其订立的劳动合同。

（三）获得资料的权利

依据《使用有毒物品作业场所劳动保护条例》的规定，劳动者有权在正式上岗前从用人单位获得下列资料：

1．作业场所使用的有毒物品的特性、有害成分、预防措施、教育和培训资料。

2．有毒物品的标签、标识及有关资料。

3．有毒物品安全使用说明书。

4．可能影响安全使用有毒物品的其他有关资料。

（四）查阅索取职业健康监护档案的权利

依据《使用有毒物品作业场所劳动保护条例》的规定，劳动者有权查阅、复印其本人职业健康监护档案。劳动者离开用人单位时，有权索取本人健康监护档案复印件；用人单位应当如实、无偿提供，并在所提供的复印件上签章。

（五）工伤保险待遇

从业人员有关工伤保险的待遇按照《工伤保险条例》的规定执行。

（六）劳动者的义务

依据《使用有毒物品作业场所劳动保护条例》的规定，劳动者应当学习和掌握相关职业卫生知识，遵守有关劳动保护的法律、法规和操作规程，正确使用和维护职业中毒危害防护设施及其用品；发现职业中毒事故隐患时，应当及时报告。作业场所出现使用有毒物品产生的危险时，劳动者应当采取必要措施，按照规定正确使用防护设施，将危险加以消除或者减少到最低限度。

六、监督管理

（一）监督检查权

依据《使用有毒物品作业场所劳动保护条例》的规定，卫生行政部门履行监督检查职责时，有权采取下列措施：

1. 进入用人单位和使用有毒物品作业场所现场，了解情况，调查取证，进行抽样检查、检测、检验，进行实地检查。

2. 查阅或者复制与违反本条例行为有关的资料，采集样品。

3. 责令违反本条例规定的单位和个人停止违法行为。

（二）临时控制措施

依据《使用有毒物品作业场所劳动保护条例》的规定，发生职业中毒事故或者有证据证明职业中毒危害状态可能导致事故发生时，卫生行政部门有权采取下列临时控制措施：

1. 责令暂停导致职业中毒事故的作业。

2. 封存造成职业中毒事故或者可能导致事故发生的物品。

3. 组织控制职业中毒事故现场。

在职业中毒事故或者危害状态得到有效控制后，卫生行政部门应当及时解除控制措施。

七、法律责任

（一）政府部门工作人员的法律责任

依据《使用有毒物品作业场所劳动保护条例》的规定，卫生行政部门的工作人员有下列行为之一，导致职业中毒事故发生的，依照刑法关于滥用职权罪、玩忽职守罪或者其他罪的规定，依法追究刑事责任；造成职业中毒危害但尚未导致职业中毒事故发生，不够刑事处罚的，根据不同情节，依法给予降级、撤职或者开除的行政处分：

1. 对不符合本条例规定条件的涉及使用有毒物品作业事项，予以批准的。

2. 发现用人单位擅自从事使用有毒物品作业，不予取缔的。

3. 对依法取得批准的用人单位不履行监督检查职责，发现其不再具备本条例规定的条件而不撤销原批准或者发现违反本条例的其他行为不予查处的。

4. 发现用人单位存在职业中毒危害，可能造成职业中毒事故，不及时依法采取控制措施的。

（二）建设项目违反"三同时"管理的法律责任

依据《使用有毒物品作业场所劳动保护条例》的规定，用人单位违反本条例的规定，有下列情形之一的，由卫生行政部门给予警告，责令限期改正，处10万元以上50万元以下的罚款；逾期不改正的，提请有关人民政府按照国务院规定的权限责令停建、予以关闭；造成严重职业中毒危害或者导致职业中毒事故发生的，对负有责任的主管人员和其他直接责任人员依照刑法关于重大劳动安全事故罪或者其他罪的规定，依法追究刑事责任：

1. 可能产生职业中毒危害的建设项目，未依照《职业病防治法》的规定进行职业中毒危害预评价，或者预评价未经卫生行政部门审核同意，擅自开工的。

2. 职业卫生防护设施未与主体工程同时设计，同时施工，同时投入生产和使用的；

3. 建设项目竣工，未进行职业中毒危害控制效果评价，或者未经卫生行政部门验收或者验收不合格，擅自投入使用的。

4. 存在高毒作业的建设项目的防护设施设计未经卫生行政部门审查同意，擅自施工的。

（三）用人单位违反作业场所防护管理的法律责任

依据《使用有毒物品作业场所劳动保护条例》的规定，用人单位违反本条例的规定，有下列情形之一的，由卫生行政部门给予警告，责令限期改正，处5万元以上20万元以下的罚款；逾期不改正的，提请有关人民政府按照国务院规定的权限予以关闭；造成严重职业中毒危害或者导致职业中毒事故发生的，对负有责任的主管人员和其他直接责任人员依照刑法关于重大劳动安全事故罪或者其他罪的规定，依法追究刑事责任：

1. 使用有毒物品作业场所未按照规定设置警示标识和中文警示说明的。

2. 未对职业卫生防护设备、应急救援设施、通讯报警装置进行维护、检修和定期检测，导致上述设施处于不正常状态的。

3. 未依照本条例的规定进行职业中毒危害因素检测和职业中毒危害控制效果评价的。

4. 高毒作业场所未按照规定设置撤离通道和泄险区的。

5. 高毒作业场所未按照规定设置警示线的。

6. 未向从事使用有毒物品作业的劳动者提供符合国家职业卫生标准的防护用品，或者未保证劳动者正确使用的。

（四）用人单位违反有关设备设施规定的法律责任

依据《使用有毒物品作业场所劳动保护条例》的规定，用人单位违反本条例的规定，有下列情形之一的，由卫生行政部门给予警告，责令限期改正，处5万元以上30万元以下的罚款；逾期不改正的，提请有关人民政府按照国务院规定的权限予以关闭；造成严重职业中毒危害或者导致职业中毒事故发生的，对负有责任的主管人员和其他直接责任人员依照刑法关于重大责任事故罪、重大劳动安全事故罪或者其他罪的规定，依法追究刑事责任：

1. 使用有毒物品作业场所未设置有效通风装置的，或者可能突然泄漏大量有毒物品或者易造成急性中毒的作业场所未设置自动报警装置或者事故通风设施的。

2．职业卫生防护设备、应急救援设施、通讯报警装置处于不正常状态而不停止作业，或者擅自拆除或者停止运行职业卫生防护设备、应急救援设施、通讯报警装置的。

（五）用人单位违反高毒物品管理的法律责任

依据《使用有毒物品作业场所劳动保护条例》的规定，从事使用高毒物品作业的用人单位违反本条例的规定，有下列行为之一的，由卫生行政部门给予警告，责令限期改正，处 5 万元以上 20 万元以下的罚款；逾期不改正的，提请有关人民政府按照国务院规定的权限予以关闭；造成严重职业中毒危害或者导致职业中毒事故发生的，对负有责任的主管人员和其他直接责任人员依照刑法关于重大责任事故罪或者其他罪的规定，依法追究刑事责任：

1．作业场所职业中毒危害因素不符合国家职业卫生标准和卫生要求而不立即停止高毒作业并采取相应的治理措施的，或者职业中毒危害因素治理不符合国家职业卫生标准和卫生要求重新作业的。

2．未依照本条例的规定维护、检修存在高毒物品的生产装置的。

3．未采取本条例规定的措施，安排劳动者进入存在高毒物品的设备、容器或者狭窄封闭场所作业的。

（六）用人单位违反规定使用禁止使用的有毒物品的法律责任

依据《使用有毒物品作业场所劳动保护条例》的规定，在作业场所使用国家明令禁止使用的有毒物品或者使用不符合国家标准的有毒物品的，由卫生行政部门责令立即停止使用，处 5 万元以上 30 万元以下的罚款；情节严重的，责令停止使用有毒物品作业，或者提请有关人民政府按照国务院规定的权限予以关闭；造成严重职业中毒危害或者导致职业中毒事故发生的，对负有责任的主管人员和其他直接责任人员依照刑法关于危险物品肇事罪、重大责任事故罪或者其他罪的规定，依法追究刑事责任。

（七）用人单位违反禁忌规定和培训考核规定的法律责任

依据《使用有毒物品作业场所劳动保护条例》的规定，用人单位违反本条例的规定，有下列行为之一的，由卫生行政部门给予警告，责令限期改正；逾期不改正的，处 5 万元以上 30 万元以下的罚款；造成严重职业中毒危害或者导致职业中毒事故发生的，对负有责任的主管人员和其他直接责任人员依照刑法关于重大责任事故罪或者其他罪的规定，依法追究刑事责任：

1．使用未经培训考核合格的劳动者从事高毒作业的。

2．安排有职业禁忌的劳动者从事所禁忌的作业的。

3．发现有职业禁忌或者有与所从事职业相关的健康损害的劳动者，未及时调离原工作岗位，并妥善安置的。

4．安排未成年人或者孕期、哺乳期的女职工从事使用有毒物品作业的。

5．使用童工的。

（八）用人单位擅自使用有毒物品的法律责任

依据《使用有毒物品作业场所劳动保护条例》的规定，违反本条例的规定，未经许可，擅自从事使用有毒物品作业的，由工商行政管理部门、卫生行政部门依据各自职权予以取缔；造成职业中毒事故的，依照刑法关于危险物品肇事罪或者其他罪的规定，依法追究刑事责任；尚不够刑事处罚的，由卫生行政部门没收经营所得，并处经营所得3倍以上5倍以下的罚款；对劳动者造成人身伤害的，依法承担赔偿责任。

（九）用人单位违法转产、停产、停业或者解散、破产规定的法律责任

依据《使用有毒物品作业场所劳动保护条例》的规定，从事使用有毒物品作业的用人单位违反本条例的规定，在转产、停产、停业或者解散、破产时未采取有效措施，妥善处理留存或者残留高毒物品的设备、包装物和容器的，由卫生行政部门责令改正，处2万元以上10万元以下的罚款；触犯刑律的，对负有责任的主管人员和其他直接责任人员依照刑法关于重大环境污染事故罪、危险物品肇事罪或者其他罪的规定，依法追究刑事责任。

（十）用人单位违反有毒作业隔离措施规定的法律责任

依据《使用有毒物品作业场所劳动保护条例》的规定，用人单位违反本条例的规定，有下列情形之一的，由卫生行政部门给予警告，责令限期改正，处5000元以上2万元以下的罚款；逾期不改正的，责令停止使用有毒物品作业，或者提请有关人民政府按照国务院规定的权限予以关闭；造成严重职业中毒危害或者导致职业中毒事故发生的，对负有责任的主管人员和其他直接责任人员依照刑法关于重大劳动安全事故罪、危险物品肇事罪或者其他罪的规定，依法追究刑事责任：

1. 使用有毒物品作业场所未与生活场所分开或者在作业场所住人的。

2. 未将有害作业与无害作业分开的。

3. 高毒作业场所未与其他作业场所有效隔离的。

4. 从事高毒作业未按照规定配备应急救援设施或者制定事故应急救援预案的。

（十一）用人单位违反职业危害申报的法律责任

依据《使用有毒物品作业场所劳动保护条例》的规定，用人单位违反本条例的规定，有下列情形之一的，由卫生行政部门给予警告，责令限期改正，处2万元以上5万元以下的罚款；逾期不改正的，提请有关人民政府按照国务院规定的权限予以关闭：

1. 未按照规定向卫生行政部门申报高毒作业项目的。

2. 变更使用高毒物品品种，未按照规定向原受理申报的卫生行政部门重新申报，或者申报不及时、有虚假的。

（十二）用人单位违反健康检查的法律责任

依据《使用有毒物品作业场所劳动保护条例》的规定，用人单位违反本条例的规定，有下列行为之一的，由卫生行政部门给予警告，责令限期改正，处2万元以上5万元以下的罚款；逾期不改正的，责令停止使用有毒物品作业，或者提请有关人民政府按照国务院规定的权限予以关闭：

1. 未组织从事使用有毒物品作业的劳动者进行上岗前职业健康检查，安排未经上岗前职业健康检查的劳动者从事使用有毒物品作业的。

2. 未组织从事使用有毒物品作业的劳动者进行定期职业健康检查的。

3. 未组织从事使用有毒物品作业的劳动者进行离岗职业健康检查的。

4. 对未进行离岗职业健康检查的劳动者，解除或者终止与其订立的劳动合同的。

5. 发生分立、合并、解散、破产情形，未对从事使用有毒物品作业的劳动者进行健康检查，并按照国家有关规定妥善安置职业病病人的。

6. 对受到或者可能受到急性职业中毒危害的劳动者，未及时组织进行健康检查和医学观察的。

7. 未建立职业健康监护档案的。

8. 劳动者离开用人单位时，用人单位未如实、无偿提供职业健康监护档案的。

9. 未依照职业病防治法和本条例的规定将工作过程中可能产生的职业中毒危害及其后果、有关职业卫生防护措施和待遇等如实告知劳动者并在劳动合同中写明的。

10. 劳动者在存在威胁生命、健康危险的情况下，从危险现场中撤离，而被取消或者减少应当享有的待遇的。

（十三）用人单位违反有关人员配备及设置劳动设施的法律责任

依据《使用有毒物品作业场所劳动保护条例》的规定，用人单位违反本条例的规定，有下列行为之一的，由卫生行政部门给予警告，责令限期改正，处 5 000 元以上 2 万元以下的罚款；逾期不改正的，责令停止使用有毒物品作业，或者提请有关人民政府按照国务院规定的权限予以关闭：

1. 未按照规定配备或者聘请职业卫生医师和护士的。

2. 未为从事使用高毒物品作业的劳动者设置淋浴间、更衣室或者未设置清洗、存放和处理工作服、工作鞋帽等物品的专用间，或者不能正常使用的。

3. 未安排从事使用高毒物品作业一定年限的劳动者进行岗位轮换的。

第十节　国务院关于特大安全事故行政责任追究的规定

2001 年 4 月 21 日，国务院总理朱镕基签发第 302 号国务院令，发布《国务院关于特大安全事故行政责任追究的规定》，自公布之日起施行。这是我国第一部专门规范各级人民政府和有关部门安全事故行政责任追究的行政法规。这部行政法规的核心，是建立事故行政责任追究法律制度。《国务院关于特大安全事故行政责任追究的规定》的立法目的是为了有效地防范特大安全事故的发生，严肃追究特大安全事故的行政责任，保障人民群众生命、财产安全。

一、建立事故行政责任追究制度的必要性及其意义

（一）建立事故行政责任追究制度的必要性

保障生产经营单位和公众聚集场所中的人身安全和财产安全，是经济建设和社会生活的首要条件。安全第一是党和国家的一贯方针，是社会主义制度的本质要求。党和国家高度重视安全生产工作，制定了一系列关于安全生产的方针、政策和法律、法规。由于各级政府加强监督管理，近些年来安全事故明显下降，事故死亡人数明显减少，安全状况有所好转。但相当一个时期以来，特大安全事故频频发生，给人民生命安全和国家财产造成了严重损失，损害了改革开放的形象，安全形势十分严峻。

特大安全事故频发的重要原因之一，就是没有建立事故行政责任追究法律制度。从2000年江西萍乡、广东江门烟花爆竹爆炸事故，到贵州木城沟煤矿瓦斯爆炸事故，从四川合江沉船事故，到河南洛阳东都商厦火灾事故，都暴露出有关人民政府及其负责安全生产监督管理工作的部门存在着严重的权责分离、有权无责的问题。一些负责行政审批许可的部门争权夺利，有的有权无责，有的责任不明，其结果是对应当依法审批或者取缔的不予审批或者取缔，而不应当审批的却予以审批。特大安全事故时有发生，主要原因不是无法可依，而是有法不依，执法不严，甚至有法不执。在追究事故的行政领导责任时，负责审批的政府领导人或者部门负责人逃之夭夭，逍遥法外。因此，必须依法严究执法审批者的行政责任。不明确他们的行政责任，就不能从根本上铲除官僚主义，以及对安全生产管理工作麻木不仁、领导不力、玩忽职守、失职渎职、草菅人命以致腐败等问题的土壤。

要从根本上解决上述问题，遏制住特大事故，有必要依法建立健全事故行政责任追究制度，明确各级政府和安全生产监督管理部门的安全生产责任，明确追究行政责任的范围、责任的划分和责任追究的实施等规定。《国务院关于特大安全事故行政责任追究的规定》正是在这种背景下出台的。

（二）建立事故行政责任追究制度的重大意义

《国务院关于特大安全事故行政责任追究的规定》的出台，对于有效地防范特大安全事故的发生，严肃追究特大安全事故的行政责任，保障人民群众生命、财产安全，做好安全生产工作，具有重要意义。

建立事故行政责任追究制度，有助于强化安全生产工作。建立事故责任追究制度，有助于消除官僚主义和腐败现象。长期以来，一些地方政府及其安全生产监督管理部门对安全生产熟视无睹，麻木不仁。有的要钱不要命，要权不要责，热衷于审批收费。出了事故，就官官相护，推卸责任，无人承担行政责任。一个地方和一个行业的安全状况好坏，关键在于政府及有关部门是否真正重视，切实加强领导。从安全生产管理体制和机制上说，没有明确的、具体的、严格的事故行政责任追究制度，就不能引起政府领导人和有关部门负责人对安全生产工作的高度重视，就不能建立安全管理行政责任的规范机制，就不能实现安全状况的根本好转。建立事故行政责任追究制度，切中了安全管理工作的要害。《国务院关于特大安全事故行政责任追究的规定》将各级政府和有关部门的安全管理行政责任法律化，目的在于促使各级政府和有关部门高度重视安全生产工作，遏制特大事故发生。凡是因渎职失职、玩忽职守引发特大事故的，政府和有关部门的行政首长必将依法受到追究。

建立事故行政责任追究制度，有助于明确安全管理行政责任，增强各级领导干部的安全意识。《国务院关于特大安全事故行政责任追究的规定》明确规定了各级政府领导人和安全生产监督管理部门负责人因失职、渎职造成特大安全事故所应当承担的具体行政责任，轻者依法给予行政处分，重者依法追究刑事责任。建立事故行政责任追究制度，从立法上明确了各级政府和安全生产监督管理部门的行政首长是安全第一责任者，这就要求各级领导增强责任感和使命感，要以人民生命和国家财产的安全为己任，时刻不忘安全生产工作，身体力行，尽职尽责，实现安全生产的稳定好转。

建立事故行政责任追究制度，有助于严格规范安全生产行政审批工作，有效地防范特大安全事故的发生。特大安全事故发生的重要原因之一，就是一些负责安全生产行政审批事项（核准、批准、许可、注册、认证、颁发证照、竣工验收等）的政府部门或者机构及其负责人，违法进行行政审批，牟取私利，致使许多企业不符合法定的安全生产条件，违法违章生产经营，造成特大安全事故。建立事故行政责任追究制度，将行政审批职权和行政责任联系起来，其目的是为了明确、督促行政审批机构及其工作人员依法行政。对于那些以权谋私、玩忽职守者，必将绳之以法。只有这样，才能促使审批机构及其审批人员牢固树立法制观念，依法履行职责，加强对企业安全工作的事前监督，严格企业的安全条件，同时杜绝和惩治行政审批工作中的徇私舞弊行为，有利于加强行政审批机关和执法队伍的廉政建设。

建立事故行政责任追究制度，有助于事故调查处理工作的顺利进行。在现行的事故调查处理工作中，难度最大的就是难以界定和追究各级政府和安全生产监督管理部门的行政首长的行政责任。而行政责任的责任人及其应负的行政责任不能确定，就造成事故调查处理一拖再拖，久拖不决，决而不行。建立事故行政责任追究制度，为特大安全事故的调查处理工作提供了法律依据，扫清了障碍，有利于落实和追究行政责任，总结吸取经验教训，避免同类事故的发生。

建立事故行政责任追究制度，有助于安全生产法制建设。事故行政责任追究制度是安全生产法律制度的重要组成部分。我国现行的安全生产法律、法规虽有追究行政机关和行政人员的行政责任的规定，但原则性较强并且难以操作，尤其是没有追究政府领导人和部门负责人行政责任的明确规定。事故行政责任追究制度填补了安全生产法律制度的一项空白，实现了从事故责任人责任追究的一般规定到政府领导人和有关部门负责人责任追究的特别规定的重要突破，加快了安全生产法制建设的进程。《国务院关于特大安全事故行政责任追究的规定》通过建立事故行政责任追究制度，将各级政府和安全监督管理部门行政首长的安全管理领导责任法律化、制度化，有利于增强他们的安全意识和责任意识，加重他们的安全责任感，以加强领导，扭转安全工作的被动局面。

《国务院关于特大安全事故行政责任追究的规定》的立法原则主要有两个：

一是以人为本的原则。人是生产力中最基本的要素，人的生命和健康是最宝贵的。全心全意为人民服务，是党和政府的根本宗旨。保障人民群众在生产经营活动和社会生活中的人身安全，是党和政府义不容辞的责任。能否实现安全生产，关键在人。安全生产的首要保护对象是人，而影响安全生产、造成特大事故的主要因素也是人。从这个意义上说，安全生产的实质就是保障人的安全。建立事故行政责任追究制度的出发点和落脚点都是人，既要保护劳动者，又要制约管理者。当然，追究行政责任是一种手段，以此告诫、警示政府领导人和有关部门负责人，在安全生产问题上不可有半点懈怠，必须全力抓紧抓好，保证人民群众的生命安全，保持社会的稳定，这也是改革开放大局的基本要求。

二是权责一致、责罚相当的原则。确定和划分负有失职、渎职行为或者领导责任的政府领导人和有关部门负责人的行政责任，必须坚持实事求是，根据其职权的大小来确定其应当承担的行政责任，即权力大责任就大，权力小责任就小。行使行政权力的同时必须承担行政责任，发生特大安全事故，就要追究其行政责任。确定给予责任人何种行政处分，必须体现责罚相当的原则，即责任大的应受的惩罚较重，责任小的应受的惩罚较轻。

二、安全生产行政责任的责任主体

安全生产行政责任的责任主体是指各级人民政府及其有关部门对安全生产监督管理负有行政责任的有关责任人。《国务院关于特大安全事故行政责任追究的规定》确定的有关行政责任人，包括地方人民政府主要领导人和政府负责安全事项行政审批和安全监督管理的有关部门、机构正职负责人，以及国务院有关部门正职负责人。地方人民政府和有关部门对特大安全事故的防范、发生直接负责的主管人员和其他直接责任人员，比照上述人员追究行政责任。

对中小学校违法组织学生从事接触易燃、易爆、有毒、有害等危险品的劳动或者其他危险性劳动的，要按学校隶属关系追究县、乡（镇）人民政府主要领导人和同级政府教育行政部门负责人和学校校长的行政责任。

三、特大安全事故行政责任追究的事故种类

《国务院关于特大安全事故行政责任追究的规定》确定的特大安全事故行政责任追究的范围为下列7类事故：

（一）特大火灾事故。

（二）特大交通安全事故。

（三）特大建筑质量安全事故。

（四）民用爆炸物品和化学危险品特大安全事故。

（五）煤矿和其他矿山特大安全事故。

（六）锅炉、压力容器、压力管道和特种设备特大安全事故。

（七）其他特大安全事故。

四、特大安全事故的具体标准

依据《国务院关于特大安全事故行政责任追究的规定》，特大安全事故的具体标准，由国务院安全生产监督管理部门会同国务院有关部门，根据不同行业的事故发生情况具体确定，报国务院批准后执行。

五、地方各级人民政府的安全职责

依据《国务院关于特大安全事故行政责任追究的规定》，各级地方人民政府及有关部门应当履行下列安全职责：

1. 地方各级人民政府应当每个季度至少召开一次防范特大安全事故工作会议，由政府主要领导人或者政府主要领导人委托政府分管领导人召集有关部门正职负责人参加，分析、布置、督促、检查本地区防范特大安全事故的工作。会议应当作出决定并形成纪要，会议确定的各项防范措施必须严格实施。

2. 市（地、州）、县（市、区）人民政府应当组织有关部门按照职责分工对本地区

容易发生特大安全事故的单位、设施和场所安全事故的防范明确责任、采取措施，并组织有关部门对上述单位、设施和场所进行严格检查。

3. 市（地、州）、县（市、区）人民政府必须制定本地区特大安全事故应急处理预案。本地区特大安全事故应急处理预案经政府主要领导人签署后，报上一级人民政府备案。

4. 市（地、州）、县（市、区）人民政府应当组织有关部门对本规定第二条所列各类特大安全事故的隐患进行查处；发现特大安全事故隐患的，责令立即排除；特大安全事故隐患排除前或者排除过程中，无法保证安全的，责令暂时停产、停业或者停止使用。法律、行政法规对查处机关另有规定的，依照其规定。

5. 市（地、州）、县（市、区）人民政府及其有关部门对本地区存在的特大安全事故隐患，超出其管辖或者职责范围的，应当立即向有管辖权或者负有职责的上级人民政府或者政府有关部门报告；情况紧急的，可以立即采取包括责令暂时停产、停业在内的紧急措施，同时报告；有关上级人民政府或者政府有关部门接到报告后，应当立即组织查处。

6. 特大安全事故发生后，有关地方人民政府应当迅速组织救助，有关部门应当服从指挥、调度，参加或者配合救助，将事故损失降到最低限度。

7. 特大安全事故发生后，省、自治区、直辖市人民政府应当按照国家有关规定迅速、如实发布事故消息。

六、学校的安全责任及责任追究规定

依据《国务院关于特大安全事故行政责任追究的规定》第十条的规定，中小学校对学生进行劳动技能教育以及组织学生参加公益劳动等社会实践活动，必须确保学生安全。严禁以任何形式、名义组织学生从事接触易燃、易爆、有毒、有害等危险品的劳动或者其他危险性劳动。严禁将学校场地出租作为从事易燃、易爆、有毒、有害等危险品的生产、经营场所。

中小学校违反前款规定的，按照学校隶属关系，对县（市、区）、乡（镇）人民政府主要领导人和县（市、区）人民政府教育行政部门正职负责人，根据情节轻重，给予记过、降级直至撤职的行政处分；构成玩忽职守罪或者其他罪的，依法追究刑事责任。

中小学校违反本条第一款规定的，对校长给予撤职的行政处分，对直接组织者给予开除公职的行政处分；构成非法制造爆炸物罪或者其他罪的，依法追究刑事责任。

七、行政审批部门、机构及有关负责人的职责及责任追究规定

1. 依据《国务院关于特大安全事故行政责任追究的规定》第十一条的规定，依法对涉及安全生产事项负责行政审批（包括批准、核准、许可、注册、认证、颁发证照、竣工验收等，下同）的政府部门或者机构，必须严格依照法律、法规和规章规定的安全条件和程序进行审查；不符合法律、法规和规章规定的安全条件的，不得批准；不符合法律、法规和规章规定的安全条件，弄虚作假，骗取批准或者勾结串通行政审批工作人员取得批准的，负责行政审批的政府部门或者机构除必须立即撤销原批准外，应当对弄虚作假骗取批准或者勾结串通行政审批工作人员的当事人依法给予行政处罚；构成行贿罪或者其他罪

的，依法追究刑事责任。

负责行政审批的政府部门或者机构违反前款规定，对不符合法律、法规和规章规定的安全条件予以批准的，对部门或者机构的正职负责人，根据情节轻重，给予降级、撤职直至开除公职的行政处分；与当事人勾结串通的，应当开除公职；构成受贿罪、玩忽职守罪或者其他罪的，依法追究刑事责任。

2. 依据《国务院关于特大安全事故行政责任追究的规定》第十二条的规定，对依照本规定第十一条第一款的规定取得批准的单位和个人，负责行政审批的政府部门或者机构必须对其实施严格监督检查；发现其不再具备安全条件的，必须立即撤销原批准。

负责行政审批的政府部门或者机构违反前款规定，不对取得批准的单位和个人实施严格监督检查，或者发现其不再具备安全条件而不立即撤销原批准的，对部门或者机构的正职负责人，根据情节轻重，给予降级或者撤职的行政处分；构成受贿罪、玩忽职守罪或者其他罪的，依法追究刑事责任。

3. 依据《国务院关于特大安全事故行政责任追究的规定》第十三条的规定，对未依法取得批准，擅自从事有关活动的，负责行政审批的政府部门或者机构发现或者接到举报后，应当立即予以查封、取缔，并依法给予行政处罚；属于经营单位的，由工商行政管理部门依法相应吊销营业执照。

负责行政审批的政府部门或者机构违反前款规定，对发现或者举报的未依法取得批准而擅自从事有关活动的，不予查封、取缔、不依法给予行政处罚，工商行政管理部门不予吊销营业执照的，对部门或者机构的正职负责人，根据情节轻重，给予降级或者撤职的行政处分；构成受贿罪、玩忽职守罪或者其他罪的，依法追究刑事责任。

八、发生特大事故的责任追究规定

依据《国务院关于特大安全事故行政责任追究的规定》第十四条的规定，市（地、州）、县（市、区）人民政府依照本规定应当履行职责而未履行，或者未按照规定的职责和程序履行，本地区发生特大安全事故的，对政府主要领导人，根据情节轻重，给予降级或者撤职的行政处分；构成玩忽职守罪的，依法追究刑事责任。

负责行政审批的政府部门或者机构、负责安全监督管理的政府有关部门，未依照本规定履行职责，发生特大安全事故的，对部门或者机构的正职负责人，根据情节轻重，给予撤职或者开除公职的行政处分；构成玩忽职守罪或者其他罪的，依法追究刑事责任。

依据《国务院关于特大安全事故行政责任追究的规定》第十五条的规定，发生特大安全事故，社会影响特别恶劣或者性质特别严重的，由国务院对负有领导责任的省长、自治区主席、直辖市市长和国务院有关部门正职负责人给予行政处分。

依据《国务院关于特大安全事故行政责任追究的规定》第十六条的规定，特大安全事故发生后，有关县（市、区）、市（地、州）和省、自治区、直辖市人民政府及政府有关部门应当按照国家规定的程序和时限立即上报，不得隐瞒不报、谎报或者拖延报告，并应当配合、协助事故调查，不得以任何方式阻碍、干涉事故调查。

特大安全事故发生后，有关地方人民政府及政府有关部门违反前款规定的，对政府主要领导人和政府部门正职负责人给予降级的行政处分。

依据《国务院关于特大安全事故行政责任追究的规定》第二十条的规定，地方人民政府或者政府部门阻挠、干涉对特大安全事故有关责任人员追究行政责任的，对该地方人民政府主要领导人或者政府部门正职负责人，根据情节轻重，给予降级或者撤职的行政处分。

第十一节 生产安全事故报告和调查处理条例

2007 年 4 月 9 日温家宝总理签发第 493 号国务院令，公布《生产安全事故报告和调查处理条例》，自 2007 年 6 月 1 日施行。《生产安全事故报告和调查处理条例》是我国第一部全面规范事故报告和调查处理的基本法规。《生产安全事故报告和调查处理条例》的立法目的是为了规范生产安全事故的报告和调查处理，落实生产安全事故责任追究制度，防止和减少生产安全事故。

一、事故报告和调查处理工作必须依法规范

在党中央、国务院的正确领导下，经过各方面的艰苦努力，全国安全生产呈现了总体平稳、趋向好转的态势。但是重特大事故仍时有发生，造成了人民群众生命财产的重大损失。事故报告和调查处理是涉及到人民群众的切身利益和社会稳定的大事，必须依法规范。在事故报告和调查处理工作中长期存在的主要问题：一是现行相关立法滞后，不适应事故报告和调查处理工作的需要。20 世纪 80 年代以来，国家制定的安全生产法律、行政法规虽然很多，但是由于种种原因，现行立法中关于事故报告和调查处理的规定比较原则，互不衔接，难以操作，缺少统一的基本法规，难以适应新形势的需要。二是事故报告和调查处理的程序不规范。事故报告的义务和责任主体不明确，报告的政府和部门不统一，报告的时限和内容不一致。三是组织事故调查的主体不统一，调查组职责没有法定化，事故调查批复的规定不明确。四是事故责任追究的力度不够。五是没有建立行政机关与司法机关共同参加事故调查的机制。

制定《生产安全事故报告和调查处理条例》之所以必要，体现在四个方面：一是贯彻落实科学发展观、落实安全发展指导原则的需要。近几年来，党中央、国务院提出了"安全第一，预防为主，综合治理"的安全生产工作基本方针、"安全发展"的指导原则和建立和谐社会的目标。党中央、国务院高度重视事故报告和调查处理工作，胡锦涛、温家宝等中央领导同志明确要求加快相关立法，依法规范事故报告和调查处理工作，落实事故责任追究制度，防止和减少事故。二是推进依法治安、重典治乱的需要。依法组织事故调查处理是各级人民政府及其职能部门对安全生产实施监督管理的重要工作之一。事故报告和调查处理工作的政策性、法律性很强，必须依法确定事故报告和调查处理的体制、制度、机制、程序和责任，确保事故报告和调查处理工作的法律化、制度化、规范化。三是依法规范事故报告和调查处理工作的需要。事故调查处理工作具有复杂性、专业性和时效性的特点，需要制定明确、具体、可操作性强的事故报告、事故调查、事故处理和责任追究等方面的法律规定。按照法制统一的原则，通过制定《生产

安全事故报告和调查处理条例》统一关于事故报告和调查处理的基本法律依据，依法规范事故报告和调查处理的主体、职责、程序，建立基本制度和长效机制，理顺关系，形成层级分明、衔接有序、高效统一的事故报告和调查处理体系。四是加大事故责任追究力度的需要。依法治安、重典治乱的重点是要依法查处事故责任者，保护人民群众的生命财产安全，建立安全生产法律秩序。只有明确事故报告义务人和事故责任者的法律责任，加重事故责任，加大经济处罚幅度，严刑厉法，才能遏制重大、特大事故，震慑和打击严重安全生产违法犯罪分子。

《生产安全事故报告和调查处理条例》是事故报告和调查处理工作的基本法律依据，其内涵丰富，内容全面。《生产安全事故报告和调查处理条例》针对当前事故报告和调查处理工作中存在的突出问题，确定了事故报告和调查处理由政府领导、分级负责和"四不放过"的原则，确立了事故报告和调查处理工作的制度、机制和程序，加大了事故责任追究和处罚的力度，实现了相关立法和执法部门职责的和谐统一。《生产安全事故报告和调查处理条例》出台的意义重大，一是标志着我国事故报告和调查处理工作全面纳入了法制轨道。二是填补了我国安全生产法律体系的一项空白，为事故报告和调查处理工作的有序进行提供了明确的法律依据。三是加大了事故责任追究力度，有利于打击和震慑安全生产违法犯罪分子，遏制重特大事故。四是强化了安全生产综合监管手段，有利于推进依法治安、重典治乱。

二、事故报告和调查处理的基本规定

《生产安全事故报告和调查处理条例》对事故调查处理的原则、立法目的、适用范围、事故分级等若干重大问题，作出了基本规定。

（一）事故调查处理的原则

各级人民政府及其负有安全生产监督管理职责的部门在事故调查处理工作中积累了丰富的实践经验，总结形成了"四不放过"原则。《安全生产法》规定，对事故调查处理应当坚持实事求是、尊重科学的原则。事故调查是一项严肃的工作，必须以尊重事实、尊重科学的态度对事故发生的经过、伤亡和经济损失的情况、事故原因、事故性质、事故责任进行全面深入和完整准确地调查，收集证据材料，去伪存真，得出真实、科学的事故调查结论。《生产安全事故报告和调查处理条例》对事故调查处理原则的规定体现在以下四个方面：

1. 及时、准确地查清事故经过、事故原因和事故损失。事故调查工作必须坚持"快"和"准"，否则就会失去调查取证的最佳时机和有利条件。事故现场情况、当事人和相关证据对查清事故经过、事故原因、事故损失至关重要。所以，事故调查必须及时展开，进行周密细致的调查取证，取得第一手材料。在此基础上，整理分析，核实固证，搞清楚事故全貌，为确定事故性质、认定事故责任提供可靠的依据。

2. 查明事故性质，认定事故责任。各种事故的性质可分为两大类，一类是责任事故，另一类是非责任事故。责任事故是指由事故单位或者从业人员的不安全行为所引发的事故，即人为原因造成的事故。非责任事故是指由自然力所引发的事故，即人类不可预见、不可抗拒、不可避免的事故。目前发生的事故绝大多数是责任事故。事故性质属于责任事故还是非责任事故，不能确定于调查之前，只能确定于调查之后。所以，事故调查的主要任务就是查明事故性质，认定事故性质和责任。

3. 总结事故教训，提出整改措施。事故调查不是就事论事，而是要吸取教训，举一反三，提出预防事故的措施，防止发生同类事故。所以，事故调查要避免重追究、轻整改的倾向，要在调查报告中提出整改意见或者措施，为其他单位提供事故案例和经验教训，加强管理，防止或者减少同类事故。

4. 对事故责任者依法追究责任。《安全生产法》第十三条规定："国家实行生产安全事故责任追究制度，依照本法和有关法律、法规的规定，追究生产安全事故责任人员的法律责任。"有责必究是事故调查处理的一项重要原则。事故处理绝不放过一个违法者，也绝不冤枉一个守法者。安全生产违法行为导致的责任事故，对人身安全和财产安全造成了危害。因此，对事故责任单位及其责任人、事故报告和调查处理违法行为人，必须依法追究其法律责任。

（二）《生产安全事故报告和调查处理条例》的适用范围

《生产安全事故报告和调查处理条例》的适用范围对于确定其适用的法律问题、法律关系主体、事故种类至关重要。《生产安全事故报告和调查处理条例》的适用范围既要体现各行各业的事故报告和调查处理工作的一般规律，又要兼顾某些行业和领域的事故报告和调查处理工作的特殊性。为此，《生产安全事故报告和调查处理条例》从五个方面对其适用范围作出了规定：

1. 普遍适用。《生产安全事故报告和调查处理条例》第二条规定："生产经营活动中发生的造成人身伤亡或者直接经济损失的事故的报告和调查处理，适用本条例。"这样规定确立了《生产安全事故报告和调查处理条例》在各类事故报告和调查处理立法中的主法地位，具有普遍约束力。鉴于《生产安全事故报告和调查处理条例》是《安全生产法》的配套行政法规，因此其适用的空间范围、主体范围和行为范围与上位法是一致的，即适用于在中华人民共和国领域内的生产经营单位从事生产经营活动中发生的造成人身伤亡或者直接经济损失的事故的报告和调查处理，但排除适用的除外。

2. 衔接适用。《生产安全事故报告和调查处理条例》第四十五条规定："特别重大以外事故的报告和调查处理，有关法律、行政法规、国务院另有规定的，依照其规定。"为了体现某些事故的报告和调查处理工作的特殊性，并与相关法律、行政法规相衔接，在保证国家行使对各类特别重大事故调查处理的最高行政权和普遍适用《生产安全事故报告和调查处理条例》关于事故报告、调查和处理程序的基本规定的前提下，允许一些特殊行业依照有关法律、行政法规和国务院的特别规定报告和调查处理重大事故、较大事故和一般事故，譬如水上交通事故、煤矿事故等。这样规定，解决了不同种类事故的报告和调查处理是适用普通法还是适用特别法的问题。

3. 选择适用。《生产安全事故报告和调查处理条例》第四十四条第一款规定："没有造成人员伤亡，但是社会影响恶劣的事故，国务院或者有关地方人民政府认为需要调查处理的，依照本条例的有关规定执行。"在实践中也有一些没有造成人员伤亡或者人员伤亡达不到相应等级、但是社会影响恶劣的事故。这类事故是否需要调查处理，其选择决定权属于国务院和有关地方人民政府。如果决定调查处理的，由有关人民政府依照《生产事故报告和调查处理条例》关于该级人民政府组织事故调查处理的规定执行。

4. 参照适用。《生产安全事故报告和调查处理条例》第四十四条第二款规定："国家机关、事业单位、人民团体发生的事故，参照本条例执行。"各类事故中也有一些发生在国家机关、事业单位和人民团体等社会组织，这些事故发生单位虽不同于生产经营单位，但也会造成人身伤亡、直接经济损失或者恶劣的社会影响，具有危害性和违法性，应当依法报告和调查处理。《生产安全事故报告和调查处理条例》关于该类事故参照适用的规定，有利于解决国家机关、事业单位、人民团体发生事故的报告和调查处理无法可依的问题。

5. 排除适用。《生产安全事故报告和调查处理条例》第二条规定："环境污染事故、核设施事故、国防科研生产事故的报告和调查处理，不适用本条例。"鉴于上述事故的报告和调查处理非常特殊，并且国家已有相关法律规定，所以《生产安全事故报告和调查处理条例》对其作出了排除适用的规定。

（三）生产安全事故分级

过去对事故名称、事故等级及其分级要素没有统一、明确的法律规定，影响了事故报告和调查处理。因为只有首先确定事故等级，才能依法报告和调查处理。事故等级划分涉及到事故性质、危害程度以及事故责任的法律界定，需要科学地确定事故分级的要素（标准）。近二十多年来，各级政府和部门将事故分为四级，即特别重大事故、特大事故、重大事故、一般事故。在《生产安全事故报告和调查处理条例》制定过程中对事故名称、事故等级如何确定的问题反复研究，并根据国务院公布的国家突发公共事件总体应急预案、国家安全生产事故专项应急预案关于突发公共事件和安全生产事故分级的规定，最终确定了以人员伤亡（集体工业中毒）、直接经济损失和社会影响等三个要素对生产安全事故进行分级，以前颁布实施的行政法规的相关规定应当以此为准。

1. 事故定级的要素。事故定级要素的界定必须从各类事故侵犯的相关主体、社会关系和危害后果等方面来考虑。《生产安全事故报告和调查处理条例》规定的事故分级要素有三个，可以单独适用。

（1）人员伤亡的数量（人身要素）。安全生产和事故调查处理都要以人为本，最大限度地保护从业人员的生命安全。事故危害的最严重后果，就是造成人员死亡、重伤（中毒）。因此，《生产安全事故报告和调查处理条例》将人员伤亡的数量列为事故分级的第一要素。

（2）直接经济损失的数额（经济要素）。事故不仅造成人员伤亡，而且经常造成直接经济损失。要保护国家、企业和人民群众的财产权，必须根据造成直接经济损失的多少来区分事故等级。

（3）社会影响（社会要素）。有些事故的伤亡人数、直接经济损失数额达不到法定标准，但是具有恶劣的社会影响、政治影响和国际影响，也必须列为特殊事故进行调查处理，这是维护社会稳定的需要。

2. 通用的事故分级的规定。《生产安全事故报告和调查处理条例》将一般的生产安全事故分为下列四级:

(1) 特别重大事故,是指一次造成30人以上死亡,或者100人以上重伤(包括急性工业中毒,下同),或者1亿元以上直接经济损失的事故。

(2) 重大事故,是指一次造成10人以上30人以下死亡,或者50人以上100人以下重伤,或者5 000万元以上1亿元以下直接经济损失的事故。

(3) 较大事故,是指一次造成3人以上10人以下死亡,或者10人以上50人以下重伤,或者1 000万元以上5 000万元以下直接经济损失的事故。

(4) 一般事故,是指一次造成3人以下死亡,或者10人以下重伤,或者1 000万元以下直接经济损失的事故。

以上规定中的"以上"含本数,"以下"不含本数。

3. 特殊的事故分级的规定

(1) 补充分级。除了对事故分级的一般性规定之外,考虑到某些行业事故分级的特点,《生产安全事故报告和调查处理条例》第三条第二款规定:"国务院安全生产监督管理部门可以会同国务院有关部门,制定事故等级划分的补充性规定。"

(2) 社会影响恶劣事故。《生产安全事故报告和调查处理条例》第四十四条关于社会影响恶劣事故报告和调查处理的规定没有明确其事故等级,在实践中可以根据影响大小和危害程度,比照相应等级的事故进行调查处理。

三、生产安全事故报告的规定

长期以来,关于生产安全事故报告的主体、内容和程序没有统一的、规范的法律规定。这些问题不明确,直接影响事故信息的报送以及事故应急救援的展开。《生产安全事故报告和调查处理条例》第二章关于事故报告的规定,主要有以下10个方面。

(一) 报告事故是政府和企业的法定义务和责任

虽然有关地方人民政府及其职能部门和事故发生单位在事故报告和调查处理工作的法律地位不同,各自的义务和责任有所不同,但其报告事故的法定义务和责任是共同的。作为监管主体,政府及其职能部门的义务和责任主要是及时掌握传递报送事故信息,组织事故应急救援和调查处理;不履行法定职责的,要承担相应的法律责任。作为生产经营主体,事故发生单位的义务和责任主要是及时、如实报告其事故情况,组织自救,配合和接受事故调查,否则要承担相应的法律责任。

(二) 事故报告主体

要做到及时报告事故情况,必须明确法定的事故报告主体(义务人)。事故报告主体不履行法定报告义务,将受到法律追究。《生产安全事故报告和调查处理条例》明确的负有事故报告义务的主体主要有5种:

1. 事故发生单位现场人员。从事生产经营作业的从业人员或者其他相关人员,只要发现发生了事故,应当立即报告本单位负责人。

2. 事故单位负责人。事故发生单位主要负责人或者有关负责人接到事故报告后,必须依照《生产安全事故报告和调查处理条例》的规定向有关政府职能部门报告。

3. 有关政府职能部门。县级以上人民政府安全生产综合监督管理部门、负有安全生产监督管理职责的有关部门负有报告事故情况的义务。

4. 有关地方人民政府。不论是哪一级地方人民政府的哪一个有关部门接到事故报告后，都要按照程序向本级人民政府报告。有关地方人民政府负有向上级人民政府报告事故情况的义务。

5. 其他报告义务人。

（三）事故报告对象

发生事故后，作为不同的事故报告主体应当履行各自的报告义务。因此，向谁报告即事故报告的对象必须明确。《生产安全事故报告和调查处理条例》规定的事故报告对象，有事故发生单位和有关行政机关两类。

1. 事故发生单位的报告对象。发生事故后，现场有关人员应当立即向本单位负责人（包括主要负责人或者有关负责人）报告。单位负责人接到报告后，应当立即报告事故发生地县级以上人民政府安全生产综合监督管理部门。对于有关人民政府设有负责监管事故发生单位的行业主管部门的，事故发生单位除了向安全生产综合监督管理部门报告外，还要向负有安全生产监督管理的有关部门报告。

2. 县级以上人民政府职能部门的报告对象。按照逐级报告的程序，县级以上人民政府安全生产综合监督管理部门、负有安全生产监督管理的有关部门接到事故发生单位的报告后，其报告对象有两个，一是上一级人民政府安全生产综合监督管理部门、负有安全生产监督管理的有关部门，二是本级人民政府。

（四）事故通知对象

为了便于组织事故调查和开展善后工作，《生产安全事故报告和调查处理条例》除了规定事故报告主体之外，还规定了安全生产综合监督管理部门、负有安全生产监督管理的有关部门接到事故报告后，应当通知同级公安机关、劳动保障部门、工会和人民检察院。

（五）事故报告的程序

1. 事故发生单位向政府职能部门报告。《生产安全事故报告和调查处理条例》第九条规定："事故发生后，事故现场有关人员应当立即向本单位负责人报告；单位负责人接到报告后，应当于1小时内向事故发生地县级以上人民政府安全生产监督管理部门和负有安全生产监督管理职责的有关部门报告。"

2. 政府部门报告的程序

（1）特别重大事故、重大事故逐级上报至国务院安全生产监督管理部门和负有安全生产监督管理的有关部门。

（2）较大事故逐级上报至省、自治区、直辖市人民政府安全生产监督管理部门和负有安全生产监督管理的有关部门。

（3）一般事故逐级上报至设区的市级安全生产监督管理部门和负有安全生产监督管理的有关部门。

安全生产监督管理部门和负有安全生产监督管理职责的有关部门依照前款规定上报事故情况，应当同时报告本级人民政府。国务院安全生产监督管理部门和负有安全生产监督管理职责的有关部门以及省级人民政府接到发生特别重大事故、重大事故的报告后，应当立即报告国务院。

3. 越级报告

（1）事故发生单位越级报告。情况紧急时，事故现场有关人员可以直接向事故发生地县级以上人民政府安全生产监督管理部门和负有安全生产监督管理职责的有关部门报告。

（2）安全生产监管部门和有关部门越级报告。必要时，安全生产监督管理部门和负有安全生产监督管理的有关部门可以越级上报事故情况。

4. 事故续报、补报。事故报告后出现新情况，事故发生单位和安全生产监督管理部门和负有安全生产监督管理的有关部门应当及时续报。自事故发生之日起 30 日内，事故造成的伤亡人数发生变化的，事故发生单位和安全生产监督管理部门和负有安全生产监督管理的有关部门应当及时补报。

（六）事故报告内容

《生产安全安全事故报告和调查处理条例》第十二条规定，报告事故应当包括下列内容：

1. 事故发生单位概况。

2. 事故发生的时间、地点以及事故现场情况。

3. 事故的简要经过。

4. 事故已经造成或者可能造成的伤亡人数（包括下落不明的人数）和初步估计的直接经济损失。

5. 已经采取的措施。

6. 其他应当报告的情况。

（七）事故报告时限

为了提高事故报告速度，及时组织现场救援，《生产安全事故报告和调查处理条例》对事故发生单位、县级以上人民政府安全生产监督管理部门和负有安全生产监督管理的有关部门报告事故情况的时限分别作出了规定。

1. 事故发生单位事故报告的时限。从事故发生单位负责人接到事故报告时起算，该单位向政府职能部门报告的时限是 1 小时。

2. 政府职能部门事故报告的时限。县级以上人民政府安全生产监督管理部门和负有安全生产监督管理的有关部门向上一级人民政府安全生产监督管理部门和负有安全生产监督管理的有关部门逐级报告事故的时限，是每级上报的时间不得超过 2 小时。安全生产监督管理部门和负有安全生产监督管理的有关部门逐级上报事故情况的同时，应当报告本级人民政府。

3. 法定事故报告时限的界定

《生产安全事故报告和调查处理条例》关于事故报告的法定时限，从事故发生单位发现事故发生和有关人民政府职能部门接到事故报告时起算。超过法定时限且没有正当理由报告事故情况的，为迟报事故并承担相应法律责任。但是遇有不可抗力的情况并有证据证明的除外。譬如，因通信中断、交通阻断或者其他自然原因致使事故信息等情况不能按时报送的，其报告时限可以适当延长。

（八）事故应急救援

1. 事故应急救援的重要性。生产安全事故具有突发性和破坏性。许多事故案例证明，大部分事故发生前显露出一定的征兆和苗头。凡事预则立，不预则废。对事故应急救援必须改变没有应急预案和应急保障的被动局面，应当采取积极主动的措施以应急需。由于对可能发生的重大、特大事故没有任何预见和应急预案和救援措施，一些生产经营单位发生重大、特大事故时，事故发生单位和有关人民政府及其负有安全生产监管职责的部门往往会束手无策或者措手不及，以至事故现场指挥混乱，各部门配合不力，因而不能及时、有效地维持事故现场秩序、抢救和医治受伤人员、防止事故扩大、监控犯罪嫌疑人，结果延误了救援时机，扩大了人员伤亡和财产损失，教训深刻。

《安全生产法》确立的事故应急救援和调查处理制度，突破了重视事后调查处理、忽视事前应急准备的旧模式，将事故发生前的应急准备与事故发生后的抢险救灾有机结合并分别作出了规定，体现了重在预防的指导思想。因此，接到生产安全事故报告后立即实施事故应急救援，这是事故发生单位和有关人民政府及其负有安全生产监督管理职责的部门的法定义务和责任。

2. 事故发生单位的应急救援。《安全生产法》对事故应急救援的规定主要涉及高危生产经营单位的应急救援和事故发生单位主要负责人的责任两个方面，为制定《生产安全事故报告和调查处理条例》提供了法律依据。

重大、特大事故发生最多、危险性最大、损失最严重的通常是那些从事危险物品生产、经营、储存和矿产资源开采、建筑施工的生产经营单位，即所谓的"高危生产经营单位"。《安全生产法》将事故应急救援的重点落在高危生产经营单位，第六十九条规定："危险物品的生产、经营、储存单位以及矿山、建筑施工单位应当建立应急救援组织；生产经营规模较小，可以不设应急救援组织的，应当指定兼职的应急救援人员。危险物品的生产、经营、储存单位以及矿山、建筑施工单位应当配备必要的应急救援器材、设备，并进行经常性维护、保养，保证正常运转。"这些生产经营单位一般应当设立应急救援组织，配备应急救援器材、设备，保证其经常处于完好状态；其中一些小规模并且不适宜建立应急救援组织的小型生产经营单位，如小加油站、化工用品零售商店，也必须由专人负责应急救援工作并配备相应的应急救援器材和设备。此外，法律虽然没有直接对非高危生产经营单位的应急救援工作作出强制性的规定，但也应根据本单位实际情况，建立专门的应急救援机构或者指定专人负责此项工作，制定事故应急预案，防患于未然。为了落实应急救援责任，《安全生产法》第十七条还把"组织制定和实施本单位的生产安全事故应急救援预案"列为生产经营单位主要负责人的法定职责之一。

依照《安全生产法》的有关规定，《生产安全事故报告和调查处理条例》第十四条规定："事故发生单位负责人接到事故报告后，应当立即启动事故应急预案，或者采取有效措施，组织抢救，防止事故扩大，减少人员伤亡和财产损失。"该条规定对事故发生单位提出了三项要求：一是主要负责人或者有关负责人必须立即启动本单位的事故应急预案或者采取有效措施，发出事故信息，组织有关人员，调动救援物资，进入事故应急状态。二是主要负责人和相关人员要立即赶赴事故现场，组织抢险救灾。三是尽最大努力防止事故扩大，全力抢救受害人员，最大限度地减少人员伤亡和财产损失。事故发生单位及其有关人员不立即组织事故抢救和事故发生后逃匿的，将受到法律制裁。

3. 有关地方人民政府和部门的应急救援。《安全生产法》第六十八条规定："县级以上地方各级人民政府应当组织有关部门制定本行政区域内特大生产安全事故应急预案，建立应急救援体系。"第七十二条规定："有关地方人民政府和负有安全生产监督管理职责的部门的负责人接到重大生产安全事故报告后，应当立即赶赴事故现场，组织事故抢救。"由此可见，地方各级人民政府领导和实施本地方的事故应急救援工作责无旁贷。

《生产安全事故报告和调查处理条例》第十五条规定再次明确了有关法律规定，强调了地方人民政府及其有关部门在事故应急救援工作中的法定职责，其目的在于加强各级人民政府对事故应急救援工作的领导，健全企业自救与政府救援相结合的事故应急救援体系，建立快速、高效的应急救援工作机制，提供完善、可靠的应急救援保障，有效实施事故应急救援。

（九）事故现场保护

在实施事故救援过程中，事故现场状况比较复杂。事故现场的真实状况，对于事故调查取证、确定事故责任以及责任追究十分重要。在事故应急救援中存在的突出问题之一，就是事故现场保护的义务主体和要求不明确，过失或者故意破坏事故现场和损毁证据的现象时有发生，给事故调查带来了很大困难。对此，《生产安全事故报告和调查处理条例》分别对事故单位的保护和现场物件的保护作出了明确规定。

1. 事故现场的保护。《生产安全事故报告和调查处理条例》第十六条规定："事故发生后，有关单位和人员应当妥善保护事故现场以及相关证据，任何人不得破坏事故现场、毁灭相关证据。"这里明确了两个问题：一是保护事故现场以及相关证据是有关单位和人员的法定义务。所谓"有关单位和人员"是事故现场保护义务的主体，既包括在事故现场的事故发生单位及其有关人员，也包括在事故现场的有关地方人民政府安全生产监管部门、负有安全生产监管职责的有关部门、事故应急救援组织等单位及其有关人员。只要是在事故现场的单位和人员，都有妥善保护现场和相关证据的义务。二是禁止破坏事故现场、毁灭有关证据。不论是过失还是故意，有关单位和人员均不得破坏事故现场、毁灭相关证据。有上述行为的，将要承担相应的法律责任。

2. 现场物件的保护。有时为了便于抢险救灾，需要改变事故现场某些物件的状态。《生产安全事故报告和调查处理条例》第十六条第二款规定，在采取相应措施的前提下，因抢救人员、防止事故扩大以及疏通交通等原因，需要移动事故现场物件的，应当作出标记，绘制现场简图并作出书面纪录，妥善保护现场重要痕迹、物证。

（十）事故犯罪嫌疑人的控制

一些企业发生事故后，有的犯罪嫌疑人为逃避法律制裁，销毁、隐匿证据或者逃匿，给事故调查处理带来困难。为了加强对事故犯罪嫌疑人的控制，保证事故调查处理工作的顺利进行，《生产安全事故报告和调查处理条例》第十七条规定："事故发生地公安机关根据事故的情况，对涉嫌犯罪的，应当依法立案侦查，采取强制措施控制犯罪嫌疑人。犯罪嫌疑人逃匿的，公安机关应当迅速追捕归案。"

依照我国《刑事诉讼法》的有关规定，公安机关具有除人民法院审理的自诉案件、人民检察院立案侦查和提起公诉的贪污罪、侵犯公民民主权利罪、渎职罪等案件以外的其他刑事案件的立案侦查的刑事管辖权。对于事故发生单位中涉嫌安全生产犯罪的嫌疑人，公安机关有权依法采取追捕和刑事拘留等强制措施；有权讯问犯罪嫌疑人、证人，对有关场所、物品、人身、尸体进行勘验、检查，搜查犯罪嫌疑人的住所和物品，扣押相关物证、书证，实施刑事鉴定，通缉在逃犯罪嫌疑人等侦查措施。

（十一）事故举报

有些事故发生后，相关地方人民政府及其安全生产监督管理部门和负有安全生产监督管理的有关部门没有发现发生事故或者没有接到事故发生单位的报告，这就需要依靠社会监督，发动群众报告和举报事故情况，各级人民政府负有安全生产监督管理职责的部门应当建立相关工作制度，受理举报并查处安全生产违法行为。《安全生产法》对此作出了明确规定，《生产安全事故报告和调查处理条例》第十八条再次规定，安全生产监督管理部门和负有安全生产监督管理的有关部门应当建立值班制度，并向社会公布值班电话，受理事故报告和举报。

四、生产安全事故调查的规定

政府领导、分级负责事故调查处理工作，是《生产安全事故报告和调查处理条例》确定的重要原则。这项原则的核心是确立有关人民政府对事故调查处理的领导权。

（一）事故调查处理必须坚持政府领导、分级负责的原则

各级人民政府在事故调查处理工作中的法律定位，是一个重大原则问题。实行政府领导、分级负责的原则，主要是基于以下考虑：

1. 安全生产实行行政首长负责制。党和国家明确提出，安全生产工作必须实行和强化行政首长负责制。各级地方人民政府守土有责，保一方平安，对本行政区域内的安全生产工作负总责。组织调查处理事故，有关人民政府责无旁贷。

2. 对本行政区域安全生产工作实行统一领导，是各级人民政府的法定权力。《宪法》、《国务院组织法》、《地方人民政府组织法》明确规定，各级人民政府是国家和地方的政权组织，按照各自的职权分别对国家和地方事务实施行政管理。安全生产工作包括事故调查处理，应当置于各级人民政府统一领导之下。

3. 政府领导、分级负责原则既符合事故调查处理工作的实际需要，又有利于发挥、协调有关部门的作用

强调政府领导、分级负责，不仅不会排斥政府有关部门的作用，反而会在政府统一领导下更好地发挥其职能作用。在有关人民政府不直接组织事故调查的情况下，需要授权或者委托有关部门组织事故调查。受权或者受托的政府部门在本级政府领导下开展事故调查工作，由其牵头组织成立的事故调查组是政府的调查组而不是部门的事故调查组。不论有关人民政府授权或者委托哪个部门组织事故调查，都需要其他部门的参加和配合。

4. 事故报告、抢救、调查处理和善后工作都要依靠地方人民政府。事故调查工作与事故报告、抢救、调查处理和善后工作是一个有机整体，都离不开地方人民政府的领导。事故信息报告要依靠地方政府，事故应急救援和现场抢险要依靠地方政府，事故调查处理要依靠地方政府，事故善后和稳定工作要依靠地方政府，事故责任人的追究和落实要依靠地方政府。

（二）事故调查的一般规定

按照属地分级组织事故调查的原则，《生产安全事故报告和调查处理条例》对组织事故调查的具体方式，即政府直接组织调查和授权或者委托有关部门组织调查，分别作出了规定。

1. 有关人民政府直接组织调查。《生产安全事故报告和调查处理条例》第十九条对有关人民政府直接组织事故调查，作出了下列规定：

（1）特别重大事故由国务院组织事故调查组进行调查。

（2）重大事故由事故发生地省级人民政府直接组织事故调查组进行调查。省级人民政府是指省、自治区、直辖市人民政府。

（3）较大事故由事故发生地设区的市级人民政府直接组织事故调查组进行调查。设区的市级人民政府还包括地区行政公署和民族自治地方的州、盟人民政府。

（4）一般事故由事故发生地县级人民政府直接组织事故调查组进行调查。其中未造成人员伤亡的，县级人民政府也可委托事故发生单位组织事故调查组进行调查。县级人民政府还包括县级市人民政府和民族自治地方的旗人民政府。

2. 授权或者委托有关部门组织调查

在有关人民政府不直接组织事故调查的情况下，《生产安全事故报告和调查处理条例》对有关人民政府可以授权或者委托有关部门组织调查，作出了下列规定：

（1）特别重大事故由国务院授权的部门组织事故调查组进行调查。

（2）重大事故由事故发生地省级人民政府授权或者委托有关部门组织事故调查组进行调查。

（3）较大事故由事故发生地设区的市级人民政府授权或者委托有关部门组织事故调查组进行调查。

（4）一般事故由事故发生地县级人民政府授权或者委托有关部门组织事故调查组进行调查。

《生产安全事故报告和调查处理条例》所称的有关部门既包括安全生产监督管理部门，也包括负有安全生产监督管理职责的有关部门。目前有关人民政府通常授权或者委托安全生产监督管理部门组织事故调查组进行调查，有时授权或者委托负有安全生产监督管理职责的有关部门组织事故调查组进行调查。

3. 事故调查的特别规定。鉴于事故调查工作情况复杂和有关法律、行政法规对某些事故调查的主体另有规定，因此，《生产安全事故报告和调查处理条例》除了对事故调查作出一般规定之外，还作出了下列特别规定：

（1）提级调查。对于一些情况复杂、影响恶劣、涉及面宽、调查难度大的事故，上级人民政府认为必要时，可以直接调查由下级人民政府负责调查的事故。《生产安全事故报告和调查处理条例》第二十条关于提级调查的规定，没有限制上级人民政府的层级，在实践中可能是上一级政府，但也不限于上一级人民政府，还可能提到上两级人民政府乃至国务院直接组织调查。

（2）升级调查。有些事故发生当时根据人员伤亡和直接经济损失情况确定了相应事故等级并由有关人民政府组织调查，但经过一定时间后事故情况有所变化而构成了上一级事故，这就需要按照提升后的事故等级另行组织调查。譬如，在一定期限内出现了伤亡人员或者重伤（急性工业中毒）者医治无效死亡而导致伤亡人数增加的情况。所以，《生产安全事故报告和调查处理条例》第二十条第二款规定："在事故发生之日起30日内（道路交通事故、火灾事故自发生之日起7日内），因事故伤亡人数变化导致事故等级发生变化，依照本条例应当由上级人民政府负责调查的，上级人民政府可以另行组织事故调查组进行调查。"

（3）跨行政区域的事故调查。有些事故特别是流动作业事故（如交通运输事故）的发生地跨两个县级以上行政区域，需要确定事故调查主体。对于异地发生事故的调查，《生产安全事故报告和调查处理条例》第二十一条规定："特别重大以外的事故，事故发生地与事故发生单位所在地不在同一个县级以上行政区域的，由事故发生地人民政府负责调查，事故发生单位所在地人民政府应当派员参加"。也就是说，两地有关人民政府负有共同调查跨行政区域事故的职责，双方应当相互支持和配合，任何一方不得拒绝参加事故调查。

4. 法律授权部门组织事故调查。依照《生产安全事故报告和调查处理条例》第十九条的一般规定，国家和省、设区的市、县四级人民政府分别负责特别重大事故、重大事故、较大事故、一般事故的调查工作。

此外，国家制定的有关法律、行政法规中直接对组织事故调查的主体作出了特殊规定，即由法定政府部门直接组织一些特殊事故的调查。也就是说，按照现行法律规定，有关人民政府是事故调查的一般主体，法律授权部门是事故调查主体中的特殊主体。所以，《生产安全事故报告和调查处理条例》第四十五条规定："特别重大事故以下等级的事故的报告和调查处理，有关法律、行政法规另有规定的，依照其规定。"该条规定在明确特别重大事故国家调查权的前提下，允许由特别法授权的政府部门直接组织特殊事故调查。目前，对法律授权部门直接组织事故调查有明确规定的，主要有《海上交通安全法》、《海上交通事故调查处理条例》、《铁路交通事故应急救援和调查处理条例》、《煤矿安全监察条例》等。法律、行政法规授权有关部门负责组织事故调查的，也要依靠有关地方人民政府的支持和配合。

必须指出，由法律授权部门直接组织事故调查，是政府领导、分级负责组织事故调查的一种特殊形式。法律授权部门也要在本级人民政府领导下开展事故调查。不论是政府授权或者委托组织事故调查的部门，还是法律、行政法规授权直接组织事故调查的部门，都必须接受有关人民政府的领导，而不能各行其是。即便是法律授权部门所提交的事故调查报告和作出的事故批复，也要征求事故发生地有关地方人民政府的意见，并报本级人民政府同意。

（三）事故调查组的地位及其职责

确定事故调查组的法律地位，明确法定的事故调查参与单位，严格履行法定的事故调查职责，建立和谐高效的工作机制，维护事故调查组的统一性和权威性，对于查明事故情况、认定事故原因和性质、实施事故责任追究和防范事故，十分重要。

1. 参与事故调查的单位。《生产安全事故报告和调查处理条例》对组成事故调查组的成员单位和参加单位分别作出了规定。

（1）事故调查组的成员单位。《生产安全事故报告和调查处理条例》第二十二条规定，事故调查组的组成应当遵循精简、效能的原则。根据事故的具体情况，事故调查组由有关人民政府、安全生产监督管理部门、负有安全生产监督管理职责的有关部门、监察机关、公安机关以及工会派人组成。在实践中，有关人民政府安全生产监督管理部门、监察机关、公安机关以及同级工会通常都是事故调查组的组成单位。关于有关人民政府和负有安全生产监督管理职责的有关部门是否参加事故调查组的问题，有两种情况需要注意：一是有关人民政府直接组织事故调查组的，它是事故调查组的成员单位并且领导事故调查工作；如果授权或者委托其职能部门组织事故调查的，有关人民政府不是事故调查组的成员单位。二是发生某些行业或者领域生产安全事故时，有关人民政府设有负有安全生产监督管理职责的有关部门的，有关部门是事故调查组的成员单位。

（2）事故调查的邀请单位。检察机关是国家法律监督机关，依法负有追究国家工作人员职务犯罪的职责。检察机关参加事故调查，既有利于支持、协助有关人民政府部门调查处理事故，又有利于履行法定职责。加强行政机关与检察机关的联系和配合，是建立联合执法机制的需要。《生产安全事故报告和调查处理条例》第二十二条规定，应当邀请人民检察院派人参加事故调查。这里需要注意三个问题：

1）事故责任人中的国家工作人员涉嫌犯罪，是邀请检察机关参加事故调查的前提条件。生产安全事故的性质有责任事故与非责任事故之分，事故责任人的法律责任既有行政责任，又有刑事责任。有的责任人既要负行政责任又要负刑事责任，有的只负行政责任不负刑事责任。有关事故责任人中的国家工作人员是否应负刑事责任，不可能事先确定，只有经过调查才能确定。因此，有必要邀请人民检察院派人参加事故调查。通过调查，对涉嫌刑事犯罪的事故责任人中的国家工作人员，检察机关立案侦查、提起公诉，依法追究刑事责任。

2）检察机关与行政机关在事故调查中职责不同、目标一致。检察机关参与事故调查主要是依照《刑法》、《刑事诉讼法》和《安全生产法》等法律的规定，负责对生产安全事故涉嫌职务犯罪的国家工作人员立案侦查、拘捕和起诉，目的是惩治安全生产犯罪分子。行政机关主要是查明事故原因、认定事故性质、提出事故责任追究的意见、建议和实施行政处罚。检察机关与行政机关同属国家机关，虽有职责分工不同，但其共同目标都是依法制裁安全生产违法犯罪者，共同构建安全生产法律秩序。

3）调查组成员单位与检察机关应当相互支持配合。两者在事故调查中应当加强相互联系和支持，紧密合作、沟通协商，共同完成事故调查工作。

2. 事故调查组的职责。事故调查组依法享有事故调查权，责任重大，其职责必须明确具体。《生产安全事故报告和调查处理条例》第二十五条规定的五项法定职责，是事故调查组开展工作的主要法律依据。

（1）查明事故发生经过、原因、人员伤亡情况及直接经济损失。这就要求事故调查组按照尊重科学、实事求是和"四不放过"原则，查清事故基本情况，为认定事故的性质和责任提供最直接、最真实、最可靠的有关材料、证据。事故基本情况应当经得起实践和历史的检验，具有确凿充分的证明力和说服力。

（2）认定事故的性质和事故责任。根据对事故基本情况的分析判定，事故调查组应对事故性质作出属于责任事故或者非责任事故的认定。经认定属于责任事故的，应当确定明确的事故责任单位及其责任人，界定不同事故责任主体各自应当承担的行政责任、民事责任、刑事责任。《生产安全事故报告和调查处理条例》对事故调查组及其提交的调查报告的基本要求是定性准确、责任明晰、程序合法。

（3）提出对事故责任者的处理建议。《生产安全事故报告和调查处理条例》所称的事故责任者，既包括事故发生单位和对事故报告、抢救、调查、处理负有责任的行政机关，又包括事故发生单位的主要负责人、直接负责的主管人员、其他直接责任人员和行政机关的直接负责的主管人员、参与事故调查人员、其他直接责任人员。《生产安全事故报告和调查处理条例》赋予事故调查组享有对事故责任者处理的建议权。事故调查组要准确认定责任主体，分清责任。处理建议应当体现权责一致、责罚相当、宽严相济的原则，于法有据。

（4）总结事故教训，提出防范和整改措施。事故是反面教员，调查事故不仅要体现责任追究，更要总结吸取血的教训。要提出可操作的防范和整改措施，以避免或者减少同类事故的发生。

（5）提交事故调查报告。事故调查报告是全面、准确地反映事故调查结果或者结论的法定文书，是有关人民政府作出事故批复的主要依据。事故调查组应当依照《生产安全事故报告和调查处理条例》的规定，在法定时限内向有关人民政府提交经事故调查组全体成员签名的事故调查报告。事故调查报告具有法定的证明力，事故调查组应当对其真实性、准确性、合法性负责。

3. 事故调查组的法定地位。事故调查处理工作常见的问题之一，就是对事故调查组的地位问题存在着不同认识，甚至由此引发了对事故调查组及其提交的事故调查报告提起的行政复议或者行政诉讼。《生产安全事故报告和调查处理条例》关于事故调查组法定地位的规定，需要明确两个问题：

（1）事故调查组的属性。事故调查组是有关人民政府或其授权、委托的部门和法律、行政法规授权的部门临时组成、专门负责事故调查的工作机构。事故调查组的法律属性体现为"四性"：一是法定性。它是法定的工作机构，代表有关人民政府履行事故调查职责，相关单位和人员必须予以支持和配合。二是临时性。它成立于事故发生，解散于调查结束。事故调查组不是一个独立的、常设的行政主体，不能成为行政复议和行政诉讼的主体。三是专业性。它的工作任务单一，专门负责事故调查。四是建设性。它对事故定性、责任划分和事后处理所提出的结论、意见、建议虽对有关人民政府作出批复具有重要的影响力，但都是建设性的。是否同意事故调查报告的决定权，属于组成事故调查组的有关人民政府。

（2）事故调查组的统一性、权威性、纪律性。事故调查组是统一整体。成员单位之间有时对事故原因、事故性质、事故责任的认识和意见不尽相同是正常的。这就需要建立组长负责制，成员单位应当在组长的领导下各负其责、密切配合，确保事故调查工作的顺利进行。为此，《生产安全事故报告和调查处理条例》第二十四条规定："事故调查组组长由负责事故调查的人民政府指定。事故调查组组长主持事故调查组的工作。"第二十八条规定："事故调查组成员在事故调查工作中应当诚信公正、恪尽职守，遵守调查组的纪律，保守事故调查的秘密。未经事故调查组组长允许,事故调查组成员不得擅自发布有关事故的信息。"

（四）事故调查时限

《生产安全事故报告和调查处理条例》第二十九条规定,事故调查组应当自事故发生之日起 60 日内提交事故调查报告;特殊情况下,经负责事故调查的人民政府批准,提交事故调查报告的期限可以适当延长,但延长的期限最长不超过 60 日。

（五）事故调查报告内容

《生产安全事故报告和调查处理条例》第三十条规定,事故调查报告应当包括下列内容:

1. 事故发生单位概况。

2. 事故发生经过和事故救援情况。

3. 事故造成的人员伤亡和直接经济损失。

4. 事故发生的原因和事故性质。

5. 事故责任的认定以及对事故责任者的处理建议。

6. 事故防范和整改措施。

事故调查报告应当附具有关证据材料。事故调查组成员应当在事故调查报告上签名。

五、生产安全事故处理的规定

依照《生产安全事故报告和调查处理条例》的规定,事故调查组应当提交事故调查报告,有关人民政府应当作出事故处理批复。这是在事故调查阶段和事故处理阶段形成的重要法律文书。确认调查报告和事故处理批复的法律属性,对于查明事故原因、认定事故性质、分清事故责任、实施责任追究,减少行政复议和行政诉讼,具有重要意义。

（一）事故调查报告的法律属性

《生产安全事故报告和调查处理条例》规定,事故调查组在一定期限内应当向有关人民政府提交符合法定内容的事故调查报告（以下简称调查报告）。在事故调查处理过程中,最容易发生的异议或者提起行政复议和行政诉讼的,就是关于调查报告是否具有行政约束力和法律效力的问题。对调查报告的法律属性有了正确认识,这些问题即可迎刃而解。依照《安全生产法》、《行政复议法》和《生产安全事故报告和调查处理条例》的有关规定,调查报告是在事故调查中反映事故真实情况、提出处理意见的法律文书,其法律属性表现在三个方面:

1. 调查报告具有真实性。调查报告是在进行详细周密的调查核实之后,以客观事实为依据,真实、准确、全面地反映事故发生单位概况、事故发生经过和救援情况、人员伤亡和直接经济损失、事故发生原因的原始材料。调查报告不得对事故原貌进行修改、修饰,不得掺杂人为色彩,不得弄虚作假。

2. 调查报告具有证据性。经依法调查核实和有关人民政府认定的调查报告及其证明材料具有法定的证明力,它是有关人民政府作出事故处理批复的重要依据,也可以作为司法机关办案的佐证材料。调查报告及其证明材料包括主报告及其附具的调查记录、讯问笔录、鉴定报告、无证、书证、视听材料和其他相关材料。

3．调查报告具有建议性。调查报告在查明事故真相的基础上，要对事故性质、事故责任认定、事故责任者的处理建议和事故防范整改措施等问题提出结论性意见。调查报告反映的是参加事故调查的成员单位的意见、建议，至于其是否正确、适当，应由有关人民政府加以确认。

4．调查报告具有不可复议、诉讼性。由于一些当事人对事故调查报告具有不可复议、不可诉讼的法律属性不了解，所以因对调查报告持有异议而提起的行政复议和行政诉讼时有发生。调查报告的这种属性表现在：一是提交调查报告的不是独立的行政主体。事故调查组是临时工作机构，无权独立作出确认当事人的权利、义务和责任的具体行政行为。二是调查报告不具有独立完整、直接执行的法律效力和行政约束力。不能依据调查报告直接实施法律责任追究。三是对调查报告持有异议，不属于法定的行政复议和行政诉讼的受案范围。依照《行政复议法》和《行政诉讼法》的规定，行政相对人申请复议和起诉的主体必须是独立的国家行政机关，复议和起诉的事由必须是被认为是侵犯其合法权益的独立的、完整的具体行政行为。鉴于调查报告不具备上述法定特征，所以行政相对人不能针对事故调查组及其提交的调查报告提起行政复议和行政诉讼。

调查报告提交后，有关人民政府对调查报告中关于事故基本情况尤其是事故定性、责任划分和处理建议等问题要进行全面地讨论研究。如果认为调查报告对事故原因认定不清、定性不准、责任不明，有权要求进行重新调查或者补充调查和补正材料。

（二）事故处理批复的法律属性

事故处理批复（以下简称事故批复）与调查报告不同，它是由有关人民政府或其授权的部门依法作出的具有行政约束力和执行力的法律文书。对于事故批复的性质存在着不同认识，影响了事故批复的法律效力和执行力。

1．事故批复主体是法定的行政机关。《生产安全事故报告和调查处理条例》第三十二条的规定，负责事故调查的国家、省、市、县四级人民政府接到事故调查报告后，应当在法定期限内作出批复。这就是说，事故批复权属于上述有关人民政府。在实践中，下达事故批复的形式有两种，一种形式是由有关人民政府直接下达事故批复，另一种形式是由有关人民政府或其授权的部门，或者法律、行政法规授权的部门受权下达事故批复。

2．作出事故批复是对确定事故原因、事故性质和实施事故追究责任的具体行政行为。这是有关人民政府根据事故调查报告，依照职权独立作出的、直接确定事故责任者的权利、义务和责任，具有法律效力和强制约束力的行政决定。有关行政机关和单位必须遵照执行，不得任意改变或者拒绝执行。

3．事故批复是事故处理的法定依据。依照《生产安全事故报告和调查处理条例》的规定，事故批复应当对负有行政责任的事故责任者作出追究行政责任的决定。有关机关应当根据人民政府的批复，依照法律、行政法规规定的权限和程序，对事故发生单位和有关人员进行行政处罚，对负有事故责任的国家工作人员进行处分。事故发生单位应当按照负责事故调查的人民政府的批复，对本单位负有事故责任的人员进行处理。负有事故责任的人员涉嫌犯罪的，依法追究刑事责任。

需要指出的是，事故批复虽然具有法律效力和强制约束力，但它不是而且不能替代有关机关根据事故批复对事故责任者制作下达的行政处分、行政处罚等法律文书。

4. 行政相对人对事故批复持有异议的，可以依法申请行政复议或者提起行政诉讼。从作出事故批复的主体、内容和效力上看，进行事故处理具备了具体行政行为的法定要件。因此，事故发生单位或者有关责任人员认为事故批复侵犯了其合法权益，有权依法申请行政复议或者提起行政诉讼。

（三）事故批复的实施机关

鉴于事故责任主体及其法律责任有所不同，所以需要明确落实事故批复、实施责任追究的主体即实施机关。《生产安全事故报告和调查处理条例》第三十二条规定的"有关机关"是事故批复的实施机关，主要包括行政机关和司法机关两类国家机关。有关机关应当依照法律、行政法规规定的权限和程序，实施事故责任追究。

1. 行政机关。事故责任主体不同，责任追究机关和追究方式也不同。行政机关工作人员和企业、事业单位中由行政机关任命的人员对生产安全事故负有行政责任应当给予罚款的行政处罚的，由《生产安全事故报告和调查处理条例》四十三条规定的行政机关实施；应当给予行政处分的，由其任命机关实施。事故发生单位及其非国家工作人员的有关责任人员，对生产安全事故负有行政责任应当给予罚款的行政处罚的，由《生产安全事故报告和调查处理条例》四十三条规定的行政机关实施。

2. 司法机关。事故批复认定负有事故责任的人员涉嫌犯罪的，移交司法机关依法追究刑事责任。其中：事故发生单位责任人员中的非国家工作人员涉嫌犯罪的，由公安机关立案侦查；行政机关和事故发生单位责任人员中的国家工作人员涉嫌犯罪的，由检察机关立案侦查和起诉；所有涉嫌犯罪人员被起诉追究刑事责任的，一律由审判机关依法审理并作出判决。

六、生产安全事故报告和调查处理违法行为应负的法律责任

《安全生产法》规定，国家对生产安全事故实行责任追究制度。《生产安全事故报告和调查处理条例》第五章专门就事故责任追究问题作出了具体规定。《生产安全事故报告和调查处理条例》的有关规定，涵盖了事故责任要件、事故责任主体、实施法律制裁等法律适用问题，需要我们全面、准确地把握。

（一）确定事故责任的要件

《条例》规定，对责任事故的责任者依法追究法律责任。不论是事故发生单位还是有关人民政府、安全生产监督管理部门、负有安全生产监督管理职责的有关部门及其有关人员，凡是实施了《生产安全事故报告和调查处理条例》规定的违法行为的，都要对其实施责任追究。但在如何界定其是否负有责任并且是否应当追究责任的法律适用上，应当遵循责任法定的原则，明确严格、具体的法律界限。根据法理，确定事故责任的要件有四个，缺一不可。

1. 责任者依法应当履行义务。确定是否属于事故责任者，一要看其是否负有法定义务，二要看其是否履行了法定义务。负有法定义务而未履行其义务的，承担法律责任。没有法定义务的，不承担法律责任。依照《生产安全事故报告和调查处理条例》有关责任追究的规定，事故发生单位及其有关人员必须是在安全生产管理和事故报告、救援、接受与配合调查等方面负有法定义务而未履行其义务的，才承担相应的法律责任。有关人民政

府、安全生产监督管理部门和负有安全生产监督管理职责的有关部门及其有关人员，在事故报告、救援、调查和处理等项工作中不履行法定职责或者义务的，也要承担相应的法律责任。

2. 责任者实施了违法行为。事故责任者主观上必须有违法的故意或者过失，客观上独立并且直接实施了《生产安全事故报告和调查处理条例》规定的具有社会危害性的违法行为。这里要强调的是，责任者实施的违法行为的范围不得扩大或者缩小，必须是安全生产法律、法规有关义务性规范和禁止性规范中明文规定的行为。实施了法无规定的行为，不能认定或者推定为违法行为。

3. 违法行为应与事故发生有直接的因果关系。确定是否应负法律责任，必须搞清楚违法行为与损害后果之间是否具有直接的因果关系。所谓直接的因果关系，应当是出自行为人的故意或者过失而实施的违法行为，直接导致了事故的发生。在这个问题上，既应坚持对事故的直接责任者不放过，也应注意不要把一些间接原因推导成为直接原因，从而扩大责任追究的范围。

4. 责任者必须是依法应当予以制裁的。依照《生产安全事故报告和调查处理条例》的规定，实施责任追究的不仅是未履行法定义务、实施了违法行为并造成危害后果的责任者，而且必须是法律、行政法规明文规定应当给予法律制裁的责任者。也就是说，只具备了前三个要件还不够，还要同时具备第四个要件，才能实施责任追究。因为对某些实施了一般违法行为、危害后果和违法情节显著轻微的责任者，有关法律、法规并不规定都要给予法律制裁。所以，只有法律、法规明文规定应当承担法律责任的，才能实施责任追究。

（二）事故责任主体的确定

事故责任主体即事故责任者，是指未履行法定义务、实施了相关违法行为、对事故发生和事故报告、救援、调查处理负有责任并应受法律制裁的社会组织和个人。依照《生产安全事故报告和调查处理条例》的规定，应受责任追究的事故责任主体主要有四种：

1. 事故发生单位。《安全生产法》规定，生产经营单位是生产经营活动的主体，依法应当履行加强管理、确保安全生产的义务；因其违法造成事故的，应当承担相应的法律责任。《生产安全事故报告和调查处理条例》规定，生产经营单位（事故发生单位）发生生产安全事故后，负有报告、救援和接受调查的义务。据此，生产经营单位对事故发生负有直接责任，应当作为独立的责任主体承担法律责任。

2. 事故发生单位有关人员。《生产安全事故报告和调查处理条例》规定，不仅要追究事故发生单位的责任，还要对其有关人员实行责任追究。事故发生单位有关人员包括负有责任的主要负责人、直接负责的主管人员和其他直接责任人员。"主要负责人"包括企业法定代表人、实际控制人等对生产经营活动负全面领导责任、有主要决策指挥权的负责人；"直接负责的主管人员"包括负有直接领导、管理责任的有关负责人、安全管理机构的负责人和管理人员；"其他直接责任人员"包括负有直接责任的从业人员和其他人员。

3. 有关政府、部门工作人员。《生产安全事故报告和调查处理条例》规定，有关地方人民政府、安全生产监督管理部门和负有安全生产监督管理职责的有关部门实施违法行为，对其直接负责的主管人员和其他直接责任人员予以责任追究。"直接负责的主管人员"包括负有责任的有关地方人民政府的领导人、安全生产监督管理部门和有关部门的负责人；"其他直接责任人员"包括负有责任的行政机关内设机构的负责人和其他工作人员。

4．中介机构及其相关人员。《生产安全事故报告和调查处理条例》规定，对发生事故的单位提供虚假证明的中介机构及其相关人员实行责任追究。

（三）实施法律制裁的规定

追究事故责任者的法律责任，必须正确、适当地适用法律，既不能放纵责任者，也不能枉及无辜。《生产安全事故报告和调查处理条例》有关实施法律制裁的规定，主要涉及四个问题：

1．法律制裁的责任方式。《生产安全事故报告和调查处理条例》明确了对事故责任者实施法律制裁的责任方式，有行政责任和刑事责任两种，两种责任方式可以单独适用或者并用。

（1）行政责任。《生产安全事故报告和调查处理条例》规定应当实施责任追究的行政责任主体包括行政主体和企业主体两类，责任主体不同则责任追究的规定也不同。行政主体包括对事故负有责任的有关地方人民政府、安全生产监管部门和有关部门中的工作人员。企业主体包括事故发生单位及其有关人员。两类主体因违反国家行政管理法律、法规的规定而应当承担的法律责任是行政责任。

（2）刑事责任。《生产安全事故报告和调查处理条例》规定对事故责任者中构成刑事犯罪的，依法追究刑事责任。刑事责任主体也包括行政主体和企业主体两类。两类主体有关人员的违法行为触犯《刑法》关于安全生产犯罪规定的，应当承担相应的刑事责任。

2．事故责任主体的违法行为。《生产安全事故报告和调查处理条例》按照责任主体的不同，对其应予追究法律责任的违法行为，分别作出了界定。

（1）事故发生单位的违法行为。《生产安全事故报告和调查处理条例》第三十六条、第三十七条、第四十条规定有六种行为之一的，对事故发生单位给予行政处罚。其中前五种行为是在事故发生后实施的违法行为；第六种行为主要是指在事故发生前，由事故发生单位及其有关人员实施的造成事故的违法行为。只要事故是因生产经营单位及其有关人员违反安全生产法律、法规的规定而发生的，均应负法律责任。

（2）事故发生单位有关人员的违法行为。《生产安全事故报告和调查处理条例》重点对事故发生单位主要负责人的三类十种违法行为作出了界定，第一类有第三十五条列举的三种违法行为；第二类有第三十六条列举的六种违法行为；第三类有第三十七条列举的未履行法定安全生产管理职责的违法行为。

事故发生单位的直接负责的主管人员、其他直接责任人员有第三十六条列举的六种违法行为之一的，也要追究责任。

（3）行政机关工作人员的违法行为。《生产安全事故报告和调查处理条例》对有关地方人民政府、安全生产监管部门和负有安全生产监督管理职责的有关部门等行政机关工作人员的三类八种违法行为也作出了界定，第一类有第三十九条列举的四种违法行为；第二类有第四十一条列举的事故调查人员的三种违法行为；第三类有第四十二条列举的故意拖延或者拒绝落实经批复的对事故责任人的处理意见的违法行为。

（4）中介机构及其相关人员的违法行为。《生产安全事故报告和调查处理条例》第四十条第二款对因中介机构及其相关人员出具虚假证明造成事故的违法行为，设定了行政处罚。

3. 行政处罚种类、幅度的设定。《生产安全事故报告和调查处理条例》对负有行政责任的事故责任者，设定了资格罚、财产罚和治安管理处罚三种行政处罚，旨在强化安全准入监管和加大事故违法"成本"。

（1）资格罚。这是指行政机关依法停止、吊销、撤销行政责任主体从事相关活动的许可、资格的行政处罚。《生产安全事故报告和调查处理条例》第四十条规定的对事故发生负有责任的事故发生单位、有关人员和提供虚假证明的中介机构及其相关人员的资格罚，应当依照有关安全生产法律、法规的规定处罚。这不仅是指依照某个或者几个法律、法规实施处罚，凡是有关法律、法规对生产经营单位、中介机构及其相关责任人员有资格罚的规定的，都可以实施处罚。

（2）财产罚。这是指行政机关依法处以行政责任主体缴纳一定数额的罚款的行政处罚。《生产安全事故报告和调查处理条例》规定实施财产罚的企业主体，不以其所有制不同而有所区分。凡是依法应当给予财产罚的，不论事故发生单位的所有制和管理体制有何不同，都要对该单位及其有关人员处以罚款。

（3）治安管理处罚。为了配合事故报告、救援和调查处理工作，维护事故现场秩序和社会公共安全，《生产安全事故报告和调查处理条例》第三十六条对实施六种违法行为中构成违反治安管理行为的，规定由公安机关依照《治安管理处罚法》给予治安管理处罚。

4. 行政处罚的实施。鉴于现行法律、行政法规中有关财产罚、行政处罚种类、幅度和决定机关的规定不尽相同，为了与其衔接，《生产安全事故报告和调查处理条例》在行政处罚实施问题上，既对实施财产罚作出了一般规定，又对某些特殊问题作出了特别规定。

（1）关于财产罚的一般规定。《生产安全事故报告和调查处理条例》第四十三条第一款规定："本条例规定的罚款的行政处罚，由安全生产监督管理部门决定。"至于由哪一级安全生产监督管理部门决定，应当依照《生产安全事故报告和调查处理条例》的上位法《安全生产法》第九十四条的规定，由县级以上人民政府安全生产监督管理部门决定。作为国务院安全生产监督管理部门的国家安全生产监督管理总局，有权依照法律、行政法规制定部门规章，对县级以上安全生产监督管理部门如何实施罚款的行政处罚作出具体规定。

（2）关于行政处罚种类、幅度和决定机关的特别规定。按照特别法优于一般法的法律适用原则，《生产安全事故报告和调查处理条例》第四十三条第二款规定："法律、行政法规对行政处罚种类、幅度和决定机关另有规定的，依照其规定。"该款规定仅限于国家法即法律、行政法规对负有责任的事故发生单位及其有关人员实施行政处罚有特别规定的。地方性法规或者地方政府规章对此另有规定或者没有规定的，应当适用法律、行政法规的规定。具体而言，法律、行政法规设定的行政处罚种类超出《生产安全事故报告和调查处理条例》规定的，可以依法作出资格罚、财产罚以外的其他种类的行政处罚；处以罚款的幅度与《生产安全事故报告和调查处理条例》规定不同的，可以依照特别法规定的幅度处以罚款；对行政执法主体另有规定的，应由特别法授权的行政机关实施行政处罚。

（四）具体追究法律责任的形式

1．事故发生单位主要负责人违反事故抢救及报告规定的法律责任

依据《生产安全事故报告和调查处理条例》第三十五条规定，事故发生单位主要负责人有下列行为之一的，处上一年年收入 40% 至 80% 的罚款；属于国家工作人员的，并依法给予处分；构成犯罪的，依法追究刑事责任：

（1）不立即组织事故抢救的。

（2）迟报或者漏报事故的。

（3）在事故调查处理期间擅离职守的。

2．事故发生单位及有关人员违反事故报告和调查规定的法律责任

依据《生产安全事故报告和调查处理条例》第三十六条规定，事故发生单位及其有关人员有下列行为之一的，对事故发生单位处 100 万元以上 500 万元以下的罚款；对主要负责人、直接负责的主管人员和其他直接责任人员处上一年年收入 60% 至 100% 的罚款；属于国家工作人员的，并依法给予处分；构成违反治安管理行为的，由公安机关依法给予治安管理处罚；构成犯罪的，依法追究刑事责任：

（1）谎报或者瞒报事故的。

（2）伪造或者故意破坏事故现场的。

（3）转移、隐匿资金、财产，或者销毁有关证据、资料的。

（4）拒绝接受调查或者拒绝提供有关情况和资料的。

（5）在事故调查中作伪证或者指使他人作伪证的。

（6）事故发生后逃匿的。

3．事故发生单位的法律责任

依据《生产安全事故报告和调查处理条例》第三十七条规定，事故发生单位对事故发生负有责任的，依照下列规定处以罚款：

（1）发生一般事故的，处 10 万元以上 20 万元以下的罚款。

（2）发生较大事故的，处 20 万元以上 50 万元以下的罚款。

（3）发生重大事故的，处 50 万元以上 200 万元以下的罚款。

（4）发生特别重大事故的，处 200 万元以上 500 万元以下的罚款。

4．事故发生单位主要负责人未履行职责的法律责任

依据《生产安全事故报告和调查处理条例》第三十八条规定，事故发生单位主要负责人未依法履行安全生产管理职责，导致事故发生的，依照下列规定处以罚款；属于国家工作人员的，并依法给予处分；构成犯罪的，依法追究刑事责任：

（1）发生一般事故的，处上一年年收入 30% 的罚款。

（2）发生较大事故的，处上一年年收入 40% 的罚款。

（3）发生重大事故的，处上一年年收入 60% 的罚款。

（4）发生特别重大事故的，处上一年年收入 80% 的罚款。

5．政府、部门及工作人员违反事故调查处理规定的法律责任

依据《生产安全事故报告和调查处理条例》第三十九条规定，有关地方人民政府、安全生产监督管理部门和负有安全生产监督管理职责的有关部门有下列行为之一的，对直接

负责的主管人员和其他直接责任人员依法给予处分；构成犯罪的，依法追究刑事责任：

（1）不立即组织事故抢救的。

（2）迟报、漏报、谎报或者瞒报事故的。

（3）阻碍、干涉事故调查工作的。

（4）在事故调查中作伪证或者指使他人作伪证的。

6. 事故发生单位、中介机构有关资质的处罚

依据《生产安全事故报告和调查处理条例》第四十条规定，事故发生单位对事故发生负有责任的，由有关部门依法暂扣或者吊销其有关证照；对事故发生单位负有事故责任的有关人员，依法暂停或者撤销其与安全生产有关的执业资格、岗位证书；事故发生单位主要负责人受到刑事处罚或者撤职处分的，自刑罚执行完毕或者受处分之日起，5 年内不得担任任何生产经营单位的主要负责人。

为发生事故单位提供虚假证明的中介机构，由有关部门依法暂扣或者吊销其有关证照及其相关人员的执业资格；构成犯罪的，依法追究刑事责任。

7. 事故调查人员违反规定的法律责任

依据《生产安全事故报告和调查处理条例》第四十一条规定，参与事故调查的人员在事故调查中有下列行为之一的，依法给予处分；构成犯罪的，依法追究刑事责任：

（1）对事故调查工作不负责任，致使事故调查工作有重大疏漏的。

（2）包庇、袒护负有事故责任的人员或者借机打击报复的。

第十二节　工伤保险条例

2003 年 4 月 27 日，国务院令第 375 号公布《工伤保险条例》，自 2004 年 1 月 1 日起施行。2010 年 12 月 20 日，国务院令第 586 号对《工伤保险条例》进行了修订，自 2011 年 1 月 1 日起施行。《工伤保险条例》的立法目的是为了保障因工作遭受事故伤害或者患职业病的职工获得医疗救治和经济补偿，促进工伤预防和职业康复，分散用人单位的工伤风险。国家对工伤保险补偿作出了明确的法律规定，解决了长期困扰各级人民政府的一大难题，对做好工伤人员的医疗救治和经济补偿，加强安全生产工作，预防和减少生产安全事故，实现社会稳定，具有积极的作用。

一、工伤保险的适用范围

（一）工伤保险

1. 具有补偿性

工伤保险是法定的强制性社会保险，是通过对受害人实施医疗救治和给予必要的经济补偿以保障其经济权利的补救措施。从根本上说，它是由政府监管、社保机构经办的社会保障制度，不具有惩罚性。

2. 权利主体

享有工伤保险权利的主体只限于用人单位的职工或者雇工，其他人不能享有这项权

利。如果在单位发生生产安全事故时对职工或者雇工以及其他人造成伤害，只有本单位的职工或者雇工可以得到工伤保险补偿，而受到事故伤害的其他人则不能享有这项权利。所以，工伤保险补偿权利的权利主体是特定的。

3．义务和责任主体

依照《安全生产法》和《工伤保险条例》的规定，生产经营单位和用人单位有为从业人员办理工伤保险、缴纳保险费的义务，这就确定了生产经营单位和用人单位是工伤保险的义务和责任主体。不履行这项义务，就要承担相应的法律责任。

4．保险补偿的原则

按照国际惯例和我国立法，工伤保险补偿实行"无责任补偿"即无过错补偿的原则，这是基于职业风险理论确立的。这种理论从最大限度地保护职工权益的理念出发，认为职业伤害不可避免，职工无法抗拒，不能以受害人是否负有责任来决定是否补偿，只要因公受到伤害就应补偿。基于这种理论，工伤保险不强调造成工伤的原因、过错及其责任，只要确认职工在法定情形下发生工伤，就依法享有获得经济补偿的权利。

5．补偿风险的承担

按照无责任补偿原则，工伤补偿风险的第一承担者本应是企业或者业主，但是工伤保险是以社会共济方式确定补偿风险承担者的，因此不需要企业或者业主直接负责补偿，而是将补偿风险转由社保机构承担，由社保机构负责支付工伤保险补偿金。只要企业或者业主依法足额缴纳了工伤保险费，那么工伤补偿的责任就要由社保机构承担。工伤保险实际上是一种转移工伤补偿的风险和责任的社会共济方式。

（二）工伤保险的适用范围

依据《工伤保险条例》第二条规定，中华人民共和国境内的企业、事业单位、社会团体、民办非企业单位、基金会、律师事务所、会计师事务所等组织和有雇工的个体工商户（以下称用人单位）应当依照本条例规定参加工伤保险，为本单位全部职工或者雇工（以下称职工）缴纳工伤保险费。中华人民共和国境内的企业、事业单位、社会团体、民办非企业单位、基金会、律师事务所、会计师事务所等组织的职工和个体工商户的雇工，均有依照本条例的规定享受工伤保险待遇的权利。

依据《工伤保险条例》第六十六条规定，无营业执照或者未经依法登记、备案的单位以及被依法吊销营业执照或者撤销登记、备案的单位的职工受到事故伤害或者患职业病的，由该单位向伤残职工或者死亡职工的近亲属给予一次性赔偿，赔偿标准不得低于本条例规定的工伤保险待遇；用人单位不得使用童工，用人单位使用童工造成童工伤残、死亡的，由该单位向童工或者童工的近亲属给予一次性赔偿，赔偿标准不得低于本条例规定的工伤保险待遇。具体办法由国务院社会保险行政部门规定。

前款规定的伤残职工或者死亡职工的近亲属就赔偿数额与单位发生争议的，以及前款规定的童工或者童工的近亲属就赔偿数额与单位发生争议的，按照处理劳动争议的有关规定处理。

（三）公务员和参照公务员法管理的事业单位、社会团体工伤事故的处理

依据《工伤保险条例》第六十五条规定，公务员和参照公务员法管理的事业单位、社会团体的工作人员因工作遭受事故伤害或者患职业病的，由所在单位支付费用。具体办法

由国务院社会保险行政部门会同国务院财政部门规定。

二、缴纳工伤保险费的规定

1. 确定费率的原则

依据《工伤保险条例》的规定，工伤保险费根据以支定收、收支平衡的原则，确定费率。工伤保险实行用人单位缴纳保险费的方式，建立工伤保险社会统筹基金。工伤保险费的缴费方式与养老、医疗、失业保险不同，特别是与基本医疗保险的"以收定支"原则有明显的区别。以支定收、收支平衡，即以一个周期内的工伤保险基金的支付额度，确定征缴的额度。以成本为基础的保险费征缴可以提高工伤保险机构的承付能力。

2. 费率的制定

依据《工伤保险条例》的规定，国家根据不同行业的工伤风险程度确定行业的差别费率，并根据工伤保险费使用、工伤发生率等情况在每个行业内确定若干费率档次。行业差别费率及行业内费率档次由国务院社会保险行政部门制定，报国务院批准后公布施行。

统筹地区经办机构根据用人单位工伤保险费使用、工伤发生率等情况，适用所属行业内相应的费率档次确定单位缴费费率。

国务院社会保险行政部门应当定期了解全国各统筹地区工伤保险基金收支情况，及时提出调整行业差别费率及行业内费率档次的方案，报国务院批准后公布施行。

3. 工伤保险费的缴纳

依据《工伤保险条例》的规定，用人单位应当按时缴纳工伤保险费。职工个人不缴纳工伤保险费。用人单位缴纳工伤保险费的数额为本单位职工工资总额乘以单位缴费费率之积。

对难以按照工资总额缴纳工伤保险费的行业，其缴纳工伤保险费的具体方式，由国务院社会保险行政部门规定。

工资总额是指用人单位直接支付给本单位全部职工的劳动报酬总额。

本人工资是指工伤职工因工作遭受事故伤害或者患职业病前 12 个月平均月缴费工资。本人工资高于统筹地区职工平均工资 300% 的，按照统筹地区职工平均工资的 300% 计算；本人工资低于统筹地区职工平均工资 60% 的，按照统筹地区职工平均工资的 60% 计算。

三、工伤保险基金的使用

依据《工伤保险条例》的规定，工伤保险基金存入社会保障基金财政专户，用于《工伤保险条例》规定的工伤保险待遇，劳动能力鉴定，工伤预防的宣传、培训等费用，以及法律、法规规定的用于工伤保险的其他费用的支付。

工伤预防费用的提取比例、使用和管理的具体办法，由国务院社会保险行政部门会同国务院财政、卫生行政、安全生产监督管理等部门规定。

任何单位或者个人不得将工伤保险基金用于投资运营、兴建或者改建办公场所、发放奖金，或者挪作其他用途。

工伤保险基金应当留有一定比例的储备金，用于统筹地区重大事故的工伤保险待遇支付；储备金不足支付的，由统筹地区的人民政府垫付。储备金占基金总额的具体比例和储备金的使用办法，由省、自治区、直辖市人民政府规定。

四、工伤和劳动能力鉴定的规定

（一）工伤范围

依据《工伤保险条例》第十四条规定，职工有下列情形之一的，应当认定为工伤：

1. 在工作时间和工作场所内，因工作原因受到事故伤害的。

2. 工作时间前后在工作场所内，从事与工作有关的预备性或者收尾性工作受到事故伤害的。

3. 在工作时间和工作场所内，因履行工作职责受到暴力等意外伤害的。

4. 患职业病的。

5. 因工外出期间，由于工作原因受到伤害或者发生事故下落不明的。

6. 在上下班途中，受到非本人主要责任的交通事故或者城市轨道交通、客运轮渡、火车事故伤害的。

7. 法律、行政法规规定应当认定为工伤的其他情形。

（二）视同工伤

依据《工伤保险条例》第十五条规定，职工有下列情形之一的，视同工伤：

1. 在工作时间和工作岗位，突发疾病死亡或者在48小时之内经抢救无效死亡的。

2. 在抢险救灾等维护国家利益和公共利益活动中受到伤害的。

3. 职工原在军队服役，因战、因工负伤致残，已取得革命伤残军人证，到用人单位后旧伤复发的。

职工有前款第一项、第二项情形的，按照本条例的有关规定享受工伤保险待遇；职工有前款第三项情形的，按照本条例的有关规定享受除一次性伤残补助金以外的工伤保险待遇。

《工伤保险条例》规定，因故意犯罪、醉酒或者吸毒、自残或者自杀的等情形，不得认定为工伤或者视同工伤。

（三）工伤认定

1. 工伤保险申请时限、时效和申请责任

依据《工伤保险条例》第十七条规定，职工发生事故伤害或者按照职业病防治法规定被诊断、鉴定为职业病，所在单位应当自事故伤害发生之日或者被诊断、鉴定为职业病之日起30日内，向统筹地区社会保险行政部门提出工伤认定申请。遇有特殊情况，经报社会保险行政部门同意，申请时限可以适当延长。

用人单位未按前款规定提出工伤认定申请的，工伤职工或者其近亲属、工会组织在事故伤害发生之日或者被诊断、鉴定为职业病之日起1年内，可以直接向用人单位所在地统筹地区社会保险行政部门提出工伤认定申请。

按照本条第一款规定应当由省级社会保险行政部门进行工伤认定的事项，根据属地原则由用人单位所在地的设区的市级社会保险行政部门办理。

用人单位未在本条第一款规定的时限内提交工伤认定申请，在此期间发生符合本条例规定的工伤待遇等有关费用由该用人单位负担。

2．工伤认定申请材料

依据《工伤保险条例》第十八条规定，提出工伤认定申请，应当提交工伤认定申请表、与用人单位存在劳动关系（包括事实劳动关系）的证明材料、医疗诊断证明或者职业病诊断证明（鉴定）书等材料。

工伤认定申请表应当包括事故发生的时间、地点、原因以及职工伤害程度等基本情况。

工伤认定申请人提供材料不完整的，社会保险行政部门应当一次性书面告知工伤认定申请人需要补正的全部材料。申请人按照书面告知要求补正材料后，社会保险行政部门应当受理。

3．工伤认定程序

依据《工伤保险条例》第十九条规定，社会保险行政部门受理工伤认定申请后，根据审核需要可以对事故伤害进行调查核实，用人单位、职工、工会组织、医疗机构以及有关部门应当予以协助。职业病诊断和诊断争议的鉴定，依照职业病防治法的有关规定执行。对依法取得职业病诊断证明书或者职业病诊断鉴定书的，社会保险行政部门不再进行调查核实。

职工或者其近亲属认为是工伤，用人单位不认为是工伤的，由用人单位承担举证责任。

依据《工伤保险条例》第二十条规定，社会保险行政部门应当自受理工伤认定申请之日起 60 日内作出工伤认定的决定，并书面通知申请工伤认定的职工或者其近亲属和该职工所在单位。

社会保险行政部门对受理的事实清楚、权利义务明确的工伤认定申请，应当在 15 日内作出工伤认定的决定。

作出工伤认定决定需要以司法机关或者有关行政主管部门的结论为依据的，在司法机关或者有关行政主管部门尚未作出结论期间，作出工伤认定决定的时限中止。

社会保险行政部门工作人员与工伤认定申请人有利害关系的，应当回避。

（四）劳动能力鉴定

依据《工伤保险条例》的规定，职工发生工伤，经治疗伤情相对稳定后存在残疾、影响劳动能力的，应当进行劳动能力鉴定。劳动能力鉴定是指劳动功能障碍程度和生活自理障碍程度的等级鉴定。劳动功能障碍分为十个伤残等级，最重的为一级，最轻的为十级。生活自理障碍分为三个等级：生活完全不能自理、生活大部分不能自理和生活部分不能自理。

劳动能力鉴定标准由国务院社会保险行政部门会同国务院卫生行政部门等部门制定。

劳动能力鉴定由用人单位、工伤职工或者其近亲属向设区的市级劳动能力鉴定委员会提出申请，并提供工伤认定决定和职工工伤医疗的有关资料。省、自治区、直辖市劳动能力鉴定委员会和设区的市级劳动能力鉴定委员会分别由省、自治区、直辖市和设区的市级社会保险行政部门、卫生行政部门、工会组织、经办机构代表以及用人单位代表组成。

劳动能力鉴定委员会建立医疗卫生专家库。列入专家库的医疗卫生专业技术人员应当具备下列条件：（一）具有医疗卫生高级专业技术职务任职资格；（二）掌握劳动能力鉴定的相关知识；（三）具有良好的职业品德。

设区的市级劳动能力鉴定委员会收到劳动能力鉴定申请后，应当从其建立的医疗卫生专家库中随机抽取 3 名或者 5 名相关专家组成专家组，由专家组提出鉴定意见。设区的市级劳动能力鉴定委员会根据专家组的鉴定意见作出工伤职工劳动能力鉴定结论；必要时，可以委托具备资格的医疗机构协助进行有关的诊断。

设区的市级劳动能力鉴定委员会应当自收到劳动能力鉴定申请之日起 60 日内作出劳动能力鉴定结论，必要时，作出劳动能力鉴定结论的期限可以延长 30 日。劳动能力鉴定结论应当及时送达申请鉴定的单位和个人。

申请鉴定的单位或者个人对设区的市级劳动能力鉴定委员会作出的鉴定结论不服的，可以在收到该鉴定结论之日起 15 日内向省、自治区、直辖市劳动能力鉴定委员会提出再次鉴定申请。省、自治区、直辖市劳动能力鉴定委员会作出的劳动能力鉴定结论为最终结论。

劳动能力鉴定工作应当客观、公正。劳动能力鉴定委员会组成人员或者参加鉴定的专家与当事人有利害关系的，应当回避。

自劳动能力鉴定结论作出之日起 1 年后，工伤职工或者其近亲属、所在单位或者经办机构认为伤残情况发生变化的，可以申请劳动能力复查鉴定。

五、工伤保险待遇的规定

（一）工伤医疗补偿

依据《工伤保险条例》的规定，职工因工作遭受事故伤害或者患职业病进行治疗，享受工伤医疗待遇。职工治疗工伤应当在签订服务协议的医疗机构就医，情况紧急时可以先到就近的医疗机构急救。治疗工伤所需费用符合工伤保险诊疗项目目录、工伤保险药品目录、工伤保险住院服务标准的，从工伤保险基金支付。工伤保险诊疗项目目录、工伤保险药品目录、工伤保险住院服务标准，由国务院社会保险行政部门会同国务院卫生行政部门、食品药品监督管理部门等部门规定。

职工住院治疗工伤的伙食补助费，以及经医疗机构出具证明，报经办机构同意，工伤职工到统筹地区以外就医所需的交通、食宿费用从工伤保险基金支付，基金支付的具体标准由统筹地区人民政府规定。

工伤职工治疗非工伤引发的疾病，不享受工伤医疗待遇，按照基本医疗保险办法处理。

工伤职工到签订服务协议的医疗机构进行工伤康复的费用，符合规定的，从工伤保险基金支付。

社会保险行政部门作出认定为工伤的决定后发生行政复议、行政诉讼的，行政复议和行政诉讼期间不停止支付工伤职工治疗工伤的医疗费用。

工伤职工因日常生活或者就业需要，经劳动能力鉴定委员会确认，可以安装假肢、矫形器、假眼、假牙和配置轮椅等辅助器具，所需费用按照国家规定的标准从工伤保险基金支付。

（二）停薪期间的福利

依据《工伤保险条例》的规定，职工因工作遭受事故伤害或者患职业病需要暂停工作接受工伤医疗的，在停工留薪期内，原工资福利待遇不变，由所在单位按月支付。

停工留薪期一般不超过12个月。伤情严重或者情况特殊，经设区的市级劳动能力鉴定委员会确认，可以适当延长，但延长不得超过12个月。工伤职工评定伤残等级后，停发原待遇，按照本章的有关规定享受伤残待遇。工伤职工在停工留薪期满后仍需治疗的，继续享受工伤医疗待遇。

生活不能自理的工伤职工在停工留薪期需要护理的，由所在单位负责。

（三）护理费

依据《工伤保险条例》的规定，工伤职工已经评定伤残等级并经劳动能力鉴定委员会确认需要生活护理的，从工伤保险基金按月支付生活护理费。生活护理费按照生活完全不能自理、生活大部分不能自理或者生活部分不能自理3个不同等级支付，其标准分别为统筹地区上年度职工月平均工资的50%、40%或者30%。

（四）一级至四级伤残的待遇

依据《工伤保险条例》的规定，职工因工致残被鉴定为一级至四级伤残的，保留劳动关系，退出工作岗位，享受以下待遇：

1. 从工伤保险基金按伤残等级支付一次性伤残补助金，标准为：一级伤残为27个月的本人工资，二级伤残为25个月的本人工资，三级伤残为23个月的本人工资，四级伤残为21个月的本人工资。

2. 从工伤保险基金按月支付伤残津贴，标准为：一级伤残为本人工资的90%，二级伤残为本人工资的85%，三级伤残为本人工资的80%，四级伤残为本人工资的75%。伤残津贴实际金额低于当地最低工资标准的，由工伤保险基金补足差额。

3. 工伤职工达到退休年龄并办理退休手续后，停发伤残津贴，按照国家有关规定享受基本养老保险待遇。基本养老保险待遇低于伤残津贴的，由工伤保险基金补足差额。

职工因工致残被鉴定为一级至四级伤残的，由用人单位和职工个人以伤残津贴为基数，缴纳基本医疗保险费。

（五）五级至六级伤残的待遇

依据《工伤保险条例》的规定，职工因工致残被鉴定为五级、六级伤残的，享受以下待遇：

1. 从工伤保险基金按伤残等级支付一次性伤残补助金，标准为：五级伤残为18个月的本人工资，六级伤残为16个月的本人工资。

2. 保留与用人单位的劳动关系，由用人单位安排适当工作。难以安排工作的，由用人单位按月发给伤残津贴，标准为：五级伤残为本人工资的70%，六级伤残为本人工资的60%，并由用人单位按照规定为其缴纳应缴纳的各项社会保险费。伤残津贴实际金额低于当地最低工资标准的，由用人单位补足差额。

经工伤职工本人提出，该职工可以与用人单位解除或者终止劳动关系，由工伤保险基金支付一次性工伤医疗补助金，由用人单位支付一次性伤残就业补助金。一次性工伤医疗补助金和一次性伤残就业补助金的具体标准由省、自治区、直辖市人民政府规定。

（六）七级至十级伤残的待遇

依据《工伤保险条例》的规定，职工因工致残被鉴定为七级至十级伤残的，享受以下待遇：

1. 从工伤保险基金按伤残等级支付一次性伤残补助金，标准为：七级伤残为 13 个月的本人工资，八级伤残为 11 个月的本人工资，九级伤残为 9 个月的本人工资，十级伤残为 7 个月的本人工资。

2. 劳动、聘用合同期满终止，或者职工本人提出解除劳动、聘用合同的，由工伤保险基金支付一次性工伤医疗补助金，由用人单位支付一次性伤残就业补助金。一次性工伤医疗补助金和一次性伤残就业补助金的具体标准由省、自治区、直辖市人民政府规定。

（七）职工死亡的待遇

依据《工伤保险条例》的规定，职工因工死亡，其近亲属按照下列规定从工伤保险基金领取丧葬补助金、供养亲属抚恤金和一次性工亡补助金：

1. 丧葬补助金为 6 个月的统筹地区上年度职工月平均工资。

2. 供养亲属抚恤金按照职工本人工资的一定比例发给由因工死亡职工生前提供主要生活来源、无劳动能力的亲属。标准为：配偶每月 40%，其他亲属每人每月 30%，孤寡老人或者孤儿每人每月在上述标准的基础上增加 10%。核定的各供养亲属的抚恤金之和不应高于因工死亡职工生前的工资。供养亲属的具体范围由国务院社会保险行政部门规定。

3. 一次性工亡补助金标准为上一年度全国城镇居民人均可支配收入的 20 倍。

伤残职工在停工留薪期内因工伤导致死亡的，其近亲属享受本条第一款规定的待遇。

一级至四级伤残职工在停工留薪期满后死亡的，其近亲属可以享受本条第一款第（一）项、第（二）项规定的待遇。

（八）职工因工外出期间发生事故或者在抢险救灾中下落不明的待遇

依据《工伤保险条例》的规定，职工因工外出期间发生事故或者在抢险救灾中下落不明的，从事故发生当月起 3 个月内照发工资，从第 4 个月起停发工资，由工伤保险基金向其供养亲属按月支付供养亲属抚恤金。生活有困难的，可以预支一次性工亡补助金的 50%。职工被人民法院宣告死亡的，按照本条例第三十九条职工因工死亡的规定处理。

（九）停止享受工伤保险待遇

《工伤保险条例》第四十条规定，工伤职工有下列情形之一的，停止享受工伤保险待遇：

1. 丧失享受待遇条件的。

2. 拒不接受劳动能力鉴定的。

3. 拒绝治疗的。

（十）分立合并转让的工伤保险责任

依据《工伤保险条例》的规定，由于用人单位的情况时有变化，所以依法明确某些情况下工伤保险责任的承担者，对于保障职工享有工伤保险待遇非常重要。用人单位分立、合并、转让的，承继单位应当承担原用人单位的工伤保险责任；原用人单位已经参加工伤保险的，承继单位应当到当地经办机构办理工伤保险变更登记。

用人单位实行承包经营的，工伤保险责任由职工劳动关系所在单位承担。

职工被借调期间受到工伤事故伤害的，由原用人单位承担工伤保险责任，但原用人单位与借调单位可以约定补偿办法。

企业破产的，在破产清算时依法拨付应当由单位支付的工伤保险待遇费用。

（十一）出境工作的待遇

依据《工伤保险条例》的规定，职工被派遣出境工作，依据前往国家或者地区的法律应当参加当地工伤保险的，参加当地工伤保险，其国内工伤保险关系中止；不能参加当地工伤保险的，其国内工伤保险关系不中止。

六、申请行政复议或者提起行政诉讼的规定

依据《工伤保险条例》的规定，有下列情形之一的，有关单位或者个人可以依法申请行政复议，也可以依法向人民法院提起行政诉讼：

（1）申请工伤认定的职工或者其近亲属、该职工所在单位对工伤认定申请不予受理的决定不服的。

（2）申请工伤认定的职工或者其近亲属、该职工所在单位对工伤认定结论不服的。

（3）用人单位对经办机构确定的单位缴费费率不服的。

（4）签订服务协议的医疗机构、辅助器具配置机构认为经办机构未履行有关协议或者规定的。

（5）工伤职工或者其近亲属对经办机构核定的工伤保险待遇有异议的。

七、工伤保险违法行为应负的法律责任

（一）挪用工伤保险基金的法律责任

依据《工伤保险条例》的规定，单位或者个人违反《工伤保险条例》有关规定挪用工伤保险基金构成犯罪的，依法追究刑事责任；尚不构成犯罪的，依法给予行政处分或者纪律处分。对被挪用的基金由劳动保障行政部门追回，并入工伤保险基金；没收的违法所得依法上缴国库。

（二）社会保险行政部门工作人员的法律责任

依据《工伤保险条例》的规定，社会保险行政部门工作人员无正当理由不受理工伤认定申请，或者弄虚作假将不符合工伤条件的人员认定为工伤职工的、未妥善保管申请工伤认定的证据材料，致使有关证据灭失的、收受当事人财物等违法行为的，依法给予行政处分；情节严重构成犯罪的，依法追究刑事责任。

（三）经办机构的法律责任

依据《工伤保险条例》的规定，工伤保险经办机构的主管人员和其他责任人员有未按规定保存用人单位缴费和职工享受工伤保险待遇情况记录的、不按规定核定工伤保险待遇的、收受当事人财物等违法行为的，由社会保险行政部门责令改正，对直接负责的主管人员和其他责任人员依法给予纪律处分；情节严重，构成犯罪的，依法追究刑事责任；造成当事人经济损失的，由经办机构依法承担赔偿责任。

（四）骗取工伤保险待遇或者工伤保险基金的法律责任

依据《工伤保险条例》的规定，用人单位、工伤职工或者其近亲属骗取工伤保险待

遇，医疗机构、辅助器具配置机构骗取工伤保险基金支出的，由社会保险行政部门责令退还，处骗取金额 2 倍以上 5 倍以下的罚款；情节严重，构成犯罪的，依法追究刑事责任。

（五）用人单位的法律责任

依据《工伤保险条例》的规定，用人单位依照本条例规定应当参加工伤保险而未参加的，由社会保险行政部门责令限期参加，补缴应当缴纳的工伤保险费，并自欠缴之日起，按日加收万分之五的滞纳金；逾期仍不缴纳的，处欠缴数额 1 倍以上 3 倍以下的罚款。

依照本条例规定应当参加工伤保险而未参加工伤保险的用人单位职工发生工伤的，由该用人单位按照本条例规定的工伤保险待遇项目和标准支付费用。

用人单位参加工伤保险并补缴应当缴纳的工伤保险费、滞纳金后，由工伤保险基金和用人单位依照本条例的规定支付新发生的费用。

依据《工伤保险条例》的规定，用人单位违反本条例规定，拒不协助社会保险行政部门对事故进行调查核实的，由社会保险行政部门责令改正，处 2 000 元以上 2 万元以下的罚款。

（六）从事劳动能力鉴定的组织或者个人的法律责任

从事劳动能力鉴定的组织或者个人有下列情形之一的，由社会保险行政部门责令改正，处 2 000 元以上 1 万元以下的罚款；情节严重，构成犯罪的，依法追究刑事责任：

1. 提供虚假鉴定意见的。

2. 提供虚假诊断证明的。

3. 收受当事人财物的。

第六章 安全生产部门规章

第一节 注册安全工程师执业资格制度暂行规定

2002 年 9 月 3 日原人事部、原国家安全生产监督管理局发布《注册安全工程师执业资格制度暂行规定》，自发布之日起 30 日后施行。《注册安全工程师执业资格制度暂行规定》的制定目的是为了加强对安全生产工作的管理，提高安全生产专业技术人员的素质，保障人民群众生命财产安全，确保安全生产。

一、关于注册安全工程师执业资格的基本要求

（一）注册安全工程师制度

注册安全工程师执业资格制度是国家依照法律规定，根据安全生产管理工作的需要，决定实施的一项专业技术人员执业资格制度。《安全生产法》第十九条规定，矿山、建筑施工单位和危险物品的生产、经营、储存单位，应当设置安全生产管理机构或者配备专职安全生产管理人员。前款规定以外的其他生产经营单位，从业人员超过 300 人的，应当设置安全生产管理机构或者配备专职安全生产管理人员；从业人员在 300 人以下的，应当配备专职或者兼职的安全生产管理人员，或者委托具有国家规定的相关专业技术资格的工程技术人员提供安全生产管理服务。

注册安全工程师执业资格制度是一项新的专业技术人员执业资格制度。为了鼓励和发展专业技术的社会化中介服务，国家先后实施了律师、会计师、建造师等一系列专业技术执业资格制度。但在安全生产领域长期没有专业技术执业资格制度。随着安全生产技术和安全生产管理的进步，急需培养一批高素质的安全专业技术服务人员。为了发挥社会中介服务的作用，加强安全生产专业技术服务工作，国家决定实施注册安全工程师执业资格制度，填补安全生产领域专业技术执业资格制度的一项空白，促进生产经营单位的安全生产管理和科技进步，防止和减少生产安全事故。

注册安全工程师是依法考试合格取得资格并经注册的安全生产专业技术人员，可以受生产经营单位的聘请或者委托从事安全生产技术服务工作。注册安全工程师有权依法从事相关的安全生产技术服务业务，其合法权益受法律保护。当然，注册安全工程师违法违规从事业务活动的，也要承担相应的法律责任。

注册安全工程师执业资格制度必须依法建立、健全。国家不仅要鼓励、支持安全生产中介服务活动，同时也要依法规范和监督管理，建立有序的安全生产中介服务体系。对于注册安全工程师中介服务机构和注册安全工程师从事相关业务的合法性、规范性，注册安

全工程师管理机构要实行严格管理。对安全生产中介服务的违法行为，要依法查处。

（二）适用范围

《注册安全工程师执业资格制度暂行规定》规定："本规定适用于生产经营单位中从事安全生产管理、安全工程技术工作和为安全生产提供技术服务的中介机构的专业技术人员。"适用范围包括两类：一是生产经营单位中从事安全生产管理、安全工程技术工作的专业技术人员，二是为安全生产提供技术服务是中介机构的专业技术人员。

（三）注册安全工程师

《注册安全工程师执业资格制度暂行规定》规定："本规定所称注册安全工程师是指通过全国统一考试，取得《中华人民共和国注册安全工程师执业资格证书》，并经注册登记的专业技术人员。注册安全工程师的英文译称为 Certified Safety Engineer。"注册安全工程师是专业技术人员，但又不同于普通的专业技术人员，如高级工程师等。注册安全工程师必须满足两项基本条件：一是取得执业资格证书，二是经注册。

（四）注册安全工程师的配备

《注册安全工程师执业资格制度暂行规定》规定："生产经营单位中安全生产管理、安全工程技术工作等岗位及为安全生产提供技术服务的中介机构，必须配备一定数量的注册安全工程师。"

（五）注册安全工程师的管理

依据《注册安全工程师执业资格制度暂行规定》，国家安全生产监督管理总局负责实施注册安全工程师执业资格制度的有关工作。

人力资源和社会保障部、国家安全生产监督管理总局负责全国注册安全工程师执业资格制度的政策制定、组织协调、资格考试、注册登记和监督管理等工作。

二、注册安全工程师执业资格考试

（一）考试制度

《注册安全工程师执业资格制度暂行规定》规定："注册安全工程师执业资格实行全国统一大纲、统一命题、统一组织的考试制度，原则上每年举行一次。"国家安全生产监督管理总局负责拟定考试科目、编制考试大纲、编写考试用书、组织命题工作，统一规划考前培训等有关工作。考前培训工作按照培训与考试分开，自愿参加的原则进行。

人力资源和社会保障部负责审定考试科目、考试大纲和考试试题，组织实施考务工作。人力资源和社会保障部会同国家安全生产监督管理总局对注册安全工程师执业资格考试进行检查、监督、指导和确定合格标准。

（二）报考管理

1. 报考条件

依据《注册安全工程师执业资格制度暂行规定》，凡中华人民共和国公民，遵守国家法律、法规，并具备下列条件之一者，可以申请参加注册安全工程师执业资格考试：

（1）取得安全工程、工程经济类专业中专学历，从事安全生产相关业务满 7 年；或取得其他专业中专学历，从事安全生产相关业务满 9 年的。

（2）取得安全工程、工程经济类大学专科学历，从事安全生产相关业务满 5 年；或取得其他专业大学专科学历，从事安全生产相关业务满 7 年的。

（3）取得安全工程、工程经济类大学本科学历，从事安全生产相关业务满 3 年；或取得其他专业大学本科学历，从事安全生产相关业务满 5 年的。

（4）取得安全工程、工程经济类第二学士学位或研究生班毕业，从事安全生产及相关工作满 2 年；或取得其他专业第二学士学位或研究生班毕业，从事安全生产相关业务满 3 年的。

（5）取得安全工程、工程经济类硕士学位，从事安全生产相关业务满 1 年；或取得其他专业硕士学位，从事安全生产相关业务满 2 年的。

（6）取得安全工程、工程经济类专业博士学位，或取得其他专业博士学位，从事安全生产相关业务满 1 年的。

2．涉外人员的报考

《注册安全工程师执业资格制度暂行规定》规定："经国务院有关部门同意，获准在中华人民共和国境内就业的外籍人员及港、澳、台地区的专业人员，符合规定要求的，也可以报名参加注册安全工程师的考试并申请注册执业。"

（三）资格证书

依据《注册安全工程师执业资格制度暂行规定》，注册安全工程师执业资格考试合格，由各省、自治区、直辖市人力资源和社会保障厅（局）颁发人力资源和社会保障部统一印制，人力资源和社会保障部与国家安全生产监督管理总局用印的《中华人民共和国注册安全工程师执业资格证书》。该证书在全国范围有效。

三、注册安全工程师执业资格注册

（一）注册制度

1．注册安全工程师注册登记制度

国家实行注册安全工程师注册登记制度。《注册安全工程师执业资格制度暂行规定》规定："取得《注册安全工程师执业资格证书》的人员，必须经过注册登记才能以注册安全工程师名义执业。"这是一条强制性规定，明确注册安全工程师经注册登记后方可执业。未经注册，不得执业。

2．注册管理机构

依据《注册安全工程师执业资格制度暂行规定》，国家安全生产监督管理总局或其授权的机构为注册安全工程师执业资格的注册管理机构。省、自治区、直辖市安全生产监督管理部门，为受理注册安全工程师执业资格注册的初审机构。

（二）申请注册的条件、审查

1．申请注册的条件

依据《注册安全工程师执业资格制度暂行规定》，申请注册的人员，必须同时具备下列条件：

（1）取得《注册安全工程师执业资格证书》；

（2）遵纪守法，恪守职业道德；

（3）身体健康，能坚持在生产经营单位中安全生产管理、安全工程技术岗位或为安全生产提供技术服务的中介机构工作；

（4）所在单位考核合格。

2. 注册的审查

依据《注册安全工程师执业资格制度暂行规定》，取得注册安全工程师执业资格证书后，需要注册的人员，由本人提出申请，经所在单位同意，报当地省级安全生产监督管理部门初审，初审合格后，统一报国家安全生产监督管理总局或其授权的机构办理注册登记手续。准予注册的申请人，由国家安全生产监督管理总局或其授权的机构核发《中华人民共和国注册安全工程师注册证》。

3. 注册的有效期

《注册安全工程师执业资格制度暂行规定》规定"注册安全工程师执业资格注册有效期一般为 2 年，有效期满前 3 个月，持证者应到原注册管理机构办理再次注册持续。再次注册者，除符合本规定第十六条规定外，还须提供接受继续教育和参加业务培训的证明"。（2006 年 12 月 22 日公布的《注册安全工程师管理规定》将注册安全工程师执业资格注册有效期定为 3 年，并按此执行）。

（三）注册的变更和注销

1. 注册的变更

《注册安全工程师执业资格制度暂行规定》规定："注册安全工程师在注册有效期内，变更执业机构的，须及时向注册管理机构申请办理变更手续。"依据此规定，注册安全工程师变更执业的生产经营单位或者中介机构时，必须及时向注册管理机构申请变更手续。未履行变更手续的，注册安全工程师不得再执业。

2. 注册的注销

依据《注册安全工程师执业资格制度暂行规定》，注册安全工程师在注册后，有下列情形之一的，由所在单位向注册管理机构办理注销注册：

（1）脱离安全工作岗位连续满 1 年的。

（2）不具有完全民事行为能力的。

（3）受刑事处罚的。

（4）严重违反职业道德的。

（5）同时在两个以上独立法人单位执业的。

应明确两点：一是注册安全工程师符合上述条件的，由其所在单位向注册管理机构办理注销注册手续。二是注册管理机构要及时办理注销手续，并向社会公告。

四、注册安全工程师职责

（一）注册安全工程师的业务范围

《注册安全工程师执业资格制度暂行规定》规定："注册安全工程师可在生产经营单位中安全生产管理、安全监督检查、安全技术研究、安全工程技术检测检验、安全属性辨识、建设项目的安全评估等岗位和为安全生产提供技术服务的中介机构等范围内执业。注册安全工程师在执业活动中，必须严格遵守法律、法规和各项规定，坚持原则，恪守职业道德。"

（二）注册安全工程师的权利

依据《注册安全工程师执业资格制度暂行规定》，注册安全工程师有下列权利：

1. 对生产经营单位的安全生产管理、安全监督检查、安全技术研究和安全检测检验、建设项目的安全评估、危害辨识或危险评价等工作存在的问题提出意见和建议。

2. 审核所在单位上报的有关安全生产的报告。

3. 发现有危及人身安全的紧急情况时，应及时向生产经营单位建议停止作业并组织作业人员撤离危险场所。

4. 参加建设项目安全设施的审查和竣工验收工作，并签署意见。

5. 参与重大危险源检查、评估、监控，制定事故应急预案和登记建档工作。

6. 参与编制安全规则、制定安全生产规章制度和操作规程，提出安全生产条件所必需的资金投入的建议。

7. 法律、法规规定的其他权利。

（三）注册安全工程师的义务

依据《注册安全工程师执业资格制度暂行规定》，注册安全工程应当履行下列义务：

1. 遵守国家有关安全生产的法律、法规和标准。

2. 遵守职业道德，客观、公正执业，不弄虚作假，并承担在相应报告上签署意见的法律责任。

3. 维护国家、公众的利益和受聘单位的合法权益。

4. 严格保守在执业中知悉的单位、个人技术和商业秘密。

5. 注册安全工程师应当定期接受业务培训，不断更新知识，提高业务技术水平。

五、注册安全工程师违法执业行为应负的法律责任

（一）注册安全工程师违反法律、法规和有关规章的法律责任

依据《注册安全工程师执业资格制度暂行规定》，注册安全工程师在工作中，违反国家有关安全生产的法律、法规和有关规定，应当依法追究其行政责任，给予相应的处罚，直至追究刑事责任。

（二）注册安全工程师违规执业的法律责任

依据《注册安全工程师执业资格制度暂行规定》，注册安全工程师有下列行为之一的，注册管理机构视情节轻重，给予警告、注销注册、取消执业资格等处分；构成犯罪的，依法追究刑事责任：

1. 以不正当手段取得《中华人民共和国注册安全工程师执业资格证书》、《中华人民共和国注册安全工程师注册证》的。

2. 未按规定办理注册或变更注册手续，擅自以注册安全工程师的名义承担安全工程和安全生产管理业务的。

3. 允许他人以自己的名义从事注册安全工程师业务的。

4. 因工作失误造成重大、特大事故或者重大经济损失的。

5. 利用工作之便贪污、索贿、受贿或者牟取不正当利益的。

6. 与委托人串通或者故意出具虚假证明或者安全技术报告的。

7. 法律、法规规定应当给予处罚的其他行为。

（三）注册安全工程师承担的赔偿责任

依据《注册安全工程师执业资格制度暂行规定》，注册安全工程师在执业中，因其过失给当事人造成损失的，由其所在单位承担赔偿责任。单位赔偿后，可视情况向其追偿部分或者全部赔偿费用。

第二节　注册安全工程师管理规定

2007 年 1 月 11 日国家安全生产监督管理总局第 11 号令公布《注册安全工程师管理规定》，自 2007 年 3 月 1 日起施行。原国家安全生产监督管理局 2004 年公布的《注册安全工程师注册管理办法》同时废止。《注册安全工程师管理规定》的制定目的是为了加强注册安全工程师的管理，保障注册安全工程师依法执业。

一、注册安全工程师注册管理的基本要求

（一）《注册安全工程师管理规定》的适用范围

《注册安全工程师管理规定》适用于取得中华人民共和国注册安全工程师执业资格证书的人员注册和注册后的执业、继续教育以及监督管理。

依据《注册安全工程师管理规定》，注册安全工程师依法从事执业活动，必须具备两个缺一不可的条件：一是经考试、考核合格并注册，取得执业证；二是必须按照注册确定的业务范围执业，并参加继续教育，接受安全生产监督管理部门的监督管理。

（二）注册安全工程师的监督管理部门及其职责

为了加强对注册安全工程师注册和执业活动的监督管理，《注册安全工程师管理规定》按照属地、分级监管的原则，作出了下列规定：

1. 国家安全生产监督管理总局和国务院有关部门的职责。国家安全生产监督管理总局对全国注册安全工程师的注册、执业活动实施统一监督管理。国务院有关部门（以下简称部门注册机构）对本系统注册安全工程师的注册、执业活动实施监督管理。

2. 省级安全生产监督管理部门的职责。省、自治区、直辖市人民政府安全生产监督管理部门对本行政区域内注册安全工程师的注册、执业活动实施监督管理。

3. 省级煤矿安全监察机构（以下与省、自治区、直辖市人民政府安全生产监督管理部门统称省级注册机构）对所辖区域内煤矿注册安全工程师的注册、执业活动实施监督管理。

（三）注册安全工程师的配备

《注册安全工程师管理规定》对生产经营单位和安全生产中介机构配备一定比例的注册安全工程师，作出了下列规定：

1. 高危生产经营单位注册安全工程师的配备。从业人员 300 人以上的煤矿、非煤矿山、建筑施工单位和危险物品生产经营单位，应当按照不少于安全生产管理人员 15% 的比例配备注册安全工程师；安全生产管理人员在 7 人以下的，至少配备 1 名。

2. 其他生产经营单位注册安全工程师的配备。除高危生产经营单位以外的其他生产经营单位，应当配备注册安全工程师或者委托安全生产中介机构选派注册安全工程师提供安全生产服务。

3. 安全生产中介机构注册安全工程师的配备。安全生产中介机构应当按照不少于安全生产专业服务人员30%的比例配备注册安全工程师。

（四）聘用单位的义务

《注册安全工程师管理规定》规定："生产经营单位和安全生产中介机构（以下统称聘用单位）应当为本单位专业技术人员参加注册安全工程师执业资格考试以及注册安全工程师注册、继续教育提供便利。"

（五）境外人员申请注册和执业

获准在中华人民共和国境内就业的外籍人员及香港特别行政区、澳门特别行政区、台湾地区的专业人员，符合《注册安全工程师管理规定》要求的，其注册安全工程师的注册、执业和监督管理，适用《注册安全工程师管理规定》。

二、注册安全工程师注册的规定

依据《注册安全工程师管理规定》，取得注册安全工程师资格证书的人员，经注册取得执业证后方可以注册安全工程师的名义执业。

（一）初始注册的申请

1. 申请人的条件。申请取得注册安全工程师执业证的人员，必须同时具备两项条件：一是已经取得资格证书。二是在生产经营单位从事安全生产管理、安全技术工作或者在安全生产中介机构从事安全生产专业服务工作。

2. 注册安全工程师注册的分类。按照《注册安全工程师管理规定》，注册安全工程师实行分类注册，共有煤矿安全、非煤矿矿山安全、建筑施工安全、危险物品安全和其他安全等五类。

（二）初始注册的申请材料

依据《注册安全工程师管理规定》，申请初始注册应当提交下列材料：

1. 注册申请表；

2. 申请人资格证书（复印件）；

3. 申请人与聘用单位签订的劳动合同或者聘用文件（复印件）；

4. 申请人有效身份证件或者身份证明（复印件）。

（三）不予注册的规定

依据《注册安全工程师管理规定》，有下列情形之一的，不予注册：

1. 不具有完全民事行为能力的；

2. 在申请注册过程中有弄虚作假行为的；

3. 同时在两个或者两个以上聘用单位申请注册的；

4. 国家安全生产监督管理总局规定的其他不予注册的情形。

（四）初始注册的程序

依据《注册安全工程师管理规定》，取得资格证书的人员申请注册，按照下列程序办理：

1. 申请人向聘用单位提出申请，聘用单位同意后，将申请人按《注册安全工程师管理规定》第十一条规定的申请材料报送部门、省级注册机构；中央企业总公司（总厂、集团公司）经国家安全生产监督管理总局认可，可以将本企业申请人的申请材料直接报送国家安全生产监督管理总局；申请人和聘用单位应当对申请材料的真实性负责。

2. 部门、省级注册机构在收到申请人的申请材料后，应当作出是否受理的决定，并向申请人出具书面凭证；申请材料不齐全或者不符合要求，应当当场或者在 5 日内一次性告知申请人需要补正的全部内容。逾期不告知的，自收到申请材料之日起即为受理。部门、省级注册机构自受理申请之日起 20 日内将初步审查意见和全部申请材料报送国家安全生产监督管理总局。

3. 国家安全生产监督管理总局自收到部门、省级注册机构以及中央企业总公司（总厂、集团公司）报送的材料之日起 20 日内完成复审并作出书面决定。准予注册的，自作出决定之日起 10 日内，颁发执业证，并在媒体上予以公告；不予注册的，应当书面说明理由。

（五）延续注册的规定

依据《注册安全工程师管理规定》，初始注册的有效期为 3 年，自准予注册之日起计算。这与 2002 年 9 月 3 日原人事部、原国家安全生产监督管理局发布《注册安全工程师执业资格制度暂行规定》规定的注册安全工程师注册有效期 2 年不同，主要是为了方便注册安全工程师的注册，对期限作了适当延长，目前执行的是 3 年。

注册有效期满需要延续注册的，申请人应当在有效期满前，按照《注册安全工程师管理规定》第十条规定的程序提出申请。注册审批机关应当在有效期满前作出是否准予延续注册的决定；逾期未作决定的，视为准予延续。

申请延续注册，应当提交下列材料：

1. 注册申请表。

2. 申请人执业证。

3. 申请人与聘用单位签订劳动合同或者聘用文件（复印件）。

4. 聘用单位出具的申请人执业期间履职情况证明材料。

5. 注册有效期内达到继续教育要求的证明文件。

（六）变更注册的规定

依据《注册安全工程师管理规定》，在注册有效期内，注册安全工程师变更执业单位，应当按照本规定第十条规定的程序提出申请，办理变更注册手续。变更注册后仍延续原注册有效期。

申请变更注册，申请人应当提交下列材料。

1. 注册申请表。

2. 申请人执业证。

3. 申请人与原聘用单位合同到期或者解聘证明（复印件）。

4. 申请人与新聘用单位签订的劳动合同或者聘用文件（复印件）。

注册安全工程师在办理变更注册手续期间不得执业。

（七）重新注册

依据《注册安全工程师管理规定》，有下列情形之一的，注册安全工程师应当及时告知执业证颁发机关；重新具备条件的，按照《注册安全工程师管理规定》第十一条、第十四条的规定重新注册或者变更注册：

1. 注册有效期满未延续注册的。

2. 聘用单位被吊销营业执照的。

3. 聘用单位被吊销相应资质证书的。

4. 与聘用单位解除劳动关系的。

（八）注销注册

依据《注册安全工程师管理规定》，执业证颁发机关发现有下列情形之一的，应当将执业证收回，并办理注销注册手续：

1. 注册安全工程师受到刑事处罚的。

2. 有《注册安全工程师管理规定》第十五条规定情形之一未申请重新注册或者变更注册的。

3. 法律、法规规定的其他情形。

三、注册安全工程师执业的规定

（一）执业范围

注册安全工程师是专业技术人员，但又不同于普通工程技术人员。借鉴其他执业资格的做法，《注册安全工程师管理规定》对注册安全工程师的执业范围进行了明确。依据《注册安全工程师管理规定》第十七条规定，注册安全工程师可以从事下列范围执业：

1. 安全生产管理。

2. 安全生产检查。

3. 安全评价或者安全评估。

4. 安全检测检验。

5. 安全生产技术咨询、服务。

6. 安全生产教育和培训。

7. 法律、法规规定的其他安全生产技术服务。

为了发挥注册安全工程师在安全生产工作中的作用，《注册安全工程师管理规定》第十九条还规定，生产经营单位的下列安全生产工作，应有注册安全工程师参与并签署意见：

1. 制定安全生产规章制度、安全技术操作规程和作业规程。

2. 排查事故隐患，制定整改方案和安全措施。

3. 制定从业人员安全培训计划。

4. 选用和发放劳动防护用品。

5. 生产安全事故调查。

6. 制定重大危险源监测、评估、监控措施和应急救援预案。

7. 其他安全生产工作事项。

（二）聘用单位的责任

《注册安全工程师管理规定》第二十条规定："聘用单位应当为注册安全工程师建立执业活动档案，并保证档案内容的真实性。"聘用单位应当建立注册安全工程师执业活动档案，不得弄虚作假，一旦弄虚作假的，承担相应的法律责任。

四、注册安全工程师的权利和义务

（一）注册安全工程师的权利

依据《注册安全工程师管理规定》，注册安全工程师在执业活动中享受下列权利：

1. 使用注册安全工程师称谓。
2. 从事规定范围内的执业活动。
3. 对执业中发现的不符合安全生产要求的事项提出意见和建议。
4. 参加继续教育。
5. 使用本人的执业证。
6. 获得相应的劳动报酬。
7. 对侵犯本人权利的行为进行申诉。
8. 法律、法规规定的其他权利。

（二）注册安全工程师的义务

依据《注册安全工程师管理规定》，注册安全工程师在执业活动中必须履行下列义务：

1. 保证执业活动的质量，承担相应的责任。
2. 接受继续教育，不断提高执业水准。
3. 在本人执业活动中形成的有关报告上署名。
4. 维护国家、公众的利益和受聘单位的合法权益。
5. 保守执业活动中的秘密。
6. 不得出租、出借、涂改、变造执业证。
7. 不得同时在两个或者两个以上单位受聘执业。
8. 法律、法规规定的其他义务。

五、注册安全工程师的继续教育

（一）继续教育的时间

为了保证注册安全工程师的执业水平，必须加强注册安全工程师的继续教育。注册安全工程师执业资格考试通用性较强，但实际上，注册安全工程师所从事的执业领域不同，煤矿、危险化学品、建筑等领域有很大的专业性。如何解决注册安全工程师专业性的问题，一是除考试外，在注册类别上进行区分，即实行分类注册，分类管理；二是通过继续教育，按照分类注册的类别不同，分别接受相应的继续教育。因此，《注册安全工程师管理规定》规定："继续教育按照注册类别分类进行。注册安全工程师在每个注册周期内应当参加继续教育，时间累计不得少于48学时。"注册安全工程师在3年内，必须参加累计不少于48学时的继续教育。

（二）继续教育的实施

《注册安全工程师管理规定》规定："继续教育由部门、省级注册机构按照统一制定的继续教育培训大纲组织实施。中央企业注册安全工程师的继续教育可以由中央企业总公司（总厂、集团公司）组织实施。继续教育应当由具备资质的安全生产培训机构承担。"不论由哪个单位组织继续教育，都应当委托具备资质的安全生产培训机构承担。

（三）继续教育培训大纲的编制

为了规范注册安全工程师的继续教育，保证教育质量，《注册安全工程师管理规定》规定："煤矿安全、非煤矿矿山安全、危险物品安全（民用爆破器材安全除外）和其他安全类注册安全工程师继续教育大纲，由安全监管总局组织制定；建筑施工安全、民用爆破器材安全注册安全工程师继续教育大纲，由安全监管总局会同国务院有关主管部门组织制定。"

安全生产培训机构必须按照规定的继续教育大纲开展注册安全工程师的继续教育。

六、监督管理

（一）政府部门的资格审查

《注册安全工程师管理规定》规定，安全生产监督管理部门、煤矿安全监察机构和有关主管部门的工作人员必须坚持公开、公正、公平的原则，按照法律、行政法规和本规定，对申请注册的人员进行资格审查，颁发执业证。违反规定的，承担相应的法律责任。

（二）公告监督

为了让社会公众知道、了解注册安全工程师，《注册安全工程师管理规定》规定："安全监管总局对准予注册以及注销注册、撤销注册、吊销执业证的人员名单向社会公告，接受社会监督。"

（三）执业活动监管

《注册安全工程师管理规定》规定："对注册安全工程师的执业活动，安全生产监督管理部门、煤矿安全监察机构和有关主管部门应当进行监督检查。"依据此规定，授予注册安全工程师执业资格、颁发执业证的安全生产监督管理部门、煤矿安全监察机构和有关主管部门，依照法律、法规和《注册安全工程师管理规定》对注册安全工程师的执业活动进行监督检查。

七、注册安全工程师违法行为的法律责任

（一）弄虚作假申请注册的处理

《注册安全工程师管理规定》规定："安全生产监督管理部门、煤矿安全监察机构或者有关主管部门发现申请人、聘用单位隐瞒有关情况或者提供虚假材料申请注册的，应当不予受理或者不予注册；申请人一年内不得再次申请注册。"

（二）未经注册擅自执业的处罚

《注册安全工程师管理规定》规定："未经注册擅自以注册安全工程师名义执业的，由县级以上安全生产监督管理部门、有关主管部门或者煤矿安全监察机构责令其停止违法活动，没收违法所得，并处三万元以下的罚款；造成损失的，依法承担赔偿责任。"

（三）骗取执业证的处罚

《注册安全工程师管理规定》规定："注册安全工程师以欺骗、贿赂等不正当手段取得执业证的，由县级以上安全生产监督管理部门、有关主管部门或者煤矿安全监察机构处三万元以下的罚款；由执业证颁发机关注销其注册，当事人三年内不得再次申请注册。"

（四）违法执业的处罚

依据《注册安全工程师管理规定》，注册安全工程师有下列行为之一的，县级以上安全生产监督管理部门、有关主管部门或者煤矿安全监察机构处三万元以下的罚款；由执业证颁发机关吊销其执业证，当事人五年内不得再次申请注册；造成损失的，依法承担赔偿责任；构成犯罪的，依法追究刑事责任：

1. 准许他人以本人名义执业的；
2. 以个人名义承接业务、收取费用的；
3. 出租、出借、涂改、变造执业证的；
4. 泄漏执业过程中应当保守的秘密并造成严重后果的；
5. 利用执业之便，贪污、索贿、受贿或者谋取不正当利益的；
6. 提供虚假执业活动成果的；
7. 超出执业范围或者聘用单位业务范围从事执业活动的；
8. 法律、法规、规章规定的其他违法行为。

（五）国家行政机关工作人员违法的处分

依据《注册安全工程师管理规定》，在注册过程中，工作人员有下列行为之一的，依照有关规定给予行政处分：

1. 利用职务之便，索取或者收受他人财物或者谋取不正当利益的。
2. 对发现不符合条件的申请人准予注册的。
3. 对符合条件的申请人不予注册的。

第三节　生产经营单位安全培训规定

2006年1月17日，国家安全生产监督管理总局公布《生产经营单位安全培训规定》（总局令第3号），自2006年3月1日起施行。《生产经营单位安全培训规定》的制定目的是为了加强和规范生产经营单位安全培训工作，提高从业人员安全素质，防范伤亡事故，减轻职业危害。

一、《生产经营单位安全培训规定》的基本要求

（一）《生产经营单位安全培训规定》的适用范围

《生产经营单位安全培训规定》规定："工矿商贸生产经营单位（以下简称生产经营单位）从业人员的安全培训，适用本规定。"工矿商贸生产经营单位通常指工业、矿业、商业和贸易领域从事生产、经营活动的单位，这些单位从业人员应当按照《生产经营单位安全培训规定》的要求进行安全培训。除此以外，其他生产经营单位从业人员的安全培训

不适用。这里需要明确的是，单位是个中性词，不同于企业，即各种所有制的企业或者其经济组织都可以称作单位，也包括自然人。

（二）生产经营单位的职责

从业人员的安全培训是生产经营单位自身的职责。生产经营单位应当建立健全安全培训制度，加强对从业人员的安全培训，提高从业人员安全素质和技能，从而促进安全生产。为此，《生产经营单位安全培训规定》规定："生产经营单位负责本单位从业人员安全培训工作。生产经营单位应当按照安全生产法和有关法律、行政法规和本规定，建立健全安全培训工作制度。"

（三）从业人员的范围及安全培训要求

《生产经营单位安全培训规定》规定："生产经营单位应当进行安全培训的从业人员包括主要负责人、安全生产管理人员、特种作业人员和其他从业人员。生产经营单位从业人员应当接受安全培训，熟悉有关安全生产规章制度和安全操作规程，具备必要的安全生产知识，掌握本岗位的安全操作技能，增强预防事故、控制职业危害和应急处理的能力。未经安全生产培训合格的从业人员，不得上岗作业。"依据规定，从业人员是指生产经营单位的全体人员，包括主要负责人、安全生产管理人员、特种作业人员和其他从业人员。法律对不同从业人员的安全培训要求是不一样的。对从业人员的基本要求：熟悉有关安全生产规章制度和安全操作规程，具备必要的安全生产知识，掌握本岗位的安全操作技能，增强预防事故、控制职业危害和应急处理的能力。对于主要负责人、安全生产管理人员，高危行业与其他行业有不同的要求，煤矿等高危行业的主要负责人、安全生产管理人员必须取得相应的安全资格证书，方可任职上岗；其他行业的主要负责人、安全生产管理人员也要经过相应的安全培训。特种作业人员必须取得专门安全培训，考核合格取得操作资格证书方可上岗作业。

依据《生产经营单位安全培训规定》第三十三条规定，生产经营单位主要负责人是指有限责任公司或者股份有限公司的董事长、总经理，其他生产经营单位的厂长、经理、（矿务局）局长、矿长（含实际控制人）等。生产经营单位安全生产管理人员是指生产经营单位分管安全生产的负责人、安全生产管理机构负责人及其管理人员，以及未设安全生产管理机构的生产经营单位专、兼职安全生产管理人员等。生产经营单位其他从业人员是指除主要负责人、安全生产管理人员和特种作业人员以外，该单位从事生产经营活动的所有人员，包括其他负责人、其他管理人员、技术人员和各岗位的工人以及临时聘用的人员。

（四）安全培训的监督管理部门及职责

国家对安全培训实行的是"综合监管、专项监管"、"分级负责、属地监管"相结合的监督管理体制。《生产经营单位安全培训规定》规定："国家安全生产监督管理总局指导全国安全培训工作，依法对全国的安全培训工作实施监督管理。国务院有关主管部门按照各自职责指导监督本行业安全培训工作，并按照本规定制定实施办法。国家煤矿安全监察局指导监督检查全国煤矿安全培训工作。各级安全生产监督管理部门和煤矿安全监察机构（以下简称安全生产监管监察部门）按照各自的职责，依法对生产经营单位的安全培训工作实施监督管理。"

二、主要负责人、安全生产管理人员的安全培训

（一）安全培训要求及资质

国家对生产经营单位主要负责人、安全生产管理人员安全培训的要求分两类，一类是达到基本的安全培训要求，另一类是实行资质许可。《生产经营单位安全培训规定》第六条规定："生产经营单位主要负责人和安全生产管理人员应当接受安全培训，具备与所从事的生产经营活动相适应的安全生产知识和管理能力。煤矿、非煤矿山、危险化学品、烟花爆竹等生产经营单位主要负责人和安全生产管理人员，必须接受专门的安全培训，经安全生产监管监察部门对其安全生产知识和管理能力考核合格，取得安全资格证书后，方可任职。"生产经营单位主要负责人、安全生产管理人员安全培训的基本要求是：通过安全培训，使其具备与所从事的生产经营活动相适应的安全生产知识和管理能力。如何衡量，没有统一的标准，根据各行业企业的实际情况确定。对于煤矿、非煤矿山、危险化学品、烟花爆竹等高危行业，根据法律法规的规定，除达到基本要求外，还必须经政府主管部门考核合格，取得相应的安全资格证书，方可任职。根据现有规定，煤矿的主要负责人、安全生产管理人员由煤矿安全监察机构负责考核；非煤矿山、危险化学品、烟花爆竹的主要负责人、安全生产管理人员由安全生产监督管理部门负责考核。建筑等行业的主要负责人、安全生产管理人员由建设行政主管部门负责考核。

（二）主要负责人安全培训内容

依据《生产经营单位安全培训规定》，生产经营单位主要负责人的安全培训包括下列内容：

1. 国家安全生产方针、政策和有关安全生产的法律、法规、规章及标准。

2. 安全生产管理基本知识、安全生产技术、安全生产专业知识。

3. 重大危险源管理、重大事故防范、应急管理和救援组织以及事故调查处理的有关规定。

4. 职业危害及其预防措施。

5. 国内外先进的安全生产管理经验。

6. 典型事故和应急救援案例分析。

7. 其他需要培训的内容。

（三）安全生产管理人员安全培训内容

依据《生产经营单位安全培训规定》，生产经营单位安全生产管理人员的安全培训包括下列内容：

1. 国家安全生产方针、政策和有关安全生产的法律、法规、规章及标准。

2. 安全生产管理、安全生产技术、职业卫生等知识。

3. 伤亡事故统计、报告及职业危害的调查处理方法。

4. 应急管理、应急预案编制以及应急处置的内容和要求。

5. 国内外先进的安全生产管理经验。

6. 典型事故和应急救援案例分析。

7. 其他需要培训的内容。

（四）安全培训时间

安全培训时间分二类，一类是初次安全培训时间，另一类是每年再培训时间。《生产经营单位安全培训规定》第九条规定："生产经营单位主要负责人和安全生产管理人员初次安全培训时间不得少于 32 学时。每年再培训时间不得少于 12 学时。煤矿、非煤矿山、危险化学品、烟花爆竹等生产经营单位主要负责人和安全生产管理人员安全资格培训时间不得少于 48 学时；每年再培训时间不得少于 16 学时。"

（五）安全培训大纲及考核标准

《生产经营单位安全培训规定》从以下三方面对生产经营单位主要负责人、安全生产管理人员的培训大纲及考核标准作出规定：

1. 煤矿主要负责人和安全生产管理人员的安全培训大纲及考核标准由国家煤矿安全监察局制定。

2. 非煤矿山、危险化学品、烟花爆竹等生产经营单位主要负责人和安全生产管理人员的安全培训大纲及考核标准由国家安全生产监督管理总局统一制定。

3. 煤矿、非煤矿山、危险化学品、烟花爆竹以外的其他生产经营单位主要负责人和安全管理人员的安全培训大纲及考核标准，由省、自治区、直辖市安全生产监督管理部门制定。

（六）安全培训的实施

《生产经营单位安全培训规定》对生产经营单位主要负责人、安全生产管理人员安全培训的实施从以下四方面作出规定：

1. 生产经营单位主要负责人和安全生产管理人员的安全培训必须依照安全生产监管监察部门制定的安全培训大纲实施。

2. 煤矿、非煤矿山、危险化学品、烟花爆竹等生产经营单位主要负责人和安全生产管理人员安全资格培训，必须由安全生产监管监察部门认定的具备相应资质的安全培训机构实施。

3. 煤矿、非煤矿山、危险化学品、烟花爆竹等生产经营单位主要负责人和安全生产管理人员，经安全资格培训考核合格，由安全生产监管监察部门发给安全资格证书。

4. 其他生产经营单位主要负责人和安全生产管理人员经安全生产监管监察部门认定的具备相应资质的培训机构培训合格后，由培训机构发给相应的培训合格证书。

三、其他从业人员的安全培训

（一）新工人上岗培训要求

1. 高危行业新工人上岗。《生产经营单位安全培训规定》第十三条规定："煤矿、非煤矿山、危险化学品、烟花爆竹等生产经营单位必须对新上岗的临时工、合同工、劳务工、轮换工、协议工等进行强制性安全培训，保证其具备本岗位安全操作、自救互救以及应急处置所需的知识和技能后，方能安排上岗作业。"

2. 其他行业新工人上岗。《生产经营单位安全培训规定》第十四条规定："加工、制造业等生产单位的其他从业人员，在上岗前必须经过厂（矿）、车间（工段、区、队）、班组三级安全培训教育。生产经营单位可以根据工作性质对其他从业人员进行安全培训，保证其具备本岗位安全操作、应急处置等知识和技能。"

（二）安全培训时间

《生产经营单位安全培训规定》第十五条规定："生产经营单位新上岗的从业人员，岗前培训时间不得少于24学时。煤矿、非煤矿山、危险化学品、烟花爆竹等生产经营单位新上岗的从业人员安全培训时间不得少于72学时，每年接受再培训的时间不得少于20学时。"

（三）厂（矿）级岗前安全培训内容

依据《生产经营单位安全培训规定》第十六条规定，厂（矿）级岗前安全培训内容包括：

1. 本单位安全生产情况及安全生产基本知识。

2. 本单位安全生产规章制度和劳动纪律。

3. 从业人员安全生产权利和义务。

4. 有关事故案例等。

煤矿、非煤矿山、危险化学品、烟花爆竹等生产经营单位厂（矿）级安全培训除包括上述内容外，应当增加事故应急救援、事故应急预案演练及防范措施等内容。

（四）车间（工段、区、队）级岗前安全培训内容

依据《生产经营单位安全培训规定》第十七条规定，车间（工段、区、队）级岗前安全培训内容包括：

1. 工作环境及危险因素。

2. 所从事工种可能遭受的职业伤害和伤亡事故。

3. 所从事工种的安全职责、操作技能及强制性标准。

4. 自救互救、急救方法、疏散和现场紧急情况的处理。

5. 安全设备设施、个人防护用品的使用和维护。

6. 本车间（工段、区、队）安全生产状况及规章制度。

7. 预防事故和职业危害的措施及应注意的安全事项。

8. 有关事故案例。

9. 其他需要培训的内容。

（五）班组级岗前安全培训内容

依据《生产经营单位安全培训规定》第十八条规定，班组级岗前安全培训内容包括：

1. 岗位安全操作规程。

2. 岗位之间工作衔接配合的安全与职业卫生事项。

3. 有关事故案例。

4. 其他需要培训的内容。

（六）重新上岗培训要求

从业人员调整工作岗位，或者离岗一年以上重新上岗，必须进行相应的安全培训。生产经营单位采用新工艺、新技术、新材料，也必须对相应的从业人员进行专门安全培训。为此，《生产经营单位安全培训规定》第十九条规定："从业人员在本生产经营单位内调整工作岗位或离岗一年以上重新上岗时，应当重新接受车间（工段、区、队）和班组级的

安全培训。生产经营单位实施新工艺、新技术或者使用新设备、新材料时，应当对有关从业人员重新进行有针对性的安全培训。"

（七）特种作业人员培训

特种作业人员的培训和考核管理，国家专门制定了《特种作业人员安全技术培训考核管理规定》。因此，《生产经营单位安全培训规定》第二十条规定："生产经营单位的特种作业人员，必须按照国家有关法律、法规的规定接受专门的安全培训，经考核合格，取得特种作业操作资格证书后，方可上岗作业。特种作业人员的范围和培训考核管理办法，另行规定。"这是一条衔接性规定。

四、安全培训的组织

（一）中央企业总部主要负责人和安全生产管理人员安全培训的组织

鉴于中央企业的特殊性，中央企业总部主要负责人和安全生产管理人员的安全培训由国家安全生产监督管理总局、国家煤矿安全监察局组织。《生产经营单位安全培训规定》第二十一条对中央企业总部主要负责人、安全生产管理人员的安全培训从两个方面进行了规定：

1. 国家安全生产监督管理总局组织、指导和监督中央管理的生产经营单位的总公司（集团公司、总厂）的主要负责人和安全生产管理人员的安全培训工作。

2. 国家煤矿安全监察局组织、指导和监督中央管理的煤矿企业集团公司（总公司）的主要负责人和安全生产管理人员的安全培训工作。

（二）中央企业分公司、子公司和省属企业主要负责人和安全生产管理人员安全培训的组织

《生产经营单位安全培训规定》第二十一条对中央企业分公司、子公司和省属企业主要负责人和安全生产管理人员的安全培训从两个方面进行了规定：

1. 省级安全生产监督管理部门组织、指导和监督省属生产经营单位及所辖区域内中央管理的工矿商贸生产经营单位的分公司、子公司主要负责人和安全生产管理人员的培训工作；组织、指导和监督特种作业人员的培训工作。

2. 省级煤矿安全监察机构组织、指导和监督所辖区域内煤矿企业的主要负责人、安全生产管理人员和特种作业人员（含煤矿矿井使用的特种设备作业人员）的安全培训工作。

（三）其他生产经营单位主要负责人和安全生产监督管理人员安全培训的组织

《生产经营单位安全培训规定》第二十一条规定："市级、县级安全生产监督管理部门组织、指导和监督本行政区域内除中央企业、省属生产经营单位以外的其他生产经营单位的主要负责人和安全生产管理人员的安全培训工作。"

（四）其他从业人员安全培训的组织

《生产经营单位安全培训规定》第二十一条规定："生产经营单位除主要负责人、安全生产管理人员、特种作业人员以外的从业人员的安全培训工作，由生产经营单位组织实施。"

五、生产经营单位安全培训的职责

《生产经营单位安全培训规定》从四方面对生产经营单位安全培训的职责进行了规定：

1. 具备安全培训条件的生产经营单位，应当以自主培训为主；可以委托具有相应资质的安全培训机构，对从业人员进行安全培训。不具备安全培训条件的生产经营单位，应当委托具有相应资质的安全培训机构，对从业人员进行安全培训。

2. 生产经营单位应当将安全培训工作纳入本单位年度工作计划。保证本单位安全培训工作所需资金。

3. 生产经营单位应建立健全从业人员安全培训档案，详细、准确记录培训考核情况。

4. 生产经营单位安排从业人员进行安全培训期间，应当支付工资和必要的费用。

六、安全培训的监督管理

（一）监管监察部门的监督检查

依据《生产经营单位安全培训规定》，安全生产监管监察部门要依法对生产经营单位安全培训情况进行监督检查，督促生产经营单位按照国家有关法律法规和《生产经营单位安全培训规定》的要求开展安全培训工作。县级以上地方人民政府负责煤矿安全生产监督管理的部门要对煤矿井下作业人员的安全培训情况进行监督检查。煤矿安全监察机构要对煤矿特种作业人员安全培训及其持证上岗的情况进行监督检查。

（二）监督检查的内容

依据《生产经营单位安全培训规定》第二十七条规定，各级安全生产监管监察部门对生产经营单位安全培训及其持证上岗的情况进行监督检查，主要包括以下内容：

1. 安全培训制度、计划的制定及其实施的情况。

2. 煤矿、非煤矿山、危险化学品、烟花爆竹等生产经营单位主要负责人和安全生产管理人员安全资格证持证上岗的情况；其他生产经营单位主要负责人和安全生产管理人员培训的情况。

3. 特种作业人员操作资格证持证上岗的情况。

4. 建立安全培训档案的情况。

5. 其他需要检查的内容。

（三）考核发证

加强对主要负责人、安全生产管理人员的考核发证，是实施行政许可，推进依法行政的重要内容。《生产经营单位安全培训规定》第二十八条规定："安全生产监管监察部门对煤矿、非煤矿山、危险化学品、烟花爆竹等生产经营单位的主要负责人、安全管理人员应当按照本规定严格考核和颁发安全资格证书。考核不得收费。安全生产监管监察部门负责考核、发证的有关人员不得玩忽职守和滥用职权。"

七、法律责任

（一）生产经营单位未履行安全培训职责的处罚

依据《生产经营单位安全培训规定》第二十九条规定，生产经营单位有下列行为之一的，由安全生产监管监察部门责令其限期改正，并处 2 万元以下的罚款：

1. 未将安全培训工作纳入本单位工作计划并保证安全培训工作所需资金的。

2. 未建立健全从业人员安全培训档案的。

3. 从业人员进行安全培训期间未支付工资并承担安全培训费用的。

（二）生产经营单位从业人员未按规定进行安全培训的处罚

依据《生产经营单位安全培训规定》第三十条规定，生产经营单位有下列行为之一的，由安全生产监管监察部门责令其限期改正；逾期未改正的，责令停产停业整顿，并处 2 万元以下的罚款：

1. 煤矿、非煤矿山、危险化学品、烟花爆竹等生产经营单位主要负责人和安全管理人员未按本规定经考核合格的。

2. 非煤矿山、危险化学品、烟花爆竹等生产经营单位未按照本规定对其他从业人员进行安全培训的。

3. 非煤矿山、危险化学品、烟花爆竹等生产经营单位未如实告知从业人员有关安全生产事项的。

4. 生产经营单位特种作业人员未按照规定经专门的安全培训机构培训并取得特种作业人员操作资格证书，上岗作业的。

县级以上地方人民政府负责煤矿安全生产监督管理的部门发现煤矿未按照本规定对井下作业人员进行安全培训的，责令限期改正，处 10 万元以上 50 万元以下的罚款；逾期未改正的，责令停产停业整顿。

煤矿安全监察机构发现煤矿特种作业人员无证上岗作业的，责令限期改正，处 10 万元以上 50 万元以下的罚款；逾期未改正的，责令停产停业整顿。

（三）弄虚作假记录档案及证书的处罚

依据《生产经营单位安全培训规定》第三十一条规定，生产经营单位编造安全培训记录、档案，或者骗取安全资格证书的，由安全生产监管监察部门给予警告，吊销安全资格证书，并处 3 万元以下的罚款。

（四）工作人员失职渎职的处理

依据《生产经营单位安全培训规定》第三十二条规定，安全生产监管监察部门有关人员在考核、发证工作中玩忽职守、滥用职权的，由上级安全生产监管监察部门或者行政监察部门给予记过、记大过的行政处分。

第四节　特种作业人员安全技术培训考核管理规定

2010 年 5 月 24 日，国家安全生产监督管理总局公布《特种作业人员安全技术培训考核管理规定》（总局令第 30 号），自 2010 年 7 月 1 日起施行。1999 年 7 月 12 日原国家经济贸易委员会发布的《特种作业人员安全技术培训考核管理办法》同时废止。制定《特种作业人员安全技术培训考核管理规定》的目的是为了规范特种作业人员的安全技术培训考核工作，提高特种作业人员的安全技术水平，防止和减少伤亡事故，促进安全生产。

　　加强特种作业人员的安全技术培训考核，对保障安全生产十分重要。国家安全生产监督管理总局在原《特种作业人员安全技术培训考核管理办法》（原国家经贸委令第 13 号）的基础上，相继制定了《关于特种作业人员安全技术培训考核的意见》（安监管人字〔2002〕124 号）等一系列规范性文件，对规范特种作业人员的安全技术培训考核起到了重要作用。2009 年全国特种作业人员持证人数已超过 1200 万人，其中煤矿约 260 万人。但是，随着我国安全生产监管监察体制机制的不断完善，特种作业人员的安全培训考核工作出现了新情况、新问题。一是原《特种作业人员安全技术培训考核管理办法》（国家经贸委令第 13 号）是 1999 年制定的，不符合《行政许可法》的规定。二是以往矿山企业的特种作业人员种类、数量偏多，危险化学品生产、经营等企业的特种作业人员种类又不明确，导致部分地方自行设置相应工种，特种作业人员管理混乱。因此，国家重新修订出台了《特种作业人员安全技术培训考核管理规定》，以规范特种作业人员的安全技术培训考核工作。

一、特种作业人员的范围

　　《特种作业人员安全技术培训考核管理规定》在原经贸委令第 13 号的基础上，根据安全生产工作的需要，对有关作业类别、工种进行了重大补充和调整，调整后的特种作业范围共 10 个作业类别。这些特种作业具备以下特点：一是独立性。必须是独立的岗位，由专人操作的作业，操作人员必须具备一定的安全生产知识和技能。二是危险性。必须是危险性较大的作业，如果操作不当，容易对不特定的多数人或物造成伤害，甚至发生重特大伤亡事故。三是特殊性。从事特种作业的人员不能很多，不然难以管理，也体现不出特殊性。总体上讲，每个类别的特种作业人员一般不超过该行业或领域全部从业人员的 30%。

　　《特种作业人员安全技术培训考核管理规定》第三条规定："本规定所称特种作业，是指容易发生事故，对操作者本人、他人的安全健康及设备、设施的安全可能造成重大危害的作业。特种作业的范围由特种作业目录规定。本规定所称特种作业人员，是指直接从事特种作业的从业人员。"特种作业人员的范围实行目录管理，根据安全生产工作的需要适时调整。依据《特种作业人员安全技术培训考核管理规定》的目录规定，目前特种作业人员共有十大类。

　　（一）电工作业

　　电工作业是指对电气设备进行运行、维护、安装、检修、改造、施工、调试等作业（不含电力系统进网作业），具体包括：高压电工作业、低压电工作业和防爆电气作业等三小类。

　　（二）焊接与热切割作业

　　焊接与热切割作业是指运用焊接或者热切割方法对材料进行加工的作业（不含《特种设备安全监察条例》规定的有关作业），具体包括：熔化焊接与热切割作业、压力焊作业、钎焊作业等三个小类。

　　（三）高处作业

　　高处作业是指专门或经常在坠落高度基准面 2 米及以上有可能坠落的高处进行的作业，具体包括：登高架设作业和高处安装、维护、拆除作业等两个小类。

（四）制冷与空调作业

制冷与空调作业是指对大中型制冷与空调设备运行操作、安装与修理的作业，具体包括：制冷与空调设备运行操作作业、制冷与空调设备安装修理作业等两个小类。

（五）煤矿安全作业

煤矿安全作业具体包括：煤矿井下电气作业、煤矿井下爆破作业、煤矿安全监测监控作业、煤矿瓦斯检查作业、煤矿安全检查作业、煤矿提升机操作作业、煤矿采煤机（掘进机）操作作业、煤矿瓦斯抽采作业、煤矿防突作业、煤矿探放水作业等十个小类。

（六）金属非金属矿山安全作业

金属非金属矿山安全作业具体包括：金属非金属矿井通风作业、尾矿作业、金属非金属矿山安全检查作业、金属非金属矿山提升机操作作业、金属非金属矿山支柱作业、金属非金属矿山井下电气作业、金属非金属矿山排水作业、金属非金属矿山爆破作业等八个小类。

（七）石油天然气安全作业

目前，石油天然气安全作业具体包括司钻作业。司钻作业是指石油、天然气开采过程中操作钻机起升钻具的作业，适用于陆上石油、天然气司钻（含钻井司钻、作业司钻及勘探司钻）作业。

（八）冶金（有色）生产安全作业

目前，冶金（有色）生产安全作业具体包括煤气作业。煤气作业是指冶金、有色企业内从事煤气生产、储存、输送、使用、维护检修的作业。

（九）危险化学品安全作业

危险化学品安全作业是指从事危险化工工艺过程操作及化工自动化控制仪表安装、维修、维护的作业，具体包括：光气及光气化工艺作业、氯碱电解工艺作业、氯化工艺作业、硝化工艺作业、合成氨工艺作业、裂解（裂化）工艺作业、氟化工艺作业、加氢工艺作业、重氮化工艺作业、氧化工艺作业、过氧化工艺作业、胺基化工艺作业、磺化工艺作业、聚合工艺作业、烷基化工艺作业、化工自动化控制仪表作业等十六个小类。

（十）烟花爆竹安全作业

烟花爆竹安全作业是指从事烟花爆竹生产、储存中的药物混合、造粒、筛选、装药、筑药、压药、搬运等危险工序的作业，具体包括：烟火药制造作业、黑火药制造作业、引火线制造作业、烟花爆竹产品涉药作业、烟花爆竹储存作业等五个小类。

二、特种作业人员的条件

依据《特种作业人员安全技术培训考核管理规定》第四条的规定，特种作业人员应当符合下列条件：

1. 年满18周岁，且不超过国家法定退休年龄；

2. 经社区或者县级以上医疗机构体检健康合格，并无妨碍从事相应特种作业的器质性心脏病、癫痫病、美尼尔氏症、眩晕症、癔病、震颤麻痹症、精神病、痴呆症以及其他疾病和生理缺陷；

3. 具有初中及以上文化程度；

4. 具备必要的安全技术知识与技能；

5. 相应特种作业规定的其他条件。

对于危险化学品特种作业人员，除符合上述第 1 项、第 2 项、第 4 项和第 5 项规定的条件外，还应当具备高中或者相当于高中及以上文化程度。

这里需要说明的是第 5 项条件，这是针对不同岗位特种作业人员而设立的要求，如有的岗位特种作业人员对视力有要求。

三、特种作业人员的资格许可及监督管理

（一）特种作业人员的资格许可

根据《行政许可法》的规定，国家对特种作业人员实施资格许可。《特种作业人员安全技术培训考核管理规定》第五条规定："特种作业人员必须经专门的安全技术培训并考核合格，取得《中华人民共和国特种作业操作证》（以下简称特种作业操作证）后，方可上岗作业。"这是强制性规定，也是行政许可。特种作业人员未取得特种作业操作证，不得上岗作业。

（二）特种作业人员监督管理部门及职责

依据《特种作业人员安全技术培训考核管理规定》，特种作业人员的安全技术培训、考核、发证、复审工作实行统一监管、分级实施、教考分离的原则。

国家安全生产监督管理总局（以下简称安全监管总局）指导、监督全国特种作业人员的安全技术培训、考核、发证、复审工作；省、自治区、直辖市人民政府安全生产监督管理部门负责本行政区域特种作业人员的安全技术培训、考核、发证、复审工作。

国家煤矿安全监察局（以下简称煤矿安监局）指导、监督全国煤矿特种作业人员（含煤矿矿井使用的特种设备作业人员）的安全技术培训、考核、发证、复审工作；省、自治区、直辖市人民政府负责煤矿特种作业人员考核发证工作的部门或者指定的机构负责本行政区域煤矿特种作业人员的安全技术培训、考核、发证、复审工作。

省、自治区、直辖市人民政府安全生产监督管理部门和负责煤矿特种作业人员考核发证工作的部门或者指定的机构（以下统称考核发证机关）可以委托设区的市人民政府安全生产监督管理部门和负责煤矿特种作业人员考核发证工作的部门或者指定的机构实施特种作业人员的安全技术培训、考核、发证、复审工作。

四、特种作业人员的安全培训

（一）培训方式及地点

依据国家有关法律法规的规定，对特种作业人员实行专门培训规定。《特种作业人员安全技术培训考核管理规定》第九条规定："特种作业人员应当接受与其所从事的特种作业相应的安全技术理论培训和实际操作培训。跨省、自治区、直辖市从业的特种作业人员，可以在户籍所在地或者从业所在地参加培训。"特种作业人员的培训由安全技术理论培训和实际操作培训两部分组成。对于跨省、自治区、直辖市从业的特种作业人员，可以在户籍所在地参加培训，也可以在从业所在地参加培训，由自己选择。

（二）免予培训

考虑到现有职业学校也开展相应的特种作业方面的教育，为使职业教育与特种作业人员培训有效衔接，避免重复培训，根据目前各地的实际情况，对取得职业高中、技工学校及中专以上学历的毕业生从事特种作业的，作出免予相关专业培训规定是必要的。为此，《特种作业人员安全技术培训考核管理规定》第九条规定："已经取得职业高中、技工学校及中专以上学历的毕业生从事与其所学专业相应的特种作业，持学历证明经考核发证机关同意可以免予相关专业的培训"。这里需注意三点：

1. 仅对已经取得职业高中、技工学校及中专以上学历的毕业生。这是学历上的要求。

2. 毕业后从事与其所学专业相应的特种作业。尽管是取得上述学历的人员，但不从事其所学专业相应的特种作业，也不能免予培训。

3. 经考核发证机关同意可以免予相关专业的培训。原则上主要是免除相关专业的安全技术理论培训。

（三）培训机构的要求

依据《特种作业人员安全技术培训考核管理规定》，从事特种作业人员安全培训的机构要符合以下要求：

1. 从事特种作业人员安全技术培训的机构（以下统称培训机构），必须按照有关规定取得安全生产培训资质证书后，方可从事特种作业人员的安全技术培训。

2. 培训机构开展特种作业人员的安全技术培训，应当制定相应的培训计划、教学安排，并报有关考核发证机关审查、备案。

3. 培训机构应当按照安全监管总局、煤矿安监局制定的特种作业人员培训大纲和煤矿特种作业人员培训大纲进行特种作业人员的安全技术培训。

五、特种作业人员的考核发证

（一）考核方式

《特种作业人员安全技术培训考核管理规定》第十二条对特种作业人员的考核从以下几方面作出了规定：

1. 特种作业人员的考核包括考试和审核两部分。考试由考核发证机关或其委托的单位负责。审核由考核发证机关负责。考核发证机关是指省、自治区、直辖市人民政府安全生产监督管理部门和负责煤矿特种作业人员考核发证工作的部门或者指定的机构，考核发证机关也可以委托设区的市人民政府安全生产监督管理部门和负责煤矿特种作业人员考核发证工作的部门或者指定的机构负责。目前，除煤矿以外的特种作业人员由省级或者委托市级安全生产监督管理部门负责。煤矿特种作业人员比较复杂，每个省的情况也不相同，有的由安全生产监督管理部门负责，有的由煤炭管理部门负责，有的由煤矿安全监察机构负责。

2. 建立统一考核标准和考试题库。安全监管总局、煤矿安监局分别制定特种作业人员、煤矿特种作业人员的考核标准，并建立相应的考试题库。

3. 必须依照考核标准进行考核。考核发证机关或其委托的单位应当按照安全监管总局、煤矿安监局统一制定的考核标准进行考核。

（二）考试程序

依据《特种作业人员安全技术培训考核管理规定》，特种作业人员的考试遵循以下程序：

1. 参加特种作业操作资格考试的人员，应当填写考试申请表，由申请人或者申请人的用人单位持学历证明或者培训机构出具的培训证明向申请人户籍所在地或者从业所在地的考核发证机关或其委托的单位提出申请。

2. 考核发证机关或其委托的单位收到申请后，应当在 60 日内组织考试。

3. 特种作业操作资格考试包括安全技术理论考试和实际操作考试两部分。考试不及格的，允许补考 1 次。经补考仍不及格的，重新参加相应的安全技术培训。

4. 考核发证机关或其委托承担特种作业操作资格考试的单位，应当在考试结束后 10 个工作日内公布考试成绩。

（三）发证程序

依据《特种作业人员安全技术培训考核管理规定》，特种作业人员的发证遵循以下程序：

1. 符合特种作业人员条件并经考试合格的特种作业人员，应当向其户籍所在地或者从业所在地的考核发证机关申请办理特种作业操作证，并提交身份证复印件、学历证书复印件、体检证明、考试合格证明等材料。

2. 收到申请的考核发证机关应当在 5 个工作日内完成对特种作业人员所提交申请材料的审查，作出受理或者不予受理的决定。能够当场作出受理决定的，应当当场作出受理决定；申请材料不齐或者不符合要求的，应当当场或者在 5 个工作日内一次告知申请人需要补正的全部内容，逾期不告知的，自收到申请材料之日起即为受理。

3. 对已经受理的申请，考核发证机关应当在 20 个工作日内完成审核工作。符合条件的，颁发特种作业操作证；不符合条件的，说明理由。

（四）特种作业操作证的有效期

《特种作业人员安全技术培训考核管理规定》第十九规定："特种作业操作证有效期为 6 年，在全国范围内有效。特种作业操作证由安全监管总局统一式样、标准及编号。"特种作业操作证是特种作业人员从事特种作业的资格许可凭证。为了防止弄虚作假、伪造、冒用、转让等行为，国家对特种作业操作证进行统一式样、标准及编号。用人单位雇用特种作业人员，可以通过考核发证机关查阅其特种作业操作证编号，以防假冒。

（五）特种作业操作证的补发更换及更新

特种作业操作证是 IC 卡，里面记载特种作业人员有关本人的信息，包括安全培训的信息等。特种作业人员发现特种作业操作证遗失的，必须及时补发；发现有关信息变化或者损毁的，必须及时更换 IC 卡或者更新有关信息。为此，《特种作业人员安全技术培训考核管理规定》第十二条规定："特种作业操作证遗失的，应当向原考核发证机关提出书面申请，经原考核发证机关审查同意后，予以补发。特种作业操作证所记载的信息发生变化或者损毁的，应当向原考核发证机关提出书面申请，经原考核发证机关审查确认后，予以更换或者更新。"

六、特种作业操作证的复审

（一）复审期限

《特种作业人员安全技术培训考核管理规定》第二十一条规定："特种作业操作证每 3 年复审 1 次。特种作业人员在特种作业操作证有效期内，连续从事本工种 10 年以上，严格遵守有关安全生产法律法规的，经原考核发证机关或者从业所在地考核发证机关同意，特种作业操作证的复审时间可以延长至每 6 年 1 次。"

（二）复审程序

依据《特种作业人员安全技术培训考核管理规定》，特种作业操作证复审遵循下列程序：

1. 特种作业操作证需要复审的，应当在期满前 60 日内，由申请人或者申请人的用人单位向原考核发证机关或者从业所在地考核发证机关提出申请，并提交社区或者县级以上医疗机构出具的健康证明、从事特种作业的情况、安全培训考试合格记录。

特种作业操作证有效期届满需要延期换证的，应当按照上述规定申请延期复审。

2. 申请复审的，考核发证机关应当在收到申请之日起 20 个工作日内完成复审工作。复审合格的，由考核发证机关签章、登记，予以确认；不合格的，说明理由。

申请延期复审的，经复审合格后，由考核发证机关重新颁发特种作业操作证。

（三）复审培训

为了保证特种作业人员及时掌握有关法律、法规、标准及新工艺、新技术、新装备的知识，规定特种作业人员复审或者延期复审前必须进行必要的培训。《规定》第二十三条规定："特种作业操作证申请复审或者延期复审前，特种作业人员应当参加必要的安全培训并考试合格。安全培训时间不少于 8 个学时，主要培训法律、法规、标准、事故案例和有关新工艺、新技术、新装备等知识。"

（四）复审不予通过

为了保证复审的效果，依据《特种作业人员安全技术培训考核管理规定》第二十五条规定，特种作业人员有下列情形之一的，复审或者延期复审不予通过：

1. 健康体检不合格的；

2. 违章操作造成严重后果或者有 2 次以上违章行为，并经查证确实的；

3. 有安全生产违法行为，并给予行政处罚的；

4. 拒绝、阻碍安全生产监管监察部门监督检查的；

5. 未按规定参加安全培训，或者考试不合格的；

6. 所持特种作业操作证存在被撤销或者注销情形的。

（五）重新培训

《特种作业人员安全技术培训考核管理规定》第二十六条规定："特种作业操作证复审或者延期复审符合不予通过规定条件的第（二）项、第（三）项、第（四）项、第（五）项情形的，按照本规定经重新安全培训考试合格后，再办理复审或者延期复审手续。"

（六）特种作业操作证失效

为了加强特种作业操作证的复审工作，《特种作业人员安全技术培训考核管理规定》第二十六条规定："再复审、延期复审仍不合格，或者未按期复审的，特种作业操作证失效。"特种作业操作证失效后，特种作业人员必须按照初次申请特种作业操作证的程序，经安全培训合格后重新申请办理。

七、特种作业操作证的监督管理

（一）撤销特种作业操作证

依据《特种作业人员安全技术培训考核管理规定》第三十条规定，有下列情形之一的，考核发证机关应当撤销特种作业操作证：

1. 超过特种作业操作证有效期未延期复审的；
2. 特种作业人员的身体条件已不适合继续从事特种作业的；
3. 对发生生产安全事故负有责任的；
4. 特种作业操作证记载虚假信息的；
5. 以欺骗、贿赂等不正当手段取得特种作业操作证的。

特种作业人员违反上述第4项、第5项规定的，3年内不得再次申请特种作业操作证。

（二）注销特种作业操作证

依据《特种作业人员安全技术培训考核管理规定》第三十一条规定，有下列情形之一的，考核发证机关应当注销特种作业操作证：

1. 特种作业人员死亡的。
2. 特种作业人员提出注销申请的。
3. 特种作业操作证被依法撤销的。

（三）离岗6个月须实际操作考试

《特种作业人员安全技术培训考核管理规定》第三十二条规定："离开特种作业岗位6个月以上的特种作业人员，应当重新进行实际操作考试，经确认合格后方可上岗作业。"根据此规定，持有特种作业操作证书，离开特种作业岗位6个月以上的特种作业人员，重新回到原工作过的岗位上岗前，必须到考核发证机关或者委托的单位进行实际操作考试，经确认合格后方可上岗作业。

（四）考核发证机关的监督检查

依据《特种作业人员安全技术培训考核管理规定》，从下列四个方面对考核发证机关的监督检查作出规定：

1. 考核发证机关或其委托的单位及其工作人员应当忠于职守、坚持原则、廉洁自律，按照法律、法规、规章的规定进行特种作业人员的考核、发证、复审工作，接受社会的监督。

2. 考核发证机关应当加强对特种作业人员的监督检查，发现其具有撤销特种作业操作证情形的，及时撤销特种作业操作证；对依法应当给予行政处罚的安全生产违法行为，按照有关规定依法对生产经营单位及其特种作业人员实施行政处罚。

3. 考核发证机关应当建立特种作业人员管理信息系统，方便用人单位和社会公众查询；对于注销特种作业操作证的特种作业人员，应当及时向社会公告。

4. 省、自治区、直辖市人民政府安全生产监督管理部门和负责煤矿特种作业人员考核发证工作的部门或者指定的机构应当每年分别向安全监管总局、煤矿安监局报告特种作业人员的考核发证情况。

（五）生产经营单位的责任

依据《特种作业人员安全技术培训考核管理规定》，生产经营单位应当加强对本单位特种作业人员的管理，建立健全特种作业人员培训、复审档案，做好申报、培训、考核、复审的组织工作和日常的检查工作。特种作业人员在劳动合同期满后变动工作单位的，原工作单位不得以任何理由扣押其特种作业操作证。生产经营单位不得印制、伪造、倒卖特种作业操作证，或者使用非法印制、伪造、倒卖的特种作业操作证。

（六）特种作业人员的责任

依据《特种作业人员安全技术培训考核管理规定》，跨省、自治区、直辖市从业的特种作业人员应当接受从业所在地考核发证机关的监督管理。特种作业人员不得伪造、涂改、转借、转让、冒用特种作业操作证或者使用伪造的特种作业操作证。

八、生产经营单位、特种作业人员违反规定的处罚

（一）生产经营单位未建立档案的处罚

《特种作业人员安全技术培训考核管理规定》第三十九条规定："生产经营单位未建立健全特种作业人员档案的，给予警告，并处 1 万元以下的罚款。"

（二）生产经营单位违反规定使用特种作业人员的处罚

《特种作业人员安全技术培训考核管理规定》第四十条规定："生产经营单位使用未取得特种作业操作证的特种作业人员上岗作业的，责令限期改正；逾期未改正的，责令停产停业整顿，可以并处 2 万元以下的罚款。"

煤矿企业使用未取得特种作业操作证的特种作业人员上岗作业的，依照《国务院关于预防煤矿生产安全事故的特别规定》的规定处罚。

（三）生产经营单位非法印刷等行为的处罚

《特种作业人员安全技术培训考核管理规定》第四十一条规定："生产经营单位非法印制、伪造、倒卖特种作业操作证，或者使用非法印制、伪造、倒卖的特种作业操作证的，给予警告，并处 1 万元以上 3 万元以下的罚款；构成犯罪的，依法追究刑事责任。"

（四）特种作业人员违反规定的处罚

《特种作业人员安全技术培训考核管理规定》第四十二条规定："特种作业人员伪造、涂改特种作业操作证或者使用伪造的特种作业操作证的，给予警告，并处 1 000 元以上 5 000 元以下的罚款。特种作业人员转借、转让、冒用特种作业操作证的，给予警告，并处 2 000 元以上 10 000 元以下的罚款。"

第五节　劳动防护用品监督管理规定

2005 年 7 月 22 日，国家安全生产监督管理总局公布《劳动防护用品监督管理规定》

（总局令第1号），自2005年9月1日起施行。制定《劳动防护用品监督管理规定》的目的是为加强和规范劳动防护用品的监督管理，保障从业人员的安全与健康。

劳动防护用品是指由生产经营单位为从业人员配备的，使其在劳动过程中免遭或者减轻事故伤害及职业危害的个人防护装备。劳动防护用品分为特种劳动防护用品和一般劳动防护用品。特种劳动防护用品目录由国家安全生产监督管理总局确定并公布；未列入目录的劳动防护用品为一般劳动防护用品。

依照《劳动防护用品监督管理规定》，国家安全生产监督管理总局对全国劳动防护用品的生产、检验、经营和使用情况实施综合监督管理。煤矿安全监察机构对监察区域内煤矿企业劳动防护用品使用的情况实施监察。特种劳动防护用品实行安全标志管理。特种劳动防护用品安全标志管理工作，由国家安全生产监督管理总局指定的特种劳动防护用品安全标志管理机构实施，受指定的特种劳动防护用品安全标志管理机构对其核发的安全标志负责。特种劳动防护用品安全标志管理机构及其工作人员应当坚持公开、公平、公正的原则，严格审查、核发安全标志，并接受安全生产监督管理部门、煤矿安全监察机构的监督。

一、劳动防护用品生产、检验、经营的规定

（一）劳动防护用品的生产

劳动防护用品的质量和安全性能是否符合安全防护的要求，其生产企业的安全条件至关重要。《劳动防护用品监督管理规定》对劳动防护用品生产企业应当具备的条件和安全标准作出了规定。

1. 依据《劳动防护用品监督管理规定》第七条规定，生产企业应当具备下列条件：

（1）有工商行政管理部门核发的营业执照。

（2）有满足生产需要的生产场所和技术人员。

（3）有保证产品安全防护性能的生产设备。

（4）有满足产品安全防护性能要求的检验与测试手段。

（5）有完善的质量保证体系。

（6）有产品标准和相关技术文件。

（7）产品符合国家标准或者行业标准的要求。

（8）法律、法规规定的其他条件。

2. 出厂检验

依据《劳动防护用品监督管理规定》第八条，生产劳动防护用品的企业应当按其产品所依据的国家标准或者行业标准进行生产，其产品出厂前，应当自行检查产品的质量和安全防护性能是否符合标准的要求，并对其产品的安全防护性能负责。经检验符合标准的，出具产品合格证；不符合标准的，不得出厂销售。

（二）劳动防护用品的检验

1. 特种劳动防护用品安全标志

取得安全标志不仅是对符合标准的特种劳动防护用品的形式要求，更重要的是对劳动防护用品的质量和安全防护性能进行监管的措施。《劳动防护用品监督管理规定》第十条规定:"生产劳动防护用品的企业生产的特种劳动防护用品,必须取得特种劳动防护用品安全标志。"取得特种劳动防护用品安全标志的具体办法,应当按照国家安全生产监督管理总局 2005 年 10 月 13 日制定的《特种劳动防护用品安全标志实施细则》执行。

2. 检测检验机构资质

劳动防护用品直接关系到生产经营单位从业人员的人身安全和劳动保护,对劳动防护用品的检测检验非常重要。为了保证检验质量,必须对承担检测检验业务的中介服务机构实施资质许可,防止不具备资质的检测检验机构违法违规进行劳动防护用品的检测检验活动。《劳动防护用品监督管理规定》第十一条规定:"检测检验机构必须取得国家安全生产监督管理总局认可的安全生产检测检验机构资质,并在批准的业务范围内开展劳动防护用品检测检验工作。"这里强调两点:

(1)检测检验机构必须取得资质。资质许可是市场准入的监管措施,是对检测检验机构实施行政审查的法律制度。国家安全生产监督管理总局或其授权的安全生产监督管理部门是劳动防护用品检测检验机构资质许可和监督管理的主管机关。从事劳动防护用品检测检验业务的中介服务机构,必须具备相应的资质条件,取得资质认可后方可从事检测检验业务;未取得或者经审查不具备资质条件的,不得从事检测检验业务。

(2)检测检验业务范围

劳动防护用品的品种、规格和安全防护性能的差异很大,对其进行检测检验的要求复杂,不同的检测检验机构只能承担相应的劳动防护用品的检测检验业务。检测检验业务范围既是对检测检验机构资质条件和业务能力的认可,又是对其检测检验活动进行监督检查的依据。因此,《劳动防护用品监督管理规定》第十一条关于检测检验业务范围的规定,要求检测检验机构应当严格在经许可的业务范围内从事检测检验业务。超出经批准的范围从事检测检验业务的,将受到查处。

3. 检测检验要求

按照《劳动防护用品监督管理规定》,劳动防护用品检测检验机构从事检测检验业务,必须符合下列两项要求:

(1)检测检验依据。要保证劳动防护用品检测检验的真实性、准确性和可靠性,必须严格依据有关技术规范进行。国家和有关部门制定的有关劳动防护用品的安全防护性能的标准、规范以及检测检验程序、方法和要求,是检测检验机构实施检测检验的主要技术依据。检测检验机构不得违反这些标准、规范的要求进行检测检验。

(2)检测检验责任。检测检验劳动防护用品是一项责任重大的技术服务活动,检测检验机构必须遵循真实、诚信的原则,尊重科学、尊重事实,认真进行检测检验。任何违法违规操作、欺诈蒙骗、弄虚作假的行为,都是应当承担法律责任的违法行为。针对在检测检验中经常发生的出具虚假检测检验报告的行为,《劳动防护用品监督管理规定》强调权利、义务与责任的一致性,要求检测检验机构对其所出具的检测检验报告的真实性、准确性和可靠性负法律责任。

4. 新产品检验

为了严格管理,确保新产品安全,《劳动防护用品监督管理规定》第九条规定:"新研制和开发的劳动防护用品,应当对其安全防护性能进行严格的科学试验,并经具有安全生产检测检验资质的机构检测检验合格后，方可生产、使用。"

（三）劳动防护用品的经营

依据《劳动防护用品监督管理规定》第十三条规定，劳动防护用品的经营应当符合下列要求：

1. 经营单位条件。劳动防护用品经营单位必须依法领取工商行政管理部门核发的营业执照，必须有满足经营需要的固定经营场所和了解相关防护用品知识的人员。

2. 经营要求。劳动防护用品经营单位不得经营假冒伪劣劳动防护用品和无安全标志的特种劳动防护用品。

二、劳动防护用品的配备与使用的规定

（一）配备要求

为从业人员配备符合标准的劳动防护用品是生产经营单位的法定义务，《劳动防护用品监督管理规定》第十四条规定："生产经营单位应当按照《劳动防护用品选用规则》（GB 11651）和国家颁发的劳动防护用品配备标准以及有关规定，为从业人员配备劳动防护用品。"（《劳动防护用品选用规则》（GB 11651）已被《个体防护装备选用规范》（GB/T 11651—2008）替代）对于煤矿来说，国家安全生产监督管理总局制定了煤矿劳动防护用品配备标准，煤矿企业必须按照标准为从业人员配备相应的劳动防护用品。

（二）专项经费

为从业人员配备符合标准的劳动防护用品需要必要的经费保证，这也是生产经营单位安全投入的一部分。由于一些生产经营单位片面追求效益和利润，为了降低成本而使得购置劳动防护用品的经费得不到保证，因此导致从业人员的事故伤害和职业病。《劳动防护用品监督管理规定》对此作出了两方面的规定。

1. 专项经费投入要求

《劳动防护用品监督管理规定》第十五条第一款规定："生产经营单位应当安排用于配备劳动防护用品的专项经费。"专项经费用于购置符合国家标准或者行业标准的劳动防护用品。专项经费应当专款专用，严格管理，不得挪用。

2. 禁止以其他方式替代劳动防护用品

针对一些生产经营单位弄虚作假，以发给货币或者其他物品替代劳动防护用品的违法行为，《劳动防护用品监督管理规定》第十五条第二款规定："生产经营单位不得以货币或者其他物品替代应当按规定配备的劳动防护用品。"

（三）特种劳动防护用品的采购

国家对特种劳动防护用品实行安全标志管理，要求生产经营单位必须购买有安全标志的特种劳动防护用品。一些企业生产的无安全标志的特种劳动防护用品被生产经营单位购买后，因其不具备应有的安全防护性能和质量，造成了严重后果。所以，必须把住特种劳动防护用品的采购管理关。《劳动防护用品监督管理规定》第十八条规定："生产经营单位不得采购和使用无安全标志的特种劳动防护用品；购买的特种劳动防护用品须经本单位的安全生产技术部门或者管理人员检查验收。"

此外，对一般劳动防护用品也要加强管理，生产经营单位应当建立健全劳动防护用品的采购、验收、保管、发放、使用、报废等管理制度。

（四）劳动防护用品的使用

配备劳动防护用品还要加强教育和管理，保证物尽其用。一些生产经营单位为了减少开支，购买假冒伪劣或者超过使用期限的劳动防护用品；没有对从业人员进行专门培训，即使配备了劳动防护用品从业人员也不使用或者佩戴，使劳动防护用品使用不当。《劳动防护用品监督管理规定》对此作出了两方面的规定。

1. 劳动防护用品管理

生产经营单位为从业人员提供的劳动防护用品，必须符合国家标准或者行业标准，不得超过使用期限。生产经营单位应当督促、教育从业人员正确地佩戴和使用劳动防护用品。

2. 从业人员使用的管理

获得符合标准的劳动防护用品是从业人员的权利。同时，正确地佩戴和使用劳动防护用品又是从业人员的法定义务。这不仅是保护从业人员自身安全的需要，而且是保护他人和生产经营单位的安全的需要。《劳动防护用品监督管理规定》第十九条规定："从业人员在作业过程中，必须按照安全生产规章制度和劳动防护用品使用规则，正确佩戴和使用劳动防护用品；未按规定佩戴和使用劳动防护用品的，不得上岗作业。"

三、劳动防护用品监督管理的规定

（一）劳动防护用品违法行为

生产经营单位使用劳动防护用品的情况，是监督管理的重点。依据《劳动防护用品监督管理规定》第二十一条规定，生产经营单位有下列违法行为之一，应当受到依法查处：

1. 不配发劳动防护用品；
2. 不按有关规定或者标准配发劳动防护用品；
3. 配发无安全标志的特种劳动防护用品；
4. 配发不合格的劳动防护用品；
5. 配发超过使用期限的劳动防护用品；
6. 劳动防护用品管理混乱，由此对从业人员造成事故伤害及职业危害；
7. 生产或者经营假冒伪劣劳动防护用品和无安全标志的特种劳动防护用品；
8. 其他违反劳动防护用品管理有关法律、法规、规章、标准的行为。

（二）监管监察部门的监督检查

各级安全生产监督管理部门和煤矿安全监察部门依法负有对生产经营单位配备和使用劳动防护用品的情况进行监督管理的职责。对发现的违法行为，有权予以纠正或者实施行政处罚。《劳动防护用品监督管理规定》要求安全生产监督管理部门、煤矿安全监察机构依法对劳动防护用品使用情况和特种劳动防护用品安全标志进行监督检查，督促生产经营单位按照国家有关规定为从业人员配备符合国家标准或者行业标准的劳动防护用品。

劳动防护用品主要是国内生产，但也有一些劳动防护用品需要从国外进口。为了加强对进口劳动防护用品的监督管理，《劳动防护用品监督管理规定》第二十九条规定："进口的一般劳动防护用品的安全防护性能不得低于我国相关标准，并向国家安全生产监督管理总局指定的特种劳动防护用品安全标志管理机构申请办理准用手续；进口的特种劳动防护用品应当按照本规定取得安全标志。"

（三）从业人员的监督

从业人员是企业的主人。依法享有获得劳动防护用品的权利和对本单位配备劳动防护用品及其管理的情况进行监督的权利。他们是劳动防护用品受益者，有权维护自身的利益。《劳动防护用品监督管理规定》第二十三条规定："生产经营单位的从业人员有权依法向本单位提出配备所需劳动防护用品的要求；有权对本单位劳动防护用品管理的违法行为提出批评、检举、控告。安全生产监督管理部门、煤矿安全监察机构对从业人员提出的批评、检举、控告，经查实后应当依法处理。"

（四）工会的监督

工会是维护从业人员权益的群众性组织，依法享有对生产经营单位为从业人员配备劳动防护用品的行为进行监督的权利。为了发挥工会的监督作用，加强对劳动防护用品使用的监督，《劳动防护用品监督管理规定》第二十四条规定："生产经营单位应当接受工会的监督。工会对生产经营单位劳动防护用品管理的违法行为有权要求纠正，并对纠正情况进行监督。"

四、生产经营单位、检测检验机构违法行为应负的法律责任

（一）劳动防护用品生产经营单位的法律责任

《劳动防护用品监督管理规定》第二十五条、第二十六条对劳动防护用品的生产经营单位违法行为进行了界定，设定了责令限期改正、停产整顿、5万元以下的罚款的行政处罚。

（二）检测检验机构的法律责任

依据《劳动防护用品监督管理规定》，劳动防护用品检测检验机构出具虚假证明，构成犯罪的，依照《刑法》有关规定追究其刑事责任；尚不够刑事处罚的，由安全生产监督管理部门没收违法所得，违法所得在5 000元以上的，并处违法所得二倍以上五倍以下的罚款，违法所得不足5 000元的，单处或者并处5 000元以上2万元以下的罚款，对直接负责的主管人员和直接责任人员处5 000元以上5万元以下的罚款；给他人造成损害的，与生产经营单位承担连带责任。

（三）安全标志管理机构工作人员的法律责任

依据《劳动防护用品监督管理规定》，特种劳动防护用品安全标志管理机构的工作人员滥用职权、玩忽职守、弄虚作假、徇私舞弊的，依照有关规定给予行政处分；构成犯罪的，依法追究刑事责任。

第六节　作业场所职业危害申报管理办法

2009年9月8日，国家安全生产监督管理总局制定公布《作业场所职业危害申报管理办法》，自2009年11月1日起施行。《作业场所职业危害申报管理办法》的制定目

的是为了规范作业场所职业危害的申报工作，加强对生产经营单位职业健康工作的监督管理。

职业危害申报是摸清职业病危害底数的重要手段。当前我国职业危害健康形势严峻，总体底数不清。据卫生部门统计，新中国成立至 2007 年底，全国累计报告职业病 690858 例，其中累计报告尘肺病 627405 例（已死亡 147070 例，现患 480335 例），累计报告职业中毒 40650 例。由于我国目前职业卫生服务覆盖面有限，且职业病诊断鉴定程序严格，与大量的"未报告"和"隐性"职业病例相比，"报告病例"只是冰山一角。开展职业危害申报有助于摸清当前的职业病危害底数，为制定相应政策措施提供依据。

职业危害申报是职业安全健康监管的基础性工作。做好职业危害申报工作，有助于安全生产监督管理部门了解职业危害状况，进而根据企业职业危害状况实施分级监管，提高监管执法效率，促进企业改善工作，加强职业危害的防治。

一、职业危害的范围

《作业场所职业危害申报管理办法》第三条规定："作业场所职业危害，是指从业人员在从事职业活动中，由于接触粉尘、毒物等有害因素而对身体健康所造成的各种损害。作业场所职业危害按照《职业病危害因素分类目录》确定。"根据《职业病防治法》的规定，职业病危害分类目录由国务院卫生行政部门制定。卫生部于 2002 年发布了《职业病危害因素分类目录》（简称《分类目录》）。8 年多来，《分类目录》已经被广大职业卫生工作人员接受。

二、职业危害申报

（一）申报机关

根据国家有关职业危害监督检查职责的调整，卫生行政部门不再负责有关职业危害的申报工作，安全生产监督管理部门负责职业危害的申报工作。正在修订的《职业病防治法》也根据此职责的调整作相应的修改。《作业场所职业危害申报管理办法》第四条规定："职业危害申报工作实行属地分级管理。生产经营单位应当按照规定对本单位作业场所职业危害因素进行检测、评价，并按照职责分工向其所在地县级以上安全生产监督管理部门申报。中央企业及其所属单位的职业危害申报，按照职责分工向其所在地设区的市级以上安全生产监督管理部门申报。"

（二）申报内容和申报表

依据《作业场所职业危害申报管理办法》第五条规定，生产经营单位申报职业危害时，应当提交《作业场所职业危害申报表》和下列材料：

1. 生产经营单位的基本情况。
2. 产生职业危害因素的生产技术、工艺和材料的情况。
3. 作业场所职业危害因素的种类、浓度和强度的情况。
4. 作业场所接触职业危害因素的人数及分布情况。
5. 职业危害防护设施及个人防护用品的配备情况。

6. 对接触职业危害因素从业人员的管理情况。

7. 法律、法规和规章规定的其他资料。

为了统一规范申报内容，便于不同地区数据的汇总分析，国家安全生产监督管理总局制定了《作业场所职业危害申报表》。《作业场所职业危害申报表》包括申报单位基本情况、申报单位存在职业病危害的作业场所、作业场所职业病危害因素汇总表、接触职业病危害因素人员管理情况汇总表。在表格下方，备注了填表说明。

（三）申报方式

为了减轻申报数据工作负担、提高申报工作效率，国家安全生产监督管理总局组织开发了"职业危害申报与备案管理系统"。该系统能够支持企业在线填写《作业场所职业危害申报表》，填写完毕后，可以直接打印申报表格。申报内容以企业签章的纸质申报表格为准，电子申报内容应与纸质申报内容一致。《作业场所职业危害申报管理办法》第六条规定："作业场所职业危害申报采取电子和纸质文本两种方式。生产经营单位通过"作业场所职业危害申报与备案管理系统"进行电子数据申报，同时将《作业场所职业危害申报表》加盖公章并由生产经营单位主要负责人签字后，按照本办法第四条和第五条的规定，连同有关资料一并上报所在地相应的安全生产监督管理部门。"

（四）申报时限及变更

《作业场所职业危害申报管理办法》第八条规定，作业场所职业危害每年申报一次。生产经营单位下列事项发生重大变化的，应当按照本条规定向原申报机关申报变更：

1. 进行新建、改建、扩建、技术改造或者技术引进的，在建设项目竣工验收之日起30日内进行申报。

2. 因技术、工艺或者材料发生变化导致原申报的职业危害因素及其相关内容发生重大变化的，在技术、工艺或者材料变化之日起15日内进行申报。

3. 生产经营单位名称、法定代表人或者主要负责人发生变化的，在发生变化之日起15日内进行申报。

（五）终止申报

生产经营单位终止生产经营活动后，必须向县级或者市级安全生产监督管理报告终止职业危害申报。《作业场所职业危害申报管理办法》第九条规定："生产经营单位终止生产经营活动的，应当在生产经营活动终止之日起15日内向原申报机关报告并办理相关手续。"

三、职业危害申报的监督检查

依据《作业场所职业危害申报管理办法》，安全生产监督管理部门应当履行下列监督检查职责：

1. 县级以上安全生产监督管理部门应当建立职业危害管理档案。职业危害管理档案应当包括辖区内存在职业危害因素的生产经营单位数量、职业危害因素种类、行业及地区分布、接触人数、防护设施的配备和职业卫生管理状况等内容。

2. 安全生产监督管理部门应当依法对生产经营单位作业场所职业危害申报情况进行监督检查。

3. 安全生产监督管理部门及其工作人员在对职业危害申报材料审查以及监督检查中，涉及生产经营单位商业秘密和技术秘密的，应当为其保密。违反有关保密义务的，应当承担相应的法律责任。

四、生产经营单位违反职业危害申报规定的处罚

（一）生产经营单位未按照规定及时申报的处罚

《作业场所职业危害申报管理办法》第十三条规定："生产经营单位未按照本办法规定及时、如实地申报职业危害的，由安全生产监督管理部门给予警告，责令限期改正，可以并处 2 万元以上 5 万元以下的罚款。"

（二）生产经营单位未按照规定进行变更申报的处罚

《作业场所职业危害申报管理办法》第十四条规定："生产经营单位有关事项发生重大变化，未按照本办法第八条的规定申报变更的，由安全生产监督管理部门责令限期改正，可以并处 1 万元以上 3 万元以下罚款。"

第七节　建设工程消防监督管理规定

2009 年 4 月 30 日，公安部制定公布《建设工程消防监督管理规定》（公安部令第 106 号），自 2009 年 5 月 1 日起施行。1996 年 10 月 16 日发布的《建筑工程消防监督审核管理规定》（公安部令第 30 号）同时废止。制定《建设工程消防监督管理规定》的目的是为了加强建设工程消防监督管理，落实建设工程消防设计、施工质量和安全责任，规范消防监督管理行为。

一、建设工程消防监督管理的基本要求

（一）《建设工程消防监督管理规定》的适用范围

《建设工程消防监督管理规定》适用于新建、扩建、改建（含室内装修、用途变更）等建设工程的消防监督管理，不适用住宅室内装修、村民自建住宅、救灾和其他临时性建筑的建设活动。这里注意改建的建设工程包括室内装修、用途变更，主要指商业用房、公共用房等，新建、扩建、改建的住宅建设工程的公共消防应当适用《建设工程消防监督管理规定》。住宅室内装修、村民自建住宅、救灾和其他临时性建筑的建设活动不适用《建设工程消防监督管理规定》。

（二）公安机关消防机构的职责

依据《建设工程消防监督管理规定》，公安机关消防机构依法实施建设工程消防设计审核、消防验收和备案、抽查。除省、自治区人民政府公安机关消防机构外，县级以上地方人民政府公安机关消防机构承担辖区建设工程的消防设计审核、消防验收和备案抽查工作，具体分工由省级公安机关消防机构确定。

跨行政区域的建设工程消防设计审核、消防验收和备案抽查工作，由其共同的上一级公安机关消防机构指定管辖。

二、消防设计和施工的质量责任

（一）建设单位的责任

依据《建设工程消防监督管理规定》，建设单位不得要求设计、施工、工程监理等有关单位和人员违反消防法规和国家工程建设消防技术标准，降低建设工程消防设计、施工质量。建设单位在消防设计、施工的质量方面承担以下责任：

1. 依法申请建设工程消防设计审核、消防验收，依法办理消防设计和竣工验收备案手续并接受抽查；建设工程内设置的公众聚集场所未经消防安全检查或者经检查不符合消防安全要求的，不得投入使用、营业。

2. 实行工程监理的建设工程，应当将消防施工质量一并委托监理。

3. 选用具有国家规定资质等级的消防设计、施工单位。

4. 选用合格的消防产品和满足防火性能要求的建筑构件、建筑材料及室内装修装饰材料。

5. 依法应当经消防设计审核、消防验收的建设工程，未经审核或者审核不合格的，不得组织施工；未经验收或者验收不合格的，不得交付使用。

（二）设计单位的责任

依据《建设工程消防监督管理规定》，设计单位应当承担下列消防设计的质量责任：

1. 根据消防法规和国家工程建设消防技术标准进行消防设计，编制符合要求的消防设计文件，不得违反国家工程建设消防技术标准强制性要求进行设计。

2. 在设计中选用的消防产品和有防火性能要求的建筑构件、建筑材料、室内装修装饰材料，应当注明规格、性能等技术指标，其质量要求必须符合国家标准或者行业标准。

3. 参加建设单位组织的建设工程竣工验收，对建设工程消防设计实施情况签字确认。

（三）施工单位的责任

依据《建设工程消防监督管理规定》，施工单位应当承担下列消防施工的质量和安全责任：

1. 按照国家工程建设消防技术标准和经消防设计审核合格或者备案的消防设计文件组织施工，不得擅自改变消防设计进行施工，降低消防施工质量。

2. 查验消防产品和有防火性能要求的建筑构件、建筑材料及室内装修装饰材料的质量，使用合格产品，保证消防施工质量。

3. 建立施工现场消防安全责任制度，确定消防安全负责人。加强对施工人员的消防教育培训，落实动火、用电、易燃可燃材料等消防管理制度和操作规程。保证在建工程竣工验收前消防通道、消防水源、消防设施和器材、消防安全标志等完好有效。

（四）工程监理单位的责任

依据《建设工程消防监督管理规定》，工程监理单位应当承担下列消防施工的质量监理责任：

1. 按照国家工程建设消防技术标准和经消防设计审核合格或者备案的消防设计文件实施工程监理。

2. 在消防产品和有防火性能要求的建筑构件、建筑材料、室内装修装饰材料施工、安装前，核查产品质量证明文件，不得同意使用或者安装不合格的消防产品和防火性能不符合要求的建筑构件、建筑材料、室内装修装饰材料。

3. 参加建设单位组织的建设工程竣工验收，对建设工程消防施工质量签字确认。

（五）服务机构和人员的责任

依据《建设工程消防监督管理规定》，为建设工程消防设计、竣工验收提供图样审查、安全评估、检测等消防技术服务的机构和人员，应当依法取得相应的资质、资格，按照法律、行政法规、国家标准、行业标准和执业标准提供消防技术服务，并对出具的审查、评估、检验、检测意见负责。

三、消防设计审核和消防验收

依据《建设工程消防监督管理规定》，人员密集场所和特殊工程由公安消防机构进行消防设计审核和消防验收。

（一）人员密集场所

依据《建设工程消防监督管理规定》，对具有下列情形之一的人员密集场所，建设单位应当向公安机关消防机构申请消防设计审核，并在建设工程竣工后向出具消防设计审核意见的公安机关消防机构申请消防验收：

1. 建筑总面积大于 2 万平方米的体育场馆、会堂，公共展览馆、博物馆的展示厅。

2. 建筑总面积大于 1.5 万平方米的民用机场航站楼、客运车站候车室、客运码头候船厅。

3. 建筑总面积大于 1 万平方米的宾馆、饭店、商场、市场。

4. 建筑总面积大于 2 500 平方米的影剧院，公共图书馆的阅览室，营业性室内健身、休闲场馆，医院的门诊楼，大学的教学楼、图书馆、食堂，劳动密集型企业的生产加工车间，寺庙、教堂。

5. 建筑总面积大于 1 000 平方米的托儿所、幼儿园的儿童用房，儿童游乐厅等室内儿童活动场所，养老院、福利院，医院、疗养院的病房楼，中小学校的教学楼、图书馆、食堂，学校的集体宿舍，劳动密集型企业的员工集体宿舍。

6. 建筑总面积大于 500 平方米的歌舞厅、录像厅、放映厅、卡拉OK厅、夜总会、游艺厅、桑拿浴室、网吧、酒吧，具有娱乐功能的餐馆、茶馆、咖啡厅。

（二）特殊建设工程

依据《建设工程消防监督管理规定》，对具有下列情形之一的特殊建设工程，建设单位应当向公安机关消防机构申请消防设计审核，并在建设工程竣工后向出具消防设计审核意见的公安机关消防机构申请消防验收：

1. 设有本规定所列的人员密集场所的建设工程。

2. 国家机关办公楼、电力调度楼、电信楼、邮政楼、防灾指挥调度楼、广播电视楼、档案楼。

3. 本条第1项、第2项规定以外的单体建筑面积大于四万平方米或者建筑高度超过50 m 的其他公共建筑。

4. 城市轨道交通、隧道工程，大型发电、变配电工程。

5. 生产、储存、装卸易燃易爆危险物品的工厂、仓库和专用车站、码头，易燃易爆气体和液体的充装站、供应站、调压站。

（三）申请消防设计审核提供的材料

依据《建设工程消防监督管理规定》，建设单位申请消防设计审核应当提供下列材料：

1. 建设工程消防设计审核申报表。

2. 建设单位的工商营业执照等合法身份证明文件。

3. 新建、扩建工程的建设工程规划许可证明文件。

4. 设计单位资质证明文件。

5. 消防设计文件。

具有下列情形之一的，建设单位除提供上述所列材料外，应当同时提供特殊消防设计的技术方案及说明，或者设计采用的国际标准、境外消防技术标准的中文文本，以及其他有关消防设计的应用实例、产品说明等技术资料：

1. 国家工程建设消防技术标准没有规定的。

2. 消防设计文件拟采用的新技术、新工艺、新材料可能影响建设工程消防安全，不符合国家标准规定的。

3. 拟采用国际标准或者境外消防技术标准的。

（四）消防设计审核程序

依据《建设工程消防监督管理规定》，消防设计审核一般遵循下列程序：

1. 建设单位向公安机关消防机构提交申请消防设计审核的有关材料。

2. 公安机关消防机构依照消防法规和国家工程建设消防技术标准强制性要求对申报的消防设计文件进行审核。

3. 公安机关消防机构自受理消防设计审核申请之日起20日内出具书面审核意见。对符合下列条件的，出具消防设计审核合格意见；对不符合条件的，应当出具消防设计审核不合格意见，并说明理由；但是依照本规定需要组织专家评审的，专家评审时间不计算在审核时间内。

但是，对于国家工程建设消防技术标准没有规定；消防设计文件拟采用的新技术、新工艺、新材料可能影响建设工程消防安全，不符合国家标准规定；拟采用国际标准或者境外消防技术标准等三种特殊工程，公安机关消防机构应当在受理消防设计审核申请之日起五日内将申请材料报送省级人民政府公安机关消防机构组织专家评审。省级人民政府公安机关消防机构应当在收到申请材料之日起30日内会同同级住房和城乡建设行政主管部门召开专家评审会，对建设单位提交的消防技术方案进行评审。参加评审的专家应当具有相关专业高级技术职称，总数不应少于7人，并应当出具专家评审意见。评审专家有不同意见的，应当注明。省级人民政府公安机关消防机构应当在专家评审会后五日内将专家评审意见书面通知报送申请材料的公安机关消防机构，同时报公安部消防局备案。对三分之二以上评审专家同意的消防技术方案，受理消防设计审核申请的公安机关消防机构应当出具消防设计审核合格意见。

（五）消防设计审核合格条件

依据《建设工程消防监督管理规定》，对符合下列条件的，公安机关消防机构应当出具消防设计审核合格意见：

1. 新建、扩建工程已经取得建设工程规划许可证。

2. 设计单位具备相应的资质条件。

3. 消防设计文件的编制符合公安部规定的消防设计文件申报要求。

4. 建筑的总平面布局和平面布置、耐火等级、建筑构造、安全疏散、消防给水、消防电源及配电、消防设施等的设计符合国家工程建设消防技术标准强制性要求。

5. 选用的消防产品和有防火性能要求的建筑材料符合国家工程建设消防技术标准和有关管理规定。

（六）申请消防验收提供的材料

依据《建设工程消防监督管理规定》，建设单位申请消防验收应当提供下列材料：

1. 建设工程消防验收申报表。

2. 工程竣工验收报告。

3. 消防产品质量合格证明文件。

4. 有防火性能要求的建筑构件、建筑材料、室内装修装饰材料符合国家标准或者行业标准的证明文件、出厂合格证。

5. 消防设施、电气防火技术检测合格证明文件。

6. 施工、工程监理、检测单位的合法身份证明和资质等级证明文件。

7. 其他依法需要提供的材料。

（七）消防验收程序

依据《建设工程消防监督管理规定》，消防验收遵循下列程序：

1. 建设单位向公安机关消防机构提交申请消防验收的有关材料。

2. 公安机关消防机构对申报消防验收的建设工程，应当依照建设工程消防验收评定标准对已经消防设计审核合格的内容组织消防验收。

3. 公安机关消防机构应当自受理消防验收申请之日起20日内组织消防验收，并出具消防验收意见。对综合评定结论为合格的建设工程，公安机关消防机构应当出具消防验收合格意见；对综合评定结论为不合格的，应当出具消防验收不合格意见，并说明理由。

（八）公安机关消防机构重点监督检查

依据《建设工程消防监督管理规定》，对通过消防设计审核的高层建筑、地下工程，以及采用新技术、新工艺、新材料的建设工程，公安机关消防机构应当重点进行监督检查，督促施工单位落实工程建设消防安全和质量责任。

四、消防设计、竣工验收备案抽查

依据《消防法》和《建设工程消防监督管理规定》，除人员密集场所建设工程和特殊建设工程外，其他建设工程应向公安机关消防机构办理消防设计和竣工验收备案，公安机关消防机构有权对备案的建设工程进行抽查。

（一）申报备案

依据《建设工程消防监督管理规定》，对除人员密集场所建设工程和特殊建设工程以外的其他建设工程，建设单位应当在取得施工许可、工程竣工验收合格之日起7日内，通过省级公安机关消防机构网站的消防设计和竣工验收备案受理系统进行消防设计、竣工验收备案，或者报送纸质备案表由公安机关消防机构录入消防设计和竣工验收备案受理系统。

（二）备案抽查

依据《建设工程消防监督管理规定》，公安机关消防机构收到消防设计、竣工验收备案后，应当出具备案凭证，并通过消防设计和竣工验收备案受理系统中预设的抽查程序，随机确定抽查对象；被抽查到的建设单位应当在收到备案凭证之日起5日内按照备案项目向公安机关消防机构提供本规定有关申请消防设计审核和竣工验收的材料。

公安机关消防机构应当在收到消防设计、竣工验收备案材料之日起30日内，依照消防法规和国家工程建设消防技术标准强制性要求完成图样检查，或者按照建设工程消防验收评定标准完成工程检查，制作检查记录。检查结果应当在消防设计和竣工验收备案受理系统中公告。

五、消防设计审核合格意见、消防验收合格意见的撤销

依据《建设工程消防监督管理规定》，消防设计审核合格意见、消防验收合格意见具有下列情形之一的，出具许可意见的公安机关消防机构或者其上级公安机关消防机构，根据利害关系人的请求或者依据职权，可以依法撤销许可意见：

1. 对不具备申请资格或者不符合法定条件的申请人作出的。
2. 建设单位以欺骗、贿赂等不正当手段取得的。
3. 公安机关消防机构超出法定职责和权限作出的。
4. 公安机关消防机构违反法定程序作出的。
5. 公安机关消防机构工作人员滥用职权、玩忽职守作出的。

依照上述规定撤销消防设计审核合格意见、消防验收合格意见，可能对公共利益造成重大损害的，不予撤销。

六、公安机关消防机构的执法监督

依据《建设工程消防监督管理规定》，公安机关消防机构应当履行下列执法监督职责：

1. 公安机关消防机构办理建设工程消防设计审核、消防验收，实行主责承办、技术复核、审验分离和集体会审等制度。

公安机关消防机构实施消防设计审核、消防验收的主责承办人、技术复核人和行政审批人应当依照职责对消防执法质量负责。

2. 省级公安机关消防机构应当在互联网上设立消防设计和竣工验收备案受理系统，结合辖区内建设工程数量和消防设计、施工质量情况，统一确定消防设计与竣工验收备案预设程序和抽查比例，并对备案、抽查实施情况进行定期检查。对设有人员密集场所的建设工程的抽查比例不应低于百分之五十。

公安机关消防机构和人员应当依照本规定对建设工程消防设计和竣工验收实施备案抽查,不得擅自确定抽查对象。

3. 办理消防设计审核、消防验收、备案抽查的公安机关消防机构工作人员是申请人、利害关系人的近亲属,或者与申请人、利害关系人有其他关系可能影响办理公正的,应当回避。

4. 公安机关消防机构接到公民、法人和其他组织有关建设工程违反消防法律法规和国家工程建设消防技术标准的举报,应当在3日内组织人员核查,核查处理情况应当及时告知举报人。

5. 公安机关消防机构实施建设工程消防监督管理时,不得对消防技术服务机构、消防产品设定法律法规规定以外的地区性准入条件。

6. 公安机关消防机构及其工作人员不得指定或者变相指定建设工程的消防设计、施工、工程监理单位和消防技术服务机构。不得指定消防产品和建筑材料的品牌、销售单位。不得参与或者干预建设工程消防设施施工、消防产品和建筑材料采购的招投标活动。

7. 公安机关消防机构实施消防设计审核、消防验收和备案、抽查,不得收取任何费用。

8. 公安机关消防机构实施建设工程消防监督管理的依据、范围、条件、程序、期限及其需要提交的全部材料的目录和申请书示范文本应当在互联网网站、受理场所、办公场所公示。

消防设计审核、消防验收、备案抽查的结果,除涉及国家秘密、商业秘密和个人隐私的以外,应当予以公开,公众有权查阅。

七、法律责任

(一)违反申报备案的处理

《建设工程消防监督管理规定》第二十九条规定:"建设工程的消防设计、竣工验收未依法报公安机关消防机构备案的,公安机关消防机构应当依法处罚,责令建设单位在五日内备案,并纳入抽查范围;对逾期不备案的,公安机关消防机构应当在备案期限届满之日起五日内通知建设单位,责令其停止施工、使用。"

(二)违反备案抽查的处理

《建设工程消防监督管理规定》第二十七条规定:"公安机关消防机构发现消防设计不合格的,应当在五日内书面通知建设单位改正;已经开始施工的,同时责令停止施工。建设单位收到通知后,应当停止施工,对消防设计组织修改后送公安机关消防机构复查。经复查,对消防设计符合国家工程建设消防技术标准强制性要求的,公安机关消防机构应当出具书面复查意见,告知建设单位恢复施工。"

《建设工程消防监督管理规定》第二十八条规定:"公安机关消防机构实施竣工验收抽查时,发现有违反消防法规和国家工程建设消防技术标准强制性要求或者降低消防施工质量的,应当在五日内书面通知建设单位改正。建设单位收到通知后,应当停止使用,组织整改后向公安机关消防机构申请复查。经复查符合要求的,公安机关消防机构应当出具书面复查意见,告知建设单位恢复使用。"

（三）公安机关消防机构工作人员违反规定的处理

依据《建设工程消防监督管理规定》第四十七条规定，公安机关消防机构的人员玩忽职守、滥用职权、徇私舞弊，构成犯罪的，依法追究刑事责任。有下列行为之一，尚未构成犯罪的，依照有关规定给予处分：

1. 对不符合法定条件的建设工程出具消防设计审核合格意见、消防验收合格意见的。

2. 对符合法定条件的建设工程消防设计、消防验收的申请，不予受理、审核、验收或者拖延时间办理的。

3. 指定或者变相指定设计单位、施工单位、工程监理单位的。

4. 指定或者变相指定消防产品品牌、销售单位或者技术服务机构、消防设施施工单位的。

5. 利用职务接受有关单位或者个人财物的。

第八节　安全生产事故隐患排查治理暂行规定

2007 年 12 月 28 日，国家安全生产监督管理总局制定公布《安全生产事故隐患排查治理暂行规定》（总局令第 16 号），自 2008 年 2 月 1 日起施行。制定《安全生产事故隐患排查治理暂行规定》的目的是为了建立安全生产事故隐患排查治理长效机制，强化安全生产主体责任，加强事故隐患监督管理，防止和减少事故。

一、事故隐患

（一）事故隐患的定义和范围

根据《职业安全卫生术语》（GB/T 15236—2008），所谓事故隐患是指可导致事故发生的物的危险状态、人的不安全行为及管理上的缺陷。但在实际执行过程中，人的不安全行为及管理上的缺陷比较难以界定，而且极易发生变化，较多存在的是违反安全生产法律、法规、规章和有关标准、规程要求的物的危险状态。兼顾两方面的因素，《安全生产事故隐患排查治理暂行规定》第三条规定："本规定所称安全生产事故隐患（以下简称事故隐患），是指生产经营单位违反安全生产法律、法规、规章、标准、规程和安全生产管理制度的规定，或者因其他因素在生产经营活动中存在可能导致事故发生的物的危险状态、人的不安全行为和管理上的缺陷。才被界定为事故隐患。"

（二）事故隐患的分级

原劳动部《重大事故隐患管理规定》中按照事故可能造成的后果将事故隐患分为三级，然而实际操作过程中小隐患亦可能引发大事故。为了方便操作，结合多年的实际情况，根据隐患整改的难易程度将事故隐患分为两级。《安全生产事故隐患排查治理暂行规定》第三条规定："事故隐患分为一般事故隐患和重大事故隐患。一般事故隐患，是指危害和整改难度较小，发现后能够立即整改排除的隐患。重大事故隐患，是指危害和整改难度较大，应当全部或者局部停产停业，并经过一定时间整改治理方能排除的隐患，或者因外部因素影响致使生产经营单位自身难以排除的隐患。"

二、事故隐患排查治理

（一）生产经营单位事故隐患排查治理职责

依据《安全生产事故隐患排查治理暂行规定》，生产经营单位应当履行下列事故隐患排查治理职责：

1. 生产经营单位应当依照法律、法规、规章、标准和规程的要求从事生产经营活动。严禁非法从事生产经营活动。

2. 生产经营单位是事故隐患排查、治理和防控的责任主体。生产经营单位应当建立健全事故隐患排查治理和建档监控等制度，逐级建立并落实从主要负责人到每个从业人员的隐患排查治理和监控责任制。生产经营单位主要负责人对本单位事故隐患排查治理工作全面负责。

3. 生产经营单位应当保证事故隐患排查治理所需的资金，建立资金使用专项制度。

4. 生产经营单位应当定期组织安全生产管理人员、工程技术人员和其他相关人员排查本单位的事故隐患。对排查出的事故隐患，应当按照事故隐患的等级进行登记，建立事故隐患信息档案，并按照职责分工实施监控治理。

5. 生产经营单位应当建立事故隐患报告和举报奖励制度，鼓励、发动职工发现和排除事故隐患，鼓励社会公众举报。对发现、排除和举报事故隐患的有功人员，应当给予物质奖励和表彰。

6. 生产经营单位将生产经营项目、场所、设备发包、出租的，应当与承包、承租单位签订安全生产管理协议，并在协议中明确各方对事故隐患排查、治理和防控的管理职责。生产经营单位对承包、承租单位的事故隐患排查治理负有统一协调和监督管理的职责。

7. 生产经营单位应当每季、每年对本单位事故隐患排查治理情况进行统计分析，并分别于下一季度15日前和下一年1月31日前向安全监管监察部门和有关部门报送书面统计分析表。统计分析表应当由生产经营单位主要负责人签字。

（二）重大事故隐患报告

依据《安全生产事故隐患排查治理暂行规定》，对于重大事故隐患，生产经营单位除依照前款规定报送外，应当及时向安全监管监察部门和有关部门报告。重大事故隐患报告内容应当包括：

1. 隐患的现状及其产生原因。

2. 隐患的危害程度和整改难易程度分析。

3. 隐患的治理方案。

（三）事故隐患治理

依据《安全生产事故隐患排查治理暂行规定》，对于一般事故隐患，由生产经营单位（车间、分厂、区队等）负责人或者有关人员立即组织整改。

对于重大事故隐患，由生产经营单位主要负责人组织制定并实施事故隐患治理方案。重大事故隐患治理方案应当包括以下内容：

1. 治理的目标和任务。

2. 采取的方法和措施。

3. 经费和物资的落实。

4. 负责治理的机构和人员。

5. 治理的时限和要求。

6. 安全措施和应急预案。

（四）事故隐患排查治理中的紧急处置

事故隐患排查治理过程中，可能面临不安全的因素，保障隐患排查治理中人员的安全至关重要。为此，《安全生产事故隐患排查治理暂行规定》第十六条规定："生产经营单位在事故隐患治理过程中，应当采取相应的安全防范措施，防止事故发生。事故隐患排除前或者排除过程中无法保证安全的，应当从危险区域内撤出作业人员，并疏散可能危及的其他人员，设置警戒标志，暂时停产停业或者停止使用；对暂时难以停产或者停止使用的相关生产储存装置、设施、设备，应当加强维护和保养，防止事故发生。"

（五）自然灾害的预警

自然灾害极易引发各种事故隐患，给本单位及邻近生产经营单位带来极大危害。加强这类事故隐患的防范和预警，对防止重大事故的发生十分重要。为此，《安全生产事故隐患排查治理暂行规定》第十七条规定："生产经营单位应当加强对自然灾害的预防。对于因自然灾害可能导致事故灾难的隐患，应当按照有关法律、法规、标准和本规定的要求排查治理，采取可靠的预防措施，制定应急预案。在接到有关自然灾害预报时，应当及时向下属单位发出预警通知；发生自然灾害可能危及生产经营单位和人员安全的情况时，应当采取撤离人员、停止作业、加强监测等安全措施，并及时向当地人民政府及其有关部门报告。"

（六）重大事故隐患治理后的安全评估

生产经营单位存在属于政府部门监督检查中发现、实行挂牌督办并采取局部停产整顿的重大事故隐患，可以判定该生产经营单位局部已不具备安全生产条件。此类事故隐患整改完成后，需要专业技术人员才能较好地判断该生产经营单位是否达到了安全生产条件，最好聘请具备相应资质的安全评价机构对重大事故隐患的整改现状进行评价，这是保证重大隐患治理效果的有效手段。因此，《安全生产事故隐患排查治理暂行规定》第十八条规定："地方人民政府或者安全监管监察部门及有关部门挂牌督办并责令全部或者局部停产停业治理的重大事故隐患，治理工作结束后，有条件的生产经营单位应当组织本单位的技术人员和专家对重大事故隐患的治理情况进行评估；其他生产经营单位应当委托具备相应资质的安全评价机构对重大事故隐患的治理情况进行评估。"

（七）重大事故隐患治理的监督检查

为了加强对重大事故隐患的治理，依据《安全生产事故隐患排查治理暂行规定》，应当进行下列监督检查：

1. 地方人民政府或者安全监管监察部门及有关部门挂牌督办并责令全部或者局部停产停业治理的重大事故隐患，经治理后符合安全生产条件的，生产经营单位应当向安全监管监察部门和有关部门提出恢复生产的书面申请。申请报告应当包括治理方案的内容、项目和安全评价机构出具的评价报告等。

2. 安全监管监察部门收到生产经营单位恢复生产的申请报告后，应当在 10 日内进行现场审查。审查合格的，对事故隐患进行核销，同意恢复生产经营；审查不合格的，依法责令改正或者下达停产整改指令。对整改无望或者生产经营单位拒不执行整改指令的，依法实施行政处罚；不具备安全生产条件的，依法提请县级以上人民政府按照国务院规定的权限予以关闭。

三、生产经营单位违反本规定的处罚

《安全生产事故隐患排查治理暂行规定》第二十五条规定："生产经营单位及其主要负责人未履行事故隐患排查治理职责，导致发生生产安全事故的，依法给予行政处罚。"

《安全生产事故隐患排查治理暂行规定》第二十六条规定，生产经营单位违反本规定，有下列行为之一的，由安全监管监察部门给予警告，并处三万元以下的罚款：

1. 未建立安全生产事故隐患排查治理等各项制度的。
2. 未按规定上报事故隐患排查治理统计分析表的。
3. 未制定事故隐患治理方案的。
4. 重大事故隐患不报或者未及时报告的。
5. 未对事故隐患进行排查治理擅自生产经营的。
6. 整改不合格或者未经安全监管监察部门审查同意擅自恢复生产经营的。

第九节　生产安全事故应急预案管理办法

2009 年 4 月 1 日，国家安全生产监督管理总局制定公布《生产安全事故应急预案管理办法》（总局令第 17 号），自 2009 年 5 月 1 日起施行。制定《生产安全事故应急预案管理办法》的目的是：规范生产安全事故应急预案的管理，完善应急预案体系，增强应急预案的科学性、针对性、实效性。

建立健全有效的应急预案体系，增强应急预案的科学性、针对性和实效性，是及时开展事故应急救援工作，减少人员伤害和事故损失的重要举措。2007 年颁布的《突发事件应对法》对建立应急预案体系做出了明确规定，国务院、国务院办公厅相继印发了《国务院关于全面加强应急管理工作的意见》、《国务院办公厅关于全面加强基层应急管理工作的意见》等文件，国家安全监管总局多年来一直致力予以多种形式推进应急预案体系的建设，目前全国生产安全事故应急预案体系基本形成。

一、应急预案管理的原则和政府部门职责

目前，应急预案的种类十分繁杂。根据现行法律法规和国家有关规定，各级政府制定政府应急预案、各个部门制定部门应急预案、生产经营单位制定各自的应急预案，此外，还有综合应急预案，如生产安全事故应急预案；专项应急预案，如危险化学品事故应急预案等。针对这种情况，《生产安全事故应急预案管理办法》第三条规定："应急预案的管理遵循综合协调、分类管理、分级负责、属地为主的原则。"第四条规定："国家安全生产监督管理总局负责应急预案的综合协调管理工作。国务院其他负有安全生产监督管理职责

的部门按照各自的职责负责本行业、本领域内应急预案的管理工作。县级以上地方各级人民政府安全生产监督管理部门负责本行政区域内应急预案的综合协调管理工作。县级以上地方各级人民政府其他负有安全生产监督管理职责的部门按照各自的职责负责辖区内本行业、本领域应急预案的管理工作。"

二、应急预案的编制

(一) 编制的基本要求

规范、合理的编制应急预案是保证应急预案质量的基础。依据《生产安全事故应急预案管理办法》，应急预案的编制应当符合下列基本要求：

1. 符合有关法律、法规、规章和标准的规定。
2. 结合本地区、本部门、本单位的安全生产实际情况。
3. 结合本地区、本部门、本单位的危险性分析情况。
4. 应急组织和人员的职责分工明确，并有具体的落实措施。
5. 有明确、具体的事故预防措施和应急程序，并与其应急能力相适应。
6. 有明确的应急保障措施，并能满足本地区、本部门、本单位的应急工作要求。
7. 预案基本要素齐全、完整，预案附件提供的信息准确。
8. 预案内容与相关应急预案相互衔接。

(二) 生产经营单位应急预案的种类

依据《生产安全事故应急预案管理办法》，生产经营单位应当根据有关法律、法规和《生产经营单位安全生产事故应急预案编制导则》（AQ/T9002—2006），结合本单位的危险源状况、危险性分析情况和可能发生的事故特点，制定相应的应急预案。生产经营单位的应急预案按照针对情况的不同，分为综合应急预案、专项应急预案和现场处置方案。

1. 生产经营单位风险种类多、可能发生多种事故类型的，应当组织编制本单位的综合应急预案。综合应急预案应能从总体上阐述事故的应急方针、政策，应急组织结构及相关应急职责，应急行动、措施和保障等基本要求和程序，是应对各类事故的综合性文件。综合应急预案应当包括本单位的应急组织机构及其职责、预案体系及响应程序、事故预防及应急保障、应急培训及预案演练等主要内容。

2. 对于某一种类的风险，生产经营单位应当根据存在的重大危险源和可能发生的事故类型，制定相应的专项应急预案。专项应急预案是针对具体的事故类别（如煤矿瓦斯爆炸、危险化学品泄漏等事故）、危险源和应急保障而制定的计划或方案，是综合应急预案的组成部分，应按照综合应急预案的程序和要求组织制定，并作为综合应急预案的附件。专项应急预案应制定明确的救援程序和具体的应急救援措施，包括危险性分析、可能发生的事故特征、应急组织机构与职责、预防措施、应急处置程序和应急保障等内容。

3. 对于危险性较大的重点岗位，生产经营单位应当制定重点工作岗位的现场处置方案。现场处置方案是针对具体的装置、场所或设施、岗位所制定的应急处置措施。现场处置方案应根据风险评估及危险性控制措施逐一编制，具体、简单、针对性强。做到事故相关人员应知应会，熟练掌握，并通过应急演练，做到迅速反应、正确处置。现场处置方案应当包括危险性分析、可能发生的事故特征、应急处置程序、应急处置要点和注意事项等内容。

（三）预案的衔接及附件

依据《生产安全事故应急预案管理办法》，生产经营单位编制的综合应急预案、专项应急预案和现场处置方案之间应当相互衔接，并与所涉及的其他单位的应急预案相互衔接。此外，应急预案应当包括应急组织机构和人员的联系方式、应急物资储备清单等附件信息。附件信息应当经常更新，确保信息准确有效。

三、应急预案的评审

（一）安全生产监督管理部门预案的评审

为保证安全生产监督管理部门预案的质量，《生产安全事故应急预案管理办法》规定："地方各级安全生产监督管理部门应当组织有关专家对本部门编制的应急预案进行审定；必要时，可以召开听证会，听取社会有关方面的意见。涉及相关部门职能或者需要有关部门配合的，应当征得有关部门同意。"

（二）生产经营单位预案的评审

预案的评审是保证预案质量的关键，但又要避免对所有生产经营单位的预案进行评审，给生产经营单位带来负担。为此，《生产安全事故应急预案管理办法》从两个方面对生产经营单位的预案评审作出规定：

1. 矿山、建筑施工单位和易燃易爆物品、危险化学品、放射性物品等危险物品的生产、经营、储存、使用单位和中型规模以上的其他生产经营单位，应当组织专家对本单位编制的应急预案进行评审。评审应当形成书面纪要并附有专家名单。

2. 上述规定以外的其他生产经营单位应当对本单位编制的应急预案进行论证。

（三）评审的要求

依据《生产安全事故应急预案管理办法》，应急预案评审或者论证应当符合下列三方面要求：

1. 参加应急预案评审的人员应当包括应急预案涉及的政府部门工作人员和有关安全生产及应急管理方面的专家。

2. 评审人员与所评审预案的生产经营单位有利害关系的，应当回避。

3. 应急预案的评审或者论证应当注重应急预案的实用性、基本要素的完整性、预防措施的针对性、组织体系的科学性、响应程序的操作性、应急保障措施的可行性、应急预案的衔接性等内容。

四、应急预案的备案

应急预案备案工作是指导企业开展应急预案编制，提高应急预案质量的重要措施。《国务院办公厅关于加强基层应急管理工作的意见》明确规定有关部门要加强基层应急预案备案和修订管理工作。《国务院办公厅转发安全监管总局等部门关于加强企业应急管理工作意见的通知》中明确规定，企业应急预案按照"分类管理、分级负责"的原则报当地政府主管部门和上级单位备案，并告知相关单位。备案管理单位要加强对预案内容的审查，实现预案之间的有机衔接。

（一）政府部门预案的备案

《生产安全事故应急预案管理办法》第十八条规定："地方各级安全生产监督管理部门的应急预案，应当报同级人民政府和上一级安全生产监督管理部门备案。其他负有安全生产监督管理职责的部门的应急预案，应当抄送同级安全生产监督管理部门。"

（二）生产经营单位预案的备案

应急预案的管理遵循"综合协调、分类管理、分级负责、属地为主"的原则。《生产安全事故应急预案管理办法》从五个方面对生产经营单位预案的备案作出规定：

1. 中央管理的总公司（总厂、集团公司、上市公司）的综合应急预案和专项应急预案，报国务院国有资产监督管理部门、国务院安全生产监督管理部门和国务院有关主管部门备案。

2. 中央管理的总公司（总厂、集团公司、上市公司）所属单位的应急预案分别抄送所在地的省、自治区、直辖市或者设区的市人民政府安全生产监督管理部门和有关主管部门备案。

3. 中央管理的总公司（总厂、集团公司、上市公司）以外的其他生产经营单位中涉及实行安全生产许可的，其综合应急预案和专项应急预案，按照隶属关系报所在地县级以上地方人民政府安全生产监督管理部门和有关主管部门备案。

4. 中央管理的总公司（总厂、集团公司、上市公司）以外的其他生产经营单位中未实行安全生产许可的，其综合应急预案和专项应急预案的备案，由省、自治区、直辖市人民政府安全生产监督管理部门确定。

5. 煤矿企业的综合应急预案和专项应急预案除按照上述规定报安全生产监督管理部门和有关主管部门备案外，还应当抄报所在地的煤矿安全监察机构。

（三）生产经营单位申请备案的材料

依据《生产安全事故应急预案管理办法》，生产经营单位申请应急预案备案，应当提交以下材料：应急预案备案申请表；应急预案评审或者论证意见；应急预案文本及电子文档。

（四）安全生产监督管理部门的备案审查

依据《生产安全事故应急预案管理办法》，受理备案登记的安全生产监督管理部门应当对应急预案进行形式审查，经审查符合要求的，予以备案并出具应急预案备案登记表；不符合要求的，不予备案并说明理由。对于实行安全生产许可的生产经营单位，已经进行应急预案备案登记的，在申请安全生产许可证时，可以不提供相应的应急预案，仅提供应急预案备案登记表。

五、应急预案的实施

（一）应急预案的宣传教育培训

应急预案需要通过广泛的宣传教育培训，让广大人民群众了解、熟悉，才能提高生产经营单位及从业人员、政府部门工作人员应急处置能力。为此，《生产安全事故应急预案管理办法》第二十三条规定："各级安全生产监督管理部门、生产经营单位应当采取多种形式开展应急预案的宣传教育，普及生产安全事故预防、避险、自救和互救知识，提高从业人员安全意识和应急处置技能。"第二十四条规定："各级安全生产监督管理部门应当将应急预案的培训纳入安全生产培训工作计划，并组织实施本行政区域内重点生产经营单位的应急预案培训工作。生产经营单位应当组织开展本单位的应急预案培训活动，使有关人员了解应急预案内容，熟悉应急职责、应急程序和岗位应急处置方案。应急预案的要点和程序应当张贴在应急地点和应急指挥场所，并设有明显的标志。"

（二）应急预案的演练

加强应急预案演练，是保证应急预案实效的重要措施，为此，《生产安全事故应急预案管理办法》对有关应急预案的演练作出了明确要求。第二十五条规定："各级安全生产监督管理部门应当定期组织应急预案演练，提高本部门、本地区生产安全事故应急处置能力。"第二十六条规定："生产经营单位应当制定本单位的应急预案演练计划，根据本单位的事故预防重点，每年至少组织一次综合应急预案演练或者专项应急预案演练，每半年至少组织一次现场处置方案演练。"第二十七条规定："应急预案演练结束后，应急预案演练组织单位应当对应急预案演练效果进行评估，撰写应急预案演练评估报告，分析存在的问题，并对应急预案提出修订意见。"

（三）应急预案的修订

应急预案的及时修订是保证应急预案针对性、实效性的重要措施。《生产安全事故应急预案管理办法》第二十九条规定："地方各级安全生产监督管理部门制定的应急预案，应当根据预案演练、机构变化等情况适时修订。生产经营单位制定的应急预案应当至少每三年修订一次，预案修订情况应有记录并归档。"第三十条还规定，有下列情形之一的，应急预案应当及时修订：

1. 生产经营单位因兼并、重组、转制等导致隶属关系、经营方式、法定代表人发生变化的；

2. 生产经营单位生产工艺和技术发生变化的。

3. 周围环境发生变化，形成新的重大危险源的。

4. 应急组织指挥体系或者职责已经调整的。

5. 依据的法律、法规、规章和标准发生变化的。

6. 应急预案演练评估报告要求修订的。

7. 应急预案管理部门要求修订的。

六、奖励与处罚

（一）奖励

《生产安全事故应急预案管理办法》第三十四条规定："对于在应急预案编制和管理工作中做出显著成绩的单位和人员，安全生产监督管理部门、生产经营单位可以给予表彰和奖励。"

（二）处罚

《生产安全事故应急预案管理办法》第三十五条规定："生产经营单位应急预案未按照本办法规定备案的，由县级以上安全生产监督管理部门给予警告，并处三万元以下罚款。"

第十节 生产安全事故信息报告和处置办法

2009年6月16日，国家安全生产监督管理总局制定公布《生产安全事故信息报告和处置办法》（总局令第21号），自2009年7月1日起施行。

一、《生产安全事故信息报告和处置办法》的适用范围

制定《生产安全事故信息报告和处置办法》的主要目的是规范安全生产监督管理部门和安全监察机构对安全生产事故信息的报告和处置工作，不涉及对事故的应急救援和调查处理等方面的实质性工作。因此，《生产安全事故信息报告和处置办法》第二条规定："生产经营单位报告安全生产事故信息和安全生产监督管理部门、煤矿安全监察机构对有关安全生产事故信息的报告和处置工作，适用本办法"。第三条规定："本办法规定的应当报告和处置的生产安全事故信息（以下简称事故信息），是指已经发生的生产安全事故和较大涉险事故的信息。"

二、较大涉险事故的范围

从近些年的生产安全事故发生情况来看，较大涉险事故时有发生，不仅造成一定的物质损失，也暴露出存在的安全隐患，对这类事故处置不当，则有可能导致发生生产安全事故，造成人员伤亡。依据《生产安全事故信息报告和处置办法》第二十六条规定，较大涉险事故是指：

1. 涉险10人以上的事故。
2. 造成3人以上被困或者下落不明的事故。
3. 紧急疏散人员500人以上的事故。
4. 因生产安全事故对环境造成严重污染（人员密集场所、生活水源、农田、河流、水库、湖泊等）的事故。
5. 危及重要场所和设施安全（电站、重要水利设施、危化品库、油气站和车站、码头、港口、机场及其他人员密集场所等）的事故。
6. 其他较大涉险事故。

三、事故信息的报告

（一）生产经营单位的报告

发生生产安全事故或者较大涉险事故后，依据《生产安全事故信息报告和处置办法》，生产经营单位根据事故的大小可以分三个层次报告：

1. 生产经营单位发生生产安全事故或者较大涉险事故，其单位负责人接到事故信息报告后应当于1小时内报告事故发生地县级安全生产监督管理部门、煤矿安全监察分局。这是事故报告的基本规定，生产经营单位发生生产安全事故或者较大涉险事故，必须按照规定时限报告事故发生地的县级安全生产监督管理部门；涉及煤矿的事故，同时报告煤矿

安全监察分局；涉及其他事故的，同时报告其他有关主管部门。

2. 发生较大以上生产安全事故的，事故发生单位在依照第 1 项规定报告的同时，应当在 1 小时内报告省级安全生产监督管理部门、省级煤矿安全监察机构。即生产经营单位发生死亡 3 人以上，或者重伤 10 人以上（包括急性工业中毒，下同），或者经济损失 1 000 万元以上的生产安全事故，除正常向县级安全生产监督管理部门报告事故外，还应当在 1 小时内直接报告省级安全生产监督管理部门；涉及煤矿的事故，同时报告给省级煤矿安全监察机构。

3. 发生重大、特别重大生产安全事故的，事故发生单位在依照第 1 项、第 2 项规定报告的同时，可以立即报告国家安全生产监督管理总局、国家煤矿安全监察局。即生产经营单位发生死亡 10 人以上，或者重伤 50 人以上（包括急性工业中毒，下同），或者经济损失 5 000 万元以上的生产安全事故，除正常向县级安全生产监督管理部门报告事故外，还应当在 1 小时内直接报告省级安全生产监督管理部门；涉及煤矿的事故，同时报告给省级煤矿安全监察机构。事故发生单位还可以直接向国家安全生产监督管理总局、国家煤矿安全监察局报告。

（二）较大以上生产安全事故或者社会影响重大的事故的快报

为了加快较大生产安全事故或者社会影响重大事故的报告，要求安全生产监督管理部门、煤矿安全监察机构按照《生产安全事故报告和调查处理条例》的规定逐级报告外，增加了电话快报。同时，增加了乡镇安监站（办）可以越级上报的规定。《生产安全事故信息报告和处置办法》规定："发生较大生产安全事故或者社会影响重大的事故的，县级、市级安全生产监督管理部门或者煤矿安全监察分局接到事故报告后，在依照《生产安全事故报告和调查处理条例》规定逐级上报的同时，应当在 1 小时内先用电话快报省级安全生产监督管理部门、省级煤矿安全监察机构，随后补报文字报告；乡镇安监站（办）可以根据事故情况越级直接报告省级安全生产监督管理部门、省级煤矿安全监察机构。"

（三）重大、特别重大生产安全事故或者社会影响恶劣的事故的快报

为了加快重大、特别重大生产安全事故或者社会影响恶劣事故的报告，要求安全生产监督管理部门、煤矿安全监察机构按照《生产安全事故报告和调查处理条例》的规定逐级报告外，增加了电话快报。同时，增加了县、市安全生产监督管理部门或者煤矿安全监察分局可以越级上报国家安全生产监督管理总局、国家煤矿安全监察局的规定。《生产安全事故信息报告和处置办法》规定："发生重大、特别重大生产安全事故或者社会影响恶劣的事故的，县级、市级安全生产监督管理部门或者煤矿安全监察分局接到事故报告后，在依照《生产安全事故报告和调查处理条例》规定逐级上报的同时，应当在 1 小时内先用电话快报省级安全生产监督管理部门、省级煤矿安全监察机构，随后补报文字报告；必要时，可以直接用电话报告国家安全生产监督管理总局、国家煤矿安全监察局。"

省级安全生产监督管理部门、省级煤矿安全监察机构接到事故报告后，应当在 1 小时内先用电话快报国家安全生产监督管理总局、国家煤矿安全监察局，随后补报文字报告。国家安全生产监督管理总局、国家煤矿安全监察局接到事故报告后，应当在 1 小时内先用电话快报国务院总值班室，随后补报文字报告。

（四）事故信息报告的内容

依据《生产安全事故信息报告和处置办法》，生产经营单位、安全生产监督管理部门或者煤矿安全监察报告事故信息，应当包括下列内容：

1. 事故发生单位的名称、地址、性质、产能等基本情况。

2. 事故发生的时间、地点以及事故现场情况。

3. 事故的简要经过（包括应急救援情况）。

4. 事故已经造成或者可能造成的伤亡人数（包括下落不明、涉险的人数）和初步估计的直接经济损失。

5. 已经采取的措施。

6. 其他应当报告的情况。

（五）事故信息电话快报的内容

使用电话快报，应当包括下列内容：

1. 事故发生单位的名称、地址、性质。

2. 事故发生的时间、地点。

3. 事故已经造成或者可能造成的伤亡人数（包括下落不明、涉险的人数）。

（六）事故信息的续报

为保证事故信息的及时续报，《生产安全事故信息报告和处置办法》规定："事故具体情况暂不清的，负责事故报告的单位可以先报事故概况，随即补报事故全面情况。事故信息报告后出现新情况的，负责事故报告的单位应当及时续报。较大涉险事故、一般事故、较大事故每日至少续报 1 次；重大事故、特别重大事故每日至少续报 2 次。自事故发生之日起 30 日内（道路交通、火灾事故自发生之日起 7 日内），事故造成的伤亡人数发生变化的，应当当日补报。"

四、举报事故信息的处置

受理单位和个人对事故的举报，是安全生产监督管理部门和煤矿安全监察机构的法定义务。《生产安全事故信息报告和处置办法》从以下四个方面对举报事故信息的处置做出了规定：

1. 安全生产监督管理部门、煤矿安全监察机构接到任何单位或者个人的事故信息举报后，应当立即与事故单位或者下一级安全生产监督管理部门、煤矿安全监察机构联系，并进行调查核实。

2. 下一级安全生产监督管理部门、煤矿安全监察机构接到上级安全生产监督管理部门、煤矿安全监察机构的事故信息举报核查通知后，应当立即组织查证核实，并在 2 个月内向上一级安全生产监督管理部门、煤矿安全监察机构报告核实结果。

3. 对发生较大涉险事故的，下一级安全生产监督管理部门、煤矿安全监察机构依照规定对事故信息查证核后，按照规定在 2 个月内向上一级安全生产监督管理部门、煤矿安全监察机构报告核实结果；对发生生产安全事故的，安全生产监督管理部门、煤矿安全监察机构应当在 5 日内对事故情况进行初步查证，并将事故初步查证的简要情况报告上一级安全生产监督管理部门、煤矿安全监察机构，详细核实结果在 2 个月内报告。

4. 事故信息经初步查证后，负责查证的安全生产监督管理部门、煤矿安全监察机构应当立即报告本级人民政府和上一级安全生产监督管理部门、煤矿安全监察机构，并书面通知公安机关、劳动保障部门、工会、人民检察院和有关部门。

五、现场调查

根据《安全生产法》、《生产安全事故报告和调查处理条例》的有关规定，《生产安全事故信息报告和处置办法》按照事故等级大小，对安全生产监督管理部门、煤矿安全监察机构负责人或者有关人员赶赴事故现场做出了明确具体规定。

依据《生产安全事故信息报告和处置办法》规定，安全生产监督管理部门、煤矿安全监察机构接到生产安全事故报告后，应当按照下列规定派员立即赶赴事故现场：

1. 发生一般事故的，县级安全生产监督管理部门、煤矿安全监察分局负责人立即赶赴事故现场。

2. 发生较大事故的，设区的市级安全生产监督管理部门、省级煤矿安全监察局负责人应当立即赶赴事故现场。

3. 发生重大事故的，省级安全监督管理部门、省级煤矿安全监察局负责人立即赶赴事故现场。

4. 发生特别重大事故的，国家安全生产监督管理总局、国家煤矿安全监察局负责人立即赶赴事故现场。

上级安全生产监督管理部门、煤矿安全监察机构认为必要的，可以派员赶赴事故现场。

六、生产经营单位违反事故信息报告的处罚

（一）迟报、漏报、谎报或者瞒报生产安全事故的处罚

《生产安全事故信息报告和处置办法》第二十四条规定："生产经营单位及其有关人员对生产安全事故迟报、漏报、谎报或者瞒报的，依照有关规定予以处罚。"生产经营单位迟报、漏报、谎报或者瞒报生产安全事故，依据《生产安全事故报告和调查处理条例》的规定实施行政处罚。

（二）迟报、漏报、谎报或者瞒报较大涉险事故的处罚

《生产安全事故信息报告和处置办法》第二十五条规定："生产经营单位对较大涉险事故迟报、漏报、谎报或者瞒报的，给予警告，并处 3 万元以下的罚款。"

第十一节　安全评价机构管理规定

2009 年 7 月 1 日，国家安全生产监督管理总局制定公布了《安全评价机构管理规定》（总局令第 22 号），自 2009 年 10 月 1 日起施行。原国家安全生产监督管理局（国家煤矿安全监察局）2004 年 10 月 20 日公布的《安全评价机构管理规定》同时废止。修订《安全评价机构管理规定》的目的是进一步加强安全评价机构的管理，规范安全评价行为，建立公正、公平、竞争、有序的安全评价技术服务体系。

原国家安全生产监督管理局（国家煤矿安全监察局）于 2004 年 10 月 20 日制定公布的《安全评价机构管理规定》实施以来，对加强甲、乙级评价资质分级管理，规范安全评价机构的资质审批程序起到了重要作用，有力地促进了安全生产工作。国家安全生产监督管理总局还先后颁布了一系列配套文件，包括安全评价资质申报审核程序、相关技术标准、运行规则等，配合《安全评价机构管理规定》的实施。实践证明，安全评价机构通过安全评价技术服务，及时发现企业存在的事故隐患，并提出整改建议，为生产经营单位改善安全生产条件，消除安全生产事故隐患，发挥了重要的技术支撑作用。但是，随着安全评价工作的深入开展，安全评价机构的管理工作出现了一些新情况、新问题。首先是安全评价人员的从业资格被纳入国家职业资格管理范围。《劳动法》第六十九条规定"国家确定职业分类，对规定的职业制定职业技能标准，实行职业资格制度"。2008 年 1 月 1 日施行的《就业促进法》第五十一条规定"国家对从事涉及公共安全、人身健康、生命财产安全等特殊工种的劳动者，实行职业资格证书制度"。2008 年 2 月 29 日原劳动保障部《关于印发第十八批平板印刷工等 20 个国家职业标准的通知》公布施行了安全评价师的职业标准，将安全评价师定义为：采用安全系统工程的方法、手段，对建设项目和生产经营单位生产安全存在的风险进行安全评价的人员。安全评价师根据专业能力由低到高共设为三个等级，分别是：三级安全评价师（国家职业资格三级）、二级安全评价师（国家职业资格二级）、一级安全评价师（国家职业资格一级）。同时对安全评价师的申报条件、职业功能、工作内容、能力要求和相关知识作出了具体规定。此外，原《安全评价机构管理规定》的处罚规定不明确，有些违法违规行为的处罚规定不够详细，操作性不强。为贯彻落实《安全生产"十一五"规划》，大力培育和发展安全评价中介技术组织，构建安全评价中介技术服务体系，强化对安全评价机构的监督管理，规范安全评价行为，促进安全评价机构的专业化、社会化和规范化，不断提高安全评价服务水平，国家对《安全评价机构管理规定》进行了修订。

一、安全评价机构资质

根据《行政许可法》的规定，国家对安全评价机构实行资质许可。从事安全评价活动的机构必须依法申请资质许可，取得相应的安全评价资质证书后，在相应的许可范围内进行安全评价。《安全评价机构管理规定》规定："在中华人民共和国境内申请安全评价资质、从事法定安全评价活动以及安全生产监督管理部门、煤矿安全监察机构实施安全评价机构资质监督管理，适用本规定。国家对安全评价机构实行资质许可制度。安全评价机构应当取得相应的安全评价资质证书（以下简称资质证书），并在资质证书确定的业务范围内从事安全评价活动。未取得资质证书的安全评价机构，不得从事法定安全评价活动。本规定所称的安全评价机构，是指依法从事安全评价活动的社会中介组织。"

（一）安全评价机构的资质

机构的资质根据安全评价机构技术人员的数量、专业范围以及设备仪器等条件，划分甲、乙两种。不同等级的安全评价机构的业务范围及专业人员、装备要求不同。《安全评价机构管理规定》规定："安全评价机构的资质分为甲级、乙级两种，根据其专业人员构成、技术条件确定各自的业务范围。"

　　第一类评价业务范围是：煤炭开采和洗选业，金属、非金属及其他矿采选业，石油和天然气开采业、石油加工业，化学原料、化学品及医药制造业，燃气生产及供应业，炼焦业，烟花爆竹、民用爆破器材制造业。

　　第二类评价业务范围是：尾矿库，房屋和土木工程建筑业，管道运输业，仓储业，水利、水电工程业，火力发电业，热力生产和供应业，风力发电、太阳能发电、再生能源发电业，核工业设施，黑色、有色金属冶炼及压延加工业，金属制品业、非金属矿物制品业，铁道运输、城市轨道交通及辅助设施，公路、港口码头，机械设备电器制造业，轻工、纺织、烟草加工制造业。

　　（二）评价机构资质审批权限划分

　　依据《安全评价机构管理规定》规定，甲级资质由省、自治区、直辖市安全生产监督管理部门（以下简称省级安全生产监督管理部门）、省级煤矿安全监察机构审核，国家安全生产监督管理总局审批、颁发证书；乙级资质由设区的市级安全生产监督管理部门、煤矿安全监察分局审核，省级安全生产监督管理部门、省级煤矿安全监察机构审批、颁发证书。省级安全生产监督管理部门、设区的市级安全生产监督管理部门负责除煤矿以外的安全评价机构资质的审批、审核工作，省级煤矿安全监察机构、煤矿安全监察分局负责煤矿的安全评价机构资质的审批、审核工作。未设立煤矿安全监察机构的省、自治区、直辖市，由省级安全生产监督管理部门、设区的市级安全生产监督管理部门负责煤矿的安全评价机构资质的审批、审核工作。

　　（三）甲、乙资质评价机构业务分工

　　依据《安全评价机构管理规定》规定，取得甲级资质的安全评价机构，可以根据确定的业务范围在全国范围内从事安全评价活动；取得乙级资质的安全评价机构，可以根据确定的业务范围在其所在的省、自治区、直辖市内从事安全评价活动。

　　必须由取得甲级资质的安全评价机构承担的建设项目或者企业有

　　1. 国务院及其投资主管部门审批（核准、备案）的建设项目。

　　2. 跨省、自治区、直辖市的建设项目。

　　3. 生产剧毒化学品的建设项目。

　　4. 生产剧毒化学品的企业和其他大型生产企业。

　　法律、法规和国务院或其有关部门对安全评价有特殊规定的，依照其规定。

　　（四）信息公开

　　为了保证安全评价机构公正、公平地开展安全评价工作，充分发挥社会的监督作用，《安全评价机构管理规定》规定："国家安全生产监督管理总局、省级安全生产监督管理部门、省级煤矿安全监察机构定期向社会公布取得甲级、乙级资质的安全评价机构的名称、业务范围、从业人员、技术装备等相关信息，并接受社会监督。"

　　二、取得资质的条件

　　资质反映单位的业务能力，资格反映个人的业务能力。对单位资质、个人资格进行认证是现代社会普遍采用的管理方式和方法。

（一）甲级资质条件

依据《安全评价机构管理规定》规定，安全评价机构申请甲级资质，应当具备下列条件：

1. 具有法人资格，注册资金 500 万元以上，固定资产 400 万元以上。

2. 有与其开展工作相适应的固定工作场所和设施、设备，具有必要的技术支撑条件。

3. 取得安全评价机构乙级资质 3 年以上，且没有违法行为记录。

4. 有健全的内部管理制度和安全评价过程控制体系。

5. 有 25 名以上专职安全评价师，其中一级安全评价师 20% 以上、二级安全评价师 30% 以上。按照不少于专职安全评价师 30% 的比例配备注册安全工程师。安全评价师、注册安全工程师有与其申报业务相适应的专业能力。

6. 法定代表人通过一级资质培训机构组织的相关安全生产和安全评价知识培训，并考试合格。

7. 设有专职技术负责人和过程控制负责人。专职技术负责人有二级以上安全评价师和注册安全工程师资格，并具有与所申报业务相适应的高级专业技术职称。

8. 法律、行政法规、规章规定的其他条件。

（二）乙级资质条件

依据《安全评价机构管理规定》，安全评价机构申请乙级资质，应当具备下列条件：

1. 具有法人资格，注册资金 300 万元以上，固定资产 200 万元以上。

2. 有与其开展工作相适应的固定工作场所和设施设备，具有必要的技术支撑条件。

3. 有健全的内部管理制度和安全评价过程控制体系。

4. 有 16 名以上专职安全评价师，其中一级安全评价师 20% 以上、二级安全评价师 30% 以上。按照不少于专职安全评价师 30% 的比例配备注册安全工程师。安全评价师、注册安全工程师有与其申报业务相适应的专业能力。

5. 法定代表人通过二级资质以上培训机构组织的相关安全生产和安全评价知识培训，并考试合格。

6. 设有专职技术负责人和过程控制负责人。专职技术负责人有二级以上安全评价师和注册安全工程师资格，并具有与所申报业务相适应的高级专业技术职称。

7. 法律、行政法规、规章规定的其他条件。

三、资质审批程序

（一）资质申请时间

依据《安全评价机构管理规定》，申请甲级、乙级资质的机构，应当按照安全评价机构资质审批权限的划分，于每年 6 月向国家安全生产监督管理总局、省级安全生产监督管理部门、省级煤矿安全监察机构提出申请。

（二）申办甲级资质程序

1. 申请人将安全评价机构资质申请表和本规定第八条规定的证明材料，报所在地省级安全生产监督管理部门、省级煤矿安全监察机构审核。

2. 省级安全生产监督管理部门、省级煤矿安全监察机构应当在 5 日内对申请人提供的证明材料进行预审以决定是否受理。予以受理的，自受理申请之日起 20 日内完成审核工作，并将审核报告和证明材料报国家安全生产监督管理总局；不予受理的，向申请人书面说明理由。

3. 国家安全生产监督管理总局接到审核报告和证明材料后，应当按照本规定的要求进行审批，并在 20 日内完成审批工作。经审批合格的，颁发资质证书；不合格的，不予颁发资质证书，并书面说明理由。

（三）申办乙级资质程序

1. 申请人将安全评价机构资质申请表和本规定第九条规定的证明材料，报所在地设区的市级安全生产监督管理部门、煤矿安全监察分局审核。

2. 设区的市级安全生产监督管理部门、煤矿安全监察分局应当在 5 日内对申请人提供的证明材料进行预审并决定是否受理。予以受理的，自受理申请之日起 20 日内完成审核工作，并将审核报告和证明材料报省级安全生产监督管理部门、省级煤矿安全监察机构；不予受理的，向申请人书面说明理由。

3. 省级安全生产监督管理部门、省级煤矿安全监察机构接到审核报告和证明材料后，应当按照本规定的要求进行审批，并在 20 日内完成审批工作。经审批合格的，颁发资质证书，并填写乙级资质安全评价机构审批备案表，自颁发资质证书之日起 30 日内报国家安全生产监督管理总局备案；不合格的，不予颁发资质证书，并书面说明理由。

（四）资质审查方式

依据《安全评价机构管理规定》，安全生产监督管理部门、煤矿安全监察机构进行资质审核、审批时，可以采用形式审查、现场审查、综合审查相结合的方式。形式审查是指对申请人提供的文件、材料是否符合规定要求所进行的审查。现场审查是指对申请人提供的文件、材料的实质内容进行的现场核查。综合审查是指对申请人提供的文件、材料及其真实性的综合评定。

安全生产监督管理部门、煤矿安全监察机构需要对申请材料的实质内容进行核实的，应当指派两名以上工作人员进行现场审查。现场审查所需时间不计入资质审核、审批期限。

四、资质事项变更

（一）增加业务范围

依据《安全评价机构管理规定》，安全评价机构取得资质 1 年以上，需要增加业务范围的，应当按照安全评价机构资质审批权限划分规定，于每年 9 月向资质审批机关提出申请。

申请增加业务范围的程序同申办资质的程序。

（二）证书遗失补发

依据《安全评价机构管理规定》，安全评价机构的资质证书遗失的，应当及时在有关电视、报刊等媒体上予以声明，并向原资质审批机关申请补发。

（三）证书有效期

依据《安全评价机构管理规定》，甲级、乙级资质证书的有效期均为 3 年。资质证书有效期满需要延期的，安全评价机构应当于期满前 3 个月向原资质审批机关提出申请，经复审合格后予以办理延期手续；不合格的，不予办理延期手续。

（四）证书变更

依据《安全评价机构管理规定》，安全评价机构有下列情形之一的，应当在发生变化之日起 30 日内向原资质审批机关申请办理资质证书变更手续：

1. 机构分立或者合并的。

2. 机构名称或者地址发生变化的。

3. 法定代表人、技术负责人发生变化的。

（五）资质注销

安全评价机构有下列情形之一的，资质审批机关应当注销其资质。

1. 资质证书有效期届满未申请延期或者申请延期但不予批准的。

2. 被依法终止的。

3. 自行申请注销的。

五、安全评价业务活动

（一）依法开展评价活动

依据《安全评价机构管理规定》，安全评价机构应当依照法律、法规、规章、国家标准或者行业标准的规定，遵循客观公正、诚实守信、公平竞争的原则，遵守执业准则，恪守职业道德，依法独立开展安全评价活动，客观、如实地反映所评价的安全事项，并对作出的安全评价结果承担法律责任。

（二）签订委托评价合同

依据《安全评价机构管理规定》，安全评价机构开展安全评价业务活动时，应当依法与委托方签订安全评价技术服务合同，明确评价对象、评价范围以及双方的权利、义务和责任。

（三）回避制度

依据《安全评价机构管理规定》，安全评价机构与被评价对象有利害关系的，应当回避。建设项目的安全预评价和安全验收评价不得委托同一个安全评价机构。

（四）评价收费

依据《安全评价机构管理规定》，安全评价机构从事安全评价活动的收费有三种方式：一是遵守法律、法规和有关财政收费的规定；二是法律、法规和有关财政收费没有规定的，遵守行业自律标准或者指导性标准；三是没有行业自律和指导性收费标准的，双方可以通过合同协商确定。

省级安全生产监管部门、省级煤矿安全监察机构可以根据本行政区域经济发展水平、产业结构以及周边区域收费情况，出台本行政区域的收费指导意见，报国家安全生产监管部门备案。

（五）评价规范

依据《安全评价机构管理规定》，安全评价机构及其从业人员在从事安全评价活动中，不得有下列行为：

1. 泄露被评价对象的技术秘密和商业秘密。
2. 伪造、转让或者租借资质、资格证书。
3. 超出资质证书业务范围从事安全评价活动。
4. 出具虚假或者严重失实的安全评价报告。
5. 转包安全评价项目。
6. 擅自更改、简化评价程序和相关内容。
7. 同时在两个以上安全评价机构从业。
8. 故意贬低、诋毁其他安全评价机构。
9. 从业人员不到现场开展安全评价活动。
10. 法律、法规和规章规定的其他违法、违规行为。

（六）评价机构内部管理

依据《安全评价机构管理规定》，安全评价机构应当建立健全内部管理制度和安全评价过程控制体系。安全评价过程控制记录、被评价对象现场勘查记录、影像资料及相关证明材料，应当及时归档，妥善保管。技术负责人和过程控制负责人应当按照法律、法规、规章和国家标准、行业标准的规定，加强安全评价活动全过程管理。安全评价机构应当依法与从业人员签订劳动合同，并为其提供必要的劳动防护用品。

（七）重新评价

依据《安全评价机构管理规定》，被评价对象的安全生产条件发生重大变化的，被评价对象应当及时委托有资质的安全评价机构重新进行安全评价；未委托重新进行安全评价的，由被评价对象对其产生的后果负责。

（八）跨省业务管理

依据《安全评价机构管理规定》，取得甲级资质的安全评价机构跨省开展安全评价活动，应当填写甲级资质安全评价机构跨省开展评价工作报告表，报送评价项目所在地的省级安全生产监管部门、省级煤矿安全监察机构备案，并接受其监督检查。

（九）评价人员继续教育

依据《安全评价机构管理规定》，从事安全评价活动的安全评价师、注册安全工程师应当每年参加必要的继续教育，不断提高安全评价水平。

（十）行业自律

依据《安全评价机构管理规定》，安全评价行业组织应当加强自律管理，维护安全评价市场秩序，推进安全评价诚信体系建设，建立并完善从业人员管理制度，强化对从业人员的监督。

六、政府对安全评价工作的监管

（一）资质检查

检查是行政管理的基本、常用方式之一。依据《安全评价机构管理规定》，安全生产监管部门、煤矿安全监察机构应当加强对已经取得资质证书的安全评价机构的监督检查；发现安全评价机构不具备资质条件的，依照规定予以处理。监督检查记录应当经检查人员和安全评价机构负责人签字后归档。

（二）"黑名单"制度

依据《安全评价机构管理规定》，安全生产监管部门、煤矿安全监察机构应把违法违规的安全评价机构和从业人员，列入"黑名单"，及时向社会公告。

（三）申诉、投诉和举报

依据《安全评价机构管理规定》，安全生产监督管理部门、煤矿安全监察机构应当建立健全安全评价的申诉、投诉和举报制度，受理社会和个人的申诉、投诉和举报，并依法处理。

（四）定期考核

依据《安全评价机构管理规定》，国家对安全评价机构实行定期考核。安全评价机构应当每年填写安全评价工作业绩表，经被评价对象确认后，分别报国家安全生产监管部门、省级安全生产监管部门、省级煤矿安全监察机构备案。安全评价工作业绩表列入安全评价机构考核内容。

对安全评价机构在资质证书有效期内没有开展相应活动的，相应的业务范围将会被核减；定期考核不合格的，将会被取消或者降低资质。

（五）政府部门自律

依据《安全评价机构管理规定》，安全生产监督管理部门、煤矿安全监察机构及其工作人员不得有下列行为：

1. 要求被评价对象接受指定的安全评价机构进行安全评价。
2. 以备案为由，变相设立法律、法规规定以外的行政许可。
3. 采取任何形式的地区保护，限制外地评价机构到本地区开展评价活动。
4. 干预安全评价机构开展正常活动。
5. 以任何理由或者任何方式向安全评价机构收取费用或者变相收取费用。
6. 向安全评价机构摊派财物。
7. 在安全评价机构报销任何费用。

监察机关依照《行政监察法》的规定，对安全生产监督管理部门、煤矿安全监察机构及其工作人员履行安全评价资质监督管理职责实施监察。

七、安全评价机构违法行为的处罚

（一）安全评价机构违反证书管理的处罚

依据《安全评价机构管理规定》，安全评价机构未取得相应资质证书，或者冒用资质证书、使用伪造的资质证书从事安全评价活动的，给予警告，并处 2 万元以上 3 万元以下的罚款。

转让、租借资质证书或者转包安全评价项目的，给予警告，并处 1 万元以上 2 万元以下的罚款。

安全评价机构的资质证书有效期届满未办理延期或者未经批准延期擅自从事安全评价活动的，给予警告，并处 2 万元以上 3 万元以下的罚款。

（二）安全评价机构违反有关安全评价规则的处罚

依据《安全评价机构管理规定》，安全评价机构有下列情形之一的，给予警告，并处

1 万元以下的罚款；情节严重的，暂停资质半年，并处 3 万元以下的罚款；对相关责任人依法给予处理：

1. 从业人员不到现场开展评价活动的。
2. 安全评价报告与实际情况不符，或者评价报告存在重大疏漏，但尚未造成重大损失的。
3. 未按照有关法律、法规、规章和国家标准、行业标准的规定从事安全评价活动的。
4. 泄露被评价对象的技术秘密和商业秘密的。
5. 采取不正当竞争手段，故意贬低、诋毁其他安全评价机构，并造成严重影响的。
6. 未按规定办理资质证书变更手续的。
7. 定期考核不合格，经整改后仍达不到规定要求的。
8. 内部管理混乱，安全评价过程控制未有效实施的。
9. 未依法与委托方签订安全评价技术服务合同的。
10. 拒绝、阻碍安全生产监督管理部门、煤矿安全监察机构依法监督检查的。

（三）安全评价机构出具虚假报告的处罚

依据《安全生产法》、《安全评价机构管理规定》，安全评价机构出具虚假证明或者虚假评价报告，尚不构成刑事处罚的，没收违法所得，违法所得在 5 000 元以上的，并处违法所得二倍以上五倍以下的罚款；没有违法所得或者违法所得不足 5 000 元的，单处或者并处 5 000 元以上 2 万元以下的罚款，对其直接负责的主管人员和其他责任人员处 5 000元以上 5 万元以下的罚款；给他人造成损害的，与被评价对象承担连带赔偿责任。

对有前款违法行为的，撤销其相应的资质。

（四）撤销资质

《安全评价机构管理规定》，安全评价机构有下列情形之一的，撤销其相应资质：

1. 不符合本规定第八条、第九条规定的资质条件的；
2. 弄虚作假骗取资质证书的；
3. 有其他依法应当撤销资质的情形的。

第十二节　建设项目安全设施"三同时"监督管理暂行办法

2010 年 12 月 14 日，国家安全生产监督管理总局制定公布《建设项目安全设施"三同时"监督管理暂行办法》（总局令第 36 号），自 2011 年 2 月 1 日起施行。制定《建设项目安全设施"三同时"监督管理暂行办法》的目的是为了加强建设项目安全管理，预防和减少生产安全事故，保障从业人员生命和财产安全，促进安全生产。

对建设项目安全设施"三同时"进行监管，是安全生产监督管理的一项重要内容，也是贯彻落实《安全生产法》第二十四条至第二十七条等条文规定的保证。《安全生产法》对矿山建设项目和生产、储存危险物品的建设项目安全设施设计审查和竣工验收做出了较为明确的规定，而对其他建设项目"三同时"管理仅做了原则性规定："生产经营单位新建、改建、扩建工程项目的安全设施，必须与主体工程同时设计、同时施工、同时投入生产和使用。安全设施投资应当纳入建设项目概算。"加强和规范建设项目安全设施"三同时"管理是从源头上治理和预防安全生产隐患，防止安全设施与建设工程主体项目脱节，避免先天不足的有效措施。也是落实《国务院关于进一步加强企业安全生产工作的通知》中加强建设项目安全管理，建立安全生产长效机制规定的举措之一。

一、《建设项目安全设施"三同时"监督管理暂行办法》的适用范围

新建、改建、扩建的建设项目，范围很广，形式多样，有政府或者政府部门投资的项目，有生产经营单位自己投资的项目。根据国务院关于投资体制改革的决定，除政府投资主管部门对建设项目依法审批、核准和备案外，其他建设项目由生产经营单位自主决定。《建设项目安全设施"三同时"监督管理暂行办法》第二条、第三条从三个方面作出了规定：

一是明确了适用范围。《建设项目安全设施"三同时"监督管理暂行办法》第二条第一款规定："县级以上人民政府及其有关主管部门依法审批、核准或者备案的生产经营单位新建、改建、扩建工程项目（以下统称建设项目）安全设施的建设及其监督管理，适用本办法。"对于其他建设项目，由于数量较多、危害程度相对不高等原因，未列入《建设项目安全设施"三同时"监督管理暂行办法》的适用范围。

二是界定了建设项目安全设施的范围。《建设项目安全设施"三同时"监督管理暂行办法》第三条规定："本办法所称的建设项目安全设施，是指生产经营单位在生产经营活动中用于预防生产安全事故的设备、设施、装置、构（建）筑物和其他技术措施的总称。"《职业病防治法》规定的建设项目、涉及职业危害防护设施等内容实施"三同时"监督管理的要求与安全设施"三同时"的要求有所不同，因此建设项目安全设施不包括有关职业危害防护的内容。

三是规定了排除适用的范围。根据《消防法》等法律、行政法规规定，消防、交通、特种设备等行业或者领域建设项目"三同时"的监管职责分别隶属于国务院其他有关部门。因此，《建设项目安全设施"三同时"监督管理暂行办法》第二条第二款规定："法律、行政法规及国务院对建设项目安全设施建设及其监督管理另有规定的，依照其规定。"

二、建设项目安全设施"三同时"监管的职权划分

为了加强建设项目安全设施"三同时"的监管工作，各级安全生产监督管理部门实行"统一监管，分级负责，属地为主"的原则。《建设项目安全设施"三同时"监督管理暂行办法》从以下四个方面作出规定。

1. 国家安全生产监督管理总局对全国建设项目安全设施"三同时"实施综合监督管理，并在国务院规定的职责范围内承担国务院及其有关主管部门审批、核准或者备案的建设项目安全设施"三同时"的监督管理。

2. 县级以上地方各级安全生产监督管理部门对本行政区域内的建设项目安全设施"三同时"实施综合监督管理，并在本级人民政府规定的职责范围内承担本级人民政府及其有关主管部门审批、核准或者备案的建设项目安全设施"三同时"的监督管理。

3. 跨两个及两个以上行政区域的建设项目安全设施"三同时"由其共同的上一级人

民政府安全生产监督管理部门实施监督管理。

4. 上一级人民政府安全生产监督管理部门根据工作需要，可以将其负责监督管理的建设项目安全设施"三同时"工作委托下一级人民政府安全生产监督管理部门实施监督管理。"

三、建设项目安全条件论证与安全预评价

（一）需要安全论证和安全预评价建设项目的范围

《安全生产法》将建设项目分为高危建设项目和其他建设项目。高危建设项目包括矿山和生产、储存危险物品等建设项目。考虑到化工、冶金、有色、建材、机械、轻工、纺织、烟草、商贸、军工、公路、水运、轨道交通、电力等行业的国家和省级重点建设项目是政府安全监管的重点。国家将化工（含石油化工）、医药、冶金、有色、建材、机械、轻工、纺织、烟草、商贸等行业大型建设项目的设计审查和竣工验收职责赋予了国家安全生产监督管理总局。因此，《建设项目安全设施"三同时"监督管理暂行办法》将这些行业的国家和省级重点建设项目的"三同时"纳入高危建设项目范围予以监管。

依据《建设项目安全设施"三同时"监督管理暂行办法》，下列建设项目在进行可行性研究时，生产经营单位应当分别对其安全生产条件进行论证和安全预评价：

1. 非煤矿矿山建设项目。

2. 生产、储存危险化学品（包括使用长输管道输送危险化学品，下同）的建设项目。

3. 生产、储存烟花爆竹的建设项目。

4. 化工、冶金、有色、建材、机械、轻工、纺织、烟草、商贸、军工、公路、水运、轨道交通、电力等行业的国家和省级重点建设项目。

5. 法律、行政法规和国务院规定的其他建设项目。

（二）安全论证

依据《建设项目安全设施"三同时"监督管理暂行办法》，生产经营单位在对建设项目进行安全条件论证时，应当编制安全条件论证报告。安全条件论证报告应当包括下列内容：

1. 建设项目内在的危险和有害因素及对安全生产的影响。

2. 建设项目与周边设施（单位）生产、经营活动和居民生活在安全方面的相互影响。

3. 当地自然条件对建设项目安全生产的影响。

4. 其他需要论证的内容。

（三）安全预评价

安全预评价是指在建设项目可行性研究阶段、工业园区规划阶段或生产经营活动组织实施之前，根据相关的基础资料，辨识与分析建设项目、工业园区、生产经营活动潜在的危险、有害因素，确定其与安全生产法律法规、规章、标准、规范的符合性，预测发生事故的可能性及其严重程度，提出科学、合理、可行的安全对策措施建议，做出安全评价结论的活动。依据《建设项目安全设施"三同时"监督管理暂行办法》，建设项目安全预评价遵循下列规定：

1. 生产经营单位应当委托具有相应资质的安全评价机构，对其建设项目进行安全预评价，并编制安全预评价报告。

2. 建设项目安全预评价报告应当符合国家标准或者行业标准的规定。

生产、储存危险化学品的建设项目安全预评价报告除符合国家标准或者行业标准的规定外，还应当符合《危险化学品建设项目安全许可管理规定》等有关危险化学品建设项目的规定。

（四）其他建设项目的安全生产条件和设施综合分析

对于其他建设项目，国家不作强制规定必须进行安全条件论证和安全预评价，由生产经营单位对其安全生产条件和设施进行综合分析。为此，《建设项目安全设施"三同时"监督管理暂行办法》规定："除高危建设项目和国家、省级重点建设项目外，对于其他建设项目，生产经营单位应当对其安全生产条件和设施进行综合分析，形成书面报告，并按照建设项目'三同时'监管权限的规定报安全生产监督管理部门备案。"

四、建设项目安全设施设计审查

（一）安全设施设计

《建设项目安全设施"三同时"监督管理暂行办法》从四个方面作出规定：

1. 生产经营单位在建设项目初步设计时，应当委托有相应资质的设计单位对建设项目安全设施进行设计，编制安全专篇。

2. 安全设施设计必须符合有关法律、法规、规章和国家标准或者行业标准、技术规范的规定，并尽可能采用先进适用的工艺、技术和可靠的设备、设施。

3. 高危建设项目和国家、省级重点建设项目安全设施设计还应当充分考虑建设项目安全预评价报告提出的安全对策措施。

4. 安全设施设计单位、设计人应当对其编制的设计文件负责。

（二）安全专篇

为了保证安全专篇的质量，《建设项目安全设施"三同时"监督管理暂行办法》规定建设项目安全专篇内容应当包括下列内容：

1. 设计依据。

2. 建设项目概述。

3. 建设项目涉及的危险、有害因素和危险、有害程度及周边环境安全分析。

4. 建筑及场地布置。

5. 重大危险源分析及检测监控。

6. 安全设施设计采取的防范措施。

7. 安全生产管理机构设置或者安全生产管理人员配备情况。

8. 从业人员教育培训情况。

9. 工艺、技术和设备、设施的先进性和可靠性分析。

10. 安全设施专项投资概算。

11. 安全预评价报告中的安全对策及建议采纳情况。

12. 预期效果以及存在的问题与建议。

13. 可能出现的事故预防及应急救援措施。

14. 法律、法规、规章、标准规定需要说明的其他事项。

这里需要强调的是新建、改建、扩建建设项目的情况不同，编制安全专篇根据实际情况确定。存在上述情况的，则安全专篇必须包括相应的内容。

（三）高危建设项目安全设施设计审查

根据《安全生产法》等相关法律法规的规定，高危建设项目安全设施设计审查是政府行政许可行为。

1. 提交文件资料

依据《建设项目安全设施"三同时"监督管理暂行办法》，非煤矿矿山建设项目；生产、储存危险化学品（包括使用长输管道输送危险化学品，下同）的建设项目；生产、储存烟花爆竹的建设项目等高危建设项目，安全设施设计完成后，生产经营单位应当按照建设项目"三同时"安全监管权限划分的规定向安全生产监督管理部门提出审查申请，并提交下列文件资料：

（1）建设项目审批、核准或者备案的文件。

（2）建设项目安全设施设计审查申请。

（3）设计单位的设计资质证明文件。

（4）建设项目初步设计报告及安全专篇。

（5）建设项目安全预评价报告及相关文件资料。

（6）法律、行政法规、规章规定的其他文件资料。

2. 受理

安全生产监督管理部门收到申请后，对属于本部门职责范围内的，应当及时进行审查，并在收到申请后5个工作日内作出受理或者不予受理的决定，书面告知申请人；对不属于本部门职责范围内的，应当将有关文件资料转送有审查权的安全生产监督管理部门，并书面告知申请人。

3 审查及作出决定

对已经受理的建设项目安全设施设计审查申请，安全生产监督管理部门应当自受理之日起20个工作日内作出是否批准的决定，并书面告知申请人。20个工作日内不能作出决定的，经本部门负责人批准，可以延长10个工作日，并应当将延长期限的理由书面告知申请人。

（四）国家、省级重点建设项目安全设施设计备案

依据《建设项目安全设施"三同时"监督管理暂行办法》，国家对国家、省级重点建设项目安全设施设计实行备案管理。

国家、省级重点建设项目安全设施设计完成后，生产经营单位应当按照建设项目"三同时"安全监管权限划分的规定向安全生产监督管理部门备案，并提交下列文件资料：

1. 建设项目审批、核准或者备案的文件。

2. 建设项目初步设计报告及安全专篇。

3. 建设项目安全预评价报告及相关文件资料。

（五）其他建设项目安全设施设计备案

依据《建设项目安全设施"三同时"监督管理暂行办法》，除高危建设项目和国家、省级重点建设项目外，其他建设项目安全设施设计，由生产经营单位组织审查，形成书面报告，并按照建设项目"三同时"安全监管权限划分的规定报安全生产监督管理部门备案。

（六）建设项目安全设施设计不予批准

为了加强建设项目安全设施设计的管理，《建设项目安全设施"三同时"监督管理暂行办法》规定，建设项目安全设施设计有下列情形之一的，不予批准，并不得开工建设：

1. 无建设项目审批、核准或者备案文件的。

2. 未委托具有相应资质的设计单位进行设计的。

3. 安全预评价报告由未取得相应资质的安全评价机构编制的。

4. 未按照有关安全生产的法律、法规、规章和国家标准或者行业标准、技术规范的规定进行设计的。

5. 未采纳安全预评价报告中的安全对策和建议，且未作充分论证说明的。

6. 不符合法律、行政法规规定的其他条件的。

建设项目安全设施设计审查未予批准的，生产经营单位经过整改后可以向原审查部门申请再审。

（七）建设项目安全设施设计的变更

依据《建设项目安全设施"三同时"监督管理暂行办法》规定，已经批准的建设项目及其安全设施设计有下列情形之一的，生产经营单位应当报原批准部门审查同意；未经审查同意的，不得开工建设：

1. 建设项目的规模、生产工艺、原料、设备发生重大变更的。

2. 改变安全设施设计且可能降低安全性能的。

3. 在施工期间重新设计的。

五、建设项目安全设施施工和竣工验收

（一）施工

加强建设项目安全设施施工管理，保证施工质量，是加强建设项目"三同时"管理的重要内容。《建设项目安全设施"三同时"监督管理暂行办法》从五个方面对建设项目安全设施施工作出规定：

1. 建设项目安全设施的施工应当由取得相应资质的施工单位进行，并与建设项目主体工程同时施工。

2. 施工单位应当在施工组织设计中编制安全技术措施和施工现场临时用电方案，同时对危险性较大的分部分项工程依法编制专项施工方案，并附具安全验算结果，经施工单位技术负责人、总监理工程师签字后实施。

3. 施工单位应当严格按照安全设施设计和相关施工技术标准、规范施工，并对安全设施的工程质量负责。

4. 施工单位发现安全设施设计文件有错漏的，应当及时向生产经营单位、设计单位

提出。生产经营单位、设计单位应当及时处理。

5. 施工单位发现安全设施存在重大事故隐患时，应当立即停止施工并报告生产经营单位进行整改。整改合格后，方可恢复施工。

（二）监理

《建设项目安全设施"三同时"监督管理暂行办法》从三个方面对建设项目安全设施的监理作出规定：

1. 工程监理单位应当审查施工组织设计中的安全技术措施或者专项施工方案是否符合工程建设强制性标准。

2. 工程监理单位在实施监理过程中，发现存在事故隐患的，应当要求施工单位整改；情况严重的，应当要求施工单位暂时停止施工，并及时报告生产经营单位。施工单位拒不整改或者不停止施工的，工程监理单位应当及时向有关主管部门报告。

3. 工程监理单位、监理人员应当按照法律、法规和工程建设强制性标准实施监理，并对安全设施工程的工程质量承担监理责任。

（三）试运行

为了保证建设工程竣工后能够正常投入生产或者使用，借鉴煤矿、化工企业建设项目多年的实践经验，对建设项目试运行作出规定可以有效避免很多生产经营单位的建设项目竣工后，长期试运行，迟迟不报政府验收，迟迟不申请安全生产许可证，逃避政府监管。《建设项目安全设施"三同时"监督管理暂行办法》对高危建设项目和国家、省级重点建设项目竣工后作出试运行规定，其他建设项目暂不要求。

《建设项目安全设施"三同时"监督管理暂行办法》从三个方面对高危建设项目和国家、省级重点建设项目试运行作出规定：

1. 高危建设项目和国家、省级重点建设项目竣工后，根据规定建设项目需要试运行（包括生产、使用，下同）的，应当在正式投入生产或者使用前进行试运行。

2. 试运行时间应当不少于30日，最长不得超过180日，国家有关部门有规定或者特殊要求的行业除外。

3. 生产、储存危险化学品的建设项目，应当在建设项目试运行前将试运行方案报负责建设项目安全许可的安全生产监督管理部门备案。

（四）安全验收评价

安全验收评价是旨在建设项目竣工后正式生产运行前，通过检查建设项目安全设施与主体工程同时设计、同时施工、同时投入生产和使用的情况，检查安全生产管理措施到位情况，检查安全生产规章制度健全情况，检查事故应急救援预案建立情况，审查建设项目满足安全生产法律法规、规章、标准、规范要求的符合性，从整体上确定建设项目的运行状况和安全管理情况，做出安全验收评价结论的活动。安全验收评价对保证建设项目安全设施质量至关重要。《建设项目安全设施"三同时"监督管理暂行办法》从三方面对安全验收评价作出规定：

1. 建设项目安全设施竣工或者试运行完成后，生产经营单位应当委托具有相应资质的安全评价机构对安全设施进行验收评价，并编制建设项目安全验收评价报告。

2. 建设项目安全验收评价报告应当符合国家标准或者行业标准的规定。

3. 生产、储存危险化学品的建设项目安全验收评价报告除符合第 1 项、第 2 项规定外，还应当符合有关危险化学品建设项目的规定。

（五）高危建设项目竣工验收

依据《安全生产法》等有关法律法规的规定，对高危建设项目安全设施竣工验收是政府行政许可。

1. 提交材料

依据《建设项目安全设施"三同时"监督管理暂行办法》，非煤矿矿山建设项目；生产、储存危险化学品（包括使用长输管道输送危险化学品，下同）的建设项目；生产、储存烟花爆竹的建设项目等高危建设项目竣工投入生产或者使用前，生产经营单位应当按照建设项目安全设施"三同时"安全监管权限划分的规定向安全生产监督管理部门申请安全设施竣工验收，并提交下列文件资料：

（1）安全设施竣工验收申请。

（2）安全设施设计审查意见书（复印件）。

（3）施工单位的资质证明文件（复印件）。

（4）建设项目安全验收评价报告及其存在问题的整改确认材料。

（5）安全生产管理机构设置或者安全生产管理人员配备情况。

（6）从业人员安全培训教育及资格情况。

（7）法律、行政法规、规章规定的其他文件资料。

安全设施需要试运行（生产、使用）的，还应当提供自查报告。

2. 受理

安全生产监督管理部门收到申请后，对属于本部门职责范围内的，应当及时审查，并在收到申请后 5 个工作日内作出受理或者不予受理的决定，并书面告知申请人；对不属于本部门职责范围内的，应当将有关文件资料转送有审查权的安全生产监督管理部门，并书面告知申请人。

3. 审查及作出决定

对已经受理的建设项目安全设施竣工验收申请，安全生产监督管理部门应当自受理之日起 20 个工作日内作出是否合格的决定，并书面告知申请人。20 个工作日内不能作出决定的，经本部门负责人批准，可以延长 10 个工作日，并应当将延长期限的理由书面告知申请人。

（六）国家、省级重点建设项目备案

依据《建设项目安全设施"三同时"监督管理暂行办法》，国家、省级重点建设项目竣工投入生产或者使用前，生产经营单位应当按照本办法第五条的规定向安全生产监督管理部门备案，并提交下列文件资料：

1. 安全设施设计备案意见书（复印件）。

2. 施工单位的施工资质证明文件（复印件）。

3. 建设项目安全验收评价报告及其存在问题的整改确认材料。

4. 安全生产管理机构设置或者安全生产管理人员配备情况。

5. 从业人员安全教育培训及资格情况。

安全设施需要试运行（生产、使用）的，还应当提供自查报告。

（七）其他建设项目备案

依据《建设项目安全设施"三同时"监督管理暂行办法》，除高危建设项目和国家、省级重点建设项目外，其他建设项目安全设施竣工验收，由生产经营单位组织实施，形成书面报告，并按照建设项目安全设施"三同时"安全监管权限划分的规定报安全生产监督管理部门备案。

（八）建设项目竣工验收不合格

依据《建设项目安全设施"三同时"监督管理暂行办法》，建设项目的安全设施有下列情形之一的，竣工验收不合格，并不得投入生产或者使用：

1. 未选择具有相应资质的施工单位施工的。

2. 未按照建设项目安全设施设计文件施工或者施工质量未达到建设项目安全设施设计文件要求的。

3. 建设项目安全设施的施工不符合国家有关施工技术标准的。

4. 未选择具有相应资质的安全评价机构进行安全验收评价或者安全验收评价不合格的。

5. 安全设施和安全生产条件不符合有关安全生产法律、法规、规章和国家标准或者行业标准、技术规范规定的。

6. 发现建设项目试运行期间存在事故隐患未整改的。

7. 未依法设置安全生产管理机构或者配备安全生产管理人员的。

8. 从业人员未经过安全教育培训或者不具备相应资格的。

9. 不符合法律、行政法规规定的其他条件的。

建设项目安全设施竣工验收未通过的，生产经营单位经过整改后可以向原验收部门再次申请验收。

六、建设项目违反"三同时"管理的处罚

（一）建设项目安全设施未与主体工程"三同时"的处罚

《建设项目安全设施"三同时"监督管理暂行办法》规定："建设项目安全设施未与主体工程同时设计、同时施工或者同时投入使用的，安全生产监督管理部门对与此有关的行政许可一律不予审批，同时责令生产经营单位立即停止施工、限期改正违法行为，对有关生产经营单位和人员依法给予行政处罚。"

（二）建设项目违反安全条件论证和安全预评价的处罚

依据《建设项目安全设施"三同时"监督管理暂行办法》，生产经营单位违反本办法的规定，对非煤矿矿山建设项目；生产、储存危险化学品（包括使用长输管道输送危险化学品，下同）的建设项目；生产、储存烟花爆竹的建设项目等高危建设项目和国家、省级重点建设项目未进行安全生产条件论证和安全预评价的，给予警告，可以并处 1 万元以上 3 万元以下的罚款。

（三）其他建设项目违反安全条件和设施综合分析的处罚

依据《建设项目安全设施"三同时"监督管理暂行办法》，生产经营单位违反本办法

的规定，对除非煤矿矿山建设项目；生产、储存危险化学品（包括使用长输管道输送危险化学品，下同）的建设项目；生产、储存烟花爆竹的建设项目等高危建设项目和国家、省级重点建设项目以外，其他建设项目未进行安全生产条件和设施综合分析，形成书面报告，并报安全生产监督管理部门备案的，给予警告，可以并处 5 000 元以上 2 万元以下的罚款。

（四）高危建设项目违反"三同时"的处罚

依据《建设项目安全设施"三同时"监督管理暂行办法》，非煤矿矿山建设项目；生产、储存危险化学品（包括使用长输管道输送危险化学品，下同）的建设项目；生产、储存烟花爆竹的建设项目等高危建设项目有下列情形之一的，责令限期改正；逾期未改正的，责令停止建设或者停产停业整顿，可以并处 5 万元以下的罚款：

1. 没有安全设施设计或者安全设施设计未按照规定报经安全生产监督管理部门审查同意，擅自开工的。

2. 施工单位未按照批准的安全设施设计施工的。

3. 投入生产或者使用前，安全设施未经验收合格的。

（五）国家、省级重点建设项目违反"三同时"的处罚

依据《建设项目安全设施"三同时"监督管理暂行办法》规定，国家、省级重点建设项目有下列情形之一的，给予警告，并处 1 万元以上 3 万元以下的罚款：

1. 没有安全设施设计或者安全设施设计未按照规定向安全生产监督管理部门备案的。

2. 施工单位未按照安全设施设计施工的。

3. 投入生产或者使用前，安全设施竣工验收情况未按照规定向安全生产监督管理部门备案的。

（六）建设项目安全设施违反变更规定的处罚

《建设项目安全设施"三同时"监督管理暂行办法》规定：已经批准的建设项目安全设施设计发生重大变更，生产经营单位未报原批准部门审查同意擅自开工建设的，责令限期改正，可以并处 1 万元以上 3 万元以下的罚款。"

（七）其他建设项目违反备案规定的处罚

依据《建设项目安全设施"三同时"监督管理暂行办法》，除非煤矿矿山建设项目；生产、储存危险化学品（包括使用长输管道输送危险化学品，下同）的建设项目；生产、储存烟花爆竹的建设项目等高危建设项目和国家、省级重点建设以外，其他建设项目有下列情形之一的，对生产经营单位责令限期改正，可以并处 5 000 元以上 3 万元以下的罚款：

1. 没有安全设施设计的。

2. 安全设施设计未组织审查，形成书面审查报告，并报安全生产监督管理部门备案的。

3. 施工单位未按照安全设施设计施工的。

4. 未组织安全设施竣工验收，形成书面报告，并报安全生产监督管理部门备案的。

（八）安全评价出具虚假证明的处罚

依据《安全生产法》和《建设项目安全设施"三同时"监督管理暂行办法》，承担建设项目安全评价的机构弄虚作假、出具虚假报告，尚未构成犯罪的，没收违法所得，违法

所得在 5 000 元以上的，并处违法所得二倍以上五倍以下的罚款；没有违法所得或者违法所得不足 5 000 元的，单处或者并处 5 000 元以上 2 万元以下的罚款，对其直接负责的主管人员和其他直接责任人员处 5 000 元以上 5 万元以下的罚款；给他人造成损害的，与生产经营单位承担连带赔偿责任。

对有前款违法行为的机构，撤销其相应资格。

第七章 安全生产标准体系

第一节 安全标准概述

安全标准是我国安全生产法律体系的重要组成部分，在安全生产工作中起着十分重要的作用。法定的根据《标准化法》的规定，标准有国家标准、行业标准、地方标准和企业标准，国家标准、行业标准又分为强制性标准和推荐性标准。安全生产标准主要指国家标准和行业标准，大部分是强制性标准。我国安全标准涉及面广，从大的方面看，包括矿山安全（含煤矿和非煤矿山）、粉尘防爆、电气及防爆、带电作业、危险化学品、民爆物品、烟花爆竹、涂装作业安全、交通运输安全、机械安全、消防安全、建筑安全、职业安全、个体防护装备（原劳动防护用品）、特种设备安全等各个方面。多年来，在国务院各有关部门以及各标准化技术委员会的共同努力下，制定了一大批涉及安全生产方面的国家标准和行业标准。据初步统计，我国现有有关安全生产的国家标准涉及设计、管理、方法、技术、检测检验、职业健康和个体防护用品等多个方面近 1 500 项。除国家标准外，国家安全生产监督管理、公安、交通、建设等有关部门还制定了大量有关安全生产的行业标准近 3 000 项。这些安全标准的制定和颁布对促进安全生产形势的好转发挥了重要作用。

一、安全标准的定义和作用

（一）安全标准的定义

标准化是人类在长期生产实践过程中逐渐摸索和创立起来的一门科学，也是一门重要的应用技术。标准和标准化从一开始就来源于人们改造自然的社会实践，且一直服务于这种实践，并不断发展和完善。根据《标准化法》条文解释，"标准"的含义是：对重复事物和概念所作的统一规定，它以科学、技术和实践经验的综合成果为基础，经有关方面协商一致，由主管机构批准，以特定形式发布，作为共同遵守的准则和依据。简单地说，标准是对一定范围内的重复性事物和概念所做的统一规定（目前，这种规定最终表现为一种文件）。如古代，我国陕西省咸阳出土的秦始皇兵马俑，四川省广汉市发现的三星堆，从出土的青铜面具、人像、玉环等文物来看，选材、加工、制造等各个环节，不仅反复地、大量地出现，而且已具备技术上相当的一致性，这种统一的一致性要求其实就是标准。重复投入、重复生产、重复加工、重复出现的产品和事物才需要标准。事物具有重复出现的特征，才有制定标准的必要。标准对象就是重复性概念和重复性事物。标准的本质反映的是需求的扩大和统一。单一的产品或者单一的需求不需要标准，对同一需求的重复和无限延伸才需要标准。

依据上述解释，安全标准是：在生产工作场所或者领域，为改善劳动条件和设施，规范生产作业行为，保护劳动者免受各种伤害，保障劳动者人身安全健康，实现安全生产的准则和依据。

标准化是指在经济、技术、科学及管理等社会实践中，对重复性事物和概念通过制定、实施标准，以获得最佳秩序和社会效益的过程。简单地说，标准化是为了在一定范围内获得最佳秩序，对现实问题或潜在问题制定共同使用和重复使用的条款的活动。即标准化是一项活动，一个过程。标准化的目的就是在一定范围内获得最佳秩序。

（二）安全标准的作用

1. 安全标准是安全生产法律体系的重要组成部分

从广义讲，我国的安全生产法律体系，是由宪法、国家法律、国务院法规、地方性法规，以及标准、规章、规程和规范性文件等所构成的。在这个体系中，标准处于十分重要的位置，具有技术性法律规定的作用。标准是法律的延伸。与安全生产相关的技术性规定，通常体现为国家标准和行业标准。根据世界贸易组织协议，我国的强制性标准与国外的技术法规具有同样的法律效力。现行法律法规也就此做出了明确规定。《安全生产法》第十六条规定"生产经营单位应当具备本法和有关法律、行政法规和国家标准或者行业标准规定的安全生产条件"。《安全生产许可证条例》第六条把厂房、作业场所和安全设施、设备、工艺符合安全生产法律、法规、标准和规定的要求，作为企业取得安全生产许可证应当具备的基本条件。标准所具有的法律地位及其法律效力，决定了安全生产标准一旦制定和发布，就必须得到尊重，必须认真贯彻实施。任何忽视安全生产标准、违背安全生产标准的现象，都是对安全生产法律的破坏和违反，都必须立即纠正，情节严重的要依法予以追究。

2. 安全标准是保障企业安全生产的重要技术规范

安全生产标准化是社会化大生产的要求，是社会生产力发展水平的反映。优秀企业要出名牌，出人才，出效益，就必须严格执行国家标准、行业标准，产品进入国际市场就要执行国际标准。有条件、有实力的优秀企业自订的企业标准，甚至高于国标、行标。而不执行法定标准的企业，不仅市场竞争力无从谈起，而且违法生产经营，丧失诚信准则，甚至导致重特大事故发生。一些企业安全管理滑坡，伤亡事故多发，重要原因之一就是不遵守相应的安全生产标准。有的企业标准意识淡漠，执行标准不严；有的企业有标不循，不按标准办事；有的企业根本没有安全标准，不知道有标准。因此，迫切需要通过加强安全生产标准化工作，规范企业及其经营管理者、从业人员的安全生产行为，实现安全生产。

3. 安全标准是安全监管监察和依法行政的重要依据

安全标准是保护从业人员生命和健康的准则，凝聚了血的教训。安全监管监察部门在行政执法中，对违法违规行为的认定评判，除了要依据法律、法规，还需要依据国家标准和行业标准。如重大危险源的识别、重大隐患的排查、安全生产条件的认定、事故原因的分析判断等，都需要以标准为依据。党中央、国务院领导多次要求把安全生产工作抓细、抓实、抓好。细节反映真实，细节决定成效。相对于法律法规，标准更细致，更周密。安全监管监察部门依据标准实施行政执法，安全生产监管工作才能真正落实到位。

4. 安全标准是规范市场准入的必要条件

党的十六届五中全会提出要坚持节约发展、清洁发展、安全发展，实现可持续发展。党的十七大报告指出："坚持安全发展，强化安全生产管理和监督，有效遏制重特大安全事故。完善突发事故应急管理制度。保障人民生命财产安全。"发展不能以破坏资源、污染环境为代价，更不能以牺牲人的生命和健康为代价。与资源、环保一样，安全是市场准入的必要条件。标准是严格市场准入的尺度和手段。国家标准、行业标准所规定的安全生产条件，就是市场准入必须具备的资格，是必须严格把住的关口，是不可降低的门槛。降低安全生产标准，难免要付出血的代价。安全标准是规范安全中介服务的依据。

二、安全标准的范围

安全标准是指为维持生产经营活动，保障安全生产而制定颁布的一切有关安全生产方面的技术、管理等要求，包括设备、装备、器材等标准。这类标准的范围包括煤矿安全、非煤矿山安全、粉尘防爆、电气及防爆、带电作业、危险化学品安全、民爆物品安全、烟花爆竹安全、涂装作业安全、交通运输安全、机械安全、消防安全、建筑安全、职业安全、个体防护装备（原劳动防护用品）、特种设备安全等各个方面；标准的类型包括国家标准（GB）和行业标准（如 AQ、MT、LD、JB 等）。安全生产标准（AQ）的范围包括有关矿山、危险化学品、烟花爆竹、个体防护、粉尘防爆、涂装作业等领域有关安全生产方面的标准，这类标准主要由国家安全生产监督管理总局负责组织制定，具体包括以下几方面：

1. 劳动防护用品和矿山安全仪器仪表的品种、规格、质量、等级及劳动防护用品的设计、生产、检验、包装、储存、运输、使用的安全要求。

2. 为实施矿山、危险化学品、烟花爆竹安全管理而规定的有关技术术语、符号、代号、代码、文件格式、制图方法等通用技术语言和安全技术要求。

3. 生产、经营、储存、运输、使用、检测、检验、废弃等方面的安全技术要求。

4. 工矿商贸安全生产规程。

5. 生产经营单位的安全生产条件。

6. 应急救援的规则、规程、标准等技术规范。

7. 安全评价、评估、培训考核的标准、通则、导则、规则等技术规范。

8. 安全中介机构的服务规范与规则、标准。

9. 规范安全生产监管监察和行政执法的技术管理要求。

10. 规范安全生产行政许可和市场准入的技术管理要求。

三、有关标准化组织

ISO、IEC 和 ITU 是目前世界上最大、最有权威的三个国际标准化专门机构。ISO 即国际标准化组织，负责制定综合类的国际标准，IEC 即国际电工委员会，负责专门制定电工方面的国际标准，ITU 即国际电信联盟，负责制定电信方面的国际标准。

现有国际标准中由 ISO 制定的标准占 68%，IEC 占 18.5%，包括 ITU 在内的其他 22 个国际标准化组织制定的标准占 13.5%。

1946 年国际标准化组织（ISO）成立时，我国是创始国之一。1957 年，我国参加了国际电工委员会（IEC）。1972年，国际电信联盟恢复了我国的合法权利和席位。目前，中国国家标准化管理委员会（SAC）代表我国在ISO和IEC两个国际标准化组织中开展工作，信息产业部代表我国参加ITU。

中国国家标准化管理委员会由国务院授权统一管理全国的标准化工作。国务院各行业主管部、委和有关直属机构，分设标准化管理部门，主管相应的标准化工作。已经改革成为行业协会、联合会的原行业主管部门有的也设立了标准化机构，受国家标准化管理委员会委托主管标准化工作。

各省、直辖市、自治区一级的质量技术监督局设有标准化处，地市一级设有标准化科，分别承担省、市两级的标准化管理工作。此外，中央和地方还分别设有标准化技术机构和标准化协会组织。在研究、制定的工作中，还有由专家组成的国家和行业标准化技术委员会。目前，全国性的专业标准化技术委员会有300多家，分技术委员会有500多家，各类标准化从业人员达10万人。

从事安全生产方面的标准化组织有全国安全生产标准化技术委员会、全国个体防护装备标准化技术委员会、全国机械安全标准技术委员会等多家。还有一些标准化技术委员会虽不是专门从事制定安全生产标准的组织，但也制定少量的安全生产方面的标准，如全国煤炭标准化技术委员会等。除此之外，一些行业的标准化技术委员会，如煤炭工业煤矿专用设备标准化技术委员会等也制定少量的安全生产标准。

全国安全生产标准化技术委员会是在对原多个标准化组织进行改革的基础上，适应安全生产工作的需要于2006年成立，由国家安全生产监督管理总局管理的标准化组织，目前设有煤矿安全、非煤矿山安全、化学品安全、烟花爆竹安全、粉尘防爆、涂装作业、防尘防毒等七个分技术委员会，共有193名委员和1名顾问，专门从事安全生产标准的制修订工作。

四、安全生产标准的种类

安全生产标准分为基础标准、管理标准、技术标准、方法标准和产品标准等五类。

1. 基础标准

基础类标准主要指在安全生产领域的不同范围内，对普遍的、广泛通用的共性认识所作的统一规定，是在一定范围内作为制定其他安全标准的依据和共同遵守的准则。其内容包括制定安全标准所必须遵循的基本原则、要求、术语、符号；各项应用标准、综合标准赖以制定的技术规定；物质的危险性和有害性的基本规定；材料的安全基本性质以及基本检测方法等。

2. 管理标准

管理类标准是指通过计划、组织、控制、监督、检查、评价与考核等管理活动的内容、程序、方式，使生产过程中人、物、环境各个因素处于安全受控状态，直接服务于生产经营科学管理的准则和规定。

安全生产方面的管理标准主要包括安全教育、培训和考核等标准，重大事故隐患评价方法及分级等标准，事故统计、分析等标准，安全系统工程标准，人机工程标准，以及有关激励与惩处标准等。

3. 技术标准

技术类标准是指对于生产过程中的设计、施工、操作、安装等具体技术要求和实施程序中设立的必须符合一定安全要求以及能达到此要求的实施技术和规范的总称。

这类标准有金属非金属矿山安全规程、石油化工企业设计防火规范、烟花爆竹工厂设计安全规范、烟花爆竹劳动安全技术规程、民用爆破器材工厂设计安全规范、建筑设计防火规范等。

4. 方法标准

方法类标准是对各项生产过程中技术活动的方法所规定的标准。安全生产方面的方法标准主要包括两类：一类以试验、检查、分析、抽样、统计、计算、测定、作业等方法为对象制定的标准。例如：试验方法、检查方法、分析计法、测定方法、抽样方法、设计规范、计算方法、工艺规程、作业指导书、生产方法、操作方法等。另一类是为合理生产优质产品，并在生产、作业、试验、业务处理等方面为提高效率而制定的标准。

这类标准有安全帽测试方法、防护服装机械性能材料抗刺穿性及动态撕裂性的试验方法、安全评价通则、安全预评价导则、安全验收评价导则、安全现状评价导则等。

5. 产品标准

产品类标准是对某一具体设备、装置、防护用品的安全要求作出规定或者对其试验方法、检测检验规则、标志、包装、运输、储存等方面所做的技术规定。它是在一定时期和一定范围内具有约束力的技术准则，是产品生产、检验、验收、使用、维护和洽谈贸易的重要技术依据，对于保障安全、提高生产和使用效益具有重要意义。产品标准的主要内容包括：①产品的适用范围；②产品的品种、规格和结构形式；③产品的主要性能；④产品的试验、检验方法和验收规则；⑤产品的包装、储存和运输等方面的要求。

这类标准主要是对某类产品及其安全要求作出的规定，如煤矿安全监控系统、煤矿用隔离式自救器等

第二节　安全生产标准体系

一、安全生产标准体系

标准体系是"一定范围内标准按其内在联系形成的科学的有机整体"。安全生产标准体系是指为维持生产经营活动，保障安全生产而制定颁布的一切有关安全生产方面的技术、管理、方法、产品等标准的有机组合，既包括现行的安全生产标准，也包括正在制定、修订和计划制定、修订的安全生产标准。从大的概念来讲，安全生产标准体系由煤矿安全、非煤矿山安全、粉尘防爆、电气安全、危险化学品安全、石油化工安全、民爆物品安全、烟花爆竹安全、涂装作业安全、交通运输安全、机械安全、消防安全、建筑安全、职业安全、个体防护装备（原劳动防护用品）、特种设备安全、通用安全生产等多个子体系组成。每个子体系又由若干部分组成，如非煤矿山安全标准子体系又包括冶金安全、有色金属安全等下一层级标准。因此，安全生产标准体系是一个多层级的组合。下面仅就主

要的安全生产标准子体系作一介绍。

1. 煤矿安全生产标准体系

包括综合管理安全标准系统、井工开采安全标准系统、露天开采安全标准系统和职业危害安全标准系统等 4 个部分。

（1）综合管理安全标准系统

煤矿安全综合管理标准包含煤矿企业必须遵守国家和煤矿主管部门有关安全生产的法律、规定、条例、规程和标准等，它是规范煤矿安全技术与管理行为的法规文献。煤矿综合管理安全标准系统由综合管理通用要求、地质勘探规范、矿井设计规范、生产矿井安全管理等 4 个部分组成，包含了煤矿勘探、设计、建矿、生产、环保到闭矿全过程中的安全总体要求。

（2）井工开采安全标准系统

由于安全生产涉及煤炭开发生产全过程，且在井下的采、掘、机、运、通等各个环节都涉及到安全问题。井工开采煤矿安全生产标准系统包括建井安全、开采安全、瓦斯防治、粉尘防治、矿井通风、火灾防治、水害防治、机械安全、电气安全、爆破安全、矿山救援等 11 个领域安全标准。其中每一专业领域的标准又分为管理标准、技术标准和产品标准。

（3）露天开采安全标准系统

露天开采的安全问题主要存在于采剥工程、运输工程、排土工程和机电设备等生产环节，但是主要发生的危害是边坡稳定和安全，即采掘场边坡与排土场（包括外排和内排）边坡发生的滑坡、塌陷、泥石流等可能危及人身安全与设备安全的地质灾害。露天开采安全标准系统包括露天开采安全标准、边坡稳定安全标准、露天机电安全标准等 3 个领域安全标准。其中每一专业领域的标准又分为管理标准、技术标准和产品标准。

（4）职业危害安全标准系统

煤矿职业危害安全标准系统包括作业环境安全标准、个体防护标准、职业病鉴定标准等 3 个领域。在作业环境方面，可以进一步划分为粉尘（总粉尘和呼吸性粉尘）、噪声、震动、放射性辐射、高低温等。煤炭行业制定的有关职业危害安全和卫生方面的有关标准有：煤工尘肺病 X 线诊断标准，煤矿井下工人滑囊炎诊断标准，煤中铀的测定和个体防护标准等。

2. 非煤矿山安全生产标准体系

包括固体矿山、石油天然气、冶金、建材、有色等多个领域，是一个多层次、多组合的标准体系。从标准内容上讲，标准体系包括非煤矿山安全生产方面的基础标准、管理标准、技术标准、方法标准和产品标准等。

3. 危险化学品安全生产标准体系

包括通用基础安全生产标准、安全技术标准和安全管理标准。通用基础安全生产标准主要包括危险化学品分类、标识等。安全技术标准主要包括安全设计和建设标准、生产企业安全距离标准、生产安全标准、运输安全标准、储存和包装安全标准、作业和检修标准、使用安全标准等。安全管理标准主要包括生产企业安全管理、应急救援预案管理、重大危险源安全监控、职业危害防护配备管理等。

4. 烟花爆竹安全生产标准体系

包括基础标准、管理标准、原辅材料使用标准、生产作业场所标准、生产技术工艺标准和生产设备设施标准等。基础标准主要包括烟花爆竹工程设计安全规范、烟花爆竹安全生产术语等。管理标准主要包括烟花爆竹企业安全评价导则、烟花爆竹储存条件、烟花爆竹装卸作业规范等。原辅材料使用标准主要包括烟花爆竹烟火药安全性能检测要求、烟花爆竹烟火药相容性要求等。生产作业场所标准主要包括烟花爆竹工程设计安全审查规范、烟花爆竹工程竣工验收规范等。生产技术工艺标准主要包括烟花爆竹烟火药使用安全规范等。生产设备设施标准主要包括烟花爆竹机械设备通用技术要求等。

5. 个体防护装备安全生产标准体系

主要包括头部防护装备、听力防护装备、眼面防护装备、呼吸防护装备、服装防护装备、手部防护装备、足部防护装备、皮肤防护装备和坠落防护装备等9个部分，与国际上接轨。每个部分由基础标准、通用技术标准、方法标准、产品标准和管理标准组成。如管理标准有配备标准、选用标准、使用和维护规范等。

二、安全生产标准制定、修订程序

制定标准是标准化工作的重要任务，不仅需要大量的技术工作，而且需要大量的组织和协调工作。标准制定、修订严格按照统一规定的程序开展，是保障标准编制质量，提高标准水平，实现标准制定、修订过程公平、公正、协调、有序的基础和前提。

根据国家有关规定，国家标准制定程序分9个阶段，即预阶段、立项阶段、起草阶段、征求意见阶段、审查阶段、批准阶段、出版阶段、复审阶段、废止阶段。修订程序和制定程序基本一样，但没有预阶段，起草阶段改为修订阶段。行业标准的制定、修订程序和国家标准的制定、修订程序一样，不同之处是，行业标准有一个备案阶段，需向国务院标准化行政主管部门备案。

1. 预阶段

预阶段是标准计划项目建议的提出阶段，这一阶段自安全生产标准化技术委员会或者其他标委会收到新工作项目建议提案起，到新工作项目建议上报国务院标准化行政主管部门或者国家安全生产监督管理总局止。

（1）制定、修订标准的范围

根据有关法律法规的规定，在下列条件范围之内的，企业、科研院所、协会、学会、中介机构等单位可以申请安全生产标准的立项：

①符合国家现行有关安全生产法律法规和标准化工作规定的。

②在安全生产标准范围之内的。

③市场和企业急需，符合国家产业政策，对提高安全生产水平有促进作用的。

④对安全生产专项整治有推动作用的。

⑤规范安全生产监管监察和行政执法的。

⑥规范安全生产行政许可和市场准入的。

（2）制定、修订标准的建议

为保证标准立项的规范性、合理性、科学性，企业、科研院所、协会、学会、中介机构等单位提出制定、修订安全生产标准项目时，应当同时提供立项建议书，其内容包括：

①制定或者修订的必要和可行性。

②相关国家标准或者行业标准的情况。

③标准的主要内容。

④完成时限。

⑤其他有关情况。

申请国家标准立项的，还需提交国家标准草案及工作大纲。

（3）标准化技术委员会审查

标委会设有分标委的，企业、科研院所、协会、学会、中介机构等单位应当根据需制定、修订标准的内容首先向相应的分标委提出申请，如涉及煤矿安全方面的标准，应当向煤矿安全分标委秘书处提出申请；涉及化学品安全方面的标准，应当向化学品安全分标委秘书处申请；如涉及安全生产标准的内容不能归入相应分标委的，可以直接向安生产标委会秘书处申请。另外，如涉及其他标委会管辖的有关安全生产标准，可以向相应的标委会及其分标委提出申请。

标委会和分标委应当根据贯彻法律法规、《安全生产标准化"十一五"规划纲要》以及安全生产工作的需要，对提出的标准立项建议进行认真审查，经审查后按照规定上报国务院标准化行政主管部门或者国家安全生产监督管理总局。

2．立项阶段

立项阶段自国务院标准化行政主管部门或者国家安全生产监督管理总局收到新工作项目建议起，至国务院标准化行政主管部门或者国家安全生产监督管理总局下达新工作项目计划止。国务院标准化行政主管部门或者国家安全生产监督管理总局对上报的安全生产国家标准、行业标准新工作项目建议统一审查、确认。国家标准计划项目由国务院标准化行政主管部门下达和公布，行业标准计划项目由国家安全生产监督管理总局下达和公布。

3．起草阶段

起草阶段自标委会及分标委收到新工作项目计划起，落实计划，组织项目的实施，至标准起草单位或者起草工作组完成标准征求意见稿止。

（1）成立标准起草工作组

国家标准、行业标准计划下达后，安标委及分标委要根据标准项目的不同，及时组织实施，指导和督促标准起草单位尽快开展标准的制定、修订工作。安标委及分标委秘书处要尽快通知标准起草单位负责人或者标准起草主要人员，做好相应的准备工作，尽快启动标准制定、修订工作。标准起草主要由一个单位承担的，要求单位负责人组织本单位的有关人员成立标准起草工作组，必要时，应当邀请其他单位和有关方面的专家参与。标准起草由多个单位承担的，由主要起草单位组织其他单位联合成立标准起草工作组。工作组的成员应具有较丰富的专业知识和实践经验，熟悉业务，了解标准化工作的相关规定并具有较强的文字表达能力。标准工作组要确定专门人员负责标准的起草工作。标准工作计划和标准起草工作组名单应当报标委会或分标委备案。

（2）拟定工作计划

起草标准工作组成立后，应首先制定工作计划，内容包括：标准名称和范围的确定；

制定、修订标准的目的、意义及主要工作内容；工作安排及计划进度；工作组内部具体人员的分工；调研计划及试验初步安排；与外部协作项目和经费预算等。工作计划一定要具体，清楚表明计划的进程，何时提出标准初稿，何时开始征求意见，何时提交送审稿等。

（3）开展调查研究

工作组首先广泛收集与起草标准有关的资料并加以研究、分析。如：国内外标准资料；国内外的生产概况、达到的水平；生产企业的生产经验、存在的问题及解决方法；相关的科研成果、专利；国内外产品样品、样品的有关数据对比及说明书等。重点要了解与本标准相关的标准，包括国际标准、国外先进标准、国家标准、行业标准的发展趋势和动态。过去有的标准起草单位正在起草标准中，或标准即将完成，或已经完成，而此时国际标准已经修订，或者国外先进发达国家标准已经淘汰，致使我们的标准自发布之日起就是落后的，有的甚至落后几十年。因此在标准起草过程中，要及时掌握和收集有关资料。另外，对相关的国家标准、行业标准的情况也要及时掌握，特别要掌握相关标准的修订情况，进展到什么程度，以便标准之间相互衔接。此外，要了解有关法律法规的情况，标准力求与有关法律法规的规定相一致。

对标准中存在的关键问题或难点问题，可选择具有代表性、典型性的调查对象进行有针对性的调查研究。可以深入生产实际进行调查，或者走访相关的科研院所、生产和用户等单位，广泛征求意见，以准确把握问题产生的根源、影响，找出解决问题的方法。

（4）安排试验验证项目

对需要进行试验验证才能确定的技术或者指标，应选择有条件的单位进行试验验证，并提出试验验证报告和结论。试验验证前，应先拟定试验大纲，确定试验目的和要求、试验对象、试样制备、试验方法以及试验中使用的仪器、设备、工具等，以确保试验验证的可靠性和准确性。

（5）完成标准征求意见稿

上述工作完成后，便可以进行标准征求意见稿的起草工作。起草工作可由一个部门进行，也可以分成若干部门分别由几个人进行，最后由一个人整理完成，并经标准起草工作组全体讨论后定稿。重要的标准，起草工作完成后，可由起草单位组织讨论，最后确定标准征求意见稿。

在编写标准征求意见稿的同时，还应完成标准编制说明及有关附件的编写工作。

标准编写的层次结构（章、条、款、项）、格式、用语、公式、表格和字体，应当遵循 GB/T 1.1—2009 的规定。

标准编制说明的编写应符合有关规定。一般来讲，标准编制说明及有关附件应当包括以下主要内容：

①标准起草工作简况，包括任务来源、协作单位、主要工作过程、标准主要起草人及其所做的工作等。

②标准编制原则和确定标准主要内容（如技术指标、参数、公式、性能要求、试验方法、检验规则等）的论据（包括试验、统计数据）。修订标准的，应增列新旧标准水平的对比。

③主要试验（或验证）的分析、综述报告，技术经济论证，预期的经济效果。

④采用国际标准和国外先进标准的程度，以及与国际、国外同类标准水平的对比情况，或与测试的国外样品、样机的有关数据对比情况。

⑤与现行有关法律、法规和标准的关系。

⑥重大分歧意见的处理经过和依据。

⑦标准作为强制性标准或推荐性标准的建议。

⑧贯彻标准的要求和措施建议（包括组织措施、技术措施、过渡办法等内容）。

⑨废止现行有关标准的建议。

⑩其他应予说明的事项。

标准征求意见稿、标准编制说明完成后，应由起草单位技术负责人审核同意后方可对外征求意见。

4. 征求意见阶段

征求意见阶段自标准起草工作组将标准征求意见稿发往有关单位征求意见起，经过收集、整理回函意见，编制征求意见汇总处理表，至完成送审稿止。

标准征求意见阶段是制修订标准的重要环节，应当尽量做到周密、细致、完备。

（1）发往有关单位或者专家征求意见

标准起草工作完成标准征求意见稿、标准编制说明后，应当送标委会或者分标委或者起草单位技术负责人审核，同意后发出征求意见。主要审核标准的格式、内容等是否符合有关规定。被征求意见的单位应是对本标准有密切关系，或者比较熟悉的有代表性的生产、使用、科研、检测检验等单位及有关大专院校；如是产品标准，还应当征求主要经销单位的意见。特别要征求可能有分歧意见单位的意见。征求意见的专家应当涵盖相关科研、生产、使用、检测检验、培训、监管监察等领域，且专家中委员的数量应不少于10人。必要时，可通过适当方式向社会征求意见，如上网征求意见。

征求意见时，应明确征求意见的期限，一般不超过两个月。发征求意见函时，最好附上征求意见的表格，以利于对意见的综合、整理。被征求意见的单位或者专家应在规定期限内回复，如没有意见也应附函说明，逾期不复函，按无异处理。意见涉及重要技术指标时，应附必要的技术经济论据。一般情况下，反馈意见的专家数量应当超过征求意见专家数量的三分之二。反馈意见期限以对方收到征求意见稿至回函日止30天内。

（2）处理意见

标准起草工作组对征求来的意见进行归纳、整理，逐条由起草人提出处理意见，然后经标准起草工作组集体讨论、确定。对意见的处理，大致有五种情况：一是采纳；二是部分采纳；三是不采纳，对此应说明理由和根据；四是待试验后确定，对此应安排试验项目和试验要求以及工作计划；五是由标准审查会决定。

对意见的处理，最后按照规定格式制成意见汇总处理表。

（3）完成标准送审稿

根据上述的意见汇总处理表，标准起草工作组逐条修订标准征求意见稿。条文、图表有增删时，应注意条文、图表顺序号的更改；标准中有引用这些条文、图表的，其顺序号也要相应修改。同时，对标准的编写说明也要作出修改。

上述经修改的标准征求意见稿、标准编制说明以及意见汇总处理表，经标准起草单位技术负责人审核，提交标委会或者分标委秘书处审阅同意后，形成标准送审稿。

5. 审查阶段

审查阶段自标委会或者分标委收到起草工作组完成的标准送审稿起，经过会审或者函审，到工作组最终完成标准报批稿止。

（1）会审

标准审查会是对标准内容的全面审核及确认。标准中的原则性、政策性问题和重大技术问题，以及所有的分歧，都应在会上通过讨论、协商取得一致。

对涉及重大技术经济问题，或涉及面广、分歧较多、内容复杂，或涉及安全生产重大问题等标准，要采取会议审查。一般情况下，安全生产标准都要经过会议审查。对有些标准涉及面较小以及影响不大的标准，经标委会或者分标委主任委员同意后，方可函审。

审查前，由标准起草单位提出审查专家名单和审查申请。标委会或分标委秘书处应当在审查会议前一个月，将标准送审稿、编制说明及有关附件提交给参加审查会的人员。必要时，还可将重大分歧和需要在会上着重讨论的问题附上，以利于充分准备意见，认真讨论。

会议审查时，应当进行充分讨论，尽量取得一致意见。对代表提出的合理意见，应积极采纳，对有分歧的内容可通过民主协商的方式达成一致。需要表决时，必须有不少于出席会议代表人数的四分之三同意方为通过。对审查会上难以达成一致的重大政策性分歧，可反映在会议纪要中提请上级主管部门协助解决。

采用会议审查的，应写出会议纪要，并附参加审查会议的代表名单。对在审查会上提出的主要修改意见，应在会议纪要中体现。对需要起草工作组会后落实的问题，起草工作组应及时将落实结果通知与会代表。

会议审查时未出席会议也未说明意见者，按弃权计票。会议代表的出席率不足三分之二时，应重新组织审查。

（2）函审

审查前，由标准起草单位提出审查专家名单和审查申请。标委会或分标委秘书处应当在审查会议前两个月，将标准送审稿、编制说明及有关附件、函审单提交给审查者。

函审结束后，标准主要编写人员应对函审意见进行综合、整理，并填写函审结论。函审时，也必须有四分之三的回函同意方为通过。

函审时未按规定时间投票者，均按弃权计票。函审单的回函率不足三分之二者，应重新组织函审。

（3）完成标准报批稿

标准起草工作组应当根据会审或者函审意见完成报批稿及其附件。若标准送审稿没有被通过，则责成标准起草工作组完成标准送审稿（第二稿）并再次进行审查，直到审查通过为止。

6. 批准阶段

批准阶段自国务院标准化行政主管部门或者国家安全生产监督管理总局收到标准报批稿起，到国务院标准化行政主管部门批准发布国家标准，国家安全生产监督管理总局批准发布行业标准止。

国务院标准化行政主管部门收到标准报批稿及报批标准材料后，委托标准审查机构进行审核。部门审核后，委托国家标准技术审查机构对标准进行审查，并在此基础上对标准报批稿进行必要的协调和完善工作。经国家标准技术审查机构审查通过的国家标准报批稿，由国务院标准化行政主管部门批准发布。对需要通过世界贸易组织（WTO）向各国通报的强制性标准，自通报之日起 60 日后，方可办理批准发布手续。

对于上报国家安全生产监督管理总局的标准报批稿，经分管局长审核同意后，提请总局局长办公会议审议，经总局局长办公会议审议后批准发布。

国家标准由国家标准化行政主管部门统一编号、发布。行业标准由国家安全生产监督管理总局统一编号、发布。

7. 出版阶段

标准出版阶段自标准出版单位收到标准出版稿起，到标准正式出版止。

国家标准由国务院标准化主管部门规定的国家标准出版社出版，行业标准由国家安全生产监督管理总局规定的煤炭工业出版社出版。

8. 复审阶段

标准实施后，应根据科学技术的发展、经济建设的需要以及安全生产工作的实际适时进行复审，复审周期不超过 5 年。复审工作主要由标委会或者分标委按规定进行。标准复审后，对不需要修改的标准可确认其继续有效；对需要修改的标准可作修改项目申报，列入标准修订计划；对已无存在必要的标准，提请国务院标准化行政主管部门或者国家安全生产监督管理部门予以废止。

一般情况下，标准复审必须采取会议方式，可以与年会或换届会一起进行。

9. 废止阶段

对已无存在必要的国家标准，由国务院标准化行政主管部门予以废止；对已无存在必要的行业标准，由国家安全生产监督管理部门予以废止。

10. 行业标准的备案

根据标准化有关规定，行业标准应当在发布后 30 日内依法报国务院标准化行政主管部门备案。

参 考 文 献

1. 赵铁锤主编：《中国煤矿安全监察实务》，中国劳动社会保障出版社，2003。

2. 高铭暄、马克昌主编：《刑法学》（第二版），北京大学出版社、高等教育出版社，2005。

3. 杨春洗、杨敦先、郭自力主编：《中国刑法论》（第三版），北京大学出版社，2005。

4. 周道鸾、张军主编：《刑法罪名精释》（第三版），人民法院出版社，2007。

5. 应松年、刘莘主编：《行政处罚法理论与实务》，中国社会出版社，1996。

6. 马怀德主编：《行政法与行政诉讼法》，中国法制出版社，2005。

7. 姜明安主编：《行政法与行政诉讼法学》，北京大学出版社、高等教育出版社，2005。

8. 张树义著：《行政法与行政诉讼法学》，高等教育出版社，2007。

9. 杨海坤、章志远著：《行政法学基本论》，中国政法大学出版社，2004。

10. 王连昌主编：《行政法学》，中国政法大学出版社，1999。

11. 乔晓阳主编：《中华人民共和国行政许可法释义》，中国物价出版社，2003。

12. 卞耀武主编：《中华人民共和国职业病防治法释义》，法律出版社，2002。

13. 信春鹰主编：《中华人民共和国劳动合同法释义》，法律出版社，2007。

14. 张穹主编：《安全生产许可证条例释义》，中国市场出版社，2004。

15. 国务院法制办农业资源环保法制司等编：《建设工程安全生产管理条例释义》，知识产权出版社，2004。

16. 国家煤矿安全监察局编著：《中国煤炭工业发展概要》，煤炭工业出版社，2010。

后　记

在"全国注册安全工程师执业资格考试辅导教材"的编写过程中，隋鹏程、孙连捷、郑希文、崔慕晶、高广伟、张宏波、陈国新、张海峰、李仲刚、吴苏江、胡千庭、褚家成、彭怀生、黎竹勖、谢振华、陈志刚、袁化临、杨泗霖、何勇、魏利军、多英全、马世海、张宏元、胡福静、边卫华、高进东、赵阳、谢英晖、钟茂华、管坚、金龙哲、邢娟娟、江志强、杨有启、李传贵、金雅静、张志刚、庄欣正、孙世国、沈平、周敏、高泉、杜红岩等专家对书稿进行了认真的审校，提出了许多宝贵意见和建议，在此对他们的辛勤劳动表示深深的谢意！

读者在阅读过程中，若对教材有任何意见和建议，请通过电子邮件的形式反馈。

E-mail：zhuanshi@chinasafety.ac.cn